Myra

Kabbala und Rosenkreuz

Saint Germains Vermächtnis

KABBALA UND ROSENKREUZ

Myra

Einleitung und Redaktion von Brigitte Hussak

IIIIIIIIIIIIIIIIIIIII SILBERSCHNUR IIIIIIIIIIIIIIIIIII

ISBN: 978-3-89845-334-9

1. Auflage 2010

Gestaltung & Satz: XPresentation, Güllesheim
Umschlaggestaltung: XPresentation, Güllesheim; unter Verwendung des Motivs #3634905, www.fotolia.com; Grafik des Lebensbaums: XPresentation
Druck: Finidr, s.r.o. Cesky Tesin

Verlag »Die Silberschnur« GmbH · Steinstr. 1 · 56593 Güllesheim
www.silberschnur.de · E-Mail: info@silberschnur.de

INHALT

Zweiter Teil:

Der kosmische Baum des Lebens

Dritter Teil:

Die Chymische Hochzeit des Christian Rosenkreuz

Anhang

Dieses Buch ist den Weggefährten
Alma, Bärbel, Claudia, Dorothea, Elfriede,
Eva, Heidi E. (†), Heidi H., Irene, Mara, Myra (†),
Renate, Thomas und Ulla
im Andenken an unsere gemeinsame Zeit
mit Saint Germain gewidmet.

Die Wahrheit kann immer nur
aus einer einzigen Quelle kommen,
aber die äußere Form richtet sich
nach der Beschaffenheit des Flussbettes,
in dem die Wasser fließen.

Saint Germain

Vorwort

Liebe Leserin, lieber Leser,
dieses Buch war ursprünglich nicht als solches konzipiert, sondern ist eine Sammlung von Seminartexten aus dem Jahr 1996. Wir erfuhren damals einen sehr lebhaften Entwicklungsprozess, verteilt auf mehrere Wochenenden. Die Inhalte wurden dem Medium Myra von Meister Saint Germain teilweise direkt in den Computer diktiert, teilweise wurden sie "live gechannelt". Wie, warum und für wen das geschah, erzähle ich Ihnen einige Zeilen weiter.

Eine Darstellung der Kabbala, wie sie in diesem Buch beschrieben wird, werden Sie in einigen Teilen so nirgendwo finden, denn sie stammt von einem, der aus kabbalistischer Sicht gesehen auf einer hohen Sphäre (= Sephira = Ebene) des "Lebensbaumes" Heimat hat und der aus dieser Ebene spricht und lehrt. Die Lehre der Kabbala ist sowohl eine Beschreibung der Strukturen der unsichtbaren geistigen Kräfte wie auch die unserer "Seelenreise". Sie dient als Brücke zu unserem göttlichen Selbst und vermittelt, dass unsere wahre Identität eine göttliche ist. Sie weist uns unseren Platz und unseren Weg im Gefüge des geistigen Kosmos durch die Sphären von der untersten Sephira Malkuth bis hin zur höchsten, Kether. In ihr sei alle Weisheit der Menschheitsgeschichte enthalten und der kabbalistische Lebensbaum, wie Saint Germain sagte, ein alles enthaltendes Symbol.

Es ging Saint Germain nicht darum, uns zu "praktizierenden Kabbalisten" zu machen. Ernsthaft studiert und gelebt, ist dies ist ein geistiger Weg, der sich, wie er meinte, durch mehrere Inkarnationen ziehe, und wenn man ganz tief eintauchen wolle, wäre die Kenntnis der hebräischen Sprache notwendig. Auch wenn man die Lehre der Kabbala nicht zu seinem Wegweiser machen möchte, so sind diese Texte dennoch aufschlussreich und wie ich finde sehr spannend. Die Kabbala, wie sie hier beschrieben wird, verbindet uns auch mit unseren eigenen Wurzeln, den spirituellen wie den kulturellen. Es war und ist Saint Germains Anliegen, uns wieder mit diesen Wurzeln zu verbinden, was er auch schon in dem Buch *Saint Germains Vermächtnis. Ein westlich-abendländischer Einweihungsweg* getan hat.

Die Lehre des Rosenkreuzertums hat die abendländische Spiritualität und Esoterik geprägt wie kaum ein anderes System. Kabbala und Rosenkreuz schließen sich nicht aus, sondern ergänzen und durchdringen einander. Der "Innere Orden vom Rosenkreuz", wie Saint Germain ihn nennt, wohl identisch mit der sogenannten "Weißen Bruderschaft", ist uralt und sollte nicht mit den bekannten äußeren Rosenkreuzer-Orden verwechselt werden. Er bewahrte, hütete und schützte das uralte und ewig gültige Weisheitswissen über die Zeiten hinweg, das nicht zeitgeistigen Moden unterworfen ist und das auch nicht "verbessert" oder gar abgelöst werden muss von "neuen" Erkenntnissen. Saint Germain gibt uns einen kleinen Einblick in die Welt dieses "Ordens", der seinen Sitz - Shambhala - in der nichtphysischen Welt hat.

Die Systeme und Lehren, die den geistigen Kosmos und des Menschen Weg darin erklären, sind auf der ganzen Welt und in allen Religionen, abgesehen von unterschiedlichen Begrifflichkeiten, identisch. Es wäre deshalb gewiss nicht richtig, "fundamentalistisch" zu denken und eine dieser Lehren für die einzig richtige und wahre zu halten und andere geringzuschätzen. Diese Vielfalt ist sinnvoll, damit jedem Menschen das ihm und seiner Kultur gemäße geistige Gerüst für seine Entwicklung zur Verfügung steht.

Die Wahrheit kann immer nur
aus einer einzigen Quelle kommen,
aber die äußere Form richtet sich
nach der Beschaffenheit des Flussbettes,
in dem die Wasser fließen.
(Saint Germain)

Saint Germain macht auch in diesem Buch wieder deutlich, dass echte Esoterik keine Spielwiese ist, auch wenn sich unter dem Begriff "Esoterik" allerlei Mummenschanz tummelt. In Teilen der einschlägigen Literatur werden uns manche Informationen über die geistige Entwicklung des Menschen, seinen Aufstieg durch die Sphären, die sogenannten Aufgestiegenen Meister, Engel, Erzengel und andere Lichtwesen, die Weiße Bruderschaft, Avatare, Shambhala, und so weiter oftmals auf recht primitive Weise nahegebracht. Saint Germain äußert sich dazu hier und dort sehr radikal, weil er weiß, welche Umwege und auch Gefahren diese Banalisierung beinhaltet, die den Suchenden auf einem recht kindlichen Niveau festhält.

Er verwendet im vorliegenden Text häufig das Wörtchen "muss". Das kommt, wie ich weiß, oftmals nicht so gut an, weil doch vermeintlich alles "leicht" und "freiwillig" und ein "Spiel" sein soll. Dabei wird außer Acht gelassen, dass ein spiritueller Weg nur mit Disziplin ans Ziel führen kann. Alle Inkarnationen eines Menschen zusammengenommen sind ein Einweihungsweg, ein Stufenweg aus der Quelle zurück zur Quelle, bis sich der Kreis schließt. Und auf diesem gigantischen Weg, den wir am Beginn der Zeit angetreten haben, **müssen** bestimmte Entwicklungsprozesse durchlebt werden. Man kann sie hier und dort verweigern, aber irgendwann muss man sie nachholen. Saint Germain meinte dazu: *"Niemand ist verpflichtet, die höhere Schule sofort zu absolvieren, jeder kann einen 'niederen Abschluss' erwerben und mit diesem mehr oder minder glücklich sein restliches Leben fristen. Aber er wird später wieder an jenen Punkt geführt, an dem die Frage der Entscheidung auf ihn wartet. Einmal muss jeder den Gipfel der Erkenntnis und Wahrheit erreichen. Worauf wartet ihr noch?"*

Persönliche Bemerkungen Saint Germains, einzelne oder unsere gesamte Gruppe betreffend, habe ich stehen lassen - soweit sie auch für den Leser interessant und relevant sein mögen.

Im dem schon erwähnten Buch *Saint Germains Vermächtnis. Ein westlich-abendländischer Einweihungsweg* beschrieb ich, wie dieses und die folgenden Bücher entstanden sind. Darüber hinaus enthält es ein Kapitel über den historischen Grafen von Saint Germain und ein weiteres über die sogenannten Aufgestiegenen Meister am Beispiel Saint Germains, in dem ich ihn ausführlich zitiere. Hier nun finden Sie eine gekürzte Fassung, da dies andernfalls den Rahmen des vorliegenden, ohnehin umfangreichen Buches sprengen würde.

Durch ein befreundetes Medium vertraute mir Saint Germain sein "Vermächtnis", wie er es nannte, zur Veröffentlichung an, nachdem mich der Impuls nicht mehr verlassen hatte, den Inhalt einiger Ordner, gefüllt mit dem Textmaterial der Schulungen, als Bücher veröffentlichen zu müssen.

Saint Germain, der in esoterischen und spirituellen Kreisen bekannte sogenannte Aufgestiegene Meister, der aus der geistigen Welt wirkt, trat in den Neunzigerjahren in unser Leben. Wir, das waren und sind eine kleine Gruppe Menschen, die sich "zufällig" gefunden hatten und die eines Geistes waren und sind. Ein Mitglied unseres Freundeskreises, Myra, war bis zu ihrem Tod im Jahre 2002 über 35 Jahre meine Weggefährtin. Sie fühlte sich seit ihrer Kindheit den geistigen Welten verbunden und hatte die Gabe, Dinge zu sehen, die für die meisten Menschen nicht wahrnehmbar sind. So wurde sie über viele Jahre (und, wie sie später erfuhr, über mehrere Inkarnationen) hinweg vorbereitet, als Medium ein reines Instrument für eine ganz bestimmte Aufgabe zu sein. Myra war das "Sprachrohr" für einen sehr lichtvollen indianischen Lehrer aus den geistigen Welten namens Finor, der sich nach mehreren gemeinsamen Jahren mit den Worten "Heute übergebe ich dich meinem Meister" verabschiedete. So trat Saint Germain in unser Leben.

Er kam, um ein Versprechen einzulösen, das er uns im 18. Jahrhundert gegeben hatte, als, neben vielen anderen, auch wir in Frankreich seine Schüler gewesen waren. Damals und dort unterhielt der Graf von Saint Germain Schulinternate, in denen von ihm ausgewählte junge Menschen weltlich und spirituell ausgebildet wurden. Sein Ziel war es, durch diese besondere Erziehung eine neue Generation heranzubilden, die in der Lage sein sollte, mit hohen ethischen Voraussetzungen die künftigen Geschicke des damals zersplitterten und in Kriegen zerrissenen Europas in allen gesellschaftlichen Bereichen, wie Politik, Justiz, Wissenschaften, Religion, Medizin und Kultur, zum Fortschritt und zu mehr Menschlichkeit zu wenden. Diese Ausbildung galt nicht nur der Vermittlung des üblichen Schulwissens, sondern sie war auch und vor allem ein Einweihungsweg. Und zu diesem gehörte eine Prüfung, die das Leben selbst abnimmt und die nichts mit den üblichen schulischen Prüfungen zu tun hatte. Nicht alle haben bestanden, und Saint Germain erläuterte uns, dass er jedem der "durchgefallenen" Schüler das Versprechen gegeben habe, ihm noch einmal und letztmalig diese spezielle geistige Wissensvermittlung zu ermöglichen. Wir waren damals in Frankreich nicht zum ersten Mal seine Schüler gewesen, sondern er war, wie er sagte, seit uralten

Zeiten unser Weggefährte und Lehrer. So wiederholte er den damaligen Unterricht als neuerlichen Erkenntnisweg, indem er uns innerhalb von mehr als sechs Jahren an vielen Wochenenden unterrichtete. Er warnte uns, dass er uns vor der Zeit verlassen müsse, wenn Bindungen an ihn entstünden, denn er wolle uns schließlich in die Freiheit führen, was seine Aufgabe sei. Saint Germain unterrichtete zur gleichen Zeit aus demselben Grund und auf ähnliche Weise weitere kleine Schülergruppen in anderen Ländern.

Unser Lehrer verabschiedete sich von uns während einer intensiven Schulungswoche, die wir im Schwarzwald auf einer Hütte miteinander verbrachten. Er hatte uns alles gelehrt und uns alle Werkzeuge mitgegeben, die wir benötigen, um unseren Weg alleine, nur dem inneren Lehrer im eigenen Herzen verpflichtet, weiterzugehen.

Wir waren und sind keine besonderen Menschen, weil wir in den Genuss solcher Unterweisungen kamen. Jeder Mensch durchläuft auf die eine oder andere Art im Laufe seiner Entwicklung geistige Einweihungen, entsprechend der Kulturkreise, in denen er inkarniert war und ist, und jeder hat seine eigenen Freunde und Helfer aus den geistigen Reichen.

Ich möchte an dieser Stelle darauf verzichten, das facettenreiche und überaus spannende Lebens des historischen Grafen von Saint Germain, der Diplomat, Arzt, Erfinder, Physiker, Chemiker, Alchemist, Geigenvirtuose, Komponist, Kunstkenner und einiges andere mehr war und der eine universelle Bildung besaß, näher zu beleuchten. Ich habe dies, wie schon erwähnt, in dem bereits erschienenen Buch getan, außerdem empfehle ich am Ende dieses Buches zwei Bücher über die historische Person Saint Germain. Ich möchte Ihnen aber nicht vorenthalten, wie er sich über das Thema der "Aufgestiegenen Meister" geäußert hat, auch zum weiteren Verständnis von Teilen des vorliegenden Buches.

Zunächst, wir dürfen diesen hohen Wesen durchaus auf Augenhöhe begegnen, denn sie sind nicht wertvoller als wir, sondern uns nur etliche Schritte voraus. Oder anders ausgedrückt, ein Grundschüler ist nicht weniger wert als ein Abiturient. Beide befinden sich auf unterschiedlichen Stufen ihrer Entwicklung: Der Abiturient war einmal Grundschüler, und dieser wird einmal einen Schulabschluss haben. So wird deutlich, dass wir alle Meister sind auf den verschiedenen Stufen des Aufstiegs. Saint Germain hat versucht, uns dieses Geschehen mit der Geschichte von Jakobs Traum aus dem Alten Testament zu erklären: *"Jakob träumt, dass Engelwesen auf einer Leiter, die bis in den Himmel reicht, hinauf- und hinuntersteigen, sich zwischen Himmel und Erde bewegen. Was waren das für Engelwesen, die er sah? In Wirklichkeit sah er nur Menschen in ihrem normalen Bewusstseinszustand und in unterschiedlichen Entwicklungsstufen auf ihrem Pfad zwischen Himmel und Erde. Die Tatsache, dass sie ihm wie himmlische Wesen erschienen, drückt sein inneres Wissen um Ziel und Zweck des Lebens aus, das darin besteht, die Himmelsleiter emporzusteigen, also den inneren Aufstieg aus dem Zustand des Gefallenseins wieder zurück zum Ursprung, ins Paradies zu vollbringen."*

Diese Geschichte benutzte er, um das Phänomen der "Aufgestiegenen Meister", ein Begriff, den er eigentlich ablehnt und den die Meister selbst nicht verwenden, zu erklären: *"Er, der am Ende der Jakobsleiter angekommene Mensch, hat nun die freie Entscheidung. Er kann in dieser wieder erreichten Freiheit die Jakobsleiter hinaufgehen und in den Himmel eintreten. Aber nein, er wird, da er nun das Prinzip der reinen Liebe verkörpert, diese Gedanken nicht mehr in sich haben. Er wird zurückgehen, denn er hat die Herrlichkeit geschaut und dabei zurückgeblickt auf jene, die sich noch quälen auf der Sprossenleiter. Viele, die vielleicht einmal Weggefährten waren, befinden sich noch - oder wieder - ganz unten in der Gefangenschaft der Sinne. Er wird also zurückgehen, um all das Empfangene weiterzugeben an jene ..."* Für diese selbstlosen Wesen hat sich im Laufe der letzten Jahrzehnte der Begriff "Aufgestiegene Meister" eingebürgert. Es ist nun aber gewiss deutlich geworden, dass diese Geschichte von Jakobs Traum den Weg eines jeden Menschen repräsentiert.

Wie anderen Meistern auch, werden Saint Germain innerhalb esoterischer Kreise und in der Literatur verschiedene prominente Inkarnationen nachgesagt. So soll er Merlin aus der Artussage gewesen sein, Christoph Kolumbus, Joseph, der Vater von Jesus, Christian Rosenkreuz, der angebliche Begründer des Rosenkreuzer-Ordens, und andere mehr.

Merlin, so sagte Saint Germain, sei keine historische Person, sondern eine allegorische Gestalt, die die Weisheit des keltischen Druidentums repräsentiere. Die Vorlage zu dieser literarischen Figur Merlin mag vielleicht eine (oder mehrere) herausragende druidische Persönlichkeit gewesen sein. Auch die Ritter der Tafelrunde sind allegorische Gestalten (außer König Artus, der vermutlich ein keltisch-britischer Feldherr war), die die verschiedenen Entwicklungsstadien des Menschen repräsentieren. Allerdings hat die Gralslegende, wie alle Legenden, gewiß auch einen wahren Kern, und die handelnden Figuren mögen historische Vorbilder gehabt haben. Auch der Boden, auf dem die Sage handelt, ist heiliges Land.

Saint Germain war in einer seiner Inkarnationen Joseph von Arimathia, *"Jeheschua war meiner Schwester Sohn"*. Er war also der Onkel von Jesus und auch sein Lehrer und reiste mit ihm in der Zeit zwischen dessen zwölftem und dreißigstem Lebensjahr (die "unbekannten Jahre Jesu", wie die Kirche sie nennt) nach Griechenland, Ägypten, Indien, Tibet und in andere Länder. Es waren Reisewege, die der Einweihung und Vorbereitung auf die große Aufgabe galten, die Jesus anschließend in der kurzen Zeit seines öffentlichen Wirkens zu vollbringen hatte.

Saint Germain wird manchmal eine besondere Nähe zu Amerika nachgesagt. Dazu äußerte er sich: *"Mein Name war in Amerika nach der Jahrhundertwende (19. auf 20. Jahrhundert) - einhergehend mit einem jäh aufgeflammten Nationalismus - eine Art Wunderdroge aufgrund des Booms, den die Bücher von Madame Blavatzky auslösten. Und es ging lebhaft das Gerücht im ganzen Lande um, dass ich dereinst das vollenden würde, was ich als Christoph Kolumbus begonnen hätte. Was immer man dabei von mir erwartet hätte, ich war zu Kolumbus' Zeiten im Britischen und konnte daher auch späterhin nicht vollenden, was er begann - eine schreckliche Vorstellung auch, da dieses Erbe von mir nicht hätte ausgelebt werden wollen. Seit jeher war ich an Europa gebunden und habe dort meinen Entwicklungsweg als 'großer Europäer'* (so wurde er genannt) *abgeschlossen, in dem brennenden Wunsch, Europa zum Wiederauffinden seines geistigen Erbes und seiner Wurzeln zu verhelfen, das in zweitausend Jahren Kirchengeschichte fast verloren gegangen war."*

Das Buch *Die Chymische Hochzeit des Christian Rosenkreuz* von Johann Valentin Andreae (1586-1654) ist *"ein zeitloses Märchen, das wie jedes Märchen die Bildersprache der Seele, die eine archetypische Bilderwelt ist, benutzt, um damit eines jeden Menschen Seelenreise am Beispiel der allegorischen Figur des Christian Rosenkreuz in sieben Stufen zu beschreiben."* (Saint Germain) Dieses Buch war ein inspiriertes Auftragswerk des Inneren Ordens der Rosenkreuzer, der seinen Ursprung in uralten Zeiten hat. Christian Rosenkreuz ist also keine geschichtliche Figur und kann daher auch keine Vorinkarnation Saint Germains sein.

Zu weiteren, ihn betreffenden Behauptungen in Teilen der einschlägigen Literatur und im Internet, in dem es scheinbar keinen erfundenen Unsinn gibt, den man auslässt, wenn es um seine Person geht, äußerte er sich: *"Ich habe meinen Wohnsitz weder über Transsylvanien noch in irgendeinem anderen Tempel in den Ätherreichen, sondern nur in euren Herzen. Ich liebe das göttliche*

Feuer, das reine Christuslicht, und diene ihm, wie alles ätherische Leben ihm dient. Ich bin seit altersher Lehrer und finde meine Schüler weltweit, aber ich lebe mit jenen Brüdern und Schwestern im Fernen Osten in bescheidenem Heim und liebe Amerika wie alle anderen Länder, die sich dem Licht öffnen. Wenn ihr mich ruft, komme ich auf euren Ruf augenblicklich und bringe euch das göttliche Feuer der Reinigung. Aber ich bin nicht dessen alleiniger Hüter und Lenker. Dies ist eine ebenso irrige Auffassung wie jene über das besondere Wirken der Heiligen und Engelkräfte und deren Wohnstätten sowie ihre Zugehörigkeit und Wirkweise zu und auf dem einen oder anderen Strahl. Die Vorstellungen, die hier verbreitet wurden - und noch immer werden - sind vom wahren Wesen der Gottesflamme, dem reinen Christuslicht, um Lichtjahre entfernt. Genauso irrig sind die Vorstellungen, wir bräuchten eine bestimmte Musik, mithilfe deren Schwingungen wir erreichbar seien. Musik spielt wohl eine beherrschende Rolle auch in unserem Dasein, aber ich öffne euch die Türen meines Herzens auch ohne Musik und liebe es, wie alle meine Brüder und Schwestern, wenn die Schüler sich uns in Stille nähern, wie ihr wisst. Weder ich noch mein geliebter Bruder Zadkiel (Erzengelenergie) *haben mit Johann Strauß zu tun* (es wird behauptet, er hätte Johann Strauß inspiriert und mit dem Walzer *Geschichten aus dem Wienerwald* könne man sie beide, Saint Germain und Zadkiel, erreichen). *Dies alles geht von völlig irrigen Vorstellungen bezüglich meiner Herkunft in meinem letzten Erdendasein aus* (im 18. Jahrhundert in der österreichisch-ungarischen Monarchie, deren Bürger auch Johann Strauß im 19. Jahrhundert war), *wie es mangels Überblick über die europäische Geschichte von Amerika ausgehend weiter kolportiert wurde."* Und mit feinem Sarkasmus: *"Meine bescheidene Person erfuhr eine so unglaubliche Metamorphose, dass ich selbst Mühe habe, mich bei mir noch zurechtzufinden." - "Der Name Saint Germain gehörte zu jenem Menschen, der neunzig Jahre lang teilhatte an den Geschicken seines Jahrhunderts. Der Lehrer, der er seit jeher war und ist, trägt einen anderen Namen*

- wie ein jeder Träger eines heiligen Namens ist, der in den inneren Reichen lehrt und wirkt. Ihr aber wollt mich mit dem euch bekannten Namen im Herzen behalten."

Zu verschiedenen fantasievollen Erfindungen innerhalb von Teilen der esoterischen Literatur äußerte er sich: *"Es gibt im Bereich der geistigen Welt keine neuen Errungenschaften, da die alte Ordnung sich noch immer als die einzig wahre erweist ... Und so muss ich einem jetzt um sich greifenden Phänomen eine absolute und für viele vielleicht schmerzliche Absage erteilen. Es gibt keine neuen geistigen Gesetze und keine neuen himmlischen Tempelanlagen ..." - "Glaubt nicht den blumigen Worten neuer Religionsgründer und ihrer Botschafter, sondern einzig der alten, immerwährenden Wahrheit und Wirklichkeit, wie sie in den heiligen Büchern und in den Erfahrungen und Zeugnissen der Mystiker und Erleuchteten aller Zeiten aufbewahrt wurden. Glaubt nicht daran, dass irgendwelche Aufgestiegenen Meister aus über- oder unterirdischen Tempeln zum Wohle der Welt irgendwelche Flammenkräfte lenken. Ihr selbst müsst die Herzensflamme in euch entzünden und lenken, um so euren bedrängten Mitgeschwistern ein Licht in der Finsternis eurer Zeit zu sein. Kein Meister und kein Erzengel nimmt euch diese Aufgabe ab." - "Deshalb rufen jene Kräfte, die es seit Urzeiten unternommen haben, die Menschen aus dem Zentrum ihres Herzheiligtums heraus zu begleiten, allen zu, die sich weder verführen noch manipulieren lassen: Folgt nicht blind irgendwelchen Lehren, die nicht verbunden sind mit der Urtradition und mit dem alten Wissen, das für alle Ewigkeit bewahrt wird von den Eingeweihten der alten Hochreligionen. Es begegnet euch dies auch nicht in der Umdeutung der einzig wahren Lehre durch die verschiedenen christlichen, buddhistischen oder hinduistischen Konfessionen oder Richtungen, sondern dort, wo sich der Kern aller Religionen befindet: in der EINHEIT ALLEN WISSENS UND SEINS, wo es weder Auserwählte noch Verstoßene, sondern nur KINDER DES EINEN VATERS gibt." - "Und dies ist auch das Einzige, was euch wirklich zugerufen werden kann aus den inneren Reichen von einem Lehrer, der nichts ist im Gegensatz zu dem, in dessen Auftrag er seit Jahrhunderten lehrt* (gemeint ist Jesus Christus) *und der viele Gruppen weltweit unterrichtet und der nichts zu schaffen hat mit den Praktiken derer, die sagen, ihre Lehre und Botschaft kämen von ihm." - "So war ich selbst als Lehrer dieser Menschheit ja auch stets ein Instrument für das Spiel jener Mächte und Kräfte, die zeitlos aus dem Ursprung in ununterbrochener Schönheit und Reinheit wirken und fließen - und ich trage seit Äonen Verantwortung dafür, dass das WISSEN und das LICHT AUS DEM ZENTRUM DER WELT in diese Welt gelangen kann."* (Mit "Zentrum der Welt" ist "Shambhala" gemeint, das auch Gegenstand dieser Veröffentlichung ist.)

Und zu seinen immer wiederkehrenden kritischen Äußerungen zum etablierten Kirchenchristentum erklärte er: *"Manche bezeichnen es als Manie, dass in meinen Schulungen mit den Kirchen - eigentlich der Kirche - so unerbittlich ins Gericht gegangen wird. Diese Unerbittlichkeit aber ist nötig, da sonst die ausgetretenen Pfade nicht verlassen werden können. Es muss zu einer esoterisch-spirituellen Erneuerung des christlichen Abendlandes kommen. Es muss den neu-esoterischen Pseudolehren, die wildwuchernd um sich greifen, die Nahrung entzogen werden. Die Menschen müssen endlich auch spirituell mündig werden im Sinne einer universellen Spiritualität, die frei ist von allen Modetorheiten des Zeitgeistes, allen primitiven Formen personifizierter Gottheiten und den damit verbundenen naiven Vorstellungen ihrer Lebensräume. Spiritualität muss endlich in die Seele des Menschen verlagert werden. Nur dort vermag sie aufzugehen und ihrem Menschen Frucht zu bringen. Der Schüler muss angehalten werden, sich Gott nicht mehr außerhalb seines Wesens zu denken."*

Gerne gebe ich auch eine interessante Information an Sie weiter, die Myra auf ihre Frage nach Saint Germains tatsächlicher Herkunft im

18. Jahrhundert von ihm erhalten hat. Ihm wurde und wird nachgesagt, er sei der Erbprinz von Transsylvanien (Siebenbürgen) gewesen, der vor den Nachstellungen des österreichischen Kaiserhauses gerettet werden musste und auf diesem Wege nach Florenz in das Haus Medici kam und dort erzogen wurde. Saint Germain galt damals als "der Mann, der niemals stirbt" (Voltaire). Unbekannt aber dürfte sein, dass er auch nicht geboren wurde. Jeder Mensch käme mit einem Ego zur Welt, so sagte er, und die Aufgaben, für die er gekommen war, wären mit einem menschlichen Ego nicht zu erfüllen gewesen, und deshalb sei er nicht per Geburt erschienen, sondern hätte sich einen Körper erschaffen. Damit hat er gewiss kein Wunder vollbracht und auch keine Naturgesetze gebrochen, sondern Gesetzmäßigkeiten angewandt, die unsere Naturwissenschaft noch zu entdecken hat. Das Leben als Graf von Saint Germain war nicht seine letzte Inkarnation, die er zu absolvieren hatte, sondern er kam wegen gewisser Aufgaben freiwillig immer wieder und hatte schon vor sehr langer Zeit seine Inkarnationskette beendet.

Abschließend möchte ich Ihnen noch einen Auszug aus einem Text von Saint Germain vermitteln, den er Myra für unsere Freunde Thomas und Eva zu deren Hochzeit diktiert hat und den ich mit ihrer Erlaubnis hier zitiere. Dieser Textauszug war auch für unsere gesamte Schulungsgruppe gedacht und ist gewiss auch für Sie aufschlussreich, denn er definiert, was ein wirklicher geistiger Lehrer ist:

"(...) Diese Schulung hat also jetzt ihren Höhepunkt erreicht. Mehr vermag ich euch nicht zu hinterlassen als meine Fußspuren auf eurem Lebensweg - euch nur ein kleines Stück vorangegangen. Ein Lehrer-Schüler-Verhältnis leitet sich immer ab aus Abhängigkeit. Beide sind aufeinander angewiesen. So bin auch ich an jeden einzelnen meiner Schüler durch ein einmal gegebenes Versprechen gebunden. Aber ich bemühe mich, diese 'Bindung' auf die Grundlage der persönlichen Freiheit des Individuums zu stellen. Ihr seid natürlich auch darin frei, das, was ich euch lehre, in toto anzunehmen

oder abzulehnen. Wenn ihr es ablehnt, entlässt ihr mich augenblicklich in die Freiheit. Nehmt ihr es an, bindet ihr mich. Ich bitte euch weder um das eine noch um das andere. Diese Bindung erzeugt für mich kein Leid, sie hält mich neutral in meiner Beziehung zu meinen Schülern, und ebenso neutral wäre die Bindungslosigkeit für mich. Es liegt nicht in meiner Macht, euch zur Annahme oder Ablehnung der Lehrinhalte zu bewegen. Es steht also keinerlei Selbstnutz hinter dem, was ich tue, und es existiert auch kein anderes Motiv, als das der wertfreien Liebe. Und so muss es euch weder bekümmern noch dürft ihr irgendein anderes persönliches Gefühl für das entwickeln, was uns aneinander bindet. Ich habe keinen Ashram, keine äußere Schule, in die ich euch mit dem 'Versprechen der Befreiung' einlade. Texte, Lehren, die nicht wachrütteln und nur substanzlos erhabene, bekannte Lehrsätze wiederholen, die einlullen und unhaltbare Versprechungen geben, wie leicht zum Beispiel 'Erleuchtung' zu erlangen sei, sind das Papier nicht wert, auf das sie gedruckt werden. Und dennoch ging auch euer Schulungsweg zunächst über eine Erfahrungsebene, die ich in diesen Texten gänzlich zur Auflösung bringe. Wie kann das sein? Es hängt natürlich mit der sich mehr oder weniger schnell entwickelnden Erfahrungsbandbreite des Schülers zusammen. Keiner geht schon am ersten Schultag zum Abitur. Nur dort, wo ein kritischer Geist am Werk ist, kann Neues, Fruchtbares entstehen. Wenn ich aus einer Bewusstseinsebene zu euch spreche, die euch (noch) nicht zur Gänze zugänglich ist, so tue ich dies aus dem Wissen heraus, dass ein so wohl vorbereiteter Boden die Saat aufzunehmen vermag, die einmal eine neue Ernte sein wird.

Ihr geht durch das Labyrinth eurer Erfahrungen. Seht meine Aufgabe auch darin, euch den Ariadnefaden zu weben, mit dessen Hilfe ihr den Weg zur/in die umfassende Freiheit zu finden vermögt. Was diese Freiheit ist, findet ihr an vielen Stellen meiner Texte. Bindet euch nicht mehr, bleibt euch treu und verlasst den einmal eingeschlagenen Weg nicht, auch wenn so manches schöne Gasthaus am Weg zur Einkehr lockt. Sich vom Weg abbringen zu

lassen heißt, sich wieder zu binden und Zeit zu vergeuden. Jedes Zentrum, jeder Ashram, auch jede Gemeinschaft ist letzten Endes solch ein 'Gasthaus'. Ihr habt so viel Wegzehrung erhalten, dass ihr solchen Erfahrungen nicht mehr folgen müsst. Ihr könnt es wohl, aber was findet ihr dort? - Bindendes! Spirituelle Gruppen sind dort nützlich, wo sie zur 'wahren Brüderlichkeit' einen Weg aufzeigen, zu einer 'Bruderschaft des Menschen in der Vaterschaft Gottes'.
Es gibt keinen einzigen Ort auf dieser Welt, der für euch so kostbar sein kann wie das Zentrum in eurem Inneren. Warum also 'da draußen' nach etwas suchen, was es dort nicht gibt ..."

Nicht unerwähnt möchte ich lassen, dass Saint Germain selbstverständlich auch "Schwestern" meint, wenn er von "Brüdern" spricht.

Mit der Beschäftigung mit diesem Buch, liebe Leserin, lieber Leser, betreten Sie das Energiefeld Saint Germains, in dem er Sie als Begleiter willkommen heißt auf Ihrer Reise von Malkuth nach Kether.

Brigitte Hussak
Dießen am Ammersee im Frühjahr 2011

1. TEIL

DER WEG ZUR KABBALA

1. TEIL

EINFÜHRUNG IN DIE EINWEIHUNGSLEHRE

ORIENT – OKZIDENT

Einleitung

Wissen, das zur Weisheit führen soll, wollen wir heute im Besonderen kennenlernen. Warum ich den Weg über die Kabbala wähle, werdet ihr verstehen am Ende unseres Weges, denn in ihm ist alle Weisheit der Menschheitsgeschichte enthalten. Es geht nicht darum, irgendwelche sogenannten "esoterischen Erfahrungen" zu machen, sondern darum, das wahre Wissen aller Eingeweihten wieder zu erwerben. Ehe wir uns später den einzelnen Sephiroth zuwenden, wollen wir heute das Gerüst, in dem alles Wissen enthalten ist, aufbauen.

Die Dinge, die ich euch sage, werdet ihr vielleicht in dieser Form nirgendwo geboten bekommen, gewisse Elemente daraus ganz sicher da und dort, aber so komplex nirgendwo. Ich werde gewisse Mysterien berühren, die zu kennen für einen Schüler nötig sind, der den Einweihungsweg gehen will. In vielen Traditionen sind Elemente daraus lebendig, und es war von jeher mein Anliegen, Orient und Okzident miteinander zu verbinden und das Wissen von da und dort zusammenzuführen und aufzuzeigen, wo Analogien, aber auch wo Trennungen bestehen.

Ich möchte euch das Wesen göttlichen Wirkens ausgehend vom "Gesetz" erläutern, das Wesen der höchsten Gottheit, die sich manifestieren kann, und verschiedene andere Dinge mit einbeziehen, die in unmittelbarem Zusammenhang damit stehen. Ich möchte euch in die Geheimnisse des Abendmahles, der Transsubstantiation, also der *Ver-Wandlung* und in die Legende des Grals einführen, die "befruchtet" aus dem Osten kommend, ihren Weg ins Abendland gefunden haben und euch somit den Inhalt der wahren westlichen Einweihungslehre darlegen.

"Zieh deine Ichheit aus und an die Göttlichkeit!
Die Ichheit ist so eng, die Göttlichkeit ist weit.
SEI SELBST!
Er selber will, dass selbst du sollest sein,
dass du erkennest selbst: Er sei dein Selbst allein!
Wenn du ihn hören willst in dir,
musst du nur schweigen,
dann spricht er laut:
"Du warst, sollst sein – und bist
mein Eigen!"
(Angelus Silesius)

WER UND WAS IST GOTT?

Die Frage ist: Wer und was ist Gott? Darauf gibt es zu antworten - ER IST DAS GESETZ! Das GESETZ beinhaltet alles, was je gedacht und geschaffen wurde. Das GESETZ ist Schöpfer und Schöpfung zugleich. Dem GESETZ untersteht alles Geschaffene in hierarchischer Ordnung in der materiellen und geistigen Welt.

Es muss aber jemanden geben, der dieses Gesetz all jenen verkündet, die unter ihm leben, in der materiellen und geistigen Welt. So ist jede Verkündigung ein Sichtbarwerden des Gesetzes. Und alles, was je verkündet wurde, jedes Wort konnte auf diese Weise Fleisch werden, also in die Materie gelangen. Und es kann nichts sein, ohne dass das Gesetz hierfür die nötigen Rahmenbedingungen geschaffen hätte. Die Schöpfung selbst unterlag und unterliegt auf ewig diesem Gesetz. Die Gesetze in der irdischen Welt sind eine Vergröberung des universellen Gesetzes.

Das universelle Gesetz besagt, dass eines das andere bedingt und dass immer das Niedere vom Höheren geführt, regiert und geleitet wird. Und jegliche Entwicklung fußt auf der Höherentwicklung des Bisherigen. So wie aus dem Urstoff, aus dem Geist sich nach und nach alles Leben entwickelt hat, so ist Leben in jeglicher Form etwas Höheres als das, was vor ihm bestand, und folglich kann die Entwicklung gemäß dem Gesetz immer nur endlos nach oben vor sich gehen.

Auch ein MANU selbst - diesen Begriff werde ich später erklären - unterliegt dem Gesetz. Er wird vom Urprinzip bestimmt, für einen Entwicklungsabschnitt, ein "Manvantara", um die Menschen mit dem Gesetz vertraut zu machen. So ist der Manu selbst Teil der Hierarchie, aber er unterliegt nicht den (niedereren) Formen jener, die selbst das Gesetz zur Verwirklichung bringen, sondern erhält seinen Auftrag aus den höchsten Bereichen.

Es gibt nach oben keine Begrenzungen in der Hierarchie. Über dem Höchsten ist immer noch ein Höheres, und dieses Höchste dehnt sich immer seinerseits nach oben aus, weil, wie wir gehört haben, das Niedrigere immer vom Höheren erhalten wird. All dies übersteigt bei weitem das, was ein menschliches Gehirn zu fassen imstande ist.

Jedes Manvantara (auch diesen Begriff werde ich später eingehender erklären) hat also seinen eigenen Manu. Das heißt, dass aus der Hierarchie derjenige, der entwicklungsmäßig nun an der Spitze steht, das Amt des Manu übernimmt als **Gesetzgeber und Christusträger** für das kommende, also sein Manvantara.

Es gibt nur ein Gesetz, nach dem alles strebt, und so wird von Manvantara zu Manvantara das Gesetz auf neue Grundlagen der Erkenntnis gestellt, und der Manu ist immer derjenige, der jeweils dieses Gesetz verkündet.

Das Gesetz beruht immer auf den Säulen des "Dharma". In der hinduistischen Tradition wird das Gesetz die ***Urordnung*** (dharma-vahini) genannt, nach der sich die Entwicklung zwangsläufig vollziehen muss. Wenn das entsprechende Manvantara zu Ende ist, erscheint an der Schwelle des neuen ein neuer Manu, und er ist derjenige, der sich in der Hierarchie jener höher Entwickelten nun an der Spitze befindet, sich als Schöpfer erkennt, nämlich als Widerspiegelung des manifest gewordenen Gesetzes. So wird er also Form annehmen, um dieses Gesetz für das anbrechende neue Manvantara auf der Ebene der Materie zu verkünden und zu verankern. Er verfügt somit über eine zweifache Mission. Der Manu wirkt im Geheimen und wird nur von jenen erkannt, die als wahre Eingeweihte um seine Mission wissen. Aber er kann, weil er das höchste Prinzip verkörpert, eine Spiegelfunktion einnehmen und somit eine **Widerspiegelung des höchsten Prinzips** sein, indem er als solches für alle sichtbar in der Materie wirkt.

Dieser Spiegel hat eine so starke Anziehungskraft und Projektionswirkung, dass alle, die in diesen Spiegelbereich treten, mit ihren eigenen Schöpfungen und Schatten konfrontiert werden, weil der Spiegel Licht auf sie wirft. Daher wird ein solcher Manu, wie immer er aufgrund seiner eigenen Göttlichkeit in die Welt wirkt, das Unterste nach oben kehren, die Herzen der Menschen direkt ansprechen, um sie umzuwandeln, was nicht ohne Schmerz - in der Erkenntnis der eigenen Schwächen, Schatten und Fehler - vonstattengeht.

Jegliches, was dem Gesetz nach in dieser Zeit manifest werden kann, unterliegt diesem Gesetzgeber wiederum in hierarchischer Ordnung. Und so sind für die entsprechenden Perioden alle geschaffenen Wesen im materiellen wie im geistigen Bereich hierarchisch dem Manu untergeordnet, und der Begriff "Hierarchie" bezieht sich auf den jeweiligen Entwicklungs- und Erkenntnisstand der betreffenden Wesenheiten. Das besagt, dass der Manu für seine Periode für alle Wesenheiten, die vom menschlichen Geist noch zu begreifen sind und weit darüber hinaus, das oberste Prinzip verkörpert und alles ihm "untertan" ist. Es ist dies jedoch nicht unter menschlichem Begriffsdenken zu verstehen, denn diese "Untertanschaft" bedeutet nichts anderes, als dass jeder auf der ihm gemäßen Ebene das Dharma gemäß dem Gesetz lebt und es verwirklicht und jenen, die "tieferstehend" sind, behilflich ist, ihren Entwicklungsweg zu vervollkommnen. Das betrifft das ganze Leben, bezieht alle kosmischen Wesenheiten, alle Engelkräfte, die "Herren des Karmas" und all jene, die dem Gesetz unterstehen, mit ein. Mit menschlichen Maßstäben gemessen und Ausdrücken belegt könnte man sagen, dass ein Rotationsprinzip im Herrschaftsgefüge der göttlichen Hierarchie besteht.

Gemessen an all dem ist jede kosmische Wesenheit nicht mehr, als es ein Staubkorn in der irdischen Welt ist, und dennoch beinhaltet sie, wie auch das kleinste Staubkorn einen Mikrokosmos darstellt, der den ganzen Makrokosmos in sich enthält, das Urprinzip, von dem alles ausgeht.

Nicht hundert Milliarden von Begriffsfindungen würden ausreichen, um das Urprinzip mit all seinen Facetten zu beschreiben, und der verkörperte Manu selbst vereint in sich all jene Prinzipen, die nötig sind, um den Menschen das Gesetz zu verkünden und es zu verankern. Und die Herrlichkeit, die sich in ihm zur Form verdichtet hat, ist von so überragendem Glanz, dass ihn kein menschliches Auge ertragen könnte, wenn es seiner ansichtig würde. Und so verbirgt er sich in einer normalen menschlichen Gestalt, und es entspricht dem Wesen des Gesetzes, dass dieses zwar über dem Menschen steht, sich aber dennoch im Menschen selbst nur verwirklichen kann, so wie es sich im Manu verwirklicht hat.

Die Anlagen, die ein Manu in sich trägt, trägt auch jedes geschaffene Wesen in sich. So ist die Hierarchie selbst ein Bewusstseinszustand von Wesenheiten, die sich jeweils auf dem gleichen "Niveau" befinden, und dieses Niveau könnte man, um ihm überhaupt einen Namen zu geben, als "Strahl" bezeichnen. Das System der Kabbala hat dieses Wissen in Form gefasst und im "Lebensbaum" dargestellt.

Um noch genauer zu sein, “Strahl” meint jene kosmische Energie, die aus dem kollektiven All-Bewusstsein heraus dem “gefallenen Adam” die Möglichkeit gibt, in den ursprünglichen paradiesischen Zustand - was wir später noch vertiefen werden -, nämlich in jenen der Gottgleichheit zurückzufinden.

ADAM KADMON war zwar Gott gleich - *“nach seinem Bilde schuf er ihn”* -, aber er war nicht identisch mit ihm, wie das Kind auch nicht identisch ist mit seinen Eltern. In den Zeitaltern der Rückkehr des gefallenen Adam in den Urzustand des Adam Kadmon dient ihm diese Strahlenenergie als unterschiedlich zu bewertende und vielfach erfahrbare “Qualität” - gemäß seiner jeweiligen Entwicklungsstufe. In Wirklichkeit gibt es nicht eine bestimmte Anzahl von Strahlen, sondern nur Abschnitte in der Entwicklungsgeschichte des Adam, die entsprechend der Qualität der Eigenschaften, die er erwarb, in seine jeweilige Lebens- und Erfahrungssituation einflossen beziehungsweise immer noch einfließen.

Tatsächlich sind, wenn wir beim Begriff der “Qualitätskriterien” bleiben, überhaupt erst zwei Strahlen manifest geworden, während der dritte Strahl, der das Fischezeitalter auf den höchsten Entwicklungsstand, nämlich jenen des “Paradesha in Christus” (Paradesha = Paradies) zurückführen sollte, schon kurz nach Beginn seines Eintritts versagte und nur im Geheimen, also unter den Hütern der esoterischen Traditionen überhaupt am Leben erhalten werden konnte.

So beinhaltet nach dieser Darstellung der **erste Strahl** die **Qualität des göttlichen Lichtes und der All-Macht**, die, wenn sie sich ins Gegenteil verkehrt, Dunkelheit und schrecklichen Missbrauch der Macht zur Folge hat. So besehen befindet sich die Welt in vielfacher Hinsicht noch immer im negativen Zustand des ersten Strahls, hat sich also entwicklungsgeschichtlich so gut wie nicht bewegt.

Der **zweite Strahl** wird, wenn Adam die Qualitäten des ersten Strahls einmal erfahren und gelebt, also verwirklicht hat, ihn befähigen, **Weisheit des Herzens** und das **Wissen der Eingeweihten** zu erreichen. Hier begann einst das Wissen Form anzunehmen in der Begründung der hermetischen Tradition, die die Mittel des ersten Strahls nun durch **Anwendung der Erkenntnis** zur Blüte bringen möchte.

Der **dritte Strahl**, als Synthese der beiden ersten, führt dann in die **Praxis der Anwendung alles bisher Gelernten**. So könnte man die Qualität der Strahlen eins und zwei als die "Schule", diejenige des dritten Strahls als die "Lehre mit Praktikum" bezeichnen. Seine Durchdringung und Manifestation wird er wohl erst in der Zukunft der Menschheit, für die der jetzige Manu Sorge trägt, erfahren, denn wo sonst ließe sich heute jene Kraft finden, die aus der **Weisheit der Wahrheit** = SATYA kommt?

Wenn man das bisher Gesagte nun auf den kabbalistischen Lebensbaum überträgt, so muss man sehen, dass es dort nicht sieben, sondern zehn Stufen hierarchisch-kosmischer Entwicklungsschritte, dargestellt in den zehn Sephiroth, gibt, die das Leben in seiner Gänze umschließen, das materielle ebenso wie das geistige. Natürlich ist auch der Lebensbaum nur eine Hilfestellung, ein Symbol, um göttliches Wirken bis hinunter in die dichteste Materie überhaupt begreif- und darstellbar zu machen. Die sieben Geister des Farbspektrums, also der Bewusstseinsebenen, die dem göttlichen Spektrum zugeordnet sind, haben nichts mit der Erkenntnisstufe und den Erkenntnisgraden dessen zu tun, was in der Kabbala beschrieben wird.

Alles Leben ist eins. So unterscheidet sich euer Leben in Wirklichkeit nicht von dem unseren und das unsere nicht von jenem des höchsten Prinzips. Es unterscheidet sich lediglich in der Art und Durchdringung der Erkenntnis und in dem, was man im menschlichen

Verständnis als Entwicklung bezeichnet. Da aber alles Geschaffene ohne Anfang und Ende ist, kann man alles das, was sich "dazwischen" bewegt, in der Tat als das benennen, was im Sanskrit als "leela" bezeichnet wird, als "göttliches Spiel", was natürlich zu Missverständnissen verleitet, wenn wir es unserem Sprachgebrauch gemäß anwenden. Denn für uns ist "Spiel" immer nur mit einer Art Zeitvertreib zu übersetzen. In Wirklichkeit aber handelt es sich bei einem "leela" um alles, was Gott bewegt zwischen Nichtanfang und Nichtende, und es stellt somit die Entfaltung des Göttlichen in seiner immerwährenden Ausdehnung ins Unendliche dar.

Wenn der neue Manu des jetzt anbrechenden Manvantara von sich sagt, er sei der Schöpfer, dann meint er, dass er derjenige ist, der die Idee, die das Prinzip aus sich heraus geboren hat, in die und in der Materie verdichten durfte. Denn so gesehen untersteht auch der verkörperte Manu dem Gesetz, das ihm diesen Auftrag gab. Der Manu verkörpert nicht selbst das Urprinzip, das die Idee hervorgebracht hat, wohl aber den Baumeister, wie die Freimaurer dieses Prinzip in Person nennen, der das Große Werk vollbringt.

Nur so ist das Göttliche überhaupt erst zu verstehen, da es in der menschlichen Form eines Manu sichtbar geworden ist und dem Menschen mithilfe des Bewusstseins, das ihm als Erkenntnis eingegeben ist, nun die Möglichkeit gibt, diese Form auch als Manifestation des Göttlichen zu erkennen. Dass sich darüber und darüber und darüber wieder noch Unendliches befindet, ist für niemanden mehr vorstellbar, und so ist alles jetzt Geschaffene nur darauf ausgerichtet, jenes Gesetz zu erfüllen, das der Manu für sein Manvantara zu verkünden und zu verankern hat. So kann der Manu von sich behaupten "Ich bin der All-Eine", weil er dessen Widerspiegelung in der materiellen Welt ist.

Ein Manu als Widerspiegelung des Höchsten wird von denen, die zu ihm aufschauen, nie verlangen, ihn anzubeten, denn ein Gebet ist nur an das allerhöchste Prinzip selbst zu richten. Was der Manu aber bewirken kann, ist, dass ein Mensch in der Meditation und Nach-innen-Wendung das Gesetz, das er verkündet, in sich zu entdecken vermag und die Erkenntnis, die er daraus gewinnt, im Leben umzusetzen imstande ist. Man kann sich wohl mit dem Manu verbinden von Herz zu Herz und mit ihm sprechen wie mit einem Freund, weil er Wohnung hat in diesem Herzen. Und man kann ihn aufsuchen, zu seinen Füßen sitzen und seine Kraft in sich aufnehmen, aber das Denken und das, was als Gebet bezeichnet wird, hat dem Prinzip über ihm zu gelten. Zu einem Vorbild und Lehrer betet man nicht, aber man verbindet sich von Herz zu Herz mit ihm, um das, was er zu geben hat und als Lehre bringt, in sich zu verwirklichen. Und so muss der Tag kommen, wo jeder die eigene Heiligkeit in sich entdeckt und im Folgenden nicht mehr die Form des Manu oder irgendeines Heiligen aufsuchen muss, um dieser eigenen Heiligkeit noch ein Stück näher zu kommen. Kein Manu darf und wird auf diese Weise die Menschen an sich binden, sonst wäre er nicht der, der er von sich sagt, dass er sei. Der Manu kann der höchste Freund und Geliebte sein, aber es ist die **Aufgabe des Menschen, jegliche Bindung zu überwinden.** So muss auch eines Tages diese Bindung gelöst werden, so wie zu allen anderen, mit denen man sich *ver-bunden* hat, denn nur in der **Freiheit der Bindungslosigkeit** wird man die eigene Vorwärtsbewegung und den eigenen Aufstieg ermöglichen. Denn alles, was noch an Bindung besteht, hindert euch letztlich daran, wirklich voranzuschreiten. So werde auch ich euch als aktiver Lehrer wieder verlassen, wenn diese Schulungen zu Ende sind, und so werdet ihr auch eines Tages die Form des Manu verlassen, die ihr jetzt noch so sehr liebt, zugunsten des Erkennens dessen, der in euch (noch) schlummert und "erweckt" werden will. Wenn ihr jetzt sein und mein Bild verehrt, so tut ihr es in Form der Verehrung eines Talismans, was euch große Kräfte verleiht und der euch (noch) Helfer ist, aber eines Tages nicht mehr gebraucht wird. Wahre spirituelle Freiheit ist erst dann möglich, wenn euch nicht einmal mehr das kleinste Bild an eine Form bindet. Solange ihr des Bildes bedürft, seid ihr nicht wirklich frei. Dann gebt ihr dem **inneren Bildner** noch nicht Macht über euch.

Frei zu sein von allen Bindungen ist das Schwierigste, das der Mensch zu lernen hat. Aber nur dieses führt ihn zur absoluten Freiheit. Wenn ihr mich und mein Wirken verbindet mit der "Idee der Freiheit", so ist es meine wirkliche Aufgabe, euch in diese Freiheit zu führen. Und so gesehen kann man ruhig das Bild in sich bewahren, dass es mein Tempel der Freiheit wäre, in dem ich wirke und die Flamme der Umwandlung und Transformation lenke. Dies trägt den Gehalt der Wahrheit in sich, wenngleich es kaum etwas von dem besagt, was tatsächlich meines Amtes ist.

Wir unterstehen wie ihr dem Gesetz des Manu, aber wir haben Freiheit in Form der Überwindung aller Bindungen erreicht. So ist es, gemäß der hierarchischen Struktur, unsere Aufgabe geworden, diejenigen, die noch gebunden sind, in diese Freiheit zu geleiten. Freiheit heißt, sich zwar dem Gesetz zu unterwerfen, weil nichts außerhalb des Gesetzes existieren kann, aber in gleicher Weise wie der Gesetzgeber zu handeln, nämlich das Prinzip auf der Ebene, auf der wir wirken, zu lehren, zu verankern und seine Widerspiegelung zu sein.

Und so sind naturgemäß alle Wesenheiten in ihrer jeweiligen Ebene immer auch eine Widerspiegelung des allerhöchsten Prinzips. Das ist gleichermaßen eine Erklärung des hierarchischen Systems wie des Prinzips der Strahlen, denn beide sind, so gesehen, identisch. Dort, wo die Menschen aufgrund gewisser Offenbarungen versuchen, dieses Prinzip zu verstehen, verdichten sie es allerdings schon wieder zu einem fundamentalistischen Lehrgebäude, das sie daran hindert, göttliches Wirken, das auch das Wirken der verschiedenen göttlichen Ebenen meint, zu verstehen. So kann man nicht grundsätzlich sagen, dass die Lehre, die diese Gruppierungen verbreiten, in sich gänzlich falsch ist, aber sie begrenzt und vermittelt letztlich nur einen sehr ungenügenden Eindruck dessen, was sich wirklich dahinter verbirgt. Dies drückt im Kern schon aus, dass es sich auch bei der "wahren Kirche" um etwas Verborgenes handelt.

Deshalb darf es dem wirklich Suchenden nicht genügen, sich auf der feinstofflichen Ebene bestimmte himmlische Tempelanlagen vorzustellen, sie sich *ein-zu-bilden*, in denen "das Wissen" und "das heilige Feuer" gehütet werden und die Schulungszentren auf der Traumebene der Mysterienschüler darstellen. **Diese Schulungen empfängt dem Gesetz gemäß jeder in sich, und er muss hierfür nicht irgendwelche Tempel aufsuchen. Ein Tempel ist in Wirklichkeit Gottes Haus im Inneren eines jeden Herzens.**

So gehören auch jene Gruppierungen nicht einmal in den Wirkungskreis jenes "geistigen Zentrums", das ein Abbild des wirklichen Zentrums der Welt ist, und sie müssen, dem Gesetz entsprechend, eines Tages ebenso hinweggefegt werden wie die Sekten und "Kirchen auf Zeit". Dazu aber später noch mehr.

Es liegt mir sehr daran, dass ihr euch mit der ursprünglichen Lehre, die das alte Einweihungswissen bewahrt hat, wieder vertraut macht, nämlich jenem der **Kabbala** und den daraus abgeleiteten Erfahrungen, wie sie die **Lehre des Rosenkreuzertums** und auch die **Gralslegende** für den westlichen Menschen verfügbar machen.

Wie ich schon sagte, ist es nicht falsch, sich ein Bild von den jenseitigen Welten und Reichen zu machen. Aber letztlich begrenzt dies derart, dass diese Menschen immer gezwungen bleiben, im Äußeren zu handeln, Flammenkräfte von außen zu lenken. Auf diese Weise kann von ihnen nicht wirklich gelernt werden, die innere Christusflamme zu entfachen, die in Wirklichkeit einzig und allein gelenkt werden soll.

Um diese Arbeit mit dem heiligen Feuer, der sogenannten "violetten Flamme", von außen nach innen erfahrbar zu machen, indem ihr mental die Vorstellung einer Flamme zu entwickeln hattet, die reinigende und umwandelnde Kräfte besitzt und aus hohen Ebenen heruntergeleitet und gelenkt wird, habt ihr ein wichtiges alchemistisches Werkzeug benutzen dürfen. **Denn alles, was ihr mental bewirken wollt, muss sich, dem Gesetz folgend, manifestieren, wenn es aus dem Bewusstsein KETHERS, der Krone, der ICH-BIN-Gegenwart heraus geschieht.**

Aber es kann dies nur ein Anfang einer Erfahrung sein, die euch hineinführen muss in die Bereiche, wo ihr die innere Flamme zu lenken befähigt werdet. Und gleichzeitig mit dem inneren Feuer, das ihr entfacht und das beeigenschaftet ist mit der Qualität aller sieben Farbaspekte, die letztlich doch nur das eine, das Weiße Christuslicht darstellen, werdet auch ihr das Dharma, das wieder aufzurichten der Manu gekommen ist, in seiner letzten Konsequenz zu verwirklichen haben.

Dies, meine geliebten Kinder, ist die reine Lehre. Und so bin ich jener, der im Auftrag des Manu diese Idee der Freiheit in dem neuen Yuga (Zeitalter) zu verkünden und zu verankern hat. Dies ist mein Platz in der Hierarchie, und ich beginne bei jenen, die ich seit langem schon darauf vorbereitet hatte und die bisher immer wieder den Verlockungen der niederen astralen Ebenen erlegen waren. Und ich begebe mich dabei jeweils auf die Erkenntnisstufe jedes einzelnen Schülers.

Ihr habt nun die Möglichkeit, diese Freiheit, fußend auf der Lehre des Manus, die er euch gegeben hat, zu verwirklichen. So ist es an euch, diese Lehre anzunehmen, meine Hilfe anzunehmen und das, was ich euch aufzeige, in eurem Leben umzusetzen. Es wird euch später nie wieder diese Gnade und Möglichkeit zuteil. Nochmals, was ihr jetzt nicht begreift, weil ihr euch vielleicht wieder den Verlockungen des äußeren Lebens hingebt, wird euch so nie wieder dargeboten. Aber **die Freiheit - oder die Idee zur Freiheit - ist jedem Menschen eingeboren**. So, wie sie sich auch auf der irdischen Ebene eines Tages manifestieren muss, weil die Schöpfung auf Dauer keine Unvollkommenheit duldet, so werdet auch ihr eines Tages zu dieser Freiheit finden. Warum also jetzt noch Zeit durch Umwege vergeuden? Ich werde immer derjenige sein, der euch dann in diesem "Tempel", in diesem inneren Gotteshaus, dessen Baumeister die Widerspiegelung des höchsten Prinzips darstellt, empfängt. Lasst nicht mehr zu, Umwege aus vermeintlicher Bequemlichkeit zu suchen, sondern geht den Weg weiter, der euch aufgezeigt wird.

Denn es ist so, wie ich euch schon sagte, dass die Welt euch braucht, und es ist auch so, dass eurem Lehrer sehr daran liegt, dass ihr den "Aufstieg in die nächste Klasse" erreicht. Und ich wäre wohl ein schlechter Lehrer, wenn es nicht mein Anliegen wäre, dass ihr das Klassenziel auch erreicht. Und so arbeiten der Manu und wir Hand in Hand, Herz in Herz, Geist in Geist.

Und nun wollen wir, zum besseren Verständnis göttlichen Wirkens, uns dem alten Wissen der Menschheit in seiner wahren Essenz nähern und behutsam den Kern der Einweihungslehre freilegen, wie sie uns im System der Kabbala dann im zweiten Teil begegnen wird. Zunächst aber wollen wir die Verbindungslinie west-östlicher esoterischer Tradition einmal näher betrachten, um ihre Analogien, aber auch ihre unterschiedlichen Erkenntnisstufen zu erfassen.

Der Gottesbegriff fußt auf der menschlichen Vorstellung, es handle sich dabei um eine Person, indes das **Gesetz** aber vom **reinen Prinzip** ausgeht und von der **kosmischen Intelligenz** spricht, die das reine, geistige Licht nur widerspiegelt, das dieses Gesetz (Dharma) verkündet. Diesem Licht liegt unser gesamtes Dasein und dessen Bedingungen zugrunde. Zugleich handelt es sich hierbei um den **Archetyp des Menschen**, den ADAM KADMON der Kabbala, mit dessen denkerischem Aspekt (manava) wir uns später noch eingehender beschäftigen werden.

“Dharma” bedeutet wörtlich Gleichgewicht oder Harmonie. Es handelt sich hierbei um die **Widerspiegelung des unbeweglichen, des höchsten Prinzips in der gewordenen Welt** (und wird als Sinnbild ausgedrückt im Symbol der “Swastika”, hierzu später noch mehr).

Alle alten Traditionen stellen bildnerisch das “Zentrum der Welt” dar. Bei den Griechen hieß es “Omphalos”, das bedeutet “Nabel”. Es bezeichnet aber auch jede Art von Mittelpunkt, wie sie zum Beispiel die Radnabe darstellt. Alle Abweichungen in den verschiedenen Sprachen, die dieses Wort zum Ausdruck bringen (Sanskrit: “Nabh”; germanisch: “nab” oder “nav”; im Keltisch-Gälischen: “nav” oder “naf”), beziehen sich selbst auf den Ursprung. Im Gälischen hat es auch noch die Bedeutung “Herr” und wird in diesem Sinne auch auf Gott angewendet und drückt somit die Idee des **Zentralprinzips** aus. Die Bedeutung von “Nabe” oder “Nabel” ist deshalb so wichtig, weil das **Rad** überall **ein Symbol der Welt** ist, das sich um einen festen Punkt dreht. Die “Swastika” ist eines der hierfür gebrauchten Symbole, das aber nicht die Umdrehung, das heißt die Manifestation darstellt, sondern das Zentrum selbst zum Ausdruck bringt. Somit ist die Swastika kein Bild der Welt, sondern jenes der Tätigkeit des Urprinzips in seiner Wirkung auf die Welt.

DIE WIDERSPIEGELUNG DES UNIVERSALEN GESETZGEBERS IST DER MANU

Der verkörperte Manu unseres Zeitalters ist laut Saint Germain der Inder Sri Satya Sai Baba, der in Puttaparti, Südindien lebte und wirkte. Sai Baba hat eine mehrere Millionen Menschen zählende, weltweite Anhängerschaft. Wie Friedrich Schiller schon feststellte, beliebt der Mensch "das Strahlende zu schwärzen und das Erhab'ne in den Staub zu zieh'n". Das hierfür geeignetste Medium ist gegenwärtig das Internet, das wie ein rechtsfreier Raum erscheint, in dem man nach Lust und Laune Menschen verleumden und ihren Ruf schädigen darf. Dieses "Schicksal" teilt Sai Baba mit anderen herausragenden Zeitgenossen. Saint Germain erklärte, dass der Manu eine so starke Spiegelfunktion und Projektionswirkung ausübt, dass alle, die in diesen Spiegelbereich treten, mit ihren eigenen Schatten konfrontiert werden. Es ist leider allzu menschlich, dass man seine eigenen Schatten von sich weg auf diese riesige Projektionsfläche wirft. So gibt es kaum Untaten, die lichtvollen Wesen in Menschengestalt nicht nachgesagt werden.

Saint Germain äußerte sich auf unsere, die Gerüchte über Sai Baba betreffende Nachfrage: "... Ein Grundproblem zeigt sich hierbei darin, dass die Hinwendung und die Liebe zu jemand 'Höherem' so leicht zu erschüttern ist, weil man diesen natürlich immer nur von der eigenen Position her beurteilen kann, von der Position des Menschseins mit all den Unwägbarkeiten, die dazugehören. So wird Sai Baba einerseits in den Himmel gehoben, um ihn dann umso leichter auf dem Boden zerschmettern zu können, eben so wie Menschen gemeinhin miteinander Umgang pflegen. Hinzu kommt heute die Möglichkeit, über das Internet alles in der Welt verbreiten zu können, wonach einem der Sinn steht, und mit Vorliebe solchen Menschen Schaden zuzufügen, deren Anliegen es ist, die Menschheit zu heilen. Das heißt, dass das Göttliche, das man sich ja nur als ein übersteigertes Menschsein vorzustellen vermag, in den Schmutz gezogen werden muss, damit es den menschlichen Maßstäben entspricht. Es ist eine traurige Tatsache, dass Menschen, die von einem Weltlehrer nur Gutes erfahren haben, sich schon beim nichtigsten Anlass sofort von ihren eigenen menschlichen Eigenschaften täuschen lassen und diese nun, von sich weg, auf Sai Baba projizieren ..." Und weiter: "... Solange es Menschen gibt, wird es solche Vorkommnisse geben, weil der Mensch leider niemals auf der Höhe seines Gefühls zu bleiben vermag, sondern immer wieder heruntersteigt in die Dunkelheit und hierzu seinen Sündenbock mit sich nimmt ..." – "Ihr alle wärt heute nicht hier und nicht diesen Zweifeln ausgeliefert, wenn ihr nicht seinerzeit (im 18. Jahrhundert) eurem Lehrer (Saint Germain) mit ähnlichen Vorwürfen geschadet hättet. Es wiederholen sich die Dinge immer wieder und so lange, bis die eigenen Handlungen wirklich erlöst und geklärt sind ..." Und abschließend: "Ich möchte ausdrücklich betonen, dass alle Handlungen, die Sai Baba bei Männern vornimmt, zum Zwecke der Heilung geschehen. Leider können sich die meisten Menschen auf dieser Ebene nur niederste sexuelle Beweggründe vorstellen."*

Wer aber ist dieser Manu, von dem wir jetzt schon so viel hörten und dessen Verkörperung wir kennen und verehren?

Der Begriff "Manu" findet sich neben verschiedenen verwandten Formen bei einer großen Anzahl der alten Völker. Er wird abgeleitet

---

* *Texte in abgesetzter Schrift sind erklärende Anmerkungen von Brigitte Hussak.*

aus der Sanskritwurzel "man" = Mensch. "Menes" nannten ihn die Ägypter, "Menw" die Kelten, "Minos" die Griechen.

Das höchste Prinzip, das, wie wir gehört haben, eine Widerspiegelung des reinen Lichtes ist und die kosmische Intelligenz darstellt, kann sich in einem geistigen, in der irdischen Welt bestehenden Zentrum manifestieren und wird dort die Aufgabe übernehmen, die unversehrte, geistige, ursprüngliche "Tradition des Weltwissens" unversehrt zu bewahren (arupa-rusheya), das sich über all die Jahrhunderte, ja Jahrtausende nur jenen mitteilte, die es aufnehmen konnten, den wahren Eingeweihten. Diese göttliche Erscheinung (Erscheinung meint hier, das Prinzip des Spiegels einnehmen und sich als solcher zu manifestieren), die den Manu repräsentiert, identifiziert sich, aufgrund der Erkenntnis, die er zur Ausübung seines Amtes erreicht haben muss, mit dem Prinzip, dessen menschlichen Ausdruck - CHRISTUS - es darstellt und vor dem seine eigene Individualität zurücktritt, wenn es sich in seiner ganzen Herrlichkeit zeigt. Dies geschieht nur im Verborgenen und ist nur von jenen Eingeweihten wahrnehmbar, die in der Lage sind, solch ein Mysterium zu begreifen.

Dies ist der wahre "Pontifex", der die zweifache Macht, die **priesterliche** und die **königliche**, innehat. Und diese Eigenschaft kommt im Sinne des Wortes "Macht" nur dem Haupt der Hierarchie aller Eingeweihten zu. Und wenn ich das Wort "Ponti-Fex" (= Brückenbauer) gebrauche, so bezieht sich dies auf die Funktion des Mittlers zwischen dieser Welt und den höheren Welten. Deshalb ist der **Regenbogen** als Ausdruck der "himmlischen Brücke" in allen Traditionen das natürliche Symbol dieses Pontifikats. Bei den alten Hebräern ist er das "überhöhte Pfand" für Gottes Bund mit "seinem Volk"; in China gilt er als Zeichen der Vereinigung von Himmel und Erde; den Griechen repräsentierte diese himmlische Brücke Iris, die Götterbotin. Auch bei den Persern, den Arabern, in Zentralafrika und bei den alten germanischen Völkern stellt der Regenbogen die Brücke, die Verbindung zwischen der "sinnlichen" und der “übersinnlichen” Welt dar. Und zu allen Zeiten konnte der “regierende” Manu dieses Sinnbild, wie alles Geschaffene in der Welt der Erscheinungen, nach seinem Gutdünken erschaffen, verändern beziehungsweise beeinflussen. (Legendär sind die Regenbogen, die Sai Baba in Puttaparthi, seinem Wohnort, erschuf und die keinen vorangegangenen Regen benötigten. Ich hatte einmal die Freude, dort mehrere solcher hintereinander angeordneter Regenbögen zu sehen.)

Der Manu, in Indien mit dem Begriff “Chakravarti” oder “Poorna-avatara” belegt, ist wörtlich “derjenige, der das Rad in Bewegung setzt”, das heißt derjenige, **der in der Mitte aller Dinge ihre Bewegungen bewirkt, ohne selbst an ihnen teilzuhaben**, oder, wie Aristoteles ihn nannte, der **“unbewegte Beweger”**.

Diese “Mitte”, um die es sich hier handelt, ist der feste Punkt, der in allen Überlieferungen der “Pol” genannt wird, um den sich die Kreisbewegung der Welt vollzieht. Bei Kelten und Hindus wird er in enger Verwandtschaft als “fliehendes Rad” in Form der “Swastika” dargestellt, und diese Kreisbewegung, die er *sinn-bildlich* darstellt, ist die Bewegung um den Mittelpunkt einer unbeweglichen Achse. Der feste Punkt in der Mitte ist aber das wesentliche Element, das dieses Symbol in Wirklichkeit meint, wie wir vorhin schon gesehen haben. (Den Punkt werden wir am Schluss unseres heutigen Weges in seiner ursprünglichen Bedeutung in der Manifestation des OM noch betrachten.)
Dieses missbrauchte Symbol (Swastika = Hakenkreuz) wollen wir jetzt zeichnen (der Leser kann dies auch auf dem Papier oder gedanklich tun), zu dessen wahrer Erlösung und geistigen Wiedergeburt in diesem Land.

Dieser “unbewegte Beweger” ist auch die Rolle, die der Manu in seiner Verkörperung als Pontifex innehat. Seine Funktion entspricht den Begriffen “Gleichgewicht” oder “Harmonie” und meint, wie wir schon eingangs sahen, den Sanskritbegriff des “Dharma”, das wiederherzustellen er gekommen ist. Allgemein versteht man hierunter also die "Widerspiegelung des Unbewegten", des "höchsten Prinzips in der gewordenen, kreierten Welt". Deshalb sind die Eigenschaften des wirklichen Pontifex Gerechtigkeit und Frieden, die in der "Welt des Menschen" ("manava loka"), also im Grobstofflichen, in Form von Gleichgewicht und Harmonie, dem wahren Dharma, wie wir gesehen haben, zum Ausdruck kommen.

Seit jeher streben die Menschen nach Ganzheit. Die **12** ist dabei das älteste Symbol für die Ganzheit, die als Ausdruck gilt für die **nur in der Einweihung erfahrbare Ganzwerdung von Adam.** Der Kosmos stellt hierfür das Vorbild mit seinen Tierkreiszeichen. Immer findet sich in der Einweihungstradition dieses Symbol wieder, und auch wir werden ihm später noch begegnen.

Auf gesellschaftlichem Gebiet träumen die Menschen den Traum von einem Weltreich, das alle Menschen umfasst. Lasst uns bei diesem Gedanken noch ein wenig verweilen. Als der "alte Adam" noch alleine war, hatte er mit den Engeln alle Ämter und Möglichkeiten **allein** (All-Eins) inne. Damals war das Kreuz noch das Symbol der unversehrten Ganzheit. In der Breite umfasste es alle menschlichen Möglichkeiten. In der Achse vertrat es den Menschen in dessen *außer-menschlichen* Möglichkeiten und bildete die Brücke ins Jenseits. Aber sobald es mehrere Menschen gab, entstanden schon die ersten gesellschaftlichen Fragen, was besagt, das Geheimnis in der "gesellschaftlichen Tugend" liegt darin, dass der Mensch die Erkenntnis erwarb, nicht allein zu sein - *"... und er aß die Frucht vom Baum der Erkenntnis"* -, er ging also in die Zweiheit, fühlte sich fortan getrennt vom Ursprung und verließ so den Zustand des Paradieses. Wie hätte Adam nach diesem "Sündenfall" das Urprinzip noch verstehen, ja, sich mit ihm identifizieren können?

Der von mir so gerne verwendete Begriff "Das Herz des Vaters" meint in Wahrheit die Sehnsucht des gefallenen Adam - des verlorenen Sohnes - nach seinem Urzustand, dem Haus des Vaters im Paradies, aus dem er einst "vertrieben" wurde und in das zurückzukehren sein einziges Ziel ist. Wir werden auch dies im Folgenden noch vertiefen.

Das kosmische Prinzip ist "Energie". Bewusstsein wird erst durch Bewusstheit zum Bewusstsein und damit begreifbar. Gott kann seitdem nur noch als Bild oder Form, als Widerspiegelung gewisser Qualitäten, die man mit "göttlich" beschreibt, erfasst werden. Aber er ist und bleibt selbst nur das Prinzip. Ihr erinnert euch dessen, was ich euch vor einiger Zeit schon mitteilte und was Buddha lehrte:

Das höchste Wahre ist ohne Bild.
Gäbe es aber gar kein Bild,
so gäbe es keine Möglichkeit,
wordurch es sich als das Wahre
manifestieren könnte.
Das höchste Prinzip ist ohne Worte.
Gäbe es aber überhaupt keine Worte,
wodurch könnte es sich dann
als Prinzip offenbaren?

So entstanden nach und nach, weil Adam die verschiedenen Aspekte dieses Prinzips allmählich zu isolieren begann, die vielen verschiedenen Gottheiten. Und Adam vermochte nur noch die ihrer Natur innewohnenden Kräfte zu verehren, bis schließlich deren "Qualität" hinter den sich bildenden Formen und Personifizierungen verschwand, besonders in den primitiven Ausformungen verschiedener religiöser Gruppierungen. Damit wurde der Grundstein gelegt für die Idolverehrung, die sich vom eigentlichen Ideal immer weiter entfernte. Die heutige Götzenverehrung so mancher Film- und Rockidole hat natürlich auch ihren Ursprung darin, denn es sind, da Gott verloren wurde, nunmehr Ersatzgötter vonnöten, um die innere Sehnsucht in Gang zu halten.

Um zu diesem Ideal zurückkehren zu können, habe ich euch, die ihr wieder zum ADAM KADMON, dem Bewohner des wahren Paradieses werden sollt, den Talisman gegeben. Er besteht aus einem einfachen Mineral, gefasst in Gold, in die "göttliche Qualität der Umwandlung und Transformation", der euch immer, ob bewusst oder unbewusst, mit dem PRINZIP verbindet, dem er geweiht wurde und als dessen Schöpfung er sich zeigt. Wir haben damit ein alchemistisches Werk vollbracht, indem wir einen einfachen Stein in ein beeigenschaftetes Symbol verwandelt haben - vom Bereich der bloßen Materie in jenen der "geistigen Anwendung", also auf der Ebene des bereits erklärten zweiten Strahls.

AURUM NOSTRUM NON EST AURUM VULGI –
LAPIDEM NOSTRUM EST LAPIDEM
PHILOSOPHORUM!
(Unser Gold ist nicht gewöhnliches Gold,
unser Stein ist der "Stein der Weisen"!)

Der "Stein der Weisen" ist zugleich die "wahre Medizin", das heißt das "Elixier des langen Lebens", das nichts anderes ist als der "Trank der Unsterblichkeit", den wir gleich noch eingehender betrachten werden.

So ist die Verwirklichung aller menschlichen Möglichkeiten das kleine Mysterium. Die Verwirklichung aller übermenschlichen Möglichkeiten beinhaltet alle wahren, großen Mysterien.

Die Menschheit, nach diesem "Sündenfall" bald in viele Einzelwesen zerfallen (die "Sünde" bestand darin, in die Dualität zu gehen, der Urmutter allen Übels), verlangte nun wieder nach einem "König", der, wie ehedem ADAM, der Inbegriff der menschlichen Möglichkeiten, der Menschheit schlechthin ist und der gleichzeitig als Pontifex die Brücke zu den übermenschlichen Möglichkeiten schlägt.

Die Unvollkommenheit der Welt, insbesondere dieses Zeitalters, soweit es zu überblicken ist, zeigt sich zum Beispiel auch darin, dass sich das einheitliche Amt des Pontifex auf dem Papstthron, dieser Parodie menschlichen Statthaltertums, aufspaltete in eine geistliche und eine weltliche Macht.

Schon das überlieferte Gesetz des Manu, das das Urgesetz nicht mehr erfasste, unterschied in vier Kasten, in dem die "Brahmanen" die geistliche und die "Kshatriya" die weltliche Macht ausüb(t)en. Wenn es die Aufgabe dieses Manu also ist, Dharma wiederherzustellen, so muss diese Aufgabe zweifelsohne vor allem bei der Wiederherstellung des ursprünglichen Gesetzes ihren Anfang nehmen.

Nach der indischen Zeitalterlehre zerfällt unser "Kalpa" (Zeitalter) in vierzehn "Manvantaras" (übersetzt: Zeitalter des Menschen). Ein Manvantara oder die "Ära des Manu", auch "Maha-Yuga" genannt, umfasst vier "Yugas" oder sekundäre Perioden: "Krita-Yuga" (oder "Satya-Yuga"), "Treta-Yuga", "Dwarapa-Yuga" und "Kali-Yuga", das heißt goldenes, silbernes, bronzenes und eisernes Zeitalter. In der Abfolge dieser Perioden entsteht eine gewisse fortschreitende Materialisation durch die Entfernung vom Urprinzip, die sich notwendigerweise durch die Entwicklung der zyklischen Manifestationen aus dem Urzustand in die körperliche Welt ergibt. Jedes Manvantara besteht aus vier Yugas (Zeitabschnitte). Wir befinden uns demnach jetzt im vierten Yuga des siebenten Manvantaras (Kali-Yuga) – eigentlich in der "Mitte der Zeit".

Das oben angeführte, überlieferte, aber nicht im Ursprung erhaltene Gesetz geht auf den Beginn unseres Manvantaras zurück, und somit ist die Spaltung in zwei Gewalten, oder besser in zwei Systeme, relativ gesehen schon sehr, sehr alt (jedes Manvantara dauert 6000 Jahre). Aber es gab immer wieder Zeiten, in denen beide Systeme, also die oberste weltliche und geistliche Macht, in einer Person vereinigt waren, zum Beispiel unter König David oder Salomo oder bei den römischen Kaisern, wenngleich deren spirituelle Kraft wegen der Auflösung aller moralischen Werte bereits am Versiegen war. Das Gesetz selbst beinhaltet die allerhöchsten moralischen Werte und jeder, der diesem Gesetz unterliegt, muss Zeugnis davon ablegen.

Im sogenannten christlichen Abendland war die Spaltung nie so klar wie in Indien. Man könnte zwar die vier "Stände" mit den vier "Kasten" vergleichen, aber die Unterscheidungen waren nie so stark ausgeprägt - gerade beim ersten und zweiten Stand, da die führende Geistlichkeit aus dem Adel, vielfach aus dem Hochadel kam. Durch den zeitweise sehr großen Kirchenstaat wurde auch der Papst sozusagen ein weltlicher Fürst. Der Kaiser trug unter der Krone die Mitra (der Papst bei bestimmten Anlässen unter der Tiara eine Krone) und diese Unklarheit der Trennung führte zu den zahlreichen, oft erbitterten Kämpfen zwischen Kaiser- und Papsttum.

MELKI-TZEDEQ, der "große König", als Vorinkarnation des Christusträgers Jesus, vertrat das Oberprinzip beider Gewalten. Deshalb beriefen sich auch die christlichen Kaiser immer wieder auf ihn, ohne von ihm auch nur das geringste wahre Wissen zu besitzen, das seit jeher nur den Eingeweihten zugänglich war (auch auf Melki-tzedeq werden wir im Folgenden noch vertiefend zurückkommen).

Nach der Überlieferung ist der Manu verborgen und kehrt erst am Ende des Zeitalters wieder. Dies wurde von jeher im Abendland gedeutet als "*... Christus im Himmel weilt, bis dass er wiederkommt ... und dies wird am jüngsten Tage geschehen!*" Der Manu ist, wie wir eingangs sahen, fähig, personifiziert als Sendbote des Hauptes der geistigen Hierarchie in einem spirituellen Zentrum zu erscheinen, von wo aus er "*mit magischen Mitteln die Welt zu lenken imstande ist*".

Vor dem Hintergrund der indischen Zeitalterlehre ist eine doppelte Zeitenwende herangekommen. Es handelt sich hierbei nicht nur um den Übergang von einem Yuga zum anderen, sondern um das Ende des jetzigen und den Beginn eines neuen Manvantaras. Zudem geht die Kette der sieben "absteigenden" Manvantaras zu Ende, und es beginnt diejenige der sieben "aufsteigenden". Deshalb musste der Manu sich verkörpern. Dieses Kali-Yuga entspricht dem "schwarzen" oder "eisernen" Zeitalter des "alten Abendlandes". Die jetzige Periode ist also eine Zeit der Verdunkelung und Verwirrung. Solange dieser Zustand besteht, muss die Erkenntnis der Einweihung notwendigerweise verborgen bleiben.

Es gibt für die Menschheit verschiedene Grade der Entfernung vom Urzentrum, denen die Unterscheidung in die verschiedenen Manvantaras und Yugas entspricht. Daher entstanden die "Mysterien" des geschichtlich überschaubaren Altertums - das genau genommen nicht einmal bis zum Anfang der letzten Periode zurückreicht - und der geheimen Verbindung aller Völker. Diese "Geheimbünde" nur vermitteln eine wirkliche Einweihung, wo immer die wahrhaft-traditionelle Lehre lebendig geblieben war. Sie werfen aber nur noch Schatten, wenn der Geist dieser Lehre die Symbole, die ja nur ihre äußerliche Darstellung sind, nicht mehr belebt.

Alles muss sich dem Gesetz beugen. So muss sich am Ende dieser Periode die Tradition von neuem in ihrer Unversehrtheit darstellen, da der Beginn eines jeden Manvantara mit dem Ende des vorangegangenen zusammenfällt, und dies bedeutet nach diesem unbeugsamen Gesetz notwendigerweise für die irdische Menschheit die Rückkehr zum ursprünglichen Zustand. Und es steht geschrieben: *"MANU kehrt am Ende des Zeitalters als König der Welt, das ist CHRISTUS, wieder! Er wird das Weltreich aufrichten und den ersehnten Frieden bringen!"* Und er wird dies in drei aufeinanderfolgenden Inkarnationen vollbringen, wovon die mittlere die wichtigste ist, da sie die Erneuerung des Dharmas zum Inhalt hat. (Shirdi Sai Baba, geb. 1858, gest. 1918, war die erste Inkarnation des Manu unseres Zeitalters, Satya Sai Baba, geb. 1926, gest. 2011, war die gegenwärtige und mittlere Inkarnation und Prema Sai Baba wird die künftige und letzte Inkarnation des Manu sein.)

Der Ausgangspunkt der später gänzlich missverstandenen "Lehre" von den sieben Strahlen ist ebenfalls in der indischen Tradition zu suchen und hat, wie wir sehen werden, einen Bezugspunkt zum gegenwärtigen personifizierten "Chakravarti-Avatar" (Manu). Im eigentlichen Sinn handelt es sich hierbei um die sieben Farbaspekte der "Dwipas". Dieser Begriff steht für "Inseln" oder "Kontinente" (hier gemeint für "die Welt" im Allgemeinen, doch im übertragenen Sinn handelt es sich hierbei um die Manifestation der Schöpfung, die vordem nur im "Denken Gottes" vorhanden war), die in Verbindung mit dem "heiligen Berg Meru" stehen. Demnach ist MERU der nördliche Pol und Mittelpunkt der Welt, umgeben von einem grünen Gürtel. Auf seinem Gipfel strahlt das Dreieck des Lichts - und "jambu-dwipa", der südliche Pol und "Rest der Welt". Die sieben Dwipas entstehen nacheinander im Verlauf bestimmter Zyklen, so dass eine jede die irdische Welt der entsprechenden Periode darstellt. Sie formen einen siebenfarbigen Lotus, in dessen Zentrum der Berg Meru sich befindet, von dem aus sich die Dwipas in "sieben Gegenden des Raums" erstrecken. Wenn jede Seite des Meru, die nach den sieben Dwipas gerichtet sind, eine der Farben des Regenbogens (!) annimmt, dann ist die Zusammenfassung der Sieben das Weiß, das überall der höchsten Autorität, dem CHRISTUS zugeteilt wird. Die Farbe des Berges Meru oder "Kailasha" ist tatsächlich Weiß, darum wird er auch als der "Weiße Berg" bezeichnet, während die anderen Farben nur seine Aspekte hinsichtlich der verschiedenen Dwipas darstellen. So gibt es scheinbar für jede Manifestationsperiode eines Dwipas eine andere Lage des Meru. In Wirklichkeit aber ist er unbeweglich, da er das Zentrum bildet, das geistige "Salem", und es ist die irdische Welt, die sich in Bezug auf ihn von einer Periode zur anderen verändert - und so kommen wir wieder auf das Bild der Swastika zurück. (Der heilige Berg Meru, der geistiger Natur ist, hat eine irdische Entsprechung namens Kailash im Westen Tibets, die den Anhängern dreier Religionen heilig ist.)

So möchte ich in diesen Ausführungen abschließend noch auf den Zusammenhang zwischen der Antwort des "Chakravarti-avatara" (= der Manu Satya Sai Baba) auf die Frage nach der "violetten Flamme" und dem oben Gesagten hinweisen, in dem er sich mit dieser "violetten Flamme" identifizierte. Es bezieht sich dies - im Lichte des Ursprungs besehen - auf die siebente Dwipa, die in Form eines violetten Lichtkegels dargestellt wird und das "Land der Freiheit" bezeichnet, das auch die "Insel der Seligen" genannt wird und in der abendländischen Überlieferung durchaus mit der "Apfelinsel", dem Ort der Erkenntnis, "Avalon", gleichgesetzt werden kann. Und von diesem Lande aus führen alle Wege direkt in das Zentrum, zu MERU, in dem der MANU seinen Wohnsitz hat. Aber man muss das "Meer der Leidenschaften" durchquert haben, um zum "Berg des Heils", zum "Heiligtum des Friedens" zu gelangen (oder zum Gral, dessen tiefere Bedeutung wir im Anschluss erfahren werden), während der Weg bis dahin von einem Dwipa zum nächsten führt(e), bis er schließlich in das "Land der Vollkommenheit und des reinigenden Lichtes" mündet(e), um von dort aus ins Zentrum zu weisen.

Jetzt wird es schwierig. In der indischen Symbolik (die der Buddhismus in der Legende der sieben Pfade beibehalten hat) sind die "sieben Gegenden des Raums" die vier Kardinalpunkte, Zenith, Nadir und die Mitte selbst. Ihre Darstellung bildet ein Kreuz in drei Dimensionen, und man erhält so sechs Richtungen, die sich vom Zentrum aus gegenüberliegen. Ebenso liegt in der kabbalistischen Symbolik der "Heilige Palast" oder "Innere Palast" im Mittelpunkt der sechs Richtungen, die mit diesem zusammen das Siebeneck (Heptagramm, NETZACH, der siebten Sephira zugeordnet) bilden.

So gehen von Gott, dem Herzen des Weltalls, grenzenlose Weiten aus, von denen sich eine nach oben, die andere nach unten, die eine nach rechts, die andere nach links, die eine nach vorne, die andere nach hinten in schier unendlichen Dimensionen ausdehnen. **Vom unbewegten Zentrum aus, seinen Blick auf diese sechs Ausdehnungen als eine immer gleichbleibende Zahl gerichtet, vollendet er die Welt. ER ist der Anfang und das Ende - Alpha und Omega.** In ihm enden die sechs Phasen der Zeit, und von ihm empfangen sie ihre unendliche Ausdehnung. Das ist das "Geheimnis der Sieben".

Dies alles bezieht sich auf die Entfaltung des Urpunktes in Zeit und Raum. Die sechs Phasen der Zeit entsprechen in der indischen Lehre den sechs Richtungen des Raums, bilden die sechs zyklischen Perioden und können symbolisch als sechs Jahrtausende (ein Manvantara) dargestellt werden. Sie sind im kabbalistischen Sinn auch den sechs ersten Tagen der Schöpfung vergleichbar. Der siebente Tag, der Sabbath, ist die Phase der Rückkehr zum Urpunkt, dem Mittelpunkt. Somit ergeben sich sieben Perioden, auf die die Manifestation der sieben Dwipas zurückgeführt werden. Wenn jede dieser Perioden ein Manvantara bildet, umfasst das Kalpa jeweils zwei vollkommene Siebenheiten als Ausdruck der göttlichen Siebenheit.

Wenn der "Chakravarti-Avatar" ("Herrscher des Weltalls", derjenige, der das Rad in Bewegung setzt) - oder einer seiner "Repräsentanten" (Gottaspekte = avataras) - sich im Gedankenkosmos der indischen Zeitalterlehre manifestiert, muss er sich (oder müssen sie sich), um das Gesetz des Manu verkünden und verankern zu können, in Indien verkörpern.

Zu Beginn des Kali-Yuga trug die "höchste Gegend" den Sanskritnamen "paradesha", und dies verweist unverkennbar auf das geistige Zentrum, das auch das "Herz der Welt" genannt wird. Das Wort "paradesha" wandelte sich bei den Persern zu "Pardes", im Abendland zu "Paradies". So enthüllt sich der ursprüngliche Sinn des Wortes "Paradies", bei dem es sich zu allen Zeiten und in allen Formen um das Paradies des ADAM KADMON der hebräischen Kabbala handelt, was uns unter anderem auch einen Hinweis auf deren wahres Alter gibt, das weit über das Alter der hebräischen Überlieferung hinausreicht.

Andererseits ergibt sich aus dem schon gebrauchten Ausdruck des "Pols", dass der Berg des irdischen Paradieses identisch ist mit einem polaren Berg, von dem die meisten Traditionen unter verschiedenen Namen berichten. Vom Meru haben wir schon gehört. Die Perser nannten ihn "Alborij", und in der abendländischen Gralslegende wird er "Montsalvat" genannt. Der griechische Olymp hat in vieler Hinsicht die gleiche Bedeutung, und immer handelt es sich hierbei um den "höchsten Bereich", der, wie das irdische Paradies, keinem gewöhnlichen Menschen mehr zugänglich war und auch von jener Katastrophe verschont blieb, die die menschliche Zivilisation am Ende bestimmter zyklischer Perioden zerstörte, wobei nur die Besten, die Eingeweihten, wie das Beispiel Noahs zeigt, überlebten.

Die Arche der Sintflut ist eine symbolische Darstellung des "höchsten Zentrums" im Zustand der "verhüllten Tradition" während der Übergangszeit zwischen zwei Zyklen. Diese Zwischenzeit wird gekennzeichnet durch eine kosmische Erdumwälzung, die den bisherigen Zivilisationszustand der Erde zerstört, um einem neuen Raum zu schaffen. Somit gleicht die Rolle des biblischen Noah der Rolle, die in der Hindutradition "Vaivaswatta", dem Manu der zu Ende gehenden Weltperiode zukommt. Doch während sich diese Tradition auf den Anfang des jetzigen Manvantara bezieht, bezeichnet die biblische Sintflut nur den Anfang eines begrenzten Zyklus innerhalb dieses selben Manvantaras. Somit handelt es sich nicht um dasselbe Ereignis, wie oft angenommen wird, sondern um zwei sich gleichende Ereignisse.

In diesem Zusammenhang ist noch die Beziehung zwischen den Symbolen der Arche und des Regenbogens im biblischen Text erwähnenswert, da Letzterer nach der Sintflut als Zeichen des Bundes zwischen Gott und den irdischen Geschöpfen aufleuchtete. Die Arche schwimmt während der Sintflut auf dem Meer der "unteren Wasser", der Regenbogen erscheint im Augenblick der "Wiederherstellung der Ordnung aller Dinge" in der "Wetterwolke", das heißt in den Bereichen der "oberen Wasser". Es handelt sich also um eine vollkommene Entsprechung, und beide Erscheinungen ergänzen sich gegenseitig: Die konvexe Form der Arche ist nach unten gewendet, der Regenbogen nach oben. Und die Verbindung der beiden Hälften stellt eine Kreisform oder einen vollkommenen Zyklus dar.

Eine solche vollkommene Kreisform gab es tatsächlich am Anfang des Zyklus. Sie wurde gebildet aus der vertikalen Schale einer Kugel, deren horizontale Schale der kreisförmige Gürtel des irdischen Paradieses ist. Diese Kugel ist das "Weltei". Das irdische Paradies befindet sich auf der unteren Ebene, die dieses in zwei Hälften, das Oben und Unten, teilt, das heißt auf der Grenze zwischen Himmel und Erde. (Seht euch einmal das Bild hier an der Wand an, die israelische Malerin hat aus ihrer tiefschlummernden "Erinnerung" das Wesen dieser Symbolik erfasst!) (Hier handelte es sich um ein Aquarell einer befreundeten israelischen Künstlerin. Das Bild stellt einen Regenbogen dar, der sich im Wasser spiegelt und somit einen Kreis darstellt.) Der Gürtel wiederum wird durch das Kreuz geteilt, das jene vier Flüsse bilden, die vom "polaren Berg" ausgehen. Die Wiederherstellung der Kreisform wird sich am Ende des gleichen Zyklus ereignen. Dann wird der Kreis in der Gestalt des "himmlischen Jerusalem" von einem "Viereck" ersetzt. (Die zwölf Tore des "himmlischen Jerusalem" entsprechen naturgemäß den zwölf Tierkreiszeichen - ebenso wie den zwölf Stämmen Israels. Es handelt sich also um eine Verwandlung des Tierkreiszyklus durch das Ende der Erddrehung und ihren Stillstand in einem Endzustand. Dieser ist die Wiederherstellung des Urzustandes. Der "Baum des Lebens", der in der Mitte des irdischen Paradieses - und der Kabbala - steht, steht gleichermaßen im Mittelpunkt des "himmlischen Jerusalem" und trägt hier zwölf Früchte.) - Dies bedeutet die Verwirklichung des alchemistischen Symbols der "Quadratur des Kreises". Die Kugel, die die Entfaltung der Möglichkeiten durch Ausweitung des ursprünglichen und zentralen Punktes darstellt, verwandelt sich in einen "Kubus", wenn diese Entwicklung beendet ist und das endgültige Gleichgewicht für den hier betrachteten Zyklus erreicht wurde.

Der Berg stellt das "Zentrum der Welt" in seiner immerwährenden Ursituation vor Beginn des Kali-Yuga dar, und das heißt zu jener Zeit vor der "dunklen, verborgenen Periode". Man muss also beim "Paradies" von etwas "Verborgenem" und nicht von etwas "Verlorenem" sprechen, weil es nicht für alle verloren ist, sondern einige es noch unversehrt besitzen. Und weil dies so ist, so haben auch andere immer die Möglichkeit, es wiederzufinden, vorausgesetzt, dass sie es "richtig suchen", und das heißt, dass ihre Absicht so zielgerichtet ist, dass sie durch "harmonische Schwingungen", die diese nach dem Gesetz der "Übereinstimmung von Wirkung und Gegenwirkung" erweckt, in eine wirksame geistige Kommunikation mit dem "höchsten Zentrum" treten.

Ihr könnt immer durch Lautmalung - zum Beispiel durch das ununterbrochene Singen der heiligen Silbe OM - diese Schwingungen in euch erzeugen, um in das "höchste Zentrum" auf dem "polaren Berg" in euch, ausgedrückt durch das "göttliche Lichdreieck", treten zu können. Diese Zielgerichtetheit auf das

Höchste wird in allen traditionellen Formen symbolisch dargestellt durch die rituelle Ausrichtung auf ein geistiges Zentrum, das jeweils ein (Ab-)Bild des wirklichen Zentrums der Welt ist.

Je weiter dieses Kali-Yuga fortschreitet, umso schwieriger wird die Vereinigung mit dem sich immer mehr verschließenden und sich verbergenden Zentrum (ein Beispiel hierfür mag der heutige Zustand Tibets oder Chinas und vor allem auch Israels sein). Zur gleichen Zeit werden die abgeleiteten Zentren, die dieses im Außen repräsentieren (sollen), zum Beispiel die Kirchen, immer aufgesplitterter, bis sie ganz verschwinden müssen. So muss sich am Ende dieser Periode die Tradition von neuem in ihrer Unversehrtheit darstellen! Und das bedeutet das Hinwegfegen aller Hindernisse.

In Europa ist ja jede bewusste Verbindung mit dem "Zentrum" durch die bestehenden kirchlichen Organisationen seit mehreren Jahrhunderten schmerzhaft unterbrochen. Dieser Bruch geschah nicht auf einmal, sondern in mehreren aufeinanderfolgenden Phasen. Die erste geht auf den Anfang des 14. Jahrhunderts zurück. So bestand die Hauptaufgabe der Ritterorden darin, eine Verbindung zwischen Orient und Okzident zu sichern, deren wirkliche Tragweite erst verstanden wird, wenn man bedenkt, dass das "Zentrum", von dem hier die Rede ist, zumindest in den geschichtlich gesicherten Zeiten immer im Osten vermutet wurde. Nach der grausamen Zerstörung des Templerordens sicherte das Rosenkreuzertum - oder was man später dann noch darunter verstand - weiterhin die gleiche Verbindung, wenn auch auf eine versteckte, also geheime Weise. Renaissance und Reformation stellten dann neue, kritische Phasen dar. Schließlich der vollkommene Bruch, der mit dem "Westfälischen Frieden" zusammenfiel und dann 1648 mit dem Ende des Dreißigjährigen Krieges endete.

Dabei ist für uns bemerkenswert, dass die echten Rosenkreuzer kurze Zeit nach dem Dreißigjährigen Krieg Europa verließen, um sich nach Asien, in den Himalaja, zurückzuziehen - viele von ihnen bereits in ihren durchlichteten Körpern -, um von dort "im Geheimen", eins mit dem Zentrum, weiter zu wirken. Und immer wieder erschien von Zeit zu Zeit von dort ein echter Rosenkreuzer, um die Menschen zu leiten in schrecklichen Zeiten und das alte Wissen in ihnen lebendig zu erhalten. (Hier spricht Saint Germain von sich und anderen Mitgliedern der sogenannten Weißen Bruderschaft, die der Menschheit hilfreich zur Seite stehen.) Seit dieser letzten Epoche also wird das Erkenntnisgut initiatischen Bewusstseins von keiner westlichen Organisation mehr wirklich bewahrt.

Alle Eingeweihten vertreten seit Jahrhunderten die Auffassung, dass das "Verlorene Wort", wie Emanuel Swedenborg (1688-1772, schwedischer Theologe, Mystiker und Wissenschaftler) es nannte, nur unter den Weisen Tibets weiterlebt. So hat Helena Blavatzky (die Begründerin der Theosophischen Gesellschaft) auf den bruchstückhaften Informationen, die sie sammeln konnte, wenn auch ohne Verständnis ihrer wahren Bedeutung zu der Idee der "Großen Weißen Loge" gefunden, die so überliefert nur noch als Zerrbild des "Paradieses", als (s)eine fantastische Parodie angesehen werden kann. Die wahre Antwort darauf jedoch vermittelt die Kabbala dem, der sie zu "lesen" weiß. Vielleicht seid ihr erstaunt über diese Ausführungen. Es hat sich leider aus dieser theosophischen Lehre so viel Falsches, Engstirniges und Verdrehtes ergeben. Ganze Gemeinden von unkritischen Nachbetern scharen sich noch heute um das "magische Bild" dieser Frau und ihrer Nachfolger, dass es wohl an der Zeit ist, das wahre Wissen jetzt am Ende des Zeitalters wieder lebendig werden zu lassen. Alle falschen Vorstellungen müssen aus den Köpfen der Menschen verschwinden, damit die ursprüngliche, wahre Lehre sich in der ganzen Welt verbreiten kann. Jeder geistig Strebende muss sich der Wahrheit öffnen, und geistige Gebäude, die auf dem Sand der Unwissenheit oder gar der Unwahrheit errichtet wurden, müssen stürzen, wenn der Wind der Erneuerung aus dem wahren "Tempel der Freiheit" sie hinwegfegt.

Wir sind immer noch bei den Erklärungen, und ich vertiefe diese deshalb so sehr, weil sich euch nur durch das Verstehen der Überlieferungen das Wesen der Kabbala wirklich erschließen kann. Die wahre Kabbala zu studieren, müsste natürlich auch das Studium der hebräischen Sprache zur Voraussetzung haben, so dass ich ohnehin nur den Rand des Wissens streifen kann, gerade so, dass ein allgemeines Verständnis des Lebensbaums und der daraus gewonnenen Erkenntnisse möglich ist. Wer sich zu weiterem Tun angeregt fühlt, kann dies unter Zuhilfenahme guter Publikationen, die allerdings nicht aus der jüdischen, sondern der abendländischen Tradition kommen sollten, selbst fortführen.

Langsam nähern wir uns jetzt den "Mysterien der Sephiroth". Doch ehe wir uns auf das Bild des "Lebensbaumes" und die daraus gewonnenen Erkenntnisse konzentrieren, müssen noch andere Begriffe, die schon da und dort angeklungen sind, eine Erklärung erfahren. Ihr seid durch die Beschäftigung mit den Schriften der "Brücke zur Freiheit" (deutscher Ableger der amerikanischen I-AM-Bewegung) neugierig geworden auf die "geistige Hierarchie", die dort ein sehr einfaches Gewand trägt, ihren Ursprung aber in der Kabbala hat. Nur dass sich von diesem Wissen in der "neuen Lehre" leider kaum noch etwas finden lässt, dafür sehr viel theosophisches Gedankengut.

Die gänzlich missverstandene "Rasselehre" der Theosophen gab nur wenige Jahre nach der Etablierung dieser Theorie der in den niedersten astralen Bereichen angesiedelten "Führung" eines sogenannten "Führers" Zündstoff für eine verheerende politische Umsetzung dieser Ideen. Wenn man so mag, ist dies tatsächlich eine Art von Schuldzuweisung, denn alle "neuen Lehren", die nicht auf dem "alten Gesetz" basieren, müssen mit solchen Ausformungen rechnen, wenn sie in die falschen Hände geraten - und entsprechend sind die karmischen Aus- bzw. Rückwirkungen.

Wir unterstützen wohl da und dort mit innerer Freude die Arbeit mit dem heiligen Feuer ("violette Flamme"), weil viele Brüder und Schwestern auf diese Weise den Dienst am Menschen und an der Welt wahrnehmen, die in den herkömmlichen (kirchlichen) Organisationen keinen Zugang hierzu finden würden. Das ist unterstützenswert, und dabei spielt es keine Rolle, in welchen Regionen sie die Meister und Engelwesen vermuten, da diese Regionen ohnehin nicht (er-)fassbar sind. Wer aber die Mysterien entschlüsseln will, ist gezwungen, tiefer zu gehen. Es ist dies gewiss auch gebunden an den jeweiligen Bewusstseins(zu)stand und Entwicklungsweg des Schülers. Wer schon einmal an der "Pforte", unmittelbar vor dem Eintritt in die "Herrlichkeit von Tipheret" stand, wird sich mit einfachen Erklärungen nicht mehr zufrieden geben (können), sondern versuchen, das Wesen der Mystik zu ergründen.

MYSTERIUM DES GRALS

Wir wollen uns nun dem Mysterium des Grals und zuerst seiner Vorgeschichte zuwenden. **Der Gralskelch hat eine wundervolle Geschichte, in der wortwörtlichen Bedeutung des Wortes. Beim "Letzten Abendmahl" wurde er von "Je-he-schua" (Jesus) aus dem Äther aus vergangener Zeit wiederbelebt, da er ihn als "Melki-tzedeq", als "Großer König der Welt", aus der Ursubstanz geschaffen und benutzt hatte. Somit sind Melki-tzedeq und das kabbalistische Urgesetz, das Urchristentum und die Gralslegende untrennbar miteinander verwoben.**

Und nun wollen wir uns, ehe wir uns dem Geheimnis des Grals nähern, erst mit diesem geheimnisvollen "König der Welt", MELKI-TZEDEQ, beschäftigen. Nach orientalischen Traditionen soll von einer bestimmten Zeit an das Wissen um den "Soma-Trank" (Trank der Unsterblichkeit, was wir in der Gralsmythologie noch vertiefend behandeln werden) verloren gegangen sein, so dass dieser in den gebräuchlichen Opferriten durch einen anderen ersetzt wurde, der nur noch ein Sinnbild des ursprünglichen "Soma" war. Diese Ersatzfunktion übernahm vor allem der Wein, und so ist dieser häufig Sinnbild der wahren Einweihungstradition – *"Ich bin der Weinstock, ihr seid die Reben"* (Anmerkung: Im Hebräischen entsprechen sich nach ihrem Zahlenwert die Worte *iain* = Wein und *sod* = Mysterium).

Bei den Sufis (mystische Tradition im Islam) symbolisiert der Wein die esoterische Erkenntnis, die der Elite vorbehaltene Lehre, "die nicht alle Menschen vertragen", ebenso wie nicht alle ungestraft Wein trinken können (nicht wahr?), was dasselbe meint. Hieraus ergibt sich, dass die rituelle Verwendung von Wein dem Ritus rein initiatischen Charakter verleiht. Dies trifft vor allem für das "eucharistische Opfer des Melki-tzedeq" zu. Das "Opfer des Melki-tzedeq" wird gewöhnlich als Vorbild der Eucharistie gewertet, und das "christliche Opfer" ist im Prinzip mit diesem Opfer des Melki-tzedeq identisch, nach den Worten des Psalms 110,4: *"Tu es sacerdos in aeternum secundum ordinem Melchissedec."* - *"Du bist ein Priester ewiglich nach der Weise des Melchissedec."*

Es gibt heutzutage Ausführungen in sogenannter esoterischer Fachliteratur, die das Abendmahlsgeschehen und seine "Nachwirkungen" auf die spätere Eucharistiefeier, insbesondere die Wandlung, also die "Transsubstantiation", als absurd, ja sogar als schwarz-magisch im Sinne eines sich immer wiederholenden Egregores (Energiefeld), eines Blutopfers darstellen. Das ist unsinnig und beweist, dass die mystischen Inhalte dieses Geschehens tatsächlich nur wirklich Eingeweihten zugänglich sind. So ist in einer Rosenkreuzerschrift in Umkehrung dieser irrigen Meinung zu lesen: *"Der Mensch lebt nicht vom Brot allein, sondern von jedem Wort, das vom VATER ausgeht. Und jedes derartige WORT ist ein SOHN GOTTES, ein lebendes Geschöpf, denn Leben allein kann Leben erhalten. Und da es nichts Totes gibt, kann sich die Seele von allem ernähren, womit sie in Berührung kommt, falls sie fähig ist, solche Nahrung zu suchen, zu finden und in Seelennahrung UMZUWANDELN."*

Wenn man fernerhin versucht, die Gestalt Jesu aus dem historischen Kontext herauszulösen und ihm zwar eine gewisse moralische Größe zubilligt, an seiner "Sohnschaft" aber zweifelt, die ja besagt, dass er der "Erstling" derer war, die des Zustandes des ADAM KADMON wieder teilhaftig wurden, dann muss die Größe des Werkes natürlich verborgen bleiben. So war es die Aufgabe der Rosenkreuzer, dieses Werk aus der Überlieferung herauszuschälen und das nachvollziehbar zu machen, was in der Gralslegende, die wie alle Legenden über einen wahren Kern verfügt, ihren tiefsten Ausdruck fand.

Einer meiner besten Schüler und einer jener Brüder, die den Weg nicht mehr verließen, wurde später ein großer bayerischer Philosoph, Carl von Eckartshausen (1752-1803), und schrieb: *"In dem Begriff der Erkenntnis des Fleisches und Blutes Jesu Christi liegt die wahre Erkenntnis der wesentlichen Regeneration des Menschen ... Mit ihm ein Geist, mit ihm ein Wesen zu werden, ist die Fülle der Erwartung seiner Erwählten ... Damit der Geist mehr und mehr in Freiheit komme."* Und was diese Freiheit bedeutet, haben wir schon gehört. Darin also liegt auch für den heutigen Menschen noch immer die Größe dieses Geheimnisses.

Doch wieder zurück zur Bedeutung des Namens "Melki-tzedeq". Dieser ist nichts anderes, als jener, mit dem das "Amt des Königs der Welt" in der jüdisch-christlichen Tradition bezeichnet wird. Hier die Bibelstelle, auf die sich dies bezieht: *"Aber Melki-tzedeq, der König von Salem, trug Brot und Wein heraus. Und er war ein Priester des Höchsten (El Elion) und segnete ihn und sprach: Gesegnet seist du, Abram, vom höchsten Gott, der Himmel und Erde erschaffen hat; und gelobt sei Gott, der Höchste, der deine Feinde in deine Hand gegeben hat. Und Abram gab ihm den Zehnten von allem."* So ist Melki-tzedeq König und Priester in einem. Sein Name bedeutet "König der Gerechtigkeit". Zugleich ist er auch "König von Salem", das heißt "König des Friedens". Wir begegnen hier den **Grundeigenschaften des Allerhöchsten: Gerechtigkeit und Frieden.**

"Salem" war im Gegensatz zur allgemeinen Auffassung seit jeher niemals der Name einer wirklichen Stadt, sondern es wurde allenfalls als Wohnort für jenen Melki-tzedeq verstanden, eine Entsprechung für "paradesha", dem aus dem Überirdischen ins Irdische verlagerten

Paradies. Es ist ein Irrtum, wenn man in dem Namen "Salem" eine ursprüngliche Bezeichnung für Jerusalem finden will, die in Wirklichkeit "Jebus" lautete. Im Gegenteil, wenn diese wirkliche Stadt "Jerusalem" genannt wurde, weil die Hebräer dort ein geistiges Zentrum mit dem Tempel errichteten, so bedeutet dies nichts anderes, als dass diese Stadt nun ein sichtbares Abbild des wirklichen Salem Melki-tzedeqs war. Es ist dabei auch zu beachten, dass der Tempel von Jerusalem von Salomon errichtet wurde, dessen ursprünglicher Name "Shlomoh" sich gleichfalls von "Salem" ableitet und "der Friedvolle" bedeutet.

Paulus kommentiert die Ausführungen über Melki-tzedeq mit folgenden Worten: *"Dieser Melchisedek aber war ein König von Salem, ein Priester Gottes, des Allerhöchsten. Der ging Abraham entgegen, da er von der Könige Schlacht wieder kam, und segnete ihn. Ihm gab Abraham auch den Zehnten all seiner Güter. Aufs Erste wird sein Name verdolmetscht, König der Gerechtigkeit, danach heißt er aber auch König von Salem, das ist König des Friedens. Er ist ohne Stammbaum und hat weder Anfang der Tage noch Ende des Lebens. So gleicht er dem Sohn Gottes und bleibt Priester in Ewigkeit."* Was sagt uns dies? Dieser "König des Friedens, der Lebendige" ist Melki-tzedek, ist Manu, der tatsächlich "ewig" bleibt (hebräisch: "le-olam"), das heißt für die Dauer seines Zeitkreises (Manvantara) oder der "Welt", die von ihm beherrscht wird. Darum ist er ohne Stammbaum, denn sein Ursprung ist nicht menschlich, da er selbst der Prototyp des ADAM KADMON ist. Und er ist wahrhaft "dem Sohn Gottes ähnlich", da er durch das Gesetz, das er ausspricht, für die Welt selbst Ausdruck und Bild des göttlichen Wortes ist.

Melki-tzedeq wird also Abraham übergeordnet dargestellt, da er diesen segnet, denn immer wird, wir haben es schon gehört, das Geringere vom Höheren gesegnet. Abraham erkennt diese Überlegenheit an, da er ihm den "Zehnten" als Zeichen der Abhängigkeit gibt. Hier geht es also um ein wirkliches Lehnsverhältnis, mit dem Unterschied, dass es sich natürlich um eine "geistige Einsetzung" handelt. Dies ist der Verbindungspunkt der hebräischen Tradition - und somit auch jener des Abendlandes - mit der großen Urtradition, dem "Alten Gesetz", von dem in allen Überlieferungen gesprochen wird.

Der Segen, von dem die Rede ist, bedeutet im eigentlichen Sinn die Mitteilung eines geistigen Einflusses, dessen Abram von nun an teilhaftig wird und aufgrund dessen er jetzt zu Abraham, dem Gesegneten werden konnte. In der Veränderung seines Namens drückt sich die empfangene Initiation aus. Hierauf beruht im Folgenden aber auch jede Art von Segen. Und Abraham wird in direkte Beziehung zum "allerhöchsten Gott" gebracht, den er seitdem anruft und mit "Jehova" identifiziert, was wir im Lebensbaum später noch vertiefend erfahren werden.

Wenn also Melki-tzedeq über Abraham steht, so deshalb, weil der "Höchste" (EL ELION), der der Gott Melki-tzedeqs ist, dem "Allmächtigen" (EL SHADDAI), der der Gott Abrahams ist, selbst übergeordnet ist, denn der erste der beiden Namen stellt einen höheren göttlichen Aspekt dar als der zweite, was uns dann später bei der Betrachtung des Lebensbaums noch verdeutlicht wird. Andererseits - und dies ist in diesem Kontext sehr interessant - ist EL ELION die Entsprechung zu EMMANUEL, da beide Namen den gleichen Zahlenwert haben = 197. Dies stellt die Geschichte des Melki-tzedeq unmittelbar in Zusammenhang mit derjenigen der "Magierkönige", die den Jesusknaben aufsuchten. Jedoch in der Geschichte der Magierkönige treten drei unterschiedliche Personen als Häupter der Einweihungshierarchie auf, bei Melki-tzedeq ist es nur einer, der aber in sich die Aspekte vereinen kann, die den drei Funktionen entsprechen. Wenn wir uns der Feststellung hingeben, dass dieser Jesusknabe die Wiederkunft Melki-tzedeqs war, dann wird das Folgende noch leichter verständlich.

Die drei Funktionen wiederum entsprechen:

Adonai-tzedeq	HERR DER GERECHTIGKEIT	Brahatma
Kohen-tzedeq	PRIESTER DER GERECHTIGKEIT	Mahatma
Melki-tzedeq	KÖNIG DER GERECHTIGKEIT	Mahanga

Wenn hierbei auch "Melki-tzedeq" im eigentlichen Sinn nur als Name des dritten Aspektes gilt, so wird er gewöhnlich doch auf die volle Dreiheit übertragen, ja beinhaltet sie im eigentlichen Sinn (siehe oben). Und wird er auch für die anderen gesetzt, so bedeutet dies, dass die Funktion, die er symbolisiert, sich am unmittelbarsten in der äußeren Welt manifestiert.

Wir wollen noch deutlicher werden: **Brahatma** besitzt die Fülle der priesterlichen und königlichen Macht in prinzipieller Weise, gewissermaßen in ihrem noch "un-unterschiedenen" Zustand. Diese beiden Mächte unterscheiden sich, sobald sie sich manifestieren. **Mahatma** stellt insbesondere die priesterliche, **Mahanga** die königliche Macht dar. Diese Unterscheidung entspricht der hinduistischen Einteilung in Brahmanen und Kshatryas. **Mahatma** und **Mahanga** aber beinhalten, da sie über den Kasten stehen, gleichermaßen wie **Brahatma** in sich selbst die priesterliche wie die königliche Eigenschaft.

Brahatma wird genannt die "Stütze der Seelen im Geist Gottes", **Mahatma** ist der "Repräsentant der Weltseele", **Mahanga** gilt als Symbol der gesamten materiellen Organisation des Kosmos.

Diese hierarchische Einteilung wird in den westlichen Lehren als die "Dreiheit von Geist-Seele-Körper" dargestellt und nach der grundlegenden Analogie von Makrokosmos und Mikrokosmos angewendet. Dabei ist wichtig, das Augenmerk darauf zu richten, dass die Ausdrücke im Sanskrit in Wirklichkeit **Prinzipien** bezeichnen und auf menschliche Wesen nur insofern anwendbar sind, als jene Prinzipien in ihnen **repräsentiert** werden. Wir werden diesen Themenkomplex in seiner Analogie zu den Erzengeln und den Gottesbegriffen in der Kabbala noch vertiefen.

Die Magierkönige des Evangeliums vereinen in sich die beiden Machtvollkommenheiten. Diese geheimnisvollen Gestalten stellen also in Wirklichkeit die drei Häupter jener dar, die im wahren Paradies Heimat haben.

Mahanga bietet Christus **Gold** dar und grüßt ihn als **König. Mahatma** bietet ihm **Weihrauch** dar und grüßt ihn als **Priester. Brahatma** reicht ihm **Myrrhe** (den Balsam der Unverweslichkeit, Abbild des "amrita") und grüßt ihn als **Propheten** oder **geistigen Meister** im wahrsten Sinne des Wortes - denn **sie hatten ihn wiedererkannt**! Dies ist ein großes Mysterium!

So sei noch anzumerken, dass das Priestertum des Melki-tzedeq jenes des EL ELION, das christliche Priesteramt jenes des EMMANUEL ist. Wenn aber EL ELION und EMMANUEL in ihrem Zahlenwert identisch sind, wie wir schon hörten, dann sind es wohl auch diese beiden Arten des Priestertums. Und das christliche Opferritual, das im Wesentlichen das eucharistische Opfer von Brot und Wein beinhaltet, entspricht somit wirklich "der Ordnung des Melki-tzedeq". Wer Ohren hat, der höre ...

In der *Pistis Sophia* der alexandrinischen Gnostiker wird Melki-tzedq als "der große Empfänger des ewigen Lichtes" bezeichnet. Und dies kommt der Tätigkeit des Manu zu. Dieser empfängt das Licht der Erkenntnis durch einen unmittelbar aus dem Urprinzip ausgehenden Strahl, den er auf der Erde, seinem Reich, widerspiegeln soll. Darum wird der Manu auch "Sohn der Sonne" genannt. Und somit schließt sich der Kreis. Alle Manifestationen des Manu sind eins, denn sie repräsentieren Christus in allen seinen Erscheinungsformen.

Hier, um auch wirklich alle Aspekte einzubeziehen, noch der Übergang zur hinduistischen, genauer vedischen Übereinstimmung. Nach der Sage soll Melki-tzedeq im Alter von 52 Jahren vom Erzengel Michael im irdischen Paradies (ein-)geweiht worden sein. Diese symbolische Zahl 52 spielt auch in der indischen Tradition eine gewichtige Rolle, da sie als Anzahl aller im Veda (Zusammenfassung uralter indischer Weisheitstexte) enthaltenen Sinndeutungen angesehen wird. Und es ist tatsächlich so, dass diesen ebenso viele Arten der Artikulation der Silbe OM entsprechen. Uns jedoch auch auf die Zahlensymbolik einzulassen, ist in diesem Rahmen leider nicht möglich, es müsste ihn notgedrungen sprengen. Auf das OM werden wir aber später noch zurückkommen.

Erfassen wir den Namen Melki-tzedeq in seinem eigentlichen Sinn, so sind die ihm als dem "König der Gerechtigkeit und des Friedens" zugeordneten Attribute **Waage** und **Schwert**. Und diese Attribute gehören auch zu **Michael**, dem **"Erzengel des Gerichtes"**. In der sozialen Ordnung der kabbalistischen Hierarchie stellen diese beiden Embleme die zwei Funktionen des Regierens und des Kämpfens dar, die als die beiden Elemente der königlichen Macht den "Kshatrya" zugehören. Die Macht, die Gerechtigkeit übt und das Gleichgewicht herstellt, wird symbolisiert durch die Waage, während die Macht selbst durch das Schwert dargestellt wird. Sie ist charakteristisches Merkmal des Königs und zugleich auch Kraft der Wahrheit in der geistigen Ordnung.

Und so nähern wir uns immer mehr den drei Säulen des Lebensbaums. Aber zunächst knüpfen wir dort an, wo wir bei der Betrachtungsweise des Melki-tzedeq den Weg verlassen haben, beim Geheimnis des Grals. Was können uns heute noch die Gralslegende und die Ritter der Tafelrunde bedeuten? In der ursprünglich keltischen Legende bestand die Hauptaufgabe dieser Ritter in der Gralssuche.

Alle überlieferten Traditionen spielen in diesem Zusammenhang auf etwas an, das von einer bestimmten Zeitepoche an **verloren** ging, oder **geheim gehalten** wurde, wie zum Beispiel der schon erwähnte Soma-Trank der Hindus oder der Haoma-Trank der Perser, dieser "Trank der Unsterblichkeit", der in sehr unmittelbarer Beziehung zum Gral steht, da dieser als das heilige Gefäß gilt, das das Blut Jesu Christi und damit auch den "Trank der Unsterblichkeit" birgt. Nach der Tradition der Perser gab es zwei Arten von Haoma, den weißen, den man nur auf dem "heiligen Berg" sammeln konnte, den sie "Alborj" nannten, und den gelben, der an die Stelle des weißen trat, nachdem die Vorfahren der Iranier, die Mazdäer, ihre ursprüngliche Heimat verließen. Aber auch dieser ging dann in der Folge verloren. Es handelt sich hierbei um die aufeinanderfolgenden Phasen der geistigen Verdunkelung, die sich allmählich in den verschiedenen Zeitaltern des menschlichen Zyklus vollzieht.

Die Symbolik mag im Einzelnen zwar verschieden sein, aber allen Traditionen ist der Verlust dieser seligmachenden Essenz eigen. In der jüdischen Tradition ging dieser Verlust sogar so weit, dass man den **Namen Gottes**, also die **höchste Essenz**, nicht mehr erinnern konnte, ihn somit **verlor**, und nur in der weit in der Vergangenheit fußenden Kabbala wurde die Tradition der "Erinnerung" lebendig erhalten. Darum ist die Kabbala so wichtig, weil sie uns wirklich wieder mit unserem Ursprung, mit dem Verlorenen oder Vergessenen verbindet. In diesen Zusammenhang gehört auch das "Verlorene Wort" der Freimaurer, das die Geheimnisse der wahren Einweihung verkörpert. Die "Suche nach dem Verlorenen Wort" dort ist also nur ein anderer Ausdruck für die Suche nach dem Gral. Somit besteht eine enge Verbindung zwischen der Gralssymbolik und dem gemeinsamen Mittelpunkt aller Einweihungsgemeinschaften, was uns wieder zu unserem Symbol der Swastika bringt.

Der Heilige Gral soll der Überlieferung nach jene Schale sein, die beim letzten Abendmahl benutzt wurde und in der später Joseph von Arimathia Blut und Wasser aus der Seitenwunde Christi auffing, die die Lanze des Kriegknechts Longin (dieser Name bedeutet Lanze) schlug. Joseph soll diese Schale in Begleitung des Nikodemus und der heiligen Frauen nach Britannien zu den Druidenmagiern gebracht haben. Dies gilt als Zeichen der Verbindung zwischen der keltischen Tradition und dem Christentum. Die **Schale** oder der **Kelch** spielt immer eine sehr große Rolle in der Mehrzahl der alten Überlieferungen, insbesondere bei den Kelten, da sie, wie wir gleich sehen werden, das **weibliche Prinzip** verkörpert.

Vielleicht zeigt die überlieferte Entstehungsgeschichte des Grals am klarsten noch seine wesentliche Bedeutung. Die Engel sollen diese Schale einst aus einem Smaragd geformt haben, der Luzifer bei seinem Sturz aus der Stirn fiel. Somit erinnert dieser Edelstein auffallend an die “Urna” (auch hier ergibt sich wieder das Symbol der Schale aus dem Wortstamm), die Stirnperle, die in der Symbolik der Hindus - von dort in den Buddhismus gelangend - häufig die Stelle des “Dritten Auges Shivas” einnimmt und den sogenannten “Sinn der Ewigkeit” darstellt. Ferner heißt es, dass der Gral dem Adam im irdischen Paradies anvertraut wurde. Doch auch er verlor ihn bei seinem Fall, da er ihn bei der Vertreibung aus Eden nicht mitnehmen konnte. Nach der ausgeführten Bedeutung ist dies klar. Denn tatsächlich ist der aus seinem ursprünglichen Zentrum vertriebene Mensch seither gefangen in einem zeitlichen Bereich. Er kann den einzigen Punkt, von dem alle Dinge unter dem Aspekt der Ewigkeit zu betrachten sind, nicht mehr finden. Mit anderen Worten, der Besitz des “Sinnes der Ewigkeit” ist mit dem Zustand verbunden, den alle Traditionen den ursprünglichen nennen und dessen Wiederherstellung die **erste Stufe der wirklichen Einweihung** bedeutet, die Vorbedingung für die tatsächliche **Beherrschung der “übermenschlichen” Zustände.**

Und deshalb sind wir erst gemeinsam diesen Stufenweg gegangen, um diese erste Stufe erklimmen zu können. Wie weit ihr dann im

Folgenden euren Weg weitergeht, liegt an euch, liegt in eurer eigenen Bemühung und in eurer Hinwendung zur ursprünglichen Tradition. Deren "inneren Kern" wollen wir wieder freilegen. Und die Suche nach dem Gral ist nichts anderes als das wunderbare Mysterium solch einer spirituellen Reise. (Saint Germain bezieht sich hier auf einen Teil der uns von ihm gegebenen Schulungen, die dem Thema Kabbala vorausgegangen und unter dem Titel *Saint Germains Vermächtnis – Ein westlich-abendländischer Einweihungsweg* veröffentlicht wurden; siehe Literaturverzeichnis.)

Des Weiteren besagt die Legende, dass Seth, nicht gefallen wie Luzifer, sondern nur "kurzzeitig verblendet", nach einer Zeit der Läuterung ins irdische Paradies zurückkehren durfte und dort an die von Adam zurückgelassene kostbare Schale gelangte. Im Namen "Seth" stellen sich die "Prinzipien des Grundes und der Beständigkeit" dar und davon abgeleitet die Wiederherstellung der durch den Fall des Menschen zerstörten Urordnung. Nach der Überlieferung soll Seth 40 Jahre im irdischen Paradies verweilt haben. Die Zahl 40 entspricht in ihrem Wert dem Begriff der "Versöhnung" und meint "Rückkehr zum Prinzip", was uns wieder zu Seth zurückführt. Die Perioden, die nach dieser Zahl bemessen werden, finden sich häufig in der jüdisch-christlichen Tradition:

40 Tage der Sintflut
40 Jahre, in denen die Israeliten in der Wüste umherirrten
40 Tage, die Moses auf dem Sinai blieb
40 Tage, in denen Jesus fastete

So muss man verstehen, dass Seth und diejenigen, die nach ihm den Gral besaßen, durch dessen Kraft ein **inneres geistiges Zentrum** zu errichten vermochten, dessen Bestimmung es war, das verlorene Paradies zu ersetzen, gleichsam nunmehr als ein Bild des Paradieses. Diesem Urbild folgten dann später alle Tempel und Kirchen. Die alten Baumeister kannten wohl noch den Ursprung, aber beileibe nicht mehr ihre Nachfahren. So konnte die Leere, die späterhin ein Kennzeichen aller Kirchen wurde, nie wieder mit dem "wahren Inhalt" gefüllt werden. Man versuchte dies mit barockem Pomp, aber die Ehrfurcht gebietende Atmosphäre und Gottesnähe in einer romanischen oder gotischen Kathedrale lässt sich in diesen Sinnparodien nicht mehr erfahren, wie auch nicht in den sakralen Bauwerken der heutigen Zeit, wenngleich die da und dort anzutreffende Reduzierung auf das Wesentliche wieder in die richtige Richtung zu weisen scheint.

Der Besitz des Grals bedeutet demnach die unversehrte Erhaltung der Urtradition in solch einem geistigen Zentrum. Übrigens sagt die Legende nichts darüber, wo noch durch wen der Gral bis zur Zeit Christi aufbewahrt wurde, wir werden später noch darauf zurückkommen. Der ihm zuerkannte keltische Ursprung gibt jedoch zweifellos zu verstehen, dass die Druiden nicht unbeteiligt waren und sie daher zu jenen zu zählen sind, die die Tradition im Ursprung zu bewahren wussten.

Der **Verlust des Grals** oder seiner symbolischen Entsprechungen bedeutet also den **Verlust der Tradition mit allem, was diese umfasst.** Genau genommen ist diese Tradition eher verborgen als verloren - oder zumindest nur verloren für zweitrangige Zentren, die nicht mehr in unmittelbarer Beziehung zum höchsten Zentrum stehen, wie sie die heutigen Kirchen, wie wir sahen, darstellen. **Nur das höchste Zentrum selbst bewahrt das Depot der Tradition immer unversehrt und wird nicht berührt von den Veränderungen der äußeren Welt.**

So konnte auch die Sintflut das "irdische Paradies" - *paradesha* -, also die Wohnung "Henochs und die Erde der Heiligen", die wahren Eingeweihten, nicht erreichen. Denn der "Gipfel des Paradieses" berührt die "Sphäre des Mondes", das heißt, er liegt jenseits des "Bereichs der Veränderungen" (identisch mit der "sublunaren" Welt) am Ort der Verbindung der Erde und der Himmel, was uns wieder zu unserem Regenbogen führt. Dies entspricht auch der von Dante gewählten Symbolik, der das "irdische Paradies" auf den "Gipfel des Berges des Fegefeuers" versetzt, der identisch ist mit dem schon angesprochenen "polaren Berg".

Wir haben ja schon gehört, dass auch das Paradies nur verborgen, aber nicht wirklich verloren ist. Aber ebenso wie das "irdische Paradies" unzugänglich geworden ist, kann das "höchste Zentrum", das im Grunde ja dasselbe ist, während einer Zeitspanne äußerlich nicht in Erscheinung treten, es muss im Geheimen bleiben und wirken. In diesem Fall, so lässt sich sagen, ist die Tradition für annähernd die gesamte Menschheit verloren gegangen, da sie ja nur noch in bestimmten, streng geheimen Zentren bewahrt wird, und "die Menge" - im Gegensatz zum "ursprünglichen Zustand" - nicht mehr in bewusster und wirksamer Weise daran teilnimmt. Dies ist genau der Zustand der Jetztzeit, deren Ursprung weit hinter dem zurückliegt, was die gewöhnliche, profane Geschichtsschreibung zu erfassen weiß.

Der Verlust der Tradition kann in diesem allgemeinen Sinn verstanden werden, aber er bezieht sich auch auf die Verdunkelung des geistigen Zentrums, das mehr oder weniger unsichtbar die Geschicke eines besonderen Volkes oder einer bestimmten Zivilisation lenkte. (Die Tradition der Hindu lehrt, dass es zu Anfang nur eine Kaste, die "Hamsa", gab. Das bedeutet, dass alle Menschen damals unmittelbar und naturgemäß den höchsten geistigen Grad besaßen, der durch diesen Namen bezeichnet wird und der jenseits der Unterscheidung der vier gegenwärtigen Kasten liegt.)

Der Gral stellt so nach dem bisher Gesagten gleichzeitig ein Zweifaches, eng miteinander Verbundenes dar: Einmal denjenigen, der die Urtradition vollständig besitzt, zum zweiten denjenigen, der den "Grad wahrer Erkenntnis" erreicht hat, die wiederum ihrem Wesen nach den Besitz des Grals impliziert und der demzufolge tatsächlich in die Fülle des Urzustandes reintegriert ist. Auf beides, auf den Urzustand und die Urtradition, bezieht sich der doppelte Sinn, der dem Wort "Gral" selbst innewohnt. Denn einer jener Wortverwandtschaften zufolge, die oft eine nicht zu unterschätzende Rolle in der Symbolik spielen und die eine weit tiefere Bedeutung haben, als man auf den ersten Blick vermuten könnte, ist der Gral zugleich eine Schale ("grasale") und ein Buch ("gradale" oder "graduale"). Dieser letzte Aspekt bezeichnet offensichtlich die Tradition, während der andere sich unmittelbar auf den Zustand selbst bezieht. In einigen Versionen der Legende vom Heiligen Gral sind diese beiden Bedeutungen eng miteinander verbunden, denn dann wird das Buch zu einer von Christus oder einem Engel auf die Schale eingezeichneten Inschrift. Beziehungen zum "Buch des Lebens" und bestimmten Elementen der Symbolik der Apokalypse lassen sich leicht herstellen.

Die **Tafelrunde**, die von König Artus oder Arthur nach den Weisungen Merlins, dem Symbol für die weise Natur der Druiden, gebildet wurde, war dazu ausersehen, den Gral in Empfang zu nehmen, falls ihn einer der Ritter erobern und ihn von Britannien nach "Armorique" - oder "Avalon" (dem Ort der Einweihung = Erkenntnis) - bringen würde. Der Name "Arthur" ist selbst von sinnvoller Bedeutung und steht eng im Zusammenhang mit der Beziehung zum "polaren Berg".

Diese Tafelrunde ist ein sehr altes Symbol, eines von jenen, die immer mit der Idee der die Tradition bewahrenden geistigen Zentren verbunden wurden. Die Kreisform der Runde steht formal mit dem Tierkreis in Beziehung, da zwölf Hauptpersonen um die Tafel gruppiert sind. Diese Besonderheit kehrt bei der Errichtung aller derartiger Zentren, insbesondere beim Abendmahlsgeschehen, wieder.

Auch ein zweites Symbol steht in Zusammenhang mit einem anderen Aspekt der Gralslegende und verdient noch besondere Aufmerksamkeit. Es ist der "**Montsalvat**" (wörtlich "Berg des Heils"), der Gipfel *"in fernsten Landen, denen kein sterblicher Fuß sich naht" ("Im fernen Land, unnahbar euren Schritten ..."* aus Richard Wagners Oper "Lohengrin"). Er soll sich inmitten des Meeres, dem Bereich des Unbewussten, erheben in einer unzugänglichen Gegend, "hinter der die Sonne aufgeht". Es ist zugleich die "heilige Insel" sowie der "polare Berg". Es handelt sich also um das "Land der Unsterblichkeit", das wiederum mit dem "irdischen Paradies", dem Wohnsitz des "alten Adam", oder dem Berg Meru identisch ist.

Die grundsätzliche Bedeutung des Grals ist die gleiche wie im Allgemeinen die der "heiligen Schale", wo immer man ihr begegnet. Besonders im Orient enthält sie als Opferschale ursprünglich, wie schon angedeutet, den Soma der Veden oder den Haoma der Mazdäer, jenen Trank der Unsterblichkeit, der jene, die ihn - bei entsprechender Eignung - trinken, mit dem "Sinn der Ewigkeit" begabt oder ihnen diesen Sinn nach dessen "Verlust" (kann als die Gnade des Auflösens von Karma durch den Manu oder einen seiner Repräsentanten, die Avataras, verstanden werden) zurückgibt. Hier haben wir also die wahre Bedeutung des Abendmahlweines wiedergefunden. Dabei geht es immer um die Suche, Auffindung und Verehrung des dort (im Wein) gegenwärtigen Christus, um seine Geistunmittelbarkeit, die in Brot und Wein allgegenwärtig präsent, lebendig ist.

So findet letztlich in der Gralslegende eine Synthese östlicher und westlicher Einweihungslehren statt und verbindet diese über das Symbol des heiligen Kelches, der die heilende Christusessenz auf ewig birgt. Und sie vereinigt heilend auch die Gegensätze der Prinzipien von Sonne und Mond, also das männliche und weibliche, den durch den Sündenfall in die "Zweiheit" gefallenen, also von sich selbst getrennten Menschen - Adam.

Wenn Jesus beim Abendmahl den Kelch (durch Form und Inhalt ein weibliches Symbol) und das Brot (als männliches Symbol, ausgedrückt in den goldenen, verdichteten Samenkörnern des Korns) darreichte, so verband er damit tiefstes Einweihungswissen mit einem "alten Ritual", das, ihr erinnert euch, über Melki-tzedeq auf Abram kam. Er schuf den Kelch wieder aus dem Urstoff, gleichsam die nachmalige Bedeutung vorwegnehmend. Und es ist verbürgt von einem, der dabei war, dass dieser Kelch dann auf die in der Legende beschriebene Weise zu den alten Druidenmagiern gebracht wurde, die ihn 1000 Jahre lang hüteten, eingeweiht in dessen wahre Bedeutung, bis das Wissen auch "der Welt" über literarische Brücken vermittelt werden durfte. ("Es ist verbürgt von einem, der dabei war." – Hier spricht Saint Germain von sich selbst und seinem Leben als Joseph von Arimathia, dem Onkel von Jesus, und er bestätigt, was sich bis heute als Vermutung erhalten hat, nämlich dass er irgendwann nach der Kreuzigung Jesu nach Britannien reiste.)

So gilt das Abendmahl als die eigentliche "Chymische Hochzeit" in der Verbindung des (männlichen, solaren) Goldes, ausgedrückt im Brot, und des (weiblichen, lunaren) Silbers, ausgedrückt im Symbol des Weines im Kelch. Das ist auch die rosenkreuzerische Bedeutung der "Körpermetalle" in deren Regeln. Der Grund für jede alchemistische Handlung ist die "kosmische Synarchie", also die Wiederherstellung der Urordnung und des Urzustandes des alten Adam, ausgedrückt in der Verschmelzung der *Gegen-Teile*. Synarchie vereinigt altes ägyptisches Wissen mit abendländischer Kultur, indem die Mysterien von Isis und Osiris auf die Symbole von Sonne und Mond übertragen und im beschriebenen Symbol des Abendmahls von Jesus wiederbelebt wurden.

Wer also den "Trank der Unsterblichkeit", das "amrita", "soma" oder den Abendmahlswein, getrunken hat, kann den "Ort der Unsterblichkeit" in sich aufspüren, der in jedem Körper Wohnung hat. Hier, an diesem Ort, hört die "Macht des Todesengels" auf.

Dieser “Ort” liegt an der untersten Seite der Wirbelsäule, einem Knochen, mit dem die Seele nach dem Tode bis zur Auferstehung verbunden bleibt. Wie der Kern den Keim enthält und der Knochen das Mark, so enthält diese Stelle (die im Hebräischen “Luz” heißt, was sowohl “Mandel” als auch “Kern” bedeutet) die für die Wiederherstellung des Wesens notwendigen Wirkelemente. Der “Kern” ist das Innerste und Verborgenste im Menschen und ist vollkommen eingeschlossen. Dies lässt wohl einen Vergleich zu mit der in der indischen Tradition als “Kundalini” bezeichneten Kraft, die eine Form von SHAKTI ist. Diese Shakti weist eine enge Verwandtschaft mit SHEKINA (übersetzt: “die wirkliche Gegenwart der Gottheit”) der Kabbala auf, die wir später kennenlernen werden. Diese Kraft wird dem menschlichen Wesen als immanent betrachtet und im Bild einer in sich zusammengerollten Schlange im Bereich des feinstofflichen Organismus dargestellt, der genau dem untersten Teil der Wirbelsäule entspricht. Ich lege auf diese Betrachtung wert, weil sie die Verbindung herstellt auch zur Kabbala. (Die Kundalinikraft wird das Thema einer weiteren Veröffentlichung sein.)

“Kundalini” bedeutet “eingerollt in Form eines Ringes oder einer Spirale”. Diese “Einrollung” symbolisiert einen embryonalen, also noch nicht voll entwickelten Zustand. Durch bestimmte Übungen und in Zeiten besonderen spirituellen Wachstums erwacht die “Schlange”, entfaltet sich und erhebt sich durch die “chakras” (Räder) und “kamalas” (Lotosblüten), die den verschiedenen Nervengeflechten entsprechen, um in den Bereich zu gelangen, der dem “Dritten Auge” entspricht, das heißt - und hier schließt sich dieser Kreis - dem “Stirnauge Shivas”. Dieses Stadium stellt die Wiederherstellung des Urzustandes dar, in dem der Mensch den “Sinn zur Ewigkeit” wiederentdeckt und dadurch das erlangt, was wir die “wirkliche Unsterblichkeit” nennen wollen, trotzdem wir uns noch sehr im menschlichen Bereich befinden. Ihn übersteigend, erreicht Kundalini schließlich die Krone des Kopfes (KETHER im kabbalistischen Lebensbaum). Diese letzte Phase bezieht sich auf die tatsächliche Eroberung der höheren Seinszustände. Aus diesem Vergleich scheint sich zu ergeben, dass die Lokalisierung des "Luz" im untersten Teil des Organismus sich nur auf den Zustand des "gefallenen Adam" bezieht - und die Kabbala nun diesem "Adam" eine Möglichkeit aufzeigt, in den Bereich der Sephira KETHER, also in die höheren Seinszustände zurückzukehren.

So haben wir mit dem Shiva-Symbol und seiner Analogie zum Gralsmythos, die unsere Betrachtung aufgezeigt hat, nun auch die Reise für heute beinahe beendet. Ehe wir mit dem Singen der heiligen Silbe OM diesen Tag beschließen, wollen wir dieses Symbol noch ein wenig näher betrachten, da es mit dem heute Gesagten in engem Zusammenhang steht. Die Bedeutung des OM finden wir auch in der christlichen Symbolik.

Unter den Zeichen, die Christus darstellen, findet sich eines, das später für eine Abkürzung des "Ave Maria" gehalten wurde. Ursprünglich aber war dies eine Verbindung des ersten und letzten Buchstabens des griechischen Alphabets, "alpha" und "omega", die besagen sollte, dass *"(...) das WORT Anfang und Ende aller Dinge sei (...)!"*

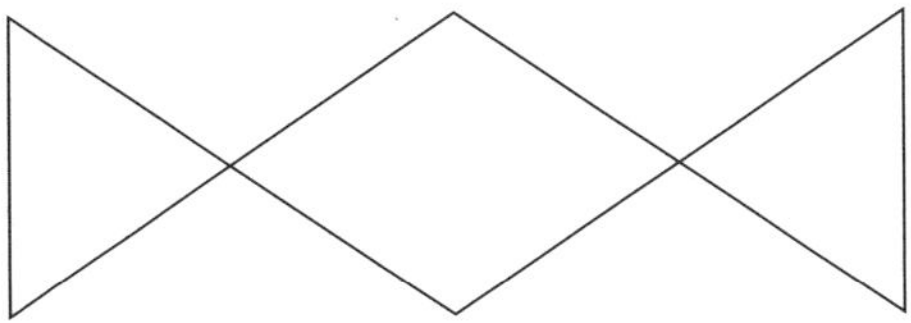

In Wirklichkeit ist dieses Zeichen noch viel umfassender, denn es bedeutet "Anfang, Mitte und Ende". Dieses Zeichen lässt sich tatsächlich in "AUM" zerlegen, in die drei lateinischen Buchstaben, die genau den drei Elementen entsprechen, aus denen die Silbe "OM" besteht. Der Vokal O besteht im Sanskrit aus A und U.

Zur Ergänzung: Die Gestalt des oben abgebildeten Zeichens weist zwei entgegengesetzte Dreiheiten auf und entspricht damit auch dem "Siegel des Salomon", dem sogenannten "Davidstern".

Andererseits aber gibt das Wort "OM" unmittelbar den Schlüssel zur hierarchischen Aufteilung der Funktionen unter **Brahatma**, **Mahatma** und **Mahanga** (= Brahm-Atma, Maha-Atma, Maha-Anga in der richtigen Schreibweise). Und so symbolisiert nach der hinduistischen Tradition die heilige Silbe OM die drei Welten, auf die sich auch Hermes Trismegistos bezieht, wenn er von sich sagt, dass er das Wissen der drei Welten besitze. Es handelt sich um die drei Bereiche des "Tribhuvana":

ERDE (buh)
ATMOSPHÄRE (bhuvas)
HIMMEL (svar)

Mit anderen Worten:

die Welt der körperlichen Manifestationen,
die Welt der subtilen oder psychischen Manifestationen
und jene der nichtmanifestierten Urwelt.

Von unten nach oben sind sie die Bereiche von

MAHANGA
MAHATMA
BRAHATMA

Das Beziehungsgefüge dieser verschiedenen Bereiche rechtfertigt die Bezeichnung "Herr der drei Welten" für BRAHATMA oder HERMES, denn er ist der Herr aller Dinge, der Allwissende, der unmittelbar alle Wirkungen in ihrer Ursache erblickt, Eigenschaften, die auch dem MANU zukommen. Er ist der innere Lenker, der im Mittelpunkt der Welt wohnt und sie "von innen her regiert", vom MERU aus, indem er ihre Bewegung leitet, ohne selbst an ihr teilzuhaben. Er ist die Quelle aller rechtmäßigen Macht, Ursprung und Ende aller Dinge und Wesen, also der zyklischen Manifestation, deren GESETZ er darstellt.

MAHANGA bildet die Basis des Dreiecks der Einweihung und BRAHATMA den Gipfel. Zwischen beiden verkörpert MAHATMA gleichsam ein vermittelndes Prinzip, die kosmische Vielfalt und Vitalität, die *Anima Mundi* der Alchemisten, deren Tätigkeit sich im Zwischenraum entfaltet. Dies wird dargestellt durch die geometrischen Formen Gerade, Spirale und Punkt, auf die sich die drei "Matras" oder Elemente, die die Silbe OM bilden, zurückführen lassen.

Mir ist bewusst, dass ich euch heute sehr beansprucht habe, aber es handelt sich um tiefe Geheimnisse und Mysterien, die ich gerne mit euch teilen wollte, damit sie ein Licht bilden können für die Erhellung eures eigenen spirituellen Hintergrundes. Ich habe ein Vielfaches jener Aufmerksamkeit von euch verlangt, die ihr bisher aufbringen musstet. Ich hoffe, ich habe euch nicht zu sehr strapaziert und ermüdet. Vielleicht fragt ihr euch immer wieder nach Sinn und Wert dieser Belehrungen und warum es für euch so wichtig sein sollte, diese Dinge zu erfahren und sie in euch zur Entfaltung zu bringen. Und es ist in der Tat so, dass ihr selber natürlich darüber entscheidet, ob ihr dieses Wissen wieder in euch erwecken und zu lebendigem Leben entfachen wollt oder ob ihr weiter im Ungewissen dahinlebt, von Problem zu Problem, und "Gott und die Welt" für euer Schicksal verantwortlich macht und nicht euren Anteil daran zu sehen bereit seid. Nur die Einweihungslehre, die die Tradition bewahrt hat, vermag wirklich Antworten zu geben. Diese finden sich nicht bei irgendwelchen Institutionen, sondern nur dort, wo die Urtradition erhalten geblieben ist.

Und so, wie das OM den Mikro- und Makrokosmos des gesamten Wissens in sich vereint, wollen wir heute - in dem Bewusstsein, dass wir durch das Hervorbringen dieser Silbe uns beteiligen können an dem, *"was die Welt im Innersten zusammenhält"* (Goethes "Faust") - uns nun auf den göttlichen Kern in uns hin bewegen und ein wenig hineinschauen in das Mysterium göttlichen Wirkens, so dass wir wirklich lernen, uns nicht auf die Form einer göttlichen Erscheinung (Manu oder andere Avatare) nur zu konzentrieren, sondern dass es diese Form ist, die uns den Weg nach innen weist. Und dieser Weg nach innen kann gegangen werden über die lebendigen Bilder, die uns die Kabbala vermittelt, weil sie uns unsere Möglichkeiten aufzeigt und das, was zunächst unmöglich erscheint, als tatsächlich zu machende Erfahrung in Aussicht stellt.

Wir wollen uns jetzt wieder konzentrieren auf die **Zeit zwischen den OM** und versuchen, die Schwingung, die diese Zeit erzeugt, **dieses Dazwischen, als Vibration des Göttlichen im eigenen Inneren zu erspüren** und dies mit dem Singen des ewigen OM anschließend noch zu vertiefen.

A - U - M

Die "Reise nach Innen", ins Zentrum, habe ich jetzt nicht mehr mit aufgenommen, weil ich möchte, dass ihr euch jetzt auf andere Weise sammelt und so alles heute Gehörte mitnehmen könnt in den restlichen Tag und in die Zeit bis zur nächsten Begegnung. (Hier handelt es sich um eine innere, eine Seelenreise, ein wichtiges Instrument aus der Kabbala, das im Anhang nachgereicht wird.) Aber ich möchte euch dennoch bitten, diese Reise nicht zu vergessen, weil sie eine gute Möglichkeit bietet, diesen polaren Berg inmitten eures inneren Paradieses immer öfter und leichter zu erklimmen und immer länger auf seinem Gipfel zu verweilen. Es ist dieses Licht, das auf diesem Gipfel leuchtet, von dem heute so viel die

Rede war, und dieses Licht, das sich verbirgt auch im Trank der Unsterblichkeit. **Dieser Wein wird euch nicht berauschen, denn in ihm ist tatsächlich das "ewige Leben" enthalten. Er ist die Rückkehr zum Herzen des Vaters.** Und so danke ich euch für eure Aufmerksamkeit und segne euch mit der tiefsten Liebe meines Herzens!

2. TEIL

DIE WELTEN DES KABBALISTISCHEN SYSTEMS

Meine Kinder, ich empfange euch mit meiner Liebe! Verweilt jetzt noch eine Weile in eurem inneren stillen Raum. Wenn ihr ihn noch nicht gefunden habt, so werdet still ich euch, damit ihr den Zugang finden könnt zu jener Tür in eurem Herzen. Sobald ihr dort eingetreten seid, seid ihr verbunden mit dem Höchsten in euch. So lasst uns auch diesen Tag wieder beginnen mit dem tiefen, wunderbaren Jesusgebet:

DAS LICHT

Wie ich so allein dastehe in Deinem großen Schweigen,
Gott, mein Vater,
leuchtet in meinem Inneren ein reines Licht auf
und erfüllt jedes Atom meines Wesens
mit seinem großen Glanz.
Leben, Liebe, Macht, Reinheit,
Schönheit und Vollkommenheit herrschen in mir.

Wenn ich hineinsehe in das tiefste Innere dieses Lichtes,
erblicke ich ein anderes Licht –
klar, sanft, in weißgoldenem Strahlenglanz
leuchtend – aufnehmend
und das zärtlichste Feuer des größeren Lichtes
mütterlich hegend und ausdehnend.
Nun weiß ich um meine Göttlichkeit,
ICH BIN EINS mit Gottes Weltall.
Leise spreche ich zu Gott, meinem Vater,
und nichts vermag mich zu stören.
STILLE IM SCHWEIGEN.
Doch in diesem vollkommenen Schweigen
ist Gottes größtes Wirken.
In mir ist Stille, und vollkommenes Schweigen ist um mich.
Jetzt breitet sich das Leuchten dieses Lichtes
auf Gottes weitem Weltall aus,
und ich weiß, dass überall Gottes bewusstes Leben ist.
Wieder spreche ich furchtlos:
ICH BIN GOTT – ICH BIN STILLE UND UNERSCHROCKEN.
Hoch erhebe ich den CHRISTUS in mir und lobpreise Gott.
In den Klängen meiner Musik ertönt leise die Inspiration.
Lauter und lauter singt in mir die Große Mutter von neuem Leben.
Lauter und klarer hebt die Inspiration
mit jedem Tag mein bewusstes Denken höher,
bis es im Einklang ist mit dem Rhythmus Gottes.
Wiederum erhebe ich den CHRISTUS in mir und horche auf,
dass ich die frohen Klänge höre.
Mein Grundton ist Harmonie und mein Licht besingt Gott,
und Gott besingt meinen Gesang als Wahrheit.
SIEHE, ICH BIN VON NEUEM GEBOREN, EIN CHRISTUS IST HIER!
ICH BIN frei in dem großen Lichte Deines Geistes,
Gott, mein Vater.
Auf meiner Stirn ist Dein Siegel.

ICH BIN bereit.
Hoch halte ich Dein Licht, Gott, mein Vater.
Noch einmal sage ich: ICH BIN BEREIT!

(Dieses Gebet wurde dem Buch von Baird Spalding *Leben und Lehren der Meister im Fernen Osten,* erster Band – mit Erlaubnis des Schirner Verlages entnommen. Nach Angaben unseres Lehrers wurde es tatsächlich von Jesus gesprochen. Saint Germain hatte uns dieses Buch empfohlen, da alle dort geschilderten Ereignisse real seien, allerdings mit der Einschränkung, dass Spalding diese, entgegen seiner Behauptung, nicht selbst erlebt hätte.)

So wollen wir uns nun dem "Großen Werk" annähern, um später auch dieses Gebet anhand der Symbolik des Lebensbaums erklären zu können - denn **Jesus sprach immer von dieser Ebene aus.** Deshalb wollen wir am Ende unseres gemeinsamen Weges zur Kabbala dieses Gebet auf die Ebenen des Lebensbaumes übertragen, um es von dort in seiner ganzen Tiefe und Weisheit zu verstehen. Dabei geht es nicht nur um eine oberflächliche Interpretation, um das Wissen darum, welche Ebene er meint, sondern darum, dass wir dieses Wissen mit uns in die Tiefe nehmen, damit es allmählich unser ganzes Wesen und Leben durchdringt. Diese Schulung soll ja nicht ein Zeitvertreib sein, sondern ihr sollt mithilfe dieses Symbols lernen, eure eigene Göttlichkeit zu entdecken. Dies ist der einzige Sinn und Zweck des kabbalistischen Weges. Mit keiner anderen Methode ist es so umfassend möglich, die höchsten Zusammenhänge kosmischen Geschehens zu erklären und im Bewusstsein der Menschen zu verankern.

Diese Symbolik vermittelt uns also nicht nur äußeres Wissen. Wenn wir die kabbalistischen Symbole und ihre Emanationen im Zustand des höchsten Bewusstseins, im GADLUT, durchdringen, wird die ihnen innewohnende Energie freigegeben und verstärkt unsere spirituellen Bemühungen um ein Vielfaches. Kein einziges

Symbol der Menschheit ist mit so viel Energie, Kraft und Heiligkeit geladen wie diese Glyphe (= grafische Darstellung eines Schriftzeichens, hier ist der kabbalistische Lebensbaum gemeint).

Das heißt für euch, dass es hier nicht nur um ein einfaches Betrachten der Bildsymbolik gehen kann, sondern in der Erfassung und Durchdringung dessen, was sich hinter und in den Symbolen verbirgt, wird sich der Kosmos für euch öffnen und werdet ihr das Gefüge der göttlichen Hierarchien - und den Satz, *"dass immer das Niedrigere vom Höheren regiert und geführt wird"* - verstehen lernen.

Dieser "kosmische Garten der Kabbala" ist das wahre Paradies, in das ich euch natürlich nicht zurückführen kann. Diesen Weg zurück müsst ihr alleine finden und gehen. Aber indem ich euch die Symbole und die Möglichkeiten für solche Weggestaltung aufzeige, werdet ihr, wenn ihr bereit dazu seid, dies aus eigener Kraft vollbringen können. Es geht ja nicht darum, sich das Bild des Lebensbaumes nur staunend anzuschauen, sondern ihr sollt lernen, dieses in euch lebendig werden zu lassen und das Wissen, das mit ihm in Beziehung steht, wiederzuerwecken. Dazu ist es nötig, den Baum zu zeichnen - immer wieder aus dem Gedächtnis zu zeichnen, um sein Wesen zu durchdringen, bis er selbst euch eines Tages gänzlich durchdringt und ihr wahrhaft Wissende werdet. Nichts mehr wird dann sein wie vorher, nichts mehr werdet ihr unbewusst erleben, denn die Durchdringung des kabbalistischen Systems bedeutet, dass ihr mit ihm **spirituell erwachsen werden** könnt.

Ich möchte nun euren Blick auf diesen Lebensbaum* lenken, so als ob ihr ihn zum ersten Mal wahrnehmen würdet, um ihn jetzt mit allen Sinnen zu betrachten, ihn euch "*ein-zu-bilden*". Wir sehen darüber das Symbol des Regenbogens, der uns schon bekannten himmlischen Brücke. So erkennen wir auch, dass es kein Zufall ist, dass der Regenbogen diese magische, heilige Glyphe

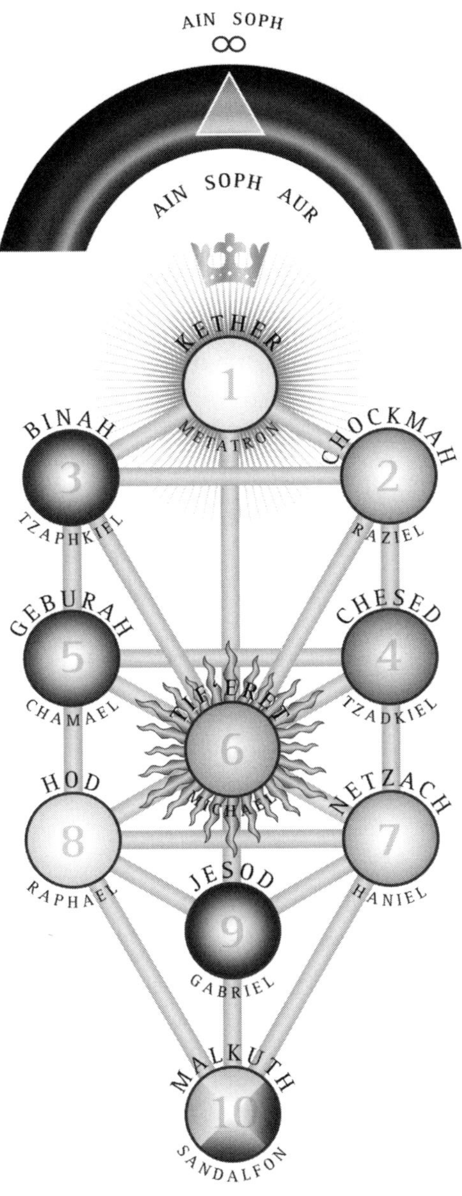

* *Die farbige Abbildung des Lebensbaumes finden Sie auf der Umschlagklappe.*

“von oben her” beleuchtet. Erhellt - hier im Sinne eines verbindenden Gewölbes der mikro- und makrokosmischen Bereiche, die jeweils vollständig im OTZ CHI’IM (= hebr. Lebensbaum) enthalten sind. Wir sehen das Zeichen der Unendlichkeit über dem Regenbogen und das Dreieck, das die vier Welten bezeichnet, die dieser heiligen Glyphe zugeordnet sind und die wir im Einzelnen heute kennenlernen.

Ferner sehen wir die “Krone”, die die höchste Sephira KETHER versinnbildlicht, sowie das Symbol der “vier heiligen Tiere” in KETHER. Auch diese werden wir heute noch näher in ihrer Bedeutung kennenlernen.

Im Folgenden sehen wir die neun weiteren Sephiroth. Oben auf der rechten Seite CHOCKMAH, auf der linken Seite BINAH, das erste kabbalistische polare “Gegensatzpaar”, das die weiteren Sephiroth hervorbringt, die sich auf dem Baum nun “verzweigen” - bis hinunter in die tiefste Sephira MALKUTH. Das, was sich dazwischen bewegt, zwischen “Krone” und “Wurzel”, bezeichnet sowohl die Bereiche des Makrokosmos wie auch die “Fülle der Gesamtheit” im Leben jedes einzelnen ADAM (der natürlich EVA in sich enthält).

Den einzelnen Sephiroth zugeordnet sehen wir die entsprechenden Planetenkräfte, denen wir uns heute noch nicht zuwenden. Aber nehmt sie als Bild in euch auf, denn erst durch sie ist der Lebensbaum vollständig. Diese Kräfte wirken ja nicht nur in den Kosmos, sondern auch in die Erde und in jedes einzelne Leben dort hinein.

Wir werden die schon erwähnten vier kabbalistischen Ebenen kennenlernen: jene, auf der ihr euch bewegt; die nächsthöhere Ebene, auf der die **Engel** und **Heiligen**, die die Kette ihrer physischen Verkörperungen beendet haben, angesiedelt sind; die darüberliegende Ebene der **Erzengel** ist die höchste, die sich jeder

Beschreibung entzieht. Und dennoch werden wir, soweit unser Verstand uns dies ermöglicht, versuchen, auch dieses höchste Prinzip zu durchdringen.

Und jetzt nehmt dieses Bild mit hinein in jenen rezeptiven Bereich in eurem Inneren, in dem die dort geschauten Bilder zum lebendigen Kosmos in euch werden können. Versucht, solch ein Bild jetzt in euch zu schauen und dann, als ersten Entwurf, in seiner Vielgestaltigkeit auf eure innere Leinwand zu malen.

Kabbala, Lebensbaum und Alchemie kennenzulernen wird in der Sprache der westlichen Eingeweihten als das “Große Werk” oder nur als “Das Werk” bezeichnet. Was haben wir uns hierunter vorzustellen?

> OPUS MAGNUM
> Dienen ist, »Das Werk« zu tun.
> Dieses Werk ist die Vervollkommnung des Adam,
> damit dieser sich als das Ebenbild Gottes erkennen kann.
> Adam erhält erst dann die Einweihung,
> wenn er, in der Vereinigung von Körper, Seele und Geist,
> mit den inneren und äußeren Welten
> in Verbindung treten kann.
> Dann wird er, als das menschliche Abbild des Göttlichen,
> seine eigene Göttlichkeit schon auf Erden erkennen.
> Dann wird auch das Universum erkannt als Widerspiegelung des Höchsten, des Vollkommenen.
> Dann nimmt Gott Gott wahr.
> Denn in dieser Vervollkommnung ist die Widerspiegelung
> des inneren und äußeren Universums jenes Mysterium,
> in dem Gott sich in beiden Universen selber erblickt.
> Dann schließt sich der Kreis,
> dann ist das »Opus Magnum« vollendet!

Sind also ADAM und GOTT, der ALLHEILIGE, eins? Wie wir gehört haben, ist ADAM zwar gottgleich, aber nicht identisch mit ihm. Wie kann GOTT, der HÖCHSTE, sich dann selbst in diesem ADAM erkennen? Und genau darum, um diese Erkenntnis, um die Erlösung Gottes, der gebunden ist im Adam und in der Vergöttlichung dieses Adam, bewegt sich der magische Kreislauf des OTZ CHI'IM, des Lebensbaums.

Wir alle sind ADAM in unterschiedlichen Stufen der Entwicklung, und indem wir alle uns als Adam erkennen, erkennen wir uns gleichzeitig als eins, als EINHEIT. **Denn wir sind nicht voneinander getrennt, auch wenn wir als Individuum - durch die Wahrnehmung unserer menschlichen Grenzen - meinen, von allen und allem getrennt zu sein.** Und dies drückt genau die Situation zwischen Adam einerseits und Gott andererseits aus. Es ist dies die **Einheit in der Vielfalt**! Alle sind Glieder am Leib des Einen, bilden seine Vollständigkeit und Form, leben aber ihre jeweilige Individualität am "Körper" des Universalen.

So dient uns der Lebensbaum auch dazu, die Einheit in allem zu erkennen und sie zur Verwirklichung zu bringen. Und es ist im übertragenen Sinn auch jener Baum, von dem Adam zu essen verboten wurde. Als er aber doch davon aß, wurde er aus seiner Engelsgestalt verbannt und in eine menschliche Gestalt verwandelt. So kann sich dieser Baum selbst in die Form eines jeden Lebewesens verwandeln.
Der Urstoff selbst kann nur aus der "Erkenntnis des reinen Seins" erfasst werden. Demzufolge ist der wahre "Seelengrund" auch nur in der Antwort auf den Ruf des reinen Geistes, im Aussprechen des Namens eines jeden Individuums zu erkennen.

Das "Werk" wird auch "Das Werk der Einung" genannt. An dessen Anfang und Ende steht jeweils der höchste Name Gottes: "ICH BIN DER ICH BIN" - "EHEYEH ASHER AHEYEH". Er ist das

Alpha und das Omega. Am Anfang des Lebensbaumes steht die Jakobsleiter, die in ihren nach oben strebenden Stufen, die man als ineinandergreifende Welten sehen kann, alle Stufen im Leben des Adam darstellt, vom unaussprechlichen Zustand des reinen Seins bis hin zur verdichteten Form in der Materie.

Was sagt uns EHEYEH, dieser "erste Name", der "Name des Namenlosen", wie er bei den Hebräern auch heißt, der "Nichtname" des "Uralten der Alten"? Von woher ist er (auf uns) gekommen? Die biblische Überlieferung berichtet dies: Nachdem Gott den Moses **erkannt**, nämlich ihn "bei seinem Namen gerufen" und zu ihm aus dem "brennenden Dornbusch" gesprochen hatte, fragte Moses ihn, was er den Kindern Israels auf die Frage, wer ihn geschickt habe, antworten solle - und er antwortete ihm: "ICH BIN DER ICH BIN!"

"ICH BIN DER ICH BIN" - versucht jetzt einmal in euch zu spüren, was vermag der Name in euch auszulösen ...?

So trat Moses vor sein Volk und sagte: *"EHEYEH SHELACHAN ALEI'CHEM" - "ICH BIN hat mich zu euch gesandt."* Wie konnte sich der Formlose dem Moses aus dem brennenden Dornbusch überhaupt offenbaren? Auch hier gibt die Überlieferung die Antwort: Aus dem EHEYEH wurde jener Aspekt herausgelöst, man könnte sagen herausgefiltert, den Moses bei dieser Begegnung erfahren hatte: JEHOVA, den gestrengen Herrn (Tetragrammaton), oder ADONAI, wie er ausgesprochen wurde, der nun zur Anrede und im Folgenden als der Allheilige verehrt wurde. Und es wurde bei Strafe verboten, seinen "richtigen" Namen zu gebrauchen. So haben nur die Kabbalisten im Judentum noch Zugang zu EHEYEH, da sie das Wissen um den Ursprung im Geheimen bewahren konnten. Damit aber begann auch die Unterscheidung in die verschiedenen göttlichen Aspekte, wie sie nun in den kabbalistischen Lebensbaum Eingang fanden. So entstand ein sinnreiches System zum Verständnis des Göttlichen in den Phasen des Übergangs vom Formlosen in die Manifestation und Multiplizität.

Was aber verbirgt sich für ein geheimer Sinn in diesem "EHEYEH ASHER EHEYEH"? "ICH BIN DER ICH BIN" spricht von der Gleichzeitigkeit, die ohne Anfang und Ende ist, von dem, was war, was ist und was sein wird in Ewigkeit. Dies ist also der Wille des Absoluten, den er aus seinem Nichtsein hervorbringt. So konnte das Verborgene dennoch geoffenbart werden. Es ist dies ausgedrückt im Licht der Kabbala, das aus dem Nichts aufzuleuchten beginnt, das die Dunkelheit erhellt, **damit Gott sich selbst - da er sich von sich selbst getrennt hat - gleichzeitig als Widerspiegelung Seiner (Seines) Selbst wahrnehmen kann.** Damit hat er den "Großen Plan" zur Verwirklichung gebracht, dem alles Sein, das Geschaffene wie das Ungeschaffene, zugrunde liegt.
So ist alles, was zwischen KETHER und MALKUTH angesiedelt ist, also zwischen dem oberen Pol der Einheit und dem unteren Pol der Vielfalt, der Vollendungsprozess, an dessen Ende der Makrokosmos als jener Spiegel erkannt wird, der den Namen "ICH BIN" als vollkommenen, bewussten und identischen Ausdruck Gottes wiedergibt, widerspiegelt. Dies ist sehr schwer zu verstehen, ich weiß.

Dieser Spiegel muss von allem Unrat des Lebens gereinigt sein, damit **das Bild dem Objekt gleich** werde. Dies wird dann sein, wenn alle Geschöpfe (Objekte) wieder die höchste Daseinsform erreicht haben. Der "Spiegel" findet sich in allen Kulturkreisen und religiösen Strömungen, und immer drückt er die Widerspiegelung des All-Geistes oder des LOGOS aus. Im Mittelpunkt steht dabei der "Große Erleuchter" in seinem unwandelbaren Zustand.

Dies ist der Ausgangspunkt, auf dem die kabbalistischen Welten aufbauen. So lehrt die Kabbala, dass jedes Geschöpf bei seinem ersten Eintritt in - und bei seinem Abschied von - der Welt der

Formen ausruft: "ICH BIN DER ICH BIN - EHEYEH ASHER EHEYEH!" Und zwischen Eintritt und Austritt bewegt sich das Rad des Karma, es ist die dunkle Periode des Adam, da er hinuntergestiegen ist aus dem Paradies, um die Kräfte der Natur zu überwinden, um den Versuchern und Versuchungen zu widerstehen. Er bewegt sich auf der Jakobsleiter zwischen seinen *"Mit-Engeln"* wieder nach oben. Und ehe er wieder zurückkehren kann in den "Himmel" am oberen Ende der Sprossenleiter, nach KETHER, muss er eine lange Reihe von Erfahrungen machen und Prüfungen bestehen, damit er seinen Platz im "Großen Werk" erkennen und einnehmen kann.

Dieser Weg "dazwischen", der Weg des Stufenpfades in den 32 Schritten oder Pfaden der Kabbala, birgt aber auch alle Gefahren in sich, die die Welt beinhaltet: Weltflucht, Identifikation mit der Welt der Formen, Kampf um Macht und Einfluss und so weiter. Und wie schwierig wird es für Adam/Jakob, jenen kritischen Punkt zu erkennen und ohne Schaden zu meistern, wo der Weg zwischen Materie und Licht sich scheidet, und wie oft, meine Kinder, stürzt er kurz vor der Erkenntnis und Erreichung des Ziels wieder zurück in die Dunkelheit, um sich erneut auf die Suche nach dem Licht zu begeben.

Wir alle sind ADAM/JAKOB. Hat Adam das Licht aber gefunden, wird er ergriffen sein vom Widerklang des heiligsten Namens, der in ihm wieder aufleuchtet, aufklingt im Bereich des reinen Seins, und EHEYEH WIRD SICH IN IHM ERKENNEN. Damit erfüllt sich dessen Absicht "sich in sich selbst zu erblicken", und ADAM kann wieder heimkehren ins Paradies.

DAS SINNBILD DER JAKOBSLEITER

Was erkennen wir in "Jakobs Traum", den ihr alle, wenn ihr einigermaßen bibelfest seid, kennt? ADAM in seiner Verkörperung als JAKOB, spirituell noch unentwickelt, ist in einen tiefen Schlaf gefallen, der ihn zum inneren und geistigen Erwachen führt. Dieser Traum hat im Folgenden Eingang gefunden in den Sprachgebrauch fast aller Völker. Das zeigt, dass im Menschen grundsätzlich das Bewusstsein verankert ist, dass dieses irdische Leben nur ein Traum ist und jeder am Ende dieses Traumes ausrufen kann:

"Ja, ich will jetzt zum wahren Leben erwachen und diesen Traum endlich hinter mir lassen! Doch die Traumerfahrungen sind und bleiben ein lebendiges Bild in mir, und ich kann die WIRKLICHKEIT nur begreifen, wenn ich diese Traumbilder *er-löse*!"

Jakob träumt, dass Engelwesen auf einer Leiter, die bis in den Himmel reicht, hinauf- und hinuntersteigen, sich zwischen Himmel und Erde bewegen. Was waren das für "Engelwesen", die er sah? In Wirklichkeit sah er Menschen in ihrem normalen Bewusstseinszustand auf ihrem Pfad zwischen Himmel und Erde, zwischen KETHER und MALKUTH auf- und niederschreitend in unter-

schiedlichen Stufen der Entwicklung. Die Tatsache, dass sie ihm wie himmlische Wesen erschienen, drückt sein inneres Wissen um Ziel und Zweck des Lebens aus, das darin besteht, die Himmelsleiter emporzusteigen, also den inneren Aufstieg aus dem Zustand des Gefallenseins wieder zurück zum Ursprung, ins Paradies zu vollbringen. Dieses "Gefallensein" ist also nichts anderes, als dass der Mensch **Erkenntnis** erwarb und zwischen Gut und Böse zu unterscheiden vermochte. Wie aber kam "das Böse" denn in die Welt? Was war geschehen, dass eine "Schlange" in diesem Paradies sich plötzlich aus der Einheit löste, um Adam und Eva zu umgarnen und zu "verführen"?
Ja, lautet in Kenntnis dessen, was später geschah, die Grundfrage nicht überhaupt, was hatte Gott am "sechsten Tag der Schöpfung" bewogen, den Menschen zu schaffen, um am siebenten - zufrieden sich ausruhend - zu sehen, dass es gut war? Wo doch mit diesem "Tag" das Unheil seinen Lauf zu nehmen schien. Hatte er nur jenes Verlangen gestillt, in Adam sich selbst zu erblicken, sein Selbst, das er nun von sich schied? Und war es ferner nicht dies, dass er Mitleid mit diesem Adam empfand, der - bisher im *Ein-Klang* mit allem Geschaffenen lebend - plötzlich Einsamkeit empfand und sich nach (s)einer "Ergänzung" zu sehnen begann? Einsamkeit, die fortan das Leitmotiv für ihn wurde und ihn immer weiter auf der Suche und Sucht nach "Eva" in die Materie trieb. So ist Adams Einsamkeit Ausdruck dafür, dass er sein eigenes Selbst nicht mehr kennt und das Lebenslicht im Außen, im Du, vermutet.

Als EHEYEH Adam von sich trennte, um sich in ihm selbst zu erkennen, senkte er ihm das Licht aus seinem Herzen als Lebenslicht in die Seele, die so auf immer verbunden blieb mit der Quelle. Adam aber vergaß das Licht und strebte nach irdischem Glück, nach Reichtum, Zufriedenheit, nach Macht, Ansehen und Ruhm. Und er erlag immer mehr den Einflüsterungen der niederen Sinne, der "Schlange" in seinem Inneren, dem Sinnbild für die dunkle Seite der menschlichen Natur - LILITH. Dass diese

"Schlange" ein Geschöpf der niederen Gesinnung wurde, zeigt, dass der Mensch mit allen Geschöpfen - mit einem einzigen Faden verwoben - über die physischen Sinne zusammengefügt ist. Alle hatten einst Heimat im Paradies, dem göttlichen Garten, und die Einheit war ihre Freiheit, war Zustand, der nicht nach Erkenntnis verlangte. Aber da war plötzlich die "Schlange" - aufgetaucht aus dem Nichts - und redete verlockend von einer Frucht, deren Genuss den Zustand des Paradieses zu übertreffen versprach. Wäre Adam noch *all-ein(s)* gewesen, hätte er dieses Ansinnen verlacht und kraftvoll in den Apfel vom Baum des Lebens gebissen. Aber jetzt regte sich nie Gekanntes in ihm: Verlockung, Begehren, Verführung und eine plötzliche Gier nach dem Unbekannten, wo jenseits der Grenzen, irgendwo ... Ja, sein lieblicher Garten war begrenzt. Er wusste plötzlich, dass es da "außerhalb" noch etwas gab, das er mit wilder Entschlossenheit zu finden gedachte, das er erkunden und dann in Besitz nehmen wollte.

Die "Schlange" aber ist nur das Abbild der latenten Erscheinungsform der Natur. Der LOGOS, der das Weltall ordnet, stellt die unbewegte, senkrecht stehende Achse dar, um die sich "der Lauf der Natur" in ihrem Erscheinungsgeflecht windet, wie eine Schlange. Und mit jedem Umlauf verwirklicht sie eine Stufe des Daseins - SHAKTI. So nahm Adam sein Weib an der Hand und stieg hinab nach ASSIAH, in die Dunkelheit der niederen Sinne.

Doch zurück nun zu Jakob und dem Bild der Jakobsleiter. Weil die Wesen auf den Stufen zwischen Himmel und Erde ihm wie himmlische Wesen erschienen, konnte er im Augenblick seines Erwachens auch sagen: *"Der Herr ist an diesem Ort - und ich wusste es nicht."* Habt auch ihr diese Erfahrung schon gemacht, wenn ihr euch in der Dunkelheit, in der "dunklen Phase des Lebens" befunden habt und ihr plötzlich "das Licht am Ende des Tunnels" wiedersehen und euch erinnern konntet: **"Der Herr ist an diesem Ort, und ich habe es nicht gewusst!"**?

ER ist überall, auch in der Dunkelheit. Immer ist er in, neben, hinter, unter und über dir ...

Dies ist für den Kabbalisten der Einstieg, die erste Sprossenstufe auf der Leiter der Erkenntnis. Es geht um dieses innere Wissen: "Der Herr ist an diesem Ort!", BETH-EL, das Gotteshaus in unserem Innersten. Es ist nicht nötig, äußere Gotteshäuser zum Beten aufzusuchen, denn BETH-EL, das Haus Gottes, ist in uns. Spürt jetzt dieses BETH-EL in euch ...

BETH-EL ist in den Sprachgebrauch auch hierzulande eingegangen. "Bethel" zeugt davon. Immer wieder wurde versucht, es auf der äußeren Ebene zu errichten, um "von außen" dort hineinzugelangen, um den Tabernakel zu sehen, der in seinem Innersten als Heiligtum bewahrt wird. Aber ein solcher Tabernakel ist in noch viel größerer Herrlichkeit in uns, hier in TIF'ERET, in unserer Mitte, im Sonnenzentrum, hat SHEKINA Wohnung in uns.

Die Kabbala kennt eine schöne Überlieferung, die uns nun weiter hineinführt in unser Thema. Als Adam und Eva den Zustand der Gnade im Garten Eden im wahren Paradies verließen und von diesem Paradies in ATZILUTH, der höchsten Welt, hinunterstiegen nach ASSIAH, in die Welt der Formen, um fleischliche Hüllen anzulegen und "ihre Scham zu bedecken", folgte ihnen GOTT JAHWE, denn er hatte Mitleid mit ihnen, damit sie auch in ihrer Gefangenschaft erkennen konnten, dass dies nur eine Gefangenschaft in der Materie war. Dieser "Gott ist mit uns", "EM-MANU-EL" also ging mit ihnen, und hier finden wir die wahre Wurzel seines Namens. Er folgte ihnen in die Gefangenschaft (und hier können wir auch unschwer das Wesen und die Aufgabe von "Avataras" begreifen). So konnten sie erkennen, dass sie, den Blick auf ihn, den Ewigen gerichtet, durch eigene Anstrengung fähig waren, diese Gefangenschaft wieder zu überwinden, wenn sie lernten, den göttlichen Funken in sich zu entfachen, um wieder zu dem zu werden, was sie vor dem "Abstieg" gewesen waren, und um dorthin zurückkehren zu können, von wo sie gekommen waren.

Gott hatte Mitleid mit ihnen. Dieser daraus abgeleitete göttliche Aspekt spielt auch eine große Rolle in der Kabbala, es ist der Aspekt der göttlichen Gnade und Barmherzigkeit. Da GOTT JAHWE ihnen ins Exil folgte, gab er ihnen auch das Wissen darum, dass sie Glieder waren an seinem Leibe und fortan mit ihm verbunden bleiben würden in Ewigkeit, denn er bedurfte ihrer zu seiner eigenen Vollständigkeit, ja, sie erkannten, dass er sie deshalb nie würde verlassen können, denn er liebte sich selbst in ihnen. Nie wieder war der Mensch im Folgenden allein, aber er war auch nie wieder *all-eins*, solange er auf der Jakobsleiter sich bewegte.

Das Bewusstsein, nicht allein zu sein, bringt den Menschen dahin, das "innere Strahlen" zu entfachen, um mit seinem Selbst (wieder) zu verschmelzen. Und sie werden sich erkennen und nur in dieser Erkenntnis voneinander lassen können in Liebe, um sich mit sich selbst - mit dem Selbst - nun in Liebe zu einen. Dieses SELBST, meine Kinder, ist das wirkliche Dual, dem die unentwegte Suche nach der eigenen Ganzheit gilt.

Dann wird Adam das bisher nur im Verborgenen sichtbare Licht plötzlich von außen projizieren, so dass alle in dessen Umkreis von ihm ergriffen werden. Und dann ist der **Zustand der Erleuchtung, Heiligkeit und Bindungslosigkeit als oberstes Prinzip** wieder erreicht und der Aufstieg auf der Jakobsleiter vollendet. Dann ist auch "DAS WERK" vollendet. Dann ist der "jesodische" Zustand überwunden, und Adam schaut die Herrlichkeit von TIF'ERET, den Glanz der Sonne, den Mittelpunkt allen Seins. Und er wird das, was auf den vorherigen Stufen nur im Grundsatz schon möglich war, hier integrieren können: Er wird seine vollendete Form annehmen und auf immer in seiner unendlichen Gestalt unsichtbar sichtbar sein in JETZIRAH.

Adam/Jakob hat nun die freie Entscheidung. Er kann in dieser wieder erreichten Freiheit die Jakobsleiter hinaufgehen und "in den Himmel eintreten". Aber nein, er wird, da er nun das Prinzip der reinen Liebe verkörpert, diese Gedanken nicht mehr in sich haben. Er wird zurückgehen, denn er hat die Herrlichkeit geschaut und dabei zurückgeblickt auf jene, die sich noch quälen auf der Sprossenleiter. Viele, die vielleicht einmal Weggefährten waren, befinden sich noch (oder wieder) ganz unten in der Gefangenschaft der Sinne. Er wird also zurückgehen, um all das Empfangene nun weiterzugeben an jene ...
(Hier spricht Saint Germain von den sogenannten Aufgestiegenen Meistern, und es wird deutlich, dass alle Menschen sich auf dem Weg zur Meisterschaft befinden, auf unterschiedlichen Stufen des Aufstiegs, der selbstverständlich ein innerer Prozess ist.)

Das Universum, meine Kinder, wartet auf diesen Dienst. Wir alle hier haben uns ihm verpflichtet. Denn solange nicht alle gefallenen und in die Materie hinuntergestiegenen Menschen das Bewusstsein KETHERS wiedererlangen, bleiben gewisse Anteile des ADAM KADMON im Dunkeln und unerkannt. Aber wenn den Suchenden das **Mysterium der Gnade** erreicht, dann ist er Gott "mit Namen bekannt". Denn der Name bedeutet Gottes Anerkennung des Einzelnen.

Das Selbst ist ein Funken vom Bewusstsein Gottes. Es ist isoliert, herausgelöst aus dem ursprünglichen Adam, damit er, wie wir schon gehört haben, in die Lage versetzt werden kann, diese Trennung zu erfahren, und er in seinem Spiegelbild, in jedem, im Du - denn jedes Du ist (s)ein Spiegel - sich selbst erkennt.

Wie geht ihr miteinander um? Nicht hier in eurer Gruppe, sondern draußen in eurer "Welt"? Ist dieser "andere" immer euer eigener Spiegel, in dem ihr euch selbst erblickt? Oder weist dieser Spiegel Flecken auf der glänzenden Oberfläche auf?

Wenn Adam nun den ALL-HEILIGEN kennenlernt und auch von Ihm **erkannt** wird, indem er Ihn bei seinem Namen ruft, kann sich das Göttliche in ihm nun selbst manifestieren, um das Gefühl des Abgetrenntseins allmählich aufzulösen. Was dies bedeutet, haben wir erfahren in der Geschichte vom "brennenden Dornbusch", die unmittelbar hier anknüpft.

Dem Namen nach bekannt zu sein, ist also die erste Stufe zurück zum Vater; und indem Adam ihn VATER nennt, hat er Zugang zu diesem Aspekt, und Gott neigt sich ihm als VATER zu. Dem folgt nun eine erste Fühlungnahme, eine Art Bekanntschaft, wie man es hier ausdrücken würde, aus der Liebe wird, die schließlich (wieder) in die Vereinigung, in den ursprünglichen Zustand führt. Vereinigung heißt zwar, im anderen aufzugehen, indes bleibt die Individualität aber erhalten. Es ist dies jene Verschmelzung, die auch der Zustand der "ewigen Glückseligkeit" oder "Nirwana" genannt wird. Dieser Prozess des Von-Gott-gerufen-Seins und des sich Kennen- und Liebenlernens ist ein "leela" von unendlicher Länge, das sich hinzieht über alle Tage der Schöpfung.

Und so wird jede Stufe der Erkenntnis und der Existenz als Entwicklung erfahren. Jedes Geschöpf hat daran Anteil (auch jenes, das sich auf der Stufenleiter noch ganz unten befindet, und **ich sage nicht Mensch, sondern jedes Geschöpf!**), bis schließlich jedes Individuum in der heiligen Ehe mit Gott sich eint und in der "Chymischen Hochzeit", wie die Alchemisten diesen Vorgang nennen, die Verschmelzung erfährt. **Erst dann kann wahrgenommen werden, dass es keinen Ort gibt, an dem Gott nicht ist.** Aber Gott ist dennoch nicht die Welt, denn die Welt wiederum ist nur seine Widerspiegelung - die Widerspiegelung jener Welt, in der Gott ist.

Der Spiegel stellt immer den göttlichen Geist dar. Wenn die Seele sich in ihm schaut, entdeckt sie die "Sünde", die in ihr ist, und kann sie so von sich werfen. In gereinigtem Zustand nimmt sie den Spiegel nun zum Vorbild. Sie wird also selber Geist, erlangt die göttliche Ruhe und verweilt nun auf ewig in jenem Zustand, in dem man Gott (beim Namen) kennt und von Ihm also erkannt wird. Schattenlos geworden kann sie sich nun gänzlich von allen Fesseln befreien, besonders von jenen, die sie mit dem Körper verbanden. Dann erkennt sie sich, gemäß dem philosophischen Gebot, selbst. So ist der Spiegel, der all dies bewirkte, der göttliche, ursprüngliche Geist, in dem der Mensch Gott in sich selbst erblickt.

Die Brücke zu dieser Erkenntnis ist das GEBET, die ANRUFUNG DES GÖTTLICHEN NAMENS. Hier erschließt sich das Geheimnis der Allnatur: GOTT UND SEIN NAME SIND EINS. Und da Gott Seinen Namen in sich selbst, in alle Zeit und Ewigkeit und jenseits des Geschaffenen und Ungeschaffenen ausspricht, ist dieses einzige, unerschaffene Wort, aus dem alles hervorging, auch das Urbild jedes Gebetes und das Gerufensein jedes Einzelnen, wie auch jeder Einzelne auf diese Weise Gott rufen kann. FIAT LUX - das Schöpfungswort der Ewigkeit. Das heilige Licht, das in jedem Gebet enthalten ist, wird zum Leuchtfeuer der Metanoia. Das "Grundgesetz" der Anrufung ist die "Erinnerung Gottes": Das Aussprechen des göttlichen Namens löst im Menschen und in Gott gleichzeitig den "Mechanismus der Erinnerung" aus. Die "göttliche Erinnerung" bedeutet das "Bewusstsein des Unbedingten". Durch die Anrufung wird dieses Bewusstsein geweckt. Der Mensch vernimmt dies in seiner Seele, damit er es in seinem Herzen binden kann, von wo aus es sein ganzes Wesen durchdringt und verwandelt, und alles, was gelöst werden darf, kann in vollkommene Bewusstheit transformiert werden. Dies ist der Schlüssel zur Arbeit mit dem heiligen Feuer.

Und damit kommen wir zu dem, was die Kabbala hier an Erkenntnishilfe zu bieten hat. Wir sprachen so viel von "Widerspiegelung", von "Spiegel". Wie können wir diesen Spiegel, der ja nötig ist, um die Widerspiegelung wahrzunehmen, erfahren? (Wir müssen noch eine Weile bei diesen theoretischen Überlegungen verweilen, weil wir sonst später die Bilder nicht verstehen können.) Die Kabbala eröffnet uns über den Übungsweg der DEVEKUT (das heißt "Übungen, um göttliches Wirken zu erfahren", also "Bindung an Gott") einen ständigen Zugang zur Erinnerung an IHN, der immer mit uns ist, der uns besser kennt, als wir uns selbst.

Wir haben eine dieser Übungen kennengelernt in unserer "inneren Reise" (siehe Anhang). Diese "Reise" ist Bestandteil der kabbalistischen DEVEKUT (die Tradition kennt dort insgesamt vier Reisen), und sie wird euch überall dort begegnen, wo ihr euch mit kabbalistischem Gedankengut verbindet. Sie ist eine der wichtigsten Erfahrungen.

Unabdingbar für den kabbalistischen Weg ist, der Lehre gemäß, ein Lehrer. Aber wir brauchen in Zukunft keinen äußeren Lehrer mehr, denn dieser Lehrer ist, wie wir alle mehr oder weniger erfahren haben, in uns selbst. Wenn wir also das "Gerüst" kennen, wenn wir selbst die Instrumente benutzen können, die wir brauchen, um mit dem Lebensbaum zu arbeiten, werden wir alle diese Erfahrungen später dann auch ohne einen äußeren Lehrer verwirklichen können.

Seid ihr alle im GADLUT, dem höchsten Zustand des Bewusstseins? Denn was ich euch jetzt zu sagen habe, ist nur von dort aus zu begreifen. Betretet wieder den Raum, in dem euer höchstes Bewusstsein beheimatet ist, und geht in die Aufmerksamkeit ...

Die Dinge, die wir jetzt erörtern, sind vielleicht etwas langatmig, und auch deren Sinn wird sich erst, wenn ihr es später nachlest, erschließen. Aber alles, was ihr in dieser Energie aufnehmt, wird euch besonders segnend begleiten.

JESOD ist eine wichtige Sephira, es ist die zweite von unten, auf der mittleren Säule gelegen. Sie kann als Synthese für die oberen angesehen werden. Wir werden sie im Einzelnen natürlich noch vertiefend kennenlernen. In JESOD ist der Verstand beheimatet, dieser unruhige Gedanken- und Mentalkörper, der allen Launen folgt in einem ununterbrochenen Fluss von Bildern. Habt ihr euch schon einmal bewusst gemacht, welcher Bilderflut ihr euch selber ständig aussetzt? Es mögen kostbare darunter sein, gewiss, aber oft sind es sehr banale Bilder. Wer mit der Sephira JESOD wirklich umzugehen weiß, wird aus den banalen Bildern irgendwann große Kunstwerke zu formen imstande sein. Daher müssen wir darangehen, wenn wir die Arbeit mit dem Lebensbaum ernst nehmen, zuerst diesen Verstand zu befrieden, denn das Ego blockiert alle Wahrnehmungen, die wir im GADLUT-Zustand erfahren haben.

Beobachtet euch dabei – je mehr ihr versucht, euch in diesen hohen Zustand zu begeben, umso lauter bricht das Ego in diese Bemühungen ein und verdunkelt das Licht. Darum haben unsere Bemühungen zuerst diesem Ego zu gelten und der Erkenntnis seiner wahren Natur. Alle Welt spricht vom Ego, aber bemüht sich "alle Welt" wirklich, die hemmungslose Natur dieses Egos zu erkennen und zu bekämpfen?

Den Kabbalisten dient für diese Erkenntnis seit jeher das Symbol des nichtleuchtenden Spiegels, der in JESOD beheimatet ist und der jeweils immer nur reflektiert, was auf ihn projiziert wird. In TIF'ERET erfahren wir später den aus sich selbst heraus leuchtenden Spiegel, der sowohl (von) selber leuchtet als auch als Projektionsfläche dient, also auch *er-leuchtet* beziehungsweise *be-leuchtet* werden kann. Der geringere jesodische Spiegel bedeutet, dass er selbst keinerlei Kraft besitzt, sondern nur das widerspiegelt, was auf seine Projektionsfläche fällt. Dieses Spiegelbild erscheint für jene, die die Erkenntnis nicht besitzen, dass es sich nur um eine Widerspiegelung handelt, durchaus real. Und auch ihr werdet immer wieder damit konfrontiert, dass ihr die Widerspiegelung als eure Realität zu sehen meint.

Dabei gilt es zu bedenken, was wir schon erwähnt haben, dass dieser Spiegel Unreinheiten aufweist, die das Bild nicht immer vollkommen erscheinen lassen. Denn das, was er widerspiegelt, ist im Prinzip rein, und es ist nur der "Schmutz", der das Bild eintrübt. Dann kann die widergespiegelte Form gar nicht wirklich, sondern nur verzerrt erkannt werden, so zum Beispiel, wenn jemand zwanghaft handelt, sich in Panikzuständen befindet oder bereits an Neurosen leidet (das heißt, dass die panischen Zustände bereits chronisch geworden oder im Falle solchen Dauerzustandes schon in Wahnsinn übergegangen sind).

Deshalb ist es von großer, ja entscheidender Bedeutung, **das Verstehen und Beherrschen von JESOD** (Fundament, Grundlage) in unserer spirituellen Arbeit zu vertiefen, denn sonst verfälscht unser Ego weiterhin alles, was von diesem Spiegel reflektiert wird, auch, meine Kinder, wenn es sich im spirituellen Gewand zeigt. Beobachtet eure Umwelt. Alle gebärden sich "so spirituell", und je spiritueller einer tut, umso stärker zeigt sich sein Ego. Ihr alle habt diese Erfahrungen bei anderen gemacht, und ihr befindet euch selbst in dieser Falle. Denn wenn wir JESOD beherrschen, kann auch die **Erfahrung der Unterscheidung** gemacht werden, weil man weiß, welcher Teil der innewohnenden Kräfte am Werk ist, das Selbst oder das Ego. Diese Erfahrung kann in die Umpolung münden, das heißt, dass selbst das Ego spirituelle Ambitionen und Fantasien entwickeln kann (was es jedoch nur selten tut). Und wenn ihr die Kunst der Unterscheidung beherrscht, werdet ihr immer wissen, in welcher Weise das Ego mit euch spielt - oder ob das Selbst am Werke ist.

Um dies noch verständlicher zu machen, wollen wir, der kabbalistischen Überlieferung folgend, zunächst auf das Symbol des Mondes in JESOD zurückgreifen (JESOD ist die "planetarische Heimat" des Mondes, was wir später noch vertiefen werden). Wenn wir das Wesen des Mondes in seiner Analogie zu unserer Symbolik des Spiegels ergründen, werden wir viel über die dunkle Seite des Egos erfahren.

Wir werden versuchen, dies jetzt in Bildern darzustellen, und ich bitte euch nun, den Zeichenblock in die Hand zu nehmen.

Das Ego hat, wie der Mond, zwei Seiten, verfügt also über eine sichtbare und eine unsichtbare, verborgene, uns abgewandte Seite. Im Hinblick auf den Mond beschreiben dies die Kabbalisten so:

Der **Neumond** (und ich möchte euch bitten, diese Mondsymbolik zur besseren Aufnahme des Gesagten nun zu zeichnen, während diese Erläuterungen gesprochen werden) zeigt durch den Mangel an Licht das schlafende, unerwachte, noch ganz nach innen gewandte ICH an. Aber der Mond ist auch in dieser Form schon manifest, wenn auch noch verborgen. Und so zeigt uns dieses Bild, dass auch das ICH, hier als SELBST, bereits vorhanden, aber noch unerweckt ist.
Spüre hinein in dich: Wann gab es diesen Zustand in deinem Leben, und was wirkt aus diesem Zustand noch in dein Heute hinein? Und es geht jetzt darum, meine geliebten Kinder, dass ihr das Bewusstsein dieses ICH im Neumond erkennt.

Das Symbol des **zunehmenden Mondes** bedeutet schon das geistige Erwachen, etwa so, wie der Schläfer sich am Morgen erhebt, da der Schlaf ihn erquickt hat. Dieses frühe Bewusstsein gleicht noch der schmalen Sichel des zunehmenden Mondes, die nun langsam auftaucht aus der bisher unsichtbar gewesenen Nachtseite, wo sie auch nur die Träume der Nacht befruchtet hatte.

Das allmählich sich zeigende **erste Mondviertel** deutet jetzt das langsam fortschreitende Erwachen an, das sich kontinuierlich fortsetzt, wie auch der Mond sich nun von Nacht zu Nacht weiter entfaltet.

So gelangen wir schließlich in den Zustand des **Vollmondes**, dessen andere Seite uns jedoch auf immer verborgen bleibt. Aber die Persönlichkeit kann sich jetzt auf der materiellen Ebene in ihrer Ganzheit zeigen, während die individuelle Seite nach wie vor verborgen bleibt. Auf der materiellen Ebene kann jetzt alles nach außen projiziert werden, was bisher unter der Oberfläche verborgen lag. (Es ist wichtig, dass ihr euch in euren Bildern auch selber spürt und erkennt.)

Mit der **abnehmenden Mondphase** beginnt nun im Rückzug nach innen die (Ver-)Wandlung, was sich zuerst daran zeigt, dass das Interesse an der äußeren Welt immer geringer und die Wahrnehmung der inneren Welt immer stärker wird, bis wir uns wieder im Zustand des Neumondes befinden, und das bedeutet Finsternis als erneute dunkle Phase im Leben des Adam.

Dies führt uns nun zu der Frage: Was ist Finsternis? Auch hierauf finden wir als Kabbalisten Antwort bei unserem Bild des Mondes. Die **Mondfinsternis**, bei der der Schatten der Erde über den Mond zu wandern beginnt, könnte ein Vergleich sein für den Zustand des Adam, dessen Ich noch überschattet ist von Unwissenheit, Krankheit oder sonstiger Gefangenschaft in der Materie.

Die **Sonnenfinsternis** hingegen ist jener Zustand, da der Mond sich zwischen Sonne und Erde befindet. Hier hindert das Ich (Ego) das Licht des Selbst daran, die Welt zu erreichen.

Diese Bilder zeigen den Zustand des Ich, das immerzu Veränderungen unterworfen ist und mit seiner dunklen, verborgenen Seite die Gefühle vom Gedanken- oder Mentalkörper abspaltet. Alle diese verborgenen Dinge in Adam betreffen dessen Ängste, alle seine lange und im Geheimen gehegten Wünsche und Hoffnungen, die er nicht weiter als bis in die Welt ASSIAH, die wir gleich kennenlernen werden, entwickelt hat - da ihm alle anderen Erinnerungen längst verloren gingen.

Mithilfe der Kabbala kann er nun ein Bewusstsein für alle diese Prozesse, die auf der unbewussten Ebene ablaufen, entwickeln. So ist es dann im Folgenden möglich, bisher gelebte Gewohnheiten, die der allgemeinen Entwicklung im Wege standen, zu isolieren, um sie später, im Verlauf der Erkenntnisse, auszuscheiden oder umzuwandeln, in die Transformation zu führen.

Dabei muss jedoch mit den sinnreichen Methoden des Egos gerechnet werden, die es im Verlaufe eines solchen Bewusstseinsprozesses zu entwickeln beginnt. Es wird alldem zunächst den Kampf ansagen, erst im einfachen Widerstand, aber bald greift es zu anderen Methoden: Es werden Möglichkeiten ersonnen und in Erwägung gezogen, um die bisherige Autorität, der es so offensichtlich ans Leben geht, aufrechterhalten zu können. Macht euch dabei nichts vor. Dieser Zustand wird das ganze Leben anhalten, denn das Ego hängt an diesem einen Leben, da es kein zweites zu erwarten hat! Die Kabbala bietet hierfür das Gegenmittel an, ja ich bin geneigt zu sagen: das Gegengift. So gehört zu ihrem System eine Vielzahl von Übungen, die dem Schüler helfen, die Fallstricke des Egos zu erkennen und zu überwinden. Eine wichtige Übung, Bestandteil in allen kabbalistischen Schulen, ist die "Reise zum inneren Lehrer" (siehe Anhang), und andere werden wir vielleicht, wie ich schon erwähnte, später noch vertiefen.

Mit diesen Erklärungen haben wir nun einen Rahmen geschaffen, um die bisherigen Ausführungen und Erkenntnisse auf den Lebensbaum und seine verschiedenen Ebenen übertragen zu können. Ich werde die Einführung in dessen System so einfach gestalten, dass ihr im Folgenden dann ohne größere Schwierigkeiten das Werk der Übertragung selbst vollbringen könnt. Immer geht es nur um "DAS WERK", es ist das Zentrum, das Alpha und Omega der Einweihungslehre. Dabei ist nun jeder Einzelne von euch im Besonderen gefordert, gemäß der eigenen Erkenntnisfähigkeit "sich ein Bild zu machen", um diese inneren Bilder später dann auf den Lebensbaum zu übertragen.

Mit diesem Einstieg, der das allgemeine, in sich geschlossene Lehrgebäude der Kabbala zum Inhalt hat, soll die Grundlage für eure eigene spirituelle Arbeit mit dieser heiligen Glyphe geschaffen werden. Im Prinzip genügt es durchaus, nur das "grobe Gerüst" zu kennen, um mit diesen Erfahrungen später die Idee für das "eigene Haus" aus der Ebene von ATZILUTH "herunterzuholen", um es dann in der Ebene von ASSIAH zu bauen.

Mir geht es nicht darum, euch zu "Kabbalisten" zu machen, vielmehr möchte ich euch anregen, mittels dieses **alles enthaltenden Symbols** den Weg, den ich euch bisher aufgezeigt habe, nun im Lebensbaum nachzuvollziehen, indem ihr göttliches Wirken auf allen Ebenen in all seinen Aspekten kennenlernt.

DIE VIER EBENEN DER KABBALISTISCHEN WELTEN

Nach der kabbalistischen Lehre "formte" der HERR aus der Ursubstanz zuerst sein eigenes, das Kausal-, Buddha- und Atman-Welt beinhaltende Reich. Es trägt den Namen

ATZILUTH (Urwelt)
Die Welt der Archetypen und der Ideen; die "reine Gottheit"; Welt des Geistes und der Seele.

Es ist dies also die "Welt des reinen Denkens", die erhabene Welt des Göttlichen, die die Sephiroth KETHER (Krone), CHOCKMAH (Weisheit) und BINAH (Intelligenz) umschließt und den Engelreichen der Seraphim, Cherubim und den Thronen Wohnung gibt.
Diese Welt gebar drei weitere Welten, von denen jede wiederum eine Nachbildung der Sephiroth ist, jedoch mit jeweils etwas verminderter Kraft.
Die erste davon, BRIAH, umschließt die Sephiroth CHESED (Gnade), GEBURAH (Strenge) und TIF'ERET (Schönheit), wo der Engelchor der Herrschaften der Mächte und der Himmelskräfte beheimatet ist.

Die erstgeschaffene Welt kann man als die "Welt der Seele und des Geistes" bezeichnen, während die zweite, die aus der ersten hervorgegangen ist, diejenige des Intellekts ist:

BRIAH (Welt der Schöpfung)
Die kreative Welt der "individuellen Idee" und des Intellekts; die Ebene der Erzengel.

BRIAH ist also eine unmittelbare Emanation der ATZILUTH-Welt, deren zehn Sephiroth hier hineinreflektieren, was ihre große Leuchtkraft bewirkt. Hier enthalten die Sephiroth noch nicht die geringsten Anteile von Materie.

Die dritte dieser Welten, die zweite von ATZILUTH geschaffene, ist JETZIRAH, die Gegend der "Astralebene", welche die Sephiroth NETZACH (Sieg), HOD (Ehre) und JESOD (Grundlage) beinhaltet.

So ist die erste Welt die göttliche, die zweite die mentale, die dritte die astrale in vielen, ja unendlichen Bereichen von unterschiedlicher Dichte. Hier haben in den hohen Bereichen die ELOHIMS (Götter) und die ENGEL Wohnung.

JETZIRAH (Welt der Gestaltung)
Die Welt der Formen und konkreten Bilder; "Schöpfungsidee" im allgemeinen Sinn; Ebene der Götter, Engel, Heiligen und Meister.

Diese Welt geht von BRIAH aus und enthält ebenfalls noch keine Materie, auch wenn ihre Energie nicht mehr so strahlend wie jene in BRIAH ist. Hier leben alle intelligenten, unkörperlichen Wesen, in leuchtende weiße Hüllen gekleidet, die, wenn sie den Menschen erscheinen, Gestalt annehmen können.

Die vierte Ebene ASSIAH nun ist die “irdische”, materielle, in der die Sephira MALKUTH (das Reich) steht und der die ISHIM, die Vollendeten, zugehören.

ASSIAH (Welt der Aktion)

Die Welt der Aktion und des “Herabbringens der Ideen” aus den Ebenen 1-3 in die Materie; die Welt des “Stoffes” und des Menschen.

Diese “Welt” ist aufgebaut aus den Elementen der drei übrigen Welten, die dort jeweils “ausgeschieden” und “nach unten” geleitet werden.
Das Energiefeld jeder einzelnen Sephira manifestiert sich innerhalb dieser vier Ebenen. Auch der LEBENSBAUM selbst entspricht diesen vier Welten.

DER LEBENSBAUM

Der Lebensbaum ist eine magische Glyphe des Universums, der göttlichen Schöpfungsordnung.

Die einzelnen Sephiroth sind Zentren, in denen sich objektive Kräfte manifestieren.

Sie sind ein Abbild der zehn Grundkräfte des Kosmos, der göttlichen Urordnung.

Jede dieser zehn Grundkräfte manifestiert sich auf unterschiedlichen Ebenen in voneinander verschiedener (= unterschiedlicher) Weise.

In Verbindung mit den 22 Buchstaben des hebräischen Alphabets gelten sie auch als die zehn Urzahlen, die den Schöpfungsplan aller "oberen und unteren Dinge" im Sinne des Hermes Trismegistos darstellen.

Außerdem bilden sie zusammen mit anderen Aspekten die zehn wichtigsten Namen (= Aspekte oder "Potenzen") Gottes als einen belebten, pulsierenden Organismus, der das "mystische Antlitz Gottes" genannt wird.

DIE ZEHN SEPHIROTH

Name	Attribut	Farbe
1. KETHER	höchste "Krone"	weiß
2. CHOCKMAH (oder HOKMAH)	Weisheit, Same aller Dinge	grau
3. BINAH	Verständnis, Vernunft, Intelligenz, obere Matrix	indigo
4. CHESED (oder HESED)	Barmherzigkeit und Gnade, Liebe, Güte	blau
5. GEBURAH	Strenge, Kraft, strafende Macht	scharlachrot
6. TIF'ERET (oder TIPHERET)	Schönheit, Pracht	goldgelb
7. NETZACH (oder NEZACH)	Sieg, beständige Dauer	smaragdgrün
8. HOD	Ruhm, Herrlichkeit, Majestät	orangegelb

Name	Attribut	Farbe
9. JESOD (oder IESOD, YESOD, JESSOD)	Fundament, Grund aller zeugenden Kräfte	violett
10. MALKUTH (oder MALKUT, MALCHUT)	Reich, Königreich, das "Einwohnen Gottes" in seine Schöpfung"	gelb, grün, blau, rot

Die zehn Sephiroth sind also jeweils verschiedene Ausdrucksformen ein und derselben Kraft. Farben sind bestimmte Aspekte des Sonnenlichtes, das Sonnenlicht wiederum ist nur die Widerspiegelung des Urlichtes. So ist auch die Sonne selbst einer der Spiegel von EHEYEH. Jede Sephiroth-Farbe stellt eine göttliche Lichtvibration dar, die jeweils voneinander verschieden und deshalb unterscheidbar sind.

Und jetzt versuche, diesen Lebensbaum zu malen, und lasse dann das Bild auf dich wirken ...

Betrachte es von allen Seiten, damit du es gänzlich erfassen, innerlich bewegen und erfühlen kannst. Dies führt dich zur Ganzheit. Was wir zunächst wahrnehmen, aber natürlich nicht so benennen, weil wir eine andere Betrachtungsweise gar nicht zur Verfügung haben, ist POLARITÄT.

Es ist gut, und nichts ist dagegen einzuwenden, wenn ihr euch den Lebensbaum auch als fremdes Kunstwerk an eure Wand hängt. Aber weitaus wichtiger erscheint mir, dass ihr selbst euch dieses Kunstwerk für eure Wand schafft als Bild, das in euch lebendig werden soll und mit dem ihr euer restliches Leben teilt. Es wird sich immer wieder verändern, so wie euer Bewusstsein sich darauf verändert. Und so werdet ihr euch von Zeit zu Zeit ganz sicher einen neuen Lebensbaum zeichnen, der alles enthält, was ihr über und durch ihn an Erkenntnissen erlangt. Er symbolisiert das Innen wie das Außen, das hermetische Oben, das wie das Untere ist. Er soll wirklich ein lebendiger Baum, der Baum des Lebens für euch werden und nicht nur eine inhaltsleere Glyphe. Und so schaut euch nun euren Baum an - nicht mit Künstleraugen -, sondern versucht, ein wenig schon das Sinnbild zu erfassen, das sich in ihm verbirgt und das ihr, noch ganz unbewusst, jetzt dargestellt habt. Versucht zu spüren, warum gerade diese Farben zu den einzelnen Sephiroth gehören, so dass eine Korrespondenz zwischen dem äußeren und inneren Bild nun in euch stattfinden kann ...

So mag euch bei eurer Betrachtung aufgefallen sein, dass eines der besonderen Merkmale des Lebensbaums, wie schon erwähnt, **Polarität** ist, die sowohl zwischen "oben" und "unten" besteht als auch in den sich gegenüberliegenden Sephiroth-Paaren. Nur JESOD steht für sich alleine. Deshalb haben einige kabbalistische Richtungen auch hier ein Gleichgewicht unterhalb von KETHER vermutet und dort eine "geheime" Sephira angesiedelt. Es ist der Ort, an dem das Wissen nach unten steigt, deshalb nannte man sie DAATH, was "Wissen" bedeutet. Ihr könnt hier an dieser Stelle diese geheime Sephira gestrichelt eintragen, wenngleich wir ihr im Folgenden keine besondere Aufmerksamkeit schenken wollen.

Wir möchten dies nochmals vertiefen: Es besteht zwischen den Sephiroth der linken und rechten Säule ein Spannungsverhältnis, das Gegensätze zum Ausdruck bringt und als das "positive und negative Prinzip" bezeichnet werden kann. Hier eine erste, bei weitem noch nicht umfassende Deutung:

CHOCKMAH - BINAH
männlich/weiblich
Vater/Mutter

(ABBA-AMA; dieses ist auch das Prinzip jeder manifest gewordenen Gottheit, die, wie der Manu, beide Aspekte in sich vereinigt. Weibliche Teilaspekte gehören zu BINAH, männliche zu CHOCKMAH.)

CHESED - GEBURAH
konstruktiv/destruktiv
Gesetzgeber/Ausführer des Gesetzes = Krieger

NETZACH - HOD
hoher Aspekt der Elementarkräfte (Sephira der Heiler)

JESOD
bildet die Synthese dieser Gegensatzpaare

Versucht jetzt, dieses Gegensätzliche, dieses Polare in euch zum Klingen zu bringen, und lasst diese Ausführungen ein wenig in euch nachwirken, mit Blick auf euren Lebensbaum ...

DIE DREI SÄULEN

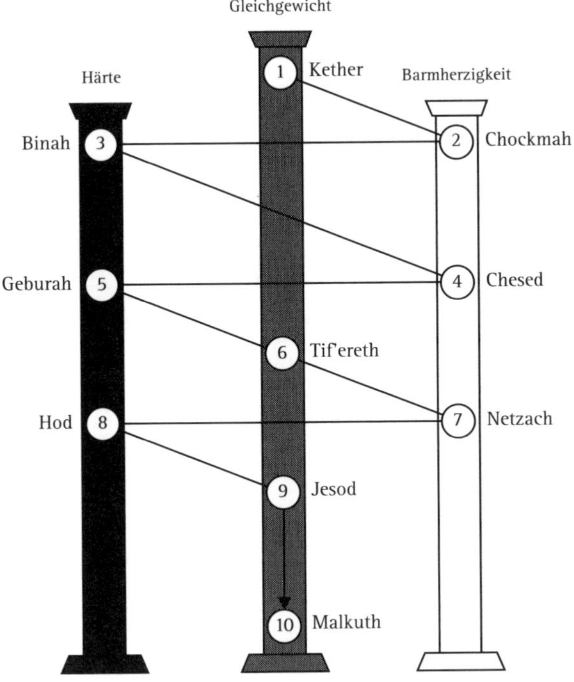

Auf der **linken SÄULE DER HÄRTE** (oder STRENGE) finden sich die drei Sephiroth der **Form,** BINAH, GEBURAH und HOD. Diese Säule verkörpert das weibliche Prinzip mit BINAH am "Kopfende" und entspricht der "Pingala" der Hindus.

Auf der **rechten SÄULE DER BARMHERZIGKEIT** (und GNADE) finden sich die drei Sephiroth der **Kraft**, CHOCKMAH, CHESED und NETZACH.
Hier, mit CHOCKMAH an der Spitze, befindet sich die "Ida" der Hindus.

Auf der **mittleren SÄULE DES GLEICHGEWICHTS** finden sich die unterschiedlichen Bewusstseinsebenen in KETHER, TIF'ERET, JESOD und MALKUTH. Hier ist der Sitz der hinduistischen "Sushumna", in der die "Kundalini" von MALKUTH nach KETHER aufsteigen muss. Anhand dieser Darstellungen kann man sich nun ein besseres Bild von diesen Vorgängen machen.

Die Durchdringung des Lebensbaums hat mit dem Erwachen des Bewusstseins zu tun. Die Entfaltung der Shakti-Energie, als Ausdruck dieses Bewusstseins, wird, wie wir schon früher gehört haben, mit dem Erwachen der Kundalini verglichen, die aufgerollt im Muladhara-Chakra ruht. Durch gewisse geistige Übungen, einer "Sammlung auf das Höchste im tiefsten Punkt des Körpers", wird sie "geweckt", worauf sie nun beginnt, sich um die "geistige Achse" des Menschen herum langsam "emporzuschlängeln", wobei sich immer höhere und weitere Bewusstseinsebenen entfalten, bis schließlich die "ganze Fülle" zurückkehrt in das Formlose, den Geist.

Auch in der sinnbildlichen Erfassung dieser Vorgänge kann man die Polarität wiederfinden. Denn die Kundalini verzweigt sich in zwei feinstoffliche Kräfte, "Ida" und "Pingala", die sich, um sich später zu vereinen, im Mikrokosmos des Menschen (wie im Makrokosmos die Shakti-Energie) gegensätzlich um die "Merudanda", die "Weltenachse" (Shakti) und "Wirbelsäule" (Ida und Pingala), emporwinden.

Die **mittlere Säule** ist grau und somit der Ausdruck der Dämmerung, wo Tag und Nacht ineinander übergehen und sich Licht und Dun-

kelheit mischen. Sie ist die Säule der Milde und des Gleichgewichts. Somit drückt diese Säule, wie wir gesehen haben, die "Schaffung des Ausgleichs als Synthese der Gegensätzlichkeiten" zwischen der linken und rechten Säule aus:
Die **linke Säule** ist die Säule der Strenge oder Härte (weiblich, schwarz).
Die **rechte Säule** ist die Säule der Gnade oder Barmherzigkeit (männlich, weiß).

Wenn wir davon ausgehen, dass die mittlere Säule mit dem Bewusstsein in Zusammenhang gebracht werden kann, dann entspricht sie, wie wir gesehen haben, Sushumna, durch die die Kundalini aufsteigt. Auch in der Kabbala findet die Entfaltung der LUZ-Energie auf der mittleren Säule statt. Und nirgendwo entfernen wir uns von unserem Thema.
Der Ursprung aller Farben ist weiß und in KETHER als Zusammenfassung aller kosmischen Energien gebündelt. Durch diese Zusammenballung in ein einziges Energiefeld entsteht ein ungeheures Druckpotenzial. Diese Energie muss nun ausweichen in die "niederen Fenster". So entsteht als erste die Sephira CHOCKMAH. So ist leicht vorstellbar, dass sie noch fast das gesamte Potenzial von KETHER enthält.

KETHER hat auch die Funktion eines Prismas. Während das Licht "von oben" auf dieses fällt, verzweigt es sich in Spektralfarben nach unten. Die Energieentladung setzt sich auf diese Weise fort bis MALKUTH, in jeweils etwas verminderter Kraftentfaltung. Dies wird ausgedrückt als das "Herabsteigen der Macht". Hier zitiere ich das schöne Gedicht des Schweizer Dichters Conrad Ferdinand Meyer, in dem dieses "Herabsteigen" aus tiefem Wissen so treffend skizziert ist und das im Folgenden Gemeingut vieler Kabbalisten und Alchemisten wurde:

DER RÖMISCHE BRUNNEN

Aufsteigt der Strahl und fallend gießt
er voll der Marmorschale Rund,
die, sich verschleiernd, überfließt
in einer zweiten Schale Grund.
Die zweite gibt, sie wird zu reich,
der dritten wallend ihre Flut,
und jede nimmt und gibt zugleich
und strömt und ruht.

KETHER

Kether ist, wie wir gehört haben, die "Krone". Sie ist das Höchste, das über dem Kopf schwebt, wie eine Krone. Sie ist somit auch Sinnbild für die Aura, die als goldener Lichtschein wahrgenommen wird, wie er auch über den Häuptern von Heiligen abgebildet ist. Bei der Aura handelt es sich um ein Licht, um die feinste Strahlung von "Noch-nicht-Materie". Dieser "Lichtstoff" dient den "vier heiligen Tieren der Schöpfung" als Ursubstanz, aus der sie "die Schöpfung weben", wie es in der kabbalistischen Überlieferung heißt. Diese "heiligen Tiere" sind die Symbole für die vier Elemente, also für die vier Urprinzipien der materiellen Welt. Weil sie nicht mit dem "Sinn der Materie" zu begreifen sind, denn die Sphäre der Erdelemente ist nur die Widerspiegelung ihrer Ebene, sondern dem höchsten Schöpfungsprinzip entstammen, sind sie KETHER zugeordnet und werden dort im Lebensbaum abgebildet.

Das Wort "Sphäre" übrigens leitet sich von "Sephiroth" ab. So beweg(t)en wir uns zu allen Zeiten im Gedankenkosmos uralter Weisheit, ohne eine Ahnung von den wahren Zusammenhängen zu haben. So ist es auch ein Anliegen dieser Schulung, euch wieder mit dem Wissen zu verbinden, das euren Alltag bis hin zum unbedeutendsten Wort durchdringt.

Alles, was jenseits von KETHER liegt, kann vom menschlichen Verstand nicht mehr erfasst werden. So sind diese "negativen Schleier" ein Symbol für die Grenzen des menschlichen Bewusstseins, das das ABSOLUTE nicht fassen, nicht begreifen kann. Wie ließen sich "Unendlichkeit" und "Ewigkeit" definieren? Weder die Philosophie noch die Naturwissenschaft kann hierauf eine Antwort geben. Der menschliche Geist kann nur in dem Bild, dass auch der "erste Ursprung", von dem die Kabbala spricht, Wurzeln hat, Gott erkennen. Dies aber bedeutet bereits eine "Verankerung" des Göttlichen, die erste Manifestation. Alles, was sich jenseits davon befindet, kann zwar mit Worten belegt, aber vom Verstand nicht begriffen werden.

Gemäß der menschlichen Möglichkeit spricht laut der kabbalistischen Weisheit der **Unwissende** von Gott als einer Person.

Der **Wissenschaftler** versucht, Gott im Bereich des "Äthers" zu erkennen, was immer er damit meint, falls er sich überhaupt einer solchen Mühe unterzieht. "Der Wissenschaftler an sich" ist "perfekt" und braucht nicht etwas, das er "Gott" nennt.

Der **Philosoph** ist geneigt, die Bilder zu durchdringen und nähert sich, wie die Geschichte der Philosophie zeigt, dem "Substanzlosen", ohne es wirklich fassen zu können. Aber hier existiert bereits die Ahnung.

Der **Eingeweihte** bedient sich unterschiedlicher Symbole und Namen zur Verstärkung seiner Wahrnehmungsfähigkeit, und somit hat er "Werkzeuge", um sich auch unfassbaren Dingen in seinem Inneren zu nähern und ihnen "Form" zu geben, damit er sie begreifen kann.

Der **Kabbalist** geht hinter die "Schleier der negativen Existenz" zurück, bis auch er unter Zuhilfenahme von Symbolwerkzeugen das Absolute in AIN SOPH AUR - der "Ursprung aller Dinge", der Nichtanfang und das Nichtende - erkennt. Damit erreicht er also die Erkenntnis der transzendenten Form Gottes und gibt ihr den Namen "EHEYEH", was man mit "ICH BIN" allerdings nur sehr unzureichend übersetzen kann.

In Wirklichkeit drückt der Name EHEYEH dies aus:

ICH BIN	die absolute Wesenheit, die aus sich selbst heraus existiert, ohne Anfang und Ende
ICH BIN AIN SOPH AUR	das nichtmanifestierte, grenzenlose Licht
ICH BIN AIN SOPH	das Grenzenlose
ICH BIN AIN	das Nichts
ICH BIN	das Nichts, grenzenlos, das Urlicht

Doch noch einmal zurück zu dem Begriff "negative Existenz" und "positive Existenz". Was sagt uns dies? "Negative Existenz" zu definieren ist unmöglich. Sobald sie definiert wird, hört sie auf, "negative Existenz" zu sein. Sie ist nach menschlicher Vorstellung nur dann negativ, wenn sie in "satanische Existenz" übergeht, jenem in den niedersten Astralbereichen angesiedelten Zustand der Noch-nicht-Erkenntnis und Dunkelheit (Lichtferne).

Deshalb haben die Kabbalisten, um nicht in diese Fallgrube zu geraten, weise das ursprüngliche AIN, also das negativ existierende Prinzip benannt, das AIN SOPH, die grenzenlose Expansion, die aus der Bilderwelt der Sterblichen gänzlich ausgeschlossen bleibt, wohingegen von AIN SOPH AUR, dem "grenzenlosen Licht", dem Urlicht, eine schwache Vorstellung *ge-bild-et* (im Sinne von "sich ein Bild machen") werden kann.

Denken wir indes tiefer, so sehen wir, dass das unerkennbare und NAMENLOSE PRINZIP, das wir in der manifesten Gestalt GOTT nennen, sein muss. ER IST DAS ABSOLUTE. Und dies beinhaltet alles, was vorstellbar und was unvorstellbar ist. Können wir dies aber verstehen? Sobald wir beginnen, ein Verständnis hierfür zu entwickeln, entschwindet es unserem Begriffsvermögen schon wieder und hört, sobald es definiert ist, auf zu existieren. Sollen wir daher sagen, das Negative, das Grenzenlose, das Absolute sei unmöglich und absurd, weil es sich dabei nur um Ideen handelt, die unser Verstand nicht begreifen kann? Dies ist die Ebene von ATZILUTH in KETHER. Nein, könnten wir es definieren, müssten wir es unbedingt zu "etwas" machen, das unser Verstand begreifen kann, denn dieser kann einen Gegenstand nur dann wahrnehmen, wenn er als solcher abgrenzbar von anderen Gegenständen ist. Wie aber ließe sich das Unbegrenzbare in Grenzen zwängen? Daher ist das erste Prinzip der Kabbala der, wie eingangs schon erwähnt, in unsere Lesart aus der Bibel übertragene Name Gottes "ICH BIN DER ICH BIN". Und auch hier bewegen wir uns nirgendwo von unserem Thema fort. In der *Bhagavad Gita* (heiliges Buch der Hindus) heißt es im 9. Gesang:

> "Ich bin die Unsterblichkeit und bin der Tod.
> Ich bin, oh Arjuna,
> sowohl das Sein als auch das Nichtsein ..."
> (... das, was "negativ" existiert)

Und weiter heißt es dort:

> "(...) Oh Du unendlicher Herr der Götter,
> oh Du, der Du das All durchdringst.
> Du bist der Unzerstörbare,
> Du bist, was ist und was nicht ist
> und das, was jenseits davon liegt.
> Du bist der Ur-Gott, der Ur-Alte.
> Du bist die größte Stütze dieses Universums.
> Von Dir ist das All durchdrungen.
> Oh Du, der Du da bist von unendlicher Gestalt und Form.
> Von unendlicher Kraft bist Du und Stärke,
> von unermesslichem Ruhm und Glanz.
> Du durchdringst alles, und deshalb bist Du alles!"

Wie können wir uns diesen Worten nähern und versuchen, ihren Sinn zu begreifen? "Du bist alles und nichts", "Du bist die Form und Nichtform", "Du bist das, was immer war und immer sein wird" - damit stoßen wir an die Grenzen unseres Denkvermögens.

"Positive Existenz" können wir, dem entgegengesetzt, jederzeit definieren, sie ist dynamisch und verfügt über bestimmte Bildkräfte. Sie ist nicht länger der im Samenkorn verborgene Baum, sondern ist das in die Erde gesetzte Samenkorn, das somit der Idee des Bildes nun konkrete Form in der Materie gibt. "Positive Existenz" hat Anfang und Ende und benötigt daher eine andere Form, aus der heraus sie sich entwickeln kann, wofür "Same" und "Baum" das beste Beispiel bieten.

Licht wird dann sichtbar, wenn es auf etwas fällt, also ein Objekt beleuchtet oder von ihm beleuchtet wird. Ein Licht ohne ein Objekt oder einen Spiegel bleibt unsichtbar. Das führt uns dahin zu erkennen, dass im Grunde Licht und Dunkelheit eins sind: AIN - das NICHTS, in dem ALLES enthalten ist!

Damit Licht aber sichtbar gemacht werden kann, bedarf es, wie wir gesehen haben, eines Objekts oder Gegenübers. Und so entstand bereits in dieser ersten Schöpfungsphase vom AIN zum AIN SOPH AUR die Polarität, wie es in der Schöpfungsgeschichte des 1. Buch Moses zum Ausdruck gebracht wird, das den Kabbalisten hierfür zur Erläuterung dient: *"Die Erde war aber wüst und öde, und Finsternis lag über ihr, und der Geist Gottes schwebte über den Wassern. Und Gott sprach: 'Es werde Licht!' Und es ward Licht. Und Gott sah, dass das Licht gut war, und Gott schied das Licht von der Finsternis. Und Gott nannte das Licht Tag, und die Finsternis nannte er Nacht".*

"Die Erde war aber wüst und öde, und Finsternis lag auf ihr."
- AIN

"Und der Geist Gottes schwebte über den Wassern."
- AIN SOPH
(Wir können auch hier das "Herabsteigen der Macht" schon erkennen.)
"Und Gott sprach: 'Es werde Licht!' Und es ward Licht."
- AIN SOPH AUR

Wenn Gott also "sprach", erzeugte er den Urton, die Urvibration auf einer niedrigeren Schwingungsfrequenz, da nur das Licht war. Denn Lichtwellen sind, wie die Physik lehrt, weit höhere Manifestationen als Schallwellen. Er "stieg" also von ATZILUTH "herunter" nach BRIAH. Diese erste Manifestation war auch die "Geburt" der Schutzengel. Sie sind somit seine erste Formgebung, seine erste Trennung in der Nichtexistenz. Das erklärt die Kraftminderung, die wir in BRIAH - im Gegensatz zu ATZILUTH - vorfinden, wenngleich diese noch von keinem Verstand je erfasst werden kann, denn wir bewegen uns auch hier im absoluten Zustand reinen Seins, in einem der Schleier negativer Existenz, in dem noch nicht die geringste Spur von Materie vorhanden ist.

Daher ist seit jeher das "Vibrieren", also das Aussprechen des göttlichen Namens die beste Möglichkeit, diese Urschwingung in sich zu erzeugen. Wenn ihr die Erfahrung des Rezitierens, Singens oder Sprechens von Gottesnamen künftig beurteilt, werdet ihr unter dem Eindruck des hier Gesagten einen noch tieferen Sinn darin erkennen und nicht mehr aufhören wollen, dieses zu tun.

"Gott sah, dass das Licht gut war." Wenn Gott also "etwas" sieht, dann muss, wie wir gesehen haben, ein Objekt vorhanden sein, auf das sein Auge fallen kann. Dies ist der erste Ausdruck in der Schöpfungsgeschichte, in der Polarität sichtbar geworden ist. *"Und Gott schied das Licht von der Finsternis. Und Gott nannte das Licht Tag, und die Finsternis nannte er Nacht."* Dieser Vorgang nun bestätigt das vorher Gesagte. Gott selbst hat also das Nichts

von sich geschieden und in Form gebracht, also muss eine archetypische "Vorstellung" in ihm gewesen sein - wie sonst hätte er es "erkennen" können? Und mit der Benennung von Attributen hat er auch Sprache gleichzeitig in Form gebracht, indem er den bisher nur in seinem Geist vorhandenen Bildern Namen gab.

Somit ist Gott in seinem Aspekt als AIN SOPH AUR jener, der das Unmanifestierte manifest macht, es in Form zwingt. Vom Nichts, vom Grenzenlosen zum Licht - hierin zeigt sich uns als schwach wahrnehmbares Bild das "Herabsteigen der Macht" aus KETHER, der Krone.

DIE ATTRIBUTE DER SEPHIROTH

Nun haben wir alle Sephiroth und deren Beheimatung in den vier verschiedenen Ebenen sowie Namen und Wirkweise des höchsten Schöpfungsprinzips kennengelernt. Diese Kenntnis allein befähigt uns natürlich noch nicht zur Arbeit mit dem OTZ CHI'IM, dem Lebensbaum.

Die einzelnen Sephiroth besitzen verschiedene Attribute, die einen Umgang auf ihren verschiedenen Ebenen erst ermöglichen. Mit den drei wesentlichsten Attributen wollen wir uns nun vertraut machen. Es sind dies in ihrer Reihenfolge der **Gottesname**, die **Erzengel**, die **Engel**. Des Weiteren gibt es noch die **Welt der Symbole**, das jeweilige **astrologische Kraftprinzip**, die **Körperzuordnungen** und die **Farben** und **Tarotkarten**. Einige davon werden wir in späteren Schulungen noch betrachten, wenn ihr noch bereit seid, mir in den Garten der hermetischen Weisheit zu folgen.

Wir wollen uns aber zunächst mit den drei Erstgenannten beschäftigen und mit den zehn Gottesnamen unsere Betrachtungsweise beginnen. Der ursprüngliche Ausdruck des Gottesnamens wird allgemein mit der griechischen Bezeichnung TETRAGRAMMATON wiedergegeben. Dies bedeutet "vierbuchstabiger Name". Im Hebräischen steht dafür die Analogie "JHVH", was in Lautschrift übertragen (da in der hebräischen Schriftsprache keine Vokale existieren) mit JEHOVA wiedergegeben wird, was dem Tetragrammaton entspricht. Die Kabbala lehrt, dass jeder Buchstabe des Tetragrammatons einem der vier Elemente zugeordnet ist:

So entspricht das J dem Feuer,
das erste H dem Wasser,
das V der Luft,
das End-H (hebr.: HEH) der Erde.

Auf diese Weise also stellt das Tetragrammaton im Namen JEHOVA auch die vier Grundelemente des Lebens dar. JEHOVA, der biblische Gott, war jener, der Moses beim Namen rief und ihm im brennenden Dornbusch erschien. Er war jener, dessen Stimme im Donner und im Sturm erschallte, und jener, der die Feinde Israels vernichtete. So wurde er zu dem zornigen, gewalttätigen und rachedurstigen Gott der Hebräer. Damit aber gleicht er auch den vier Elementen des Lebens. Auch sie können gewaltsam, furchtbar und entladend sein und alles unter sich begraben. Das ist das (beziehungsweise der) Tetragrammaton.

Die Rosenkreuzer, die nicht bei der biblischen Überlieferung stehengeblieben sind, erklären dies so: Die Buchstaben des Tetragrammatons sind dem Baum des Lebens selbst in unterschiedlicher Weise zugeordnet und bergen Zuordnungen der Grundelemente in sich.

Das "J" wird mit dem "VATER" bezeichnet, ist KETHER zugeordnet und drückt das "Schöpfungsfeuer" aus. Sein Repräsentant ist MICHAEL. Er ist beheimatet in TIF'ERET und stellt dort die Verbindung zu KETHER her.

Das "H" wird BINAH zugeordnet und entspricht der "MUTTER". Darin kann man die Ursubstanz, das Wasser mit seinen "schöpferischen Flächen", aus dem sämtliche Welten erschaffen wurden, oder den Urschoß erblicken. Sein Repräsentant ist RAPHAEL. Er ist beheimatet in HOD und stellt dort die Verbindung zu BINAH her.

Das "V" wird TIF'ERET, dem "SOHN" von "J" und "H" des Tetragrammatons zugeordnet. Dieser Sohn ist gleichzeitig das "Prana", die alles erfüllende Luft, ohne die Leben nicht möglich wäre. Im übertragenen Sinn bedeutet es CHRISTUS. Sein Repräsentant ist GABRIEL. Er ist beheimatet in JESOD und verbindet diese Sephira mit TIF'ERET.

Das End-"H" (HEH) ist die "unerlöste Tochter", die ERDE. Auf sie wirken die anderen drei Elemente des Tetragrammatons ein, formen und beeinflussen sie. Ihr Repräsentant ist AURIEL. Diese Tochter ist so lange unerlöst, bis sie bewusst und bereit sich den "höheren Einflüssen" öffnet und sie "empfängt". Wenn dies geschieht, findet ihre Umwandlung statt zur "Braut" des Sohnes "V" in TIF'ERET, was ihre schweren und drückenden Qualitäten dann in Harmonie und Schönheit verwandelt.

Dies ist die Sichtweise der Rosenkreuzer, und wir können hier schon erahnen, wie der Tetragrammaton, der Herr der Bibel, hier seine Erlösung gefunden hat. Denn der immer zornige und strafende hebräische JEHOVA bedarf dort selbst noch der Umwandlung und Erlösung. Dies geschieht durch die Herabkunft des "Heiligen Geistes", der durch den Buchstaben "Shin" (in "Shekhinah", dazu später noch mehr) wiedergegeben wird. Dieser Buchstabe trägt den Zahlenwert 300, er ist der Vollender der Trinität. (Von dieser "Erlösung durch den wahren eingeborenen Sohn" werden wir später noch hören.) Diese Herabkunft des Heiligen Geistes aber bewirkt das Auseinanderbrechen des alten, starrsinnigen Tetragrammatons und führt ihn in die Auflösung – in das PENTAGRAMMATON "JHShVH", in den befreiten und erleuchteten Menschen, den ADAM KADMON, der Himmel und Erde, das Weltall und den Mikrokosmos in sich vereinigt.

Dies ist der wahre Grund der Verehrung des PENTAGRAMMS im Rosenkreuzertum. Versucht nun, dies in euch nachklingen zu lassen. Geht es darum, Gott selbst zu erlösen? Was kann man darunter verstehen?

Das Mysterium des irdischen und sterblichen Menschen entspricht also dem Mysterium des Himmlischen und Unsterblichen. *("Und so ward er geschaffen nach dem Bilde Gottes, nach Seinem Bilde schuf Er ihn!")* So verbirgt sich auch in der Gestalt des menschlichen Körpers gemäß des "Mikrokosmos im Makrokosmos" das Tetragrammaton: Das Haupt ist das I, die Arme und Schultern bilden das H - ich sagte euch einmal, als wir das Abendmahl zusammen feierten, dass wir eines Tages die Bedeutung dessen verstehen würden, warum der Lieblingsjünger an der Schulter des Herrn ruhte. Hier haben wir die Antwort: Dieses "H" entspricht, wie wir gleich sehen werden, der Ursubstanz, aus der alles geschaffen wurde, dem Schoß, aus dem neues Leben hervorgeht; dem Hegenden, Segnenden, der REINEN LIEBE -, der Leib das V und die Beine entsprechen dem End-H.

Wie die äußere Gestalt des Menschen also dem Tetragrammaton (dem Pentagramm) entspricht, gleicht auch die den Leib mit dem Leben der Unsterblichkeit erfüllende Seele den zehn Sephiroth. Und wie diese ihren letzten und höchsten Ausdruck in KETHER, in der Krone finden, gibt es somit auch **drei Hauptteile der Seele:**

Der **erste Hauptteil** ist (NShMH) **NESHAMAH:** Sie repräsentiert die höchste Stufe des Seins, stellt die höchste Triade der Sephiroth (KETHER), die **Verstandeswelt**, dar.

Der **zweite Hauptteil** ist (RVCH) **RUACH:** Er ist der Sitz von Gut und Böse und entspricht der Sephira TIF'ERET, der **sittlichen und moralischen Welt.**

Der **dritte Hauptteil** ist (NPSh) **NEPHESCH:** Er stellt das rein physische Leben und Begehren des Adam dar und entspricht der Sephira JESOD, der **materiellen und sinnlichen Welt.**

Diese Vorstellung von den "drei Hauptteilen der Seele" lässt sich auf die Bereiche **Verstand, Reinheit der Sitten** und **materielle Durchdringung** anwenden. Nach der Kabbala muss die Dreiheit sich stets vervollständigen und ihre Verwirklichung in der VIER finden.

So also verwirklicht sich

VATER	KRONE	DAS ABSOLUTE
SOHN	KÖNIG	FORM
GEIST	KÖNIGIN	MATERIALISATION

und vervollständigt sich in der VIER

VATER	MUTTER	SOHN	BRAUT

oder in den vier Welten

ATZILUTH	archetypisch
BRIAH	kreativ
JETZIRAH	formgebend
ASSIAH	stofflich/materiell

Dem Gesetz der "kabbalistischen Vier" folgend, muss also auch die Seele eine vierte Qualität besitzen. Die ist ein geheimer Aspekt, so geheim wie die Sephira DAATH, es ist dies CHIA - durch sie findet die Vervollständigung der Seelenaspekte statt, denn CHIA ist die seelische Urform und steht in Beziehung zu ATZILUTH wie NESHAMAH zu BRIAH, RUACH zu JETZIRAH und NEPHESCH zu ASSIAH.

Im Bereich der "Emanation", also des Nichtmateriellen, sind alle Wesen gleich und eins, aber wenn sie "zur Erde hinabsteigen", werden sie getrennt in männlich und weiblich.

In der christlichen Überlieferung hat man sich vom Wissen der Kabbala sehr weit entfernt. Dies drückt sich am schmerzhaftesten in der Verallgemeinerung des Begriffes "GOTT" aus. Ich wähle mit Bedacht das Wort "Begriff", denn Gott ist in allen seinen Aspekten nur im Begriffsdenken zu definieren und zu dividieren. In der hebräischen Sprache existiert eine Vielzahl solcher Begriffe oder Attribute, die in die Kabbala eingeflossen sind und dort in der jeweiligen Ebene den entsprechenden göttlichen Aspekt widerspiegeln.

Wie wir gesehen haben, ist es gänzlich unmöglich, Gott in seiner Gesamtheit mit dem Verstand zu erfassen. Was sich in der westlichen Überlieferung erhalten hat - nämlich jenes Gottesbild des alten Herrn mit wallendem Bart und Haar, der zornig oder gütig ist nach Lust und Laune - ist ein schmerzliches Zerrbild. Es ist müßig, danach zu fahnden, warum die Bibelübersetzer die Begriffe der kabbalistischen Traditionen nicht übernommen haben. Da man vom wahren, ursprünglichen Wissen so weit entfernt war, konnte man die Worte Jesu ohnehin nicht mehr in ihrem Ursprung verstehen, der da sagte: "ICH BIN EINS MIT DEM VATER." Jesus selbst sprach immer vom VATER. So hat das Bild dieses persönlichen Vaters auch den Gottesbegriff des Christentums geprägt. Es verstand ja (weder im Judentum seiner Zeit noch im späteren Christentum) niemand mehr die **Ebenen, von denen aus Jesus zu sprechen pflegte** und die uns jetzt bei der Betrachtung des Tetragrammatons und der vier kabbalistischen Welten erst selbst (wieder) bewusst geworden sind.

Immer waren es nur die Eingeweihten, die um die "Ebene" wussten, die die wahre Heimat seiner Worte war. So könnte man sagen - und das ist nicht überspitzt formuliert -, dass Jesus sterben musste, weil die Schriftgelehrten und die Priesterschaft schon weit von der Urtradition entfernt waren und nicht verstanden, dass er sich in allen Reden auf dem “Boden des Gesetzes” bewegte und seine Lehre nur die Erhellung, Auslegung, Vertiefung und Erfüllung der Schrift im Sinne der Kabbala war.

Hat nicht er, dieser Jesus, den Gott des Moses, diesen zornigen, rächenden Tetragrammaton, erlöst in seiner Hinwendung zum und seiner Identifikation mit dem VATER und ihn somit aus der Gefangenschaft des Tetragrammatons erlöst und in die Freiheit des Pentagrammatons geführt? Durch die Umwandlung der alten Vorstellungen durch den “wahren Heiligen Geist der Liebe”, die SHEKINA, hat er dieses WERK vollbracht.

> WER, WENN NICHT DIESER JESUS, SOLLTE ALSO DER ERLÖSER SEIN, DER IM AUGENBLICK SEINER VOLLENDUNG SAGTE: “ES IST VOLLBRACHT!”?

Ein ganzes Universum, meine Kinder, verbirgt sich in diesem Satz. So lasst ihn jetzt in euch aufgehen: “Es ist vollbracht!” ... Was bedeutet diese “Erlösung” für euch?

> Er war der Erstgeborene,
> der das ICH BIN des EHEYEH, des Namenlosen,
> wieder gebraucht und auf sich bezogen hat.
> Er war der Erste (der Hebräer!),
> der in EHEYEH sich selbst erkannte,
> so dass er sagen konnte:
> “ICH HABE ES VOLLBRACHT!”
> Niemals sind größere Worte
> aus eines Menschen Mund gekommen!
> Dies war die Rückkehr des göttlichen Menschen
> - des ADAM KADMON -
> ins Paradies!

DIE VIBRATION EINES GÖTTLICHEN NAMENS

Die Vibration eines göttlichen Namens erzeugt eine Schwingungsenergie, die uns mit der jeweiligen Sephiroth-Sphäre verbindet, wenn wir uns in ihrem Gedankenkosmos bewegen. Wenn wir den Gottesnamen auf diese Weise anwenden, bewegen wir uns tatsächlich auf der Ebene von ATZILUTH, der höchsten Welt, wo er ausgedrückt und vom Überbewusstsein erfahren, ja empfangen wird. Wenn wir dafür immer nur das Wort "Gott" gebrauchen würden, dann könnten sich die Ebenen, zu denen wir Zugang suchen, niemals in ihrer spezifischen Wirklichkeit und in all den Gott innewohnenden Aspekten öffnen. Somit ist der entsprechende göttliche Name, oder besser das göttliche Attribut, der Schlüssel, der uns Zugang zu der jeweiligen Ebene verschafft.

Wenn ein göttlicher Name angerufen, also "vibriert" wird, um im Sprachgebrauch der Rosenkreuzer zu bleiben, wird auf der **mentalen Ebene** gleichzeitig eine **Vision**, ein **magisches Bild** erzeugt. Deshalb ist es so wichtig, dass ihr diese **Bilderwelt in euch** zu lebendigem Leben entfacht.

Entsprechend der vier Ebenen, in denen sich der Schüler bewegt, wird nun die jeweilige göttliche Energie dieser Ebene in seinem Geistkörper "Form" annehmen können. Der höchste Name in jeder Sephira ist jeweils jener in der Ebene von ATZILUTH, der Welt des Geistes. Dieser Name verkörpert als Symbol das höchste Prinzip und herrscht über alle anderen dortigen Aspekte.

Keine Sephira kann lebendig werden ohne die Anrufung des ihr zugehörigen Gottesnamens. Der Gottesname schafft erst die Grundlage, auf der eine Weiterentwicklung möglich ist.

ERKLÄRUNG DER GÖTTLICHEN NAMEN IN BEZUG AUF IHRE ASPEKTE UND SEPHIRA

1. **EHEYEH (KETHER)** haben wir schon ausführlich erläutert.

2. **JAH (JEHOVAH)**: Das heilige TETRAGRAMMATON. Auch hierüber haben wir schon gesprochen. Ergänzend hierzu noch ein paar Überlegungen. In CHOCKMAH, also jener zweiten Sephira, in der JAHWE oder JEHOVA angesiedelt ist, ist das Herabströmen der Kraft (aus KETHER) noch so unbeschreiblich mächtig, dass auch hier die Allmacht des "wahren" TETRAGRAMMATONS sofort erkannt werden kann. Wenn wir also die Ebene von CHOCKMAH überhaupt nur begreifen wollen, müssen wir uns Gedanken darüber machen, wie wir mit ihr in Kontakt treten könnten, ohne dass wir uns "in Gefahr" begeben. So sagte JHVH zu Moses: *"Du kannst mein Angesicht nicht schauen* **und** *leben!"*
   Das besagt, dass GOTTVATER, das "J", nur durch den SOHN, das "V", den CHRISTUS, erfahren werden kann, denn dieser hat den Zustand der Sterblichen überwunden und kann daher Mittler sein zwischen den Menschen und dem VATER, damit auch sie **unsterblich** werden (also "leben" können), um "den Vater zu schauen"!

Indes beinhaltet der Aspekt von JHVH nicht mehr das Absolute von EHEYEH. Wenn jener der "ICH BIN DER ICH BIN" genannt wird, dann kann JHVH genannt werden als "ICH BIN DER, ALS DER ICH MICH DARSTELLE" oder "ALS DER, DER ICH SCHEINE".

Diese Sephira weist also schon, wie wir feststellten, das Faktum der Polarität auf. Und so entspricht sie der von KETHER reflektierten, aktiven Potenz, gleichbedeutend mit dem "aktiven Vater, mit dem die Mutter auf ewig vereint ist".

Wie kommt der Unterschied zwischen JHVH (JEHOVA) und JAHWE zustande? In der alten hebräischen Sprache (noch vor jener Zeit, da sie, infolge der Emigration des jüdischen Volkes ihrer Lebendigkeit beraubt, nur noch als religiöse Sprache weiterleben konnte) war ein Zeichen der Bewusstheit das Wissen um die richtige Anwendung des gesprochenen Wortes. Das war von jeher die Stärke des Judentums. Erst viel später wurden die Schriftzeichen als "Erinnerungsfäden" gesponnen, die als solche nur den Charakter einer "Kurzschrift" haben mussten und daher ohne Vokale auskamen. Erst als man viel später daranging, die Vokalaussprache durch entsprechende Punkte unter die Buchstaben zu definieren, ergab sich aus dem gesprochenen JHVH (im allgemeinen kultischen Gebrauch, da der wahre Name des Herrn nicht ausgesprochen werden durfte) die Anrufung "ADONAI", was wörtlich "DER HERR" heißt - und was von den späteren christlichen Bibelübersetzern in dieser Weise als "einziger Begriff" (meint offenbar den einzig möglichen) übernommen wurde und der daher nie eine Veränderung oder einen weiterführenden Aspekt erfuhr. Durch die Hinzufügung der Vokalpunkte entstand aus ADONAI die Bezeichnung JEHOVA, die dann, vor allem im späteren Christentum, als eigenständiger Name Gottes angesehen wurde. So wurde JEHOVA da und dort der "alleinige Gott". JAHWE ist eine Schreibweise des TETRAGRAMMATON. Die Kraft aber ist gesammelt im TETRAGRAMMATON "JHVH".

3. **JHVH ELOHIM:** Hier müssen wir zuerst den Begriff ELOHIM genauer erläutern. Im Allgemeinen wird dies nur mit "Götter" übersetzt. Das aber ist sehr ungenau, denn wir sind hier nun wirklich mit der **reinsten Essenz der Polarität** konfrontiert. Und so setzt BINAH fort, was sich in CHOCKMAH schon andeutet: ELOHIM kann nur übersetzt werden mit GOTT **und** GÖTTIN, meint also männliche und weibliche Gottheiten im Sinne von VATER/MUTTER-GOTT. Es handelt sich dabei auch um AMA oder MARAH, die große Mutter. **So sind die ELOHIM das Urbild Gottes, nachdem er den Menschen erschaffen hat** (die Einzahl von ELOHIM ist ELOAH und lautet übersetzt GÖTTIN).
   CHOCKMAH ist im Prinzip reine Energie, die von hier aus ununterbrochen abgestrahlt und in den Raum projiziert wird. BINAH nimmt diese Energien auf und sammelt sie "in sich". Eine solche Sammlung kann auch mit einem Impuls verglichen werden, der nach dem Gegensatz verlangt. Ausgenommen den physischen Bereich, findet "im Raum" immerzu ein ständiger Wechsel der Polaritäten statt. So durchdringen sich CHOCKMAH und BINAH, wenngleich es so aussieht, als sei CHOCKMAH auf ewig passiv. Durch die Anziehung von BINAH aber ist das Aussenden von Energie bereits zielgerichtet. So kann der Unterschied zu KETHER nachvollzogen werden, da der Verstand ja nur polare Muster erzeugen und begreifen kann.
   In diesem Gottesnamen erfahren wir also das TETRAGRAMMATON als VATER und die ELOHIM als polare Gottheiten, aufgespalten in männlich-weiblich, hier als GROSSE MUTTER. Aber es drückt auch dieses aus: Mann und Frau sind gleichwertig vor EHEYEH, der beide "aus sich", nach seinem Bilde schuf.

4. **EL (oder EL ELION):** Aus der Vereinigung von VATER/MUTTER gingen nun die **Prinzipien von Barmherzigkeit und Liebe** hervor, in der Kabbala genannt GEDULAH, was der

Begriff "die Magnifizenz" am besten wiederzugeben vermag. Man kann CHESED als die Sphäre bezeichnen, in der die archetypischen Vorstellungen EHEYEHS nur allmählich Form anzunehmen beginnen, hier in der höchsten Ausformung, als die Basis, die Grundform allen Lebens - LIEBE und BARMHERZIGKEIT.

5. ELOHIM GIBBOR: Mit dem göttlichen Attribut ELOHIM begegnen wir auch wieder der "weiblichen Seite Gottes". Hier hat der "Sohn" bereits "sichtbar" Einzug in den "Schoß der Mutter" gehalten, um in TIF'ERET dann langsam, die Idee verdichtend, "Form" anzunehmen. So finden wir unter anderem das Prinzip der allmählichen stofflichen Verdichtung der archetypischen Ideen in GEBURAH.
Dabei weisen aber auch starke Gegensätze auf diese Sephira hin. Im Christentum wurden diese abgespalten in GOTT und TEUFEL, anstatt sie in ähnlicher Weise zu begreifen wie die Hindus, die diese Gegensätze in VISHNU und SHIVA erkannt und nicht "verteufelt" haben. Denn Dualismus bedeutet zwar Gegensatz, aber nicht unbedingt die Trennung in Freund und Widersacher. Das Gegenteil von Gut muss nicht unbedingt das Schlechte sein, dies widerspricht auch dem Gleichgewichtsprinzip, auf dem die Kabbala beruht.
Darum weist diese Sephira wie keine andere zwar Gegensätze auf, die aber niemals die negative Seite des anderen Aspektes widerspiegeln, was - um bei unserem eben erwähnten Beispiel der polaren Attribute von VISHNU und SHIVA, als den Prinzipien des Erhalters und des Zerstörers, zu bleiben - dort in anschaulicher Weise zum Ausdruck kommt. So könnte man, um CHESED und GEBURAH begreifen zu können, sie als VISHNU und SHIVA der Kabbalisten bezeichnen.
Alles, was in CHESED im Ansatz vorbereitet wurde, kann hier nun allmählich Form gewinnen. So stehen jetzt den in CHESED vom milden Licht dieser Sephira befruchteten Attributen **Barm-**

herzigkeit, **Reinheit**, **Milde** und **Liebe** keine Gegensätze, sondern Tugenden gegenüber, wie **Mut**, **Kraft**, **Gerechtigkeit** und **Integrität**, die nach Erkenntnis und Zusammenführung und nicht nach Gegensätzlichkeit oder Trennung streben.
CHESED und GEBURAH bilden gemeinsam, im Sinne unserer Betrachtung, die Brücke für den "KÖNIG DER GERECHTIGKEIT", MELKI-TZEDEQ, über die er dann in TIF'ERET in sein Reich, jenes des Himmels und der Erde, gelangen kann.
Viele aber sehen in dieser Sephira nur den negativen Aspekt, damit verstehen sie das Prinzip jedoch nicht, das hier regiert. Denn GIBBOR bedeutet eigentlich **Durchsetzung des als wahr Erkannten** und **Überwindung von Schwierigkeiten**, im Sinne von "**den wahren Sieg erringen**".
Damit hier der Bezug zu dem göttlichen Aspekt immer erkennbar bleibt, weist alles dies einzig auf die göttliche Kraft hin, mit deren Hilfe allein alle **Wahrheit** zu finden ist, die zum **wahren Sieg** führt, der in den **wahren Frieden** mündet, der nur in GOTT, als dem VATER/MUTTER-PRINZIP, zu finden ist.
Nur der vom Ego gesteuerte Mensch beharrt in Bezug auf GEBURAH auf ausschließlich negativen Attributen. In Wirklichkeit aber ist es gerade hier die Polarität, die bei richtiger Erkenntnis zur Befreiung aus diesem Ego führen kann. Dann nämlich ist der Tod überwunden und der wahrhafte Sieg im menschlichen Streben erreicht.

6. JHVH VA DAATH: Dieser Name vereint wieder im Besonderen die männlichen und weiblichen Qualitäten Gottes im Sinne einer harmonischen Einheit, was meint, dass alle einstigen Gegensätze nun vollends integriert werden können. Hier können archetypische Ideale erstmals in konkrete Ideen, in denen die spätere Form schon zu erkennen ist, verwandelt werden.
TIF'ERET ist das "Tor zum Leben", das die später in JESOD stattfindende **Inkarnation des göttlichen Kindes** ermöglicht, was gleichzeitig, wie jede Geburt, auch schon dessen

Entkörperung, hier in Form eines Opfers (siehe auch spätere Erläuterungen zu MICHAEL, dem Erzengel von TIF'ERET, der das alchemistische Symbol des Opfers gleichfalls zum Ausdruck bringt), einschließt. Dabei handelt es sich ganz allgemein um die Mysterien der Schöpfung, um die Geheimnisse des Bewusstseins und die Umwandlung der Kraft. Und auch, dass Gott als SOHN unter den Menschen lebt, damit er ihnen den VATER zeigen kann.

Die Bedeutung des göttlichen Namens JHVH VA DAATH kann man am besten mit "DER, DER ALLES WEISS" (der Alleswissende) wiedergeben, und dieses bezieht sich auf das Urwissen, da der Sohn ja in Wirklichkeit nicht getrennt vom Vater ist und dessen Anlagen in sich trägt. DAATH drückt das tiefe Wissen aus, das vom Ursprung her nach unten dringt (siehe auch die "geheime" Sephira).

Hier ist der Ort, wo aus dem von außen beleuchteten Objekt nun das "aus sich selbst leuchtende Objekt" wird. So ist der Sohn nicht nur eine Widerspiegelung des Vaters, sondern dessen unmittelbarer Ausdruck in der Welt.

7. JHVH TZABAOTH: Dies ist der biblische "Herr der Heerscharen", genauer übersetzt der "Herr der Vielheit". Wie wir schon erfahren haben, ist das TETRAGRAMMATON auch identisch mit den vier Elementen - und der Name TZEBAOTH weist in die Unendlichkeit des Raumes, dort, wo die "vielen", die "Heerscharen", beheimatet sind, wo sich die Elemente des Raumes ins Unendliche ausdehnen. Er ist jener, der "über allem wacht und bis in alle Ewigkeit und in alle Unendlichkeit in alle Sphären des Raumes regiert". Man könnte ihn in dieser Eigenschaft auch als das Oberhaupt der Erzengelkräfte sehen, da er durch diese in alle Gegenden des Raumes auf ewig und grenzenlos regiert.

   Wo die Kräfte also derart unbegrenzt sind, ist auch das Leben ohne Begrenzung in ununterbrochener Ausdehnung und

Potenz. Daher gilt dieser Aspekt Gottes im Besonderen auch als jener des Lebens, also des "wahrhaft lebendigen Gottes". Dies führt aber noch zu einer weiteren wichtigen Erfahrung. Der Mensch verbindet alle "himmlischen Wesen" mit der Vorstellung unendlicher, also nie endender Kraft. Dies ließ eine Reihe von Bildern in ihm entstehen, die er zu diesen himmlischen Wesen in Bezug setzte und die ihm fortan als Symbol zur Verfügung standen, aus denen er seine eigene Lebenskraft bezog. Und tatsächlich irrte er sich nicht. Diese Symbole (NETZACH ist die Sephira der Riten und Symbole) sind tatsächlich in der von ihm vermuteten Weise Ausdruck göttlichen Wirkens, und die ihnen innewohnenden Kräfte können in einem entsprechenden Ritus aktiviert und nutzbar gemacht werden.

Hier sind wir auch verbunden mit unserem **Emotionalkörper**, der uns in die besondere **Wahrnehmung der göttlichen Wirkkräfte** führt, die hier auf der Gefühlsebene von uns am stärksten in ihrem unendlich aufgefächerten Spektrum der Kräfte unterschieden und erfasst werden können. NETZACH ist auch vergleichbar mit dem Sichtspektrum, wobei jede Farbe einen göttlichen Aspekt verkörpert, und alle zusammen ergeben das **Symbol des Einen, der die vielen regiert.**

8. **ELOHIM TZEBAOTH:** Diese beiden Namen sind nun keine unbekannten mehr. Wieder begegnen wir Gott auch in seinem weiblichen Aspekt, und in TZEBAOTH, wie wir soeben erläutert haben, erfahren wir ihn in seiner Unendlichkeit. Aber in HOD befinden wir uns schon sehr tief im Lebensbaum, wo die Vielfältigkeit, sehr dicht geworden, nun mächtig zur Form drängt. So könnte man sagen, dass die Vielfältigkeit der Ideen nun übergeht in die Vielgestaltigkeit der Formen. **Intellekt** und **Fantasie** als männliche und weibliche Kraft haben hier ihren Ursprung, und beide können, da sie die Widerspiegelung von ELOHIM TZEBAOTH sind, von hier

aus schon die Form bestimmen, in der sie einmal verwirklicht werden möchten.

9. **EL SHADDAI** (oder in anderer Schreibweise SHADDAI EL CHAI): Dies bedeutet "der allmächtige und lebendige Gott als der Herr des Lebens". Ein Symbol für diesen göttlichen Aspekt des sich ins Unendliche fortsetzenden Lebens (deshalb gilt er auch als der göttliche Aspekt der sexuellen Energie) ist in JESOD das ägyptische **Ankh-Kreuz**, das als **das eigentliche Ursymbol** gilt und dessen Ausdruck "das Leben hinter dem Leben" ist, jenes Leben, das war, das ist und immer sein und von keinem Tode berührt wird und das Bewegung und Ruhe in einem ist. Somit wird deutlich, dass es sich bei EL SHADDAI im Besonderen um einen vage dem menschlichen Verständnis angepassten Aspekt EHEYES handelt.
   Manche sehen in diesem Aspekt eine Rechtfertigung ihres sexuellen Lebens, das sie nicht immer mit der Reinheit in Gleichklang schwingen lässt. Aber JESOD steht auch für Reinheit, ganz besonders in diesem heiklen Bereich, der die Menschen, auch die spirituell orientierten (die in JESOD immer die Rechtfertigung für ihr Verhalten suchen), wie kein anderer polarisiert.
   EL SHADDAI heiligt den Akt zwischen Mann und Frau, und sein Name ist das Schwingungsfeld, in dem diese Heil(ig)ung stattfinden kann. Geschieht dies aber ohne das Bewusstsein eines "heiligen Aktes in Gott", dann stürzt die lunare Energie, die JESOD reflektiert, alle aufgebauten Gefühle ins Nichts. Und der göttliche Name wird vergeudet, so "wie der Mann seinen Samen vergeudet", das heißt, er vergeudet seine Lebenskraft und jene seiner Partnerin. Beide haben einmal Rechenschaft darüber abzulegen, wie sie mit den ihnen zugewiesenen "Pfunden gewuchert" haben. Dabei sind nicht die "Pfunde" der Quantität der "erotischen Erfolge" gemeint, sondern jene ihrer entwickelten Herzensqualität im Sinne wahrer göttlicher Liebe.

GOTT, EL SHADDAI, der Allmächtige, kennt kein Gegenteil. Er unterscheidet nicht in Gut und Böse. Dies tut der Mensch, der die "Frucht vom Baum der Erkenntnis" gegessen hat. Nirgendwo wird seine Erkenntnisfähigkeit als Unterscheidungskraft mehr von ihm verlangt als hier im Bereich von JESOD, da alle Ideale nun den Weg über die Ideen in die Form genommen haben.

10. **ADONAI HA ARETZ** (Herr der Erde) oder **ADONAI MELEK** (der König der Erde oder der König der Könige): "Herr der Erde" heißt im übertragenen Sinn "wie im Himmel so auf Erden". **Die Erde ist also nicht nur eine materielle Ebene, sondern die Widerspiegelung des Himmels**, und ADONAI ist Herr in beiden Welten oder Ebenen.
HERR in diesem Sinne meint auch KÖNIG, und somit bezieht sich das "wie oben, so unten" auf die Sephira MALKUTH, der ADONAI, der Herr und König, zugeordnet ist wie auch auf die Krone, KETHER, denn Herr und König ADONAI ist EHEYE, der ALL-EINE.
So können wir erkennen, dass diese beiden Sephiroth auf verschiedenen Ebenen den gleichen Inhalt umschließen. Damit schließt sich auch der hermetische, "magische" Kreis, denn wir können getrost davon ausgehen, dass auch Hermes Trismegistos genau dieses im Sinne hatte, als er seinen berühmten Ausspruch in der *Tabula Smaragdina* niederschrieb: *"Das, was oben ist, ist wie das, was unten ist."*

DIE GÖTTLICHEN NAMEN UND IHRE ZUORDNUNG IN DEN EINZELNEN SEPHIROTH

1. Sephira: Kether
Gottesname: Eheye
Erzengel: Metatron
Engel: Chaioth ha-Qadesh (Seraphim - die heiligen Kreaturen)

2. Sephira: Chockmah
Gottesname: Jah
Erzengel: Raziel
Engel: Auphanim (Cherubim)

3. Sephira: Binah
Gottesname: JHVH Elohim
Erzengel: Tzaphkiel
Engel: Aralim (Throne)

4. Sephira: Chesed
Gottesname: EL
Erzengel: Tzadkiel
Engel: Cashmallim (Herrschaften, die Funkelnden)

5. Sephira: Geburah
Gottesname: Elohim Gibbor
Erzengel: Kamael
Engel: Seraphim (Mächte, flammende Schlangen)

6. Sephira: Tif'eret
Gottesname: JHVH Eloah va Daath
Erzengel: Michael
Engel: Melekim (Himmelskräfte, Könige)

7. Sephira: Netzach
Gottesname: JHVH Tzabaoth
Erzengel: Haniel
Engel: Elohim (Fürstentümer, Götter)

8. Sephira: Hod
Gottesname: Elohim Tzabaoth
Erzengel: Raphael
Engel: Beni Elohim (Erzengel)

9. Sephira: Jesod
Gottesname: El Shaddai
Erzengel: Gabriel
Engel: Cherubim (Engel)

10. Sephira: Malkuth
Gottesname: Adonai ha Aretz
Erzengel: Sandalphon
Engel: Ashim - oder Ishim (die Vollendeten, Feuerseelen)

BEISPIEL EINES INVOKATIONSRITUALS
(Vibrieren eines göttlichen Namens)

Vorbemerkung: Es ist wichtig, sich alle Vorgänge **mental** einzuverleiben, denn es handelt sich nicht um groß auszuführende äußere oder äußerliche Gesten, sondern immer um ein **inneres Geschehen**.

Ich zeichne über meinem Herzen das Pentagramm und rufe in der Ebene JETZIRAH in NETZACH meine(n) "Vermittler" (um Verbindung aufzunehmen, müsst ihr euch (noch) an euren Lehrer als Vermittler und/oder an euren persönlichen Schutz- und Führungsengel oder an den Manu wenden) ...

Anmerkung: In diese Ebene (also nach NETZACH) gehe ich bewusstseinsmäßig in dem Wissen, dass ich damit das Tor zur weißen, heiligen Magie aufsperre.

Sodann "vibriere", also spreche ich mit wachem Bewusstsein den Namen des Höchsten in NETZACH - JEHOVA TZEBAOTH - und lasse die Wirkung in mir nachklingen, die dieser Name in meinem Inneren auslöst ...

Der entsprechende göttliche Name beziehungsweise das göttliche Attribut ist der Schlüssel, der uns Zugang zu der jeweiligen Ebene verschafft. Wenn wir den Gottesnamen auf diese Weise anwenden, bewegen wir uns tatsächlich auf der Ebene von ATZILUTH, der höchsten Welt, wo er ausgedrückt und vom Überbewusstsein erfahren und empfangen wird.

Ich weiß also, ich bin - sobald ich den **Wunsch** in mir bewege - mit JETZIRAH verbunden, mit jener Ebene, in der mein magisches Ritual nun Form annehmen kann, genau so, wie ich sie mental beeigenschafte.

Ich habe meine persönlichen Helfer gerufen mit der Bitte um Weiterleitung meiner Gebete. Sodann habe ich den höchsten Namen JEHOVA TZEBAOTH vibriert ...

Es erfordert dies alles keine äußeren Rituale, sondern ich gehe einfach in die innere Gewissheit, dass alles zum Besten geschieht. So sind diese Invokationsvorgänge mehr ein **Wissen** denn ein Handeln, wobei natürlich immer zuerst der Wunsch da sein muss als Vater des nachfolgenden Gedankens. Entsprechend der vier Ebenen der Kabbala, in denen sich der Betende bewegt, wird nun die jeweilige göttliche Energie dieser Ebene in seinem Geistkörper **Form** annehmen können.

Nun besinne ich mich meiner eigenen Ebene in Jetzirah - verbinde mich also mit MALKUTH IN JETZIRAH. Das heißt nichts anderes, als dass ich mich zunächst selbst "mental betrachte" und diese Wahrnehmung auf die "nächsthöhere Ebene in meinem Denken" bringe ...

Dabei vermag mich die Vorstellung, im Herzen meines Meisters geborgen zu sein, zu unterstützen, mich aus ASSIAH in MALKUTH - also meiner Welt - in die Ebene von JETZIRAH in MALKUTH zu erheben. Das heißt, dass ich das gesamte Denken nun auf den Herzmittelpunkt meines geistigen Helfers richte, um mich unmittelbar in dessen Ebene zu verankern. Nun kann ich alles, was mich bewegt, dort einfließen lassen - immer eingedenk der Tatsache, dass dies der direkte Weg ist zum "Herzen des Vaters". Nun vibriere ich dessen "hiesigen Namen", lasse ihn durch meinen Geist "wehen": ADONAI MELEK - ADONAI HA ARETZ - ADONAI MELEK ...

Und ich spüre, wie meine Bitte, meine Gebete, alles, was mein Herz bewegte, über die Ebenen in meinem Bewusstsein aufsteigen kann, durch alle Bereiche - durch alle Ebenen des göttlichen Lebensbaums -, und sie einfließen in den HEILIGEN GRAL, den GANYMED, der göttliche Mundschenk, nun dem HÖCHSTEN HERRN reicht ...
(Dies ist nur ein "stellvertretendes Bild", ein Beispiel dafür, wie der innere Bildner nun dein inneres Wissen umzusetzen vermag.)

Während ich an MALKUTH denke, vermag mein Geist spontan die Ebenen zu durcheilen, die zu MALKUTH gehören, mein Bewusstsein kennt sie alle:

die Engel "ISHIM",
Erzengel SANDALPHON,
die "OLAM HA JESODOTH" = die vier Elemente mit ihren Hierarchien.

Ich brauche ihre Namen nicht unbedingt zu denken, muss mich aber über mein Wollen in ihre Energie begeben. Alles andere geschieht. Das heilige Ritual, das große kosmische Gesetz wartet nur auf mich, um mich von Stufe zu Stufe zu geleiten, bis ich alle Welten durcheile und das GROSSE WERK vollbringe.
So ist dieses Herzensritual ein alchemistischer Vorgang der Transformation. Das, was zur Umwandlung (Heilung = Heiligung) drängt,

wird durch den “göttlichen Hochofen”, den “Herzens-Athanor”, unter Mitwirkung des göttlichen Feuers, durch die Flammenträger des AGNI, durch die Ausgießung des Heiligen Geistes, die SHEKINA, in immer höhere Bereiche (= Temperaturen) bis zum Siedepunkt gebracht. Dann zerfällt die Form der materiellen Bitte in Asche (= das Wahrzeichen alles Irdisch-Vergänglichen), und aus ihm entsteht eine neue Form, die des göttlichen Geistes, der nun im Augenblick alles das bewirkt, was das Gebet, die getane Bitte beinhaltete ...
(Auch dies sind Bilder, die das illustrieren, was als innerer Vorgang bezeichnet werden kann.)

Und während des ganzen Vorgangs dieser alchemistischen *Ver-Wandlung* halte ich mein Denken immer auf das Höchste gerichtet, durchwandere mental zunächst die einzelnen Ebenen vom sicheren Ort der Herzensmitte aus ... erhebe mich von ASSIAH nach JETZIRAH, von dort nach BRIAH und verankere mich in ATZILUTH. Das heißt, dass ich nach und nach den Bereich des bewussten Denkens verlasse, mich immer weiter hinaufbegebe, bis die SHEKINA die Herrschaft über mein Denken übernimmt, der Heilige Geist ...

Das, was hier mit so vielen Worten dargestellt wird, ist im Grunde nur ein Vorgang von wenigen Minuten. Er beansprucht nur so viel Zeit, wie ich benötige, um vom Denken ins Nichtdenken, vom bewussten Kontaktaufnehmen bis zum Geschehenlassen zu gelangen. Die Stufen, die ich innerlich dabei überschreite, sind in meinem Bewusstsein als klare “Instanzen” verankert, an die ich mit der Zeit kaum mehr denken muss, so sehr sind sie mir in ihrer Struktur vertraut.
Und dazu gehört selbstverständlich, dass die Erzengelenergien und ihre Namensträger als Energiepotenzen mir ebenso vertraut sind wie die heiligen Namen des Gottesaspektes der einzelnen Sephiroth, bis hinunter zu den Elementen mit ihren Hierarchien und Engeln.

Dieses Beispiel eines Invokationsrituals dient einer tiefen Erkenntnis: Ich allein vermag nichts.
Ich muss mich - um Gott, um den mein ganzes Denken kreist, überhaupt ansatzweise verstehen zu können - jener Kräfte bedienen, die ihm zuarbeiten, ihm dienen, damit ich meine Sünde, also meine Absonderung von ihm, wieder aufzulösen vermag.

Die Kabbala und die westliche Kultur - wie auch alle anderen religiös-philosophischen Systeme - haben diese Kräfte mit besonderen Namen versehen, die aufgrund der Wirkkräfte, die durch diese gebündelte Energie in Jahrhunderten entstanden sind, bei entsprechender Anrufung "reagieren" und deren Ausgießung bewirken. So ist es legitim, dass sich ein Mensch des sogenannten christlichen Abendlandes auf die Wirkkräfte seiner eigenen Kultur besinnt und sich diese nutzbar macht; auch deshalb, weil seine Einbindung in das kulturelle Umfeld Bestandteil des mächtigen Energiereservoirs ist, aus dem er schöpfen kann und das nun mit den Mitteln der "eigenen Sprache" auf seine Fragen antwortet. Wenige nur sind in der Lage, eine andere Sprache als die eigene zu verstehen.
Auch die Kabbala, so mag man einwenden, spricht nicht in unserer eigenen Sprache zu uns. Das stimmt natürlich, aber unsere Sprache als Trägerin unserer religiösen Kultur ist aus ihr hervorgegangen. Sie ist der Urgrund unserer eigenen spirituellen Natur, wie das Sanskrit zum Beispiel auch der Urgrund des Buddhismus ist. Um aber ganz eintauchen zu können in das ureigenste "Nest", in das wärmende Gewölbe, in den Mutterleib der eigenen Kultur, bleibt dem Menschen des christlichen Abendlandes, wenn er den Weg der Kabbala nicht gehen will, die Rückbesinnung auf das "esoterische Christentum", wie wir es zum Beispiel im Gralsmythos kennengelernt haben. Daneben gibt es noch zahlreiche andere Erfahrungen, die *ver-söhnen*, also den "Sohn" wieder zurückführen zum "Herzen des Vaters".

ANMERKUNGEN ÜBER DIE ERZENGEL

Ehe wir uns den in der Kabbala erwähnten Erzengel zuwenden, hier einige Erklärungen zu christlichen und islamischen Erzengeln. Die Kirche beruft sich auf die "Offenbarung des Johannes". Diese kennt sieben Erzengel, gemäß der in der "Offenbarung" erwähnten "sieben Himmel". Es sind dies MICHAEL, GABRIEL, RAPHAEL, URIEL, JOPHIEL, ZADKIEL und SAMAEL.

Es war SAMAEL (wörtlich: Satan), der Gott gleich sein wollte. In der biblischen "Offenbarung" steht über ihn: *"Es gab Krieg im Himmel, weil Samael Gott gleich sein wollte, und es ward gestürzt der große Drache, die alte Schlange, die da heißt Satan, der die ganze Welt verführt. Er ward geworfen auf die Erde, und seine Engel wurden mit ihm dahingeworfen."* (Alleine die "Offenbarung" wäre noch eingehender Betrachtungen wert.)

LUZIFER war gemäß den Lehren der Kirchen ursprünglich ein "Engel des Lichts". Die Kirche des Mittelalters aber brauchte für ihre Delinquenten noch zusätzliche Dämonen und Teufel, und so erblickte Luzifer das mittelalterliche Licht der Welt, als jener, der *"(...) plötzlich durch einen Aufstand bei den Elohim in Ungnade gefallen war und aus den sieben Himmeln verjagt wurde".*

Der Islam kennt vier Erzengel: GABRIEL, MICHAEL, AZRAEL und ISRAFIL. Das islamische Gegenstück zu SAMAEL ist der Teufel EBLIS, der *"wie Azazel einst Gott nahe war, aber in Ungnade fiel, weil er nicht bereit war, auf Gottes Befehl Adam zu huldigen"*.

DIE ERZENGEL

Die Erzengel erfahren wir auf der Ebene von BRIAH. Während wir in ATZILUTH, in den hohen Regionen, die Energie noch als durchdringend und mehr allgemein erfahren, erhält sie in BRIAH nun konkrete Formen, was allerdings nicht im materiellen Sinn zu verstehen ist, da es dort, wie wir gehört haben, noch keinerlei Erscheinung von Materie gibt.

Das Thema Erzengel berührt uns aber auch noch in anderer Weise, weil uns dies wieder zu unseren Erfahrungen mit der "violetten Flamme" führt und hier, aus der Betrachtung der Kabbala, erst verständlich wird, worum es sich im Prinzip bei diesen "Emanationen des Lichtes" tatsächlich handelt (dazu später mehr). Emanationen des Lichtes, Lichtgestalten, das ist ein Licht, das für niemanden wahrnehmbar ist. Wenn ich sage "niemanden", meine ich damit, niemand in den Bereichen von ASSIAH. Wie wir gehört haben, entfaltet sich das Potenzial der göttlichen Aspekte auf der Ebene von ATZILUTH. Eine Ebene tiefer, also im Bereich von BRIAH, wird die den Sephiroth immanente höchste Energie durch die Erzengel zum Ausdruck gebracht.

So wollen wir uns nun den in der Bibel erwähnten vier Erzengeln zuwenden: GABRIEL, RAPHAEL, URIEL und MICHAEL. Sind sie lebendige Gestalten in nichtmaterieller Form und irgendwie begreifbar? Ganz sicher nicht, denn sonst könnten sie nicht in BRIAH Heimat haben. Die Überlieferung benennt sie als "Kraftäußerungen Gottes", entstanden aus den Gedankenformen (Ideen) der Menschen, um das Wesen Gottes auf der Ebene von BRIAH, die ihm (dem Menschen) ja, wie wir gehört haben, auf ewig verschlossen bleiben muss, dennoch fassbar zu machen. So sind auch sie **reine göttliche Attribute**, wie sie uns schon in den einzelnen Gottesnamen begegnet sind. Jeder dieser vier biblischen Erzengel hat seinen festumrissenen Platz im kosmischen Gefüge.

MICHAEL ist der Erzengel des (kosmischen) Südens,
RAPHAEL der Fürst des (kosmischen) Ostens,
GABRIELS Reich liegt im (kosmischen) Westen,
URIEL (AURIEL) regiert den (kosmischen) Norden.

Das sagt uns viel, wie wir dies bei der Betrachtung des Gottesnamens JHVH TZEBAOTH soeben festgestellt haben. Gott regiert durch die vier Erzengel den ganzen Kosmos. Sie sind also tatsächlich EMANATIONEN GOTTES. Zugleich sind den vier biblischen Erzengeln auch die vier kosmischen Elemente zugeordnet.

Zu MICHAEL gehört das Element FEUER.
Er regiert in BRIAH die sechste Sephira TIF'ERET, der das Symbol der SONNE zugeordnet ist.

Zu RAPHAEL gehört das Element LUFT.
Er regiert in BRIAH die achte Sephira HOD, der das Symbol des Planeten MERKUR, des HERMES, zugeordnet ist.

Zu GABRIEL gehört das Element WASSER.
Er regiert in BRIAH die neunte Sephira JESOD, der das Symbol des MONDES zugeordnet ist.

Zu URIEL (auch bekannt als AURIEL) gehört das Element ERDE. Er findet sich im kabbalistischen System in der Sephira MALKUTH als Hierarch (Erzengel) der vier Elemente, dem Element Erde zugeordnet.

SANDALPHON ist der Erzengel in MALKUTH als Hierarch der Sephira, das bedeutet, dass es in MALKUTH eine zweifache "Besetzung" von Erzengelenergien gibt.

Wie wir aus der Darstellung der Sephira MALKUTH ersehen können, herrschen dort in der "Planetenhierarchie" die Erzengel als vier Energiezustände (= Sinnbilder der "vier Urprinzipien der Materie"), nicht zu verwechseln mit den vier Elementen der Erde, dargestellt als Stier, Mensch (Engel), Adler und Löwe (auch das Symbol für die vier Evangelisten bezieht sich darauf). Diese sind im Lebensbaum beheimatet in der Sephira KETHER in ATZILUTH. Ihre Energie fließt jedoch in MALKUTH in die physische Sphäre, nachdem sie von den Erzengeln der vier Elemente an die ELEMENTEENGEL

Erde - PHORLAK
Luft - CHASSAN
Wasser - TALIAHAD
Feuer - ARAL

zur Verankerung heruntergeleitet wurde.

Manche kabbalistische Richtungen lehren, dass in NETZACH die Erzengel von drei unterschiedlichen Aspekten Gottes repräsentiert werden, nämlich von HANIEL, PHANIEL und AURIEL, die gemeinsam das ganze göttliche Spektrum des ICH BIN beinhalten.

URIEL (AURIEL) ist hierbei der "Aspekt des göttlichen Lichts, das auf die Erde herabkommt" (Gott kann also auf Erden nur in Form von "Licht" wahrgenommen werden).

PHANIEL ist das "göttliche Angesicht". So repräsentiert er die "Form" des göttlichen Angesichts als das "Licht der Welt", uns sichtbar gemacht im Sohn, der von sich sagte: "Ich bin das Licht der Welt." Damit ist PHANIEL das Angesicht des Christus.

HANIEL ist das "reine ICH BIN".

Nach dieser Darstellung sind also die drei Aspekte der Erzengel in NETZACH "im Sohn verdichtet" und zur Erde herabgekommen. Deshalb kann URIEL in seiner Lichtgestalt der "Engel des Herrn auf Erden" genannt werden - und die Erde ist ihm untertan. Dies führt uns immer weiter in das Verständnis dessen, was die Erzengel in Wirklichkeit sind - Emanationen Gottes.

Aus dem hier Gesagten kann man erkennen, dass es sich bei diesen großen Wesen nicht um Wesenheiten "in persona" handeln kann. Eine Erzengelenergie besteht im Prinzip aus dem Energievolumen von mehreren hunderttausend höchsten Engeln, die zusammen den "Energiekörper" eines bestimmten Erzengels, mit dem ihm zugehörigen "besonderen" Aspekt bilden. So erstreckt sich zum Beispiel das Energievolumen des mächtigen MICHAEL über mehrere hundert Universen. Wenn man sich diese riesige "Potenz" vor Augen hält, kann man leicht erkennen, dass solche Kräfte nur über einen Energietransformator, wie ihn die Ebene JETZIRAH darstellt, erreicht werden können.

Doch wieder zurück zu unserer vorherigen Betrachtungsweise. Von den "Engeln der vier Elemente" wiederum sind jeweils vier weitere Engel "Vertreter" in der

Mentalwelt in BRIAH,
Astralebene in JETZIRAH
und auf der physischen Ebene in ASSIAH.

Das sind insgesamt - mit den Engeln der Elemente - sechzehn "Hauptengel", denen nun in hierarchischer Ordnung wiederum eine Reihe von Engeln zugeordnet sind und so weiter.

Wenn wir uns in den Anrufungen an die vier Engel der Elemente (der Lüfte, des Wassers, des Feuers und der Erde) wenden, wenden wir uns an jene Engel, die auf der physischen Ebene die vier Elemente lenken. Hier noch einmal ihre Namen zur Vertiefung:

Erde - PHORLAK
Luft - CHASSAN
Wasser - TALIAHAD
Feuer - ARAL

Somit dürfen diese vier Engel nicht mit den vier höchsten Erzengeln in Zusammenhang gebracht und verwechselt werden.

Um zu den höchsten Engeln, also den göttlichen Emanationen, zu gelangen, die in unerreichbarer Ferne wirken, muss man in seinen spirituellen Bemühungen schon sehr weit fortgeschritten sein, um über die riesige Hierarchie von Engeln, von denen die Kabbala anschaulich spricht, schließlich zu den Erhabensten und Höchsten, den "Gottgleichen" zu gelangen. Denn der Weg führt immer nur Schritt für Schritt nach oben, von Engelreich zu Engelreich.

So muss man zuerst zu den Ebenen in JETZIRAH gehen, die der Ebene von ASSIAH noch am nächsten sind. Dort begegnen wir den Heiligen, den Eingeweihten und jenen Vollendeten, die ihr Meister nennt. Erst dann kann die nächste Stufe erklommen werden, um Kontakt mit den "einfachen" Engeln aufzunehmen, sie "anzurufen". Diese Engel stehen den Menschen noch am nächsten, denn ihre Hierarchie ist mit jener der Meister eng verwoben. Diese Engel warten auf die Anrufungen, erhören diese, leiten sie weiter und geben Hilfe und Trost. Nur über diese Engel ist es möglich, den Ruf "nach oben" zu richten, um die Erzengel zu erreichen. Man kann dies, wenn man einmal ein bestimmtes Wissen um diese Zusammenhänge erreicht hat, nicht mehr unter "Umgehung" der unteren Hierarchien versuchen, denn die "Fürstentümer, Throne und Heerscharen", also die "Regierungsebenen" der Erzengel, sind von so unvorstellbarer, erhabener Feinstofflichkeit, dass nur ein etwas vergröbertes, aber vom physischen Gewand gänzlich befreites Geistwesen als "Vermittler" wirken kann. Diese hohen Engelordnungen stehen mit den Menschen im Prinzip in keinerlei Verbindung.

Nur über die "Fürsprache" von jenen Wesen, die einst auf der Erde gelebt hatten und die jetzt - am Ende der "Jakobsleiter" - als Helfer, wie wir eingangs schon sahen, wirken und dort "Versprechungen einlösen" (die sogenannten Aufgestiegenen Meister), sind zunächst die unteren Engelreiche aufzuschließen. Diese wirken dann als Katalysator für die nächstgelegenen Reiche und so weiter. So ist es ab nun wichtig, die wahren Hierarchien zu kennen und sie zu verinnerlichen. Um Verbindung mit ihnen aufzunehmen, müsst ihr euch (noch) an euren Lehrer als Vermittler, an euren persönlichen Schutz- und Führungsengel oder an den Manu wenden.

So, wie göttliches Wirken sich in der Kraft der Elemente manifestiert, wird die göttliche Existenz auf jeder einzelnen dieser Ebenen durch das Symbol der Erzengel in BRIAH zum Ausdruck gebracht.

Die Betrachtungsweise und Definition der Erzengel führt uns unweigerlich noch weiter in die geistige Hierarchie der Kabbala, und wir können gut die Wurzel dessen erkennen, was später, ausgehend von der Theosophie, ohne den wahren Sinn zu verstehen, in die Lehren der I-AM-Bewegungen eingeflossen ist.

Auch die Kabbalisten aller Zeiten hatten oft Schwierigkeiten, mit den Begriffen der Hierarchien in den einzelnen Sephiroth bezüglich der Engel, Planeten und der Elemente in der richtigen Weise umzugehen. Oft wurden auch von ihnen diese Begriffe durcheinander gebracht oder verwechselt. So muss es nicht verwundern, dass später diese komplizierten Zuordnungen der Kabbala von jenen, die keinen Schimmer der Ursprungslehre mehr besaßen, in willkürlicher Weise, ich bin geneigt zu sagen nach Lust und Laune, "zurechtgebogen" wurden. Die Zuordnungen in der Kabbala machen natürlich Sinn und sind ein reiner, unverfälschter Spiegel der höheren Wirklichkeiten.

Die "Technik" der Anrufungen stammt ebenfalls aus der Kabbala und wurde von den Rosenkreuzern später im Sinne christlicher Invokationen vertieft. Seit jeher gilt hierbei der Grundsatz: Voraussetzung für eine wirkungsvolle Anrufung ist, dass man die Ebene auch kennt, zu der man Verbindung aufnehmen will. Deshalb habe ich dieses Thema so ausführlich behandelt.

Zur Vertiefung: Auf jeder der vier Ebenen, also in (1) ATZILUTH, (2) BRIAH, (3) JETZIRAH und (4) ASSIAH wirken jeweils in jeder Sephira

(1) der göttliche Aspekt, ausgedrückt im jeweiligen Gottesnamen,

(2) der Erzengel, also die Energie der Urelemente als göttliche Emanation,

(2) der Chor der Engel,

(3) die Energie der Planetenhierarchie,

(3) die Engelkräfte, die Heiligen und Vollendeten als direkte Vermittler,

(4) die Energien der Engel- und Naturkräfte der physischen Elemente.

DIE ERZENGEL DER KABBALA

Vorausschickend ist zu sagen, dass man, wenn man das Wesen der Erzengel wirklich begreifen will, mit der kabbalistischen Zahlensymbolik vertraut sein muss. Nur über sie erschließt sich dieser "Kosmos der Irritationen", wie er auch genannt wird, weil kaum jemand in der Lage ist, das hebräische Alphabet, das "Notarikon", die "Temura" oder "Buchstabenpermutation" und die "Gematria" richtig anzuwenden.

Der "Orden des Golden Dawn" hat es versucht, aber allein die Vermittlung des Wissens erwies sich als undurchführbar, da zu schwierig für den "normal gebildeten" Esoteriker. Da dieses Wissen aber nach Meinung der Ordensleiter von großer Bedeutung für das Verständnis der Kabbala war und für die Erreichung der verschiedenen Ordensgrade unerlässlich schien, grub man sich mit dieser Überforderung gewissermaßen selbst das Grab.

Hierin erkennt man das Problem, vor das sich christliche Kabbalisten seit jeher gestellt sahen. Ohne gute Kenntnisse der hebräischen Sprache (denn allein die Kenntnis des Alphabets reicht nicht aus) ist ein Eindringen in die "Buchstaben-Kabbala" nicht möglich. Sie aber bildet das Haupt dessen, was an *Er-Kenntnis* dann in der "praktischen Kabbala" verarbeitet werden kann.

Das Gefüge des Erzengelreiches ergibt sich aus den Zahlenwerten ihrer Namen, Ebenen und so weiter. So haben unterschiedliche kabbalistische Schulen, die auch unterschiedliche Methoden der Buchstabenpermutation, des Notarikon oder der Gematria einsetzten, auch zu unterschiedlichen "Qualitäten" - um es vorsichtig zu formulieren - ihrer "Probanden" gefunden.

Mitunter hat man sich auch, gemäß der jüdischen Lust am metaphorischen Duell, zu dialektisch überhöhter Himmelsakrobatik verstiegen, die niemand mehr zu durchschauen vermochte. Hier mussten die christlichen oder abendländischen Vertreter der Zunft immer das Nachsehen haben, da ihnen Dialektik auf diesem Gebiet nicht zur Verfügung stand. Ihnen musste auf dieser Ebene alles notwendigerweise trocken und daher "unfruchtbar" geraten. Der jüdische Geist, die jüdische Chuzpe und die dort in den Genen beheimatete Lust an der Durchdringung und verblüffenden Darstellung auch schwierigster Zusammenhänge, hat einen bis heute nicht zuschüttbaren Graben zwischen Juden und Nichtjuden geschaffen.

Der jüdische Geist, jahrtausendelang an numinosen Objekten, wie zum Beispiel der Thora, der Kabbala und anderen Weisheitsbüchern geschult, musste notwendigerweise sowohl dialektisch-rational wie auch geistig-irrational immer funktionieren, da die Gegenstände der Betrachtung das einzige Mittel waren, sich ein "Stück vom Himmel" zu erwerben. Und dorthin konnte nur jener eingehen, dem es gelang, die schlagkräftigsten, wohlformuliertesten Beweise vor das Angesicht des Herrn, gelobt sei Sein Name, zu bringen. Der Sinngehalt spielte noch die geringste Rolle. Und da sich alles um den "Namen", den unaussprechlichen, drehte, stieg man tief in die "Abgründe der Zahlen" hinab, um immer neue Aspekte und Berechnungen zutage zu fördern, die, weil im Zahlenwert identisch, plötzlich zu göttlichen Attributen mutierten und auf eine gemeinsame "Ebene" befördert wurden, wo sie nun in Stellvertretung des Namens, den keiner wissen darf, ihre göttlichen Aufgaben im Sinne ihrer "Entdecker" erfüllten.

Deshalb kennt die Kabbala des Abendlandes nur eine unwandelbar festgefügte kabbalistische Hierarchie, die aufgrund der einheitlichen Werte und durch die Orientierung auf die "einheitliche Überlieferung" in ihrem ganzen Gefüge stabil und "naturidentisch" ist, wie man dies wohl heute ausdrückt.

So mag es tatsächlich das Verdienst der abendländischen, christlich orientierten Kabbalisten sein, dass die Inhalte des OTZ CHI'IM in ihrer Lesart ein wirkliches Abbild göttlichen Wirkens im Mikros und Makros darstellen *"(...) und seine Früchte von solcher Beschaffenheit sind, dass sie von jenen am Baum des Lebens im Garten Eden nicht zu unterscheiden sind (...)".*

Somit sind auch alle im dortigen Baum erwähnten "göttlichen Botschafter" von jener Natur, wie der Kabbalist sie beschreibt und in seinen Invokationen als Helfer, Vermittler und "wahrhaft göttliche Emanationen" erfährt.

1. METATRON - der Engel der Gegenwart und des "Angesichts", der alles umfassende und beinhaltende Fürst. Neben der chassidischen Legende (Kapitel "Die Geschichte des Erzengels Metatron"), die sich in Wahrheit auf die Genesis bezieht, gibt es - im außerkabbalistischen Bereich - die Darstellung von METATRON als dem "kleinen JVHV". Im Bereich der jüdischen Mystik spielt er neben MICHAEL die größte Rolle in allen Offenbarungen und Weissagungstraktaten. Daraus lässt sich folgern, dass es sich, wie immer seine Beschaffenheit und wahre Natur ist, bei METATRON um die (aller-)erste göttliche Emanation handeln muss. Und tatsächlich, er ist derjenige, der KETHER für das Bewusstsein der Menschen erst zugänglich macht. Nur über METATRON ist es möglich, die vier archetypischen

Ebenen von KETHER und alle anderen dort verborgenen und geoffenbarten Attribute zu erreichen.

2. RAZIEL - das Geheimnis Gottes, der "Herold Gottes", ist jener Erzengel, der Gottes Willen ununterbrochen kundgibt. Mit seiner Stimme setzt er die Atmosphäre und das ganze Schwingungsgefüge der Schöpfung in Bewegung. Er steht täglich auf dem Berg Horeb, wohin ihn EHEYE aussendet, um seinen Willen der ganzen Schöpfung kundzutun.

3. TZAPHKIEL - das Auge Gottes, das alles erblickt. Dieser Erzengel ist vergleichbar dem All-Einen, der zu allen Zeiten über die ganze Schöpfung den wahren Überblick bewahrt, sie mit dem Blick bewahrt. Und da er alles sieht, weiß er auch alles von allen. Aber da er sieht, muss das, was er erblickt, bereits geschaffen sein. Hierin drückt sich ebenfalls eine bereits erfolgte göttliche Emanation aus, die sich in die "untere Welt" BRIAH ergossen hat.

4. TZADKIEL - das Wohlwollen und der Gerechte Gottes, ist der Erzengel des harmonischen Gleichgewichts und der Gerechtigkeit, der über die Schöpfungsordnung wacht.

5. CHAMAEL - die Strafe Gottes, ist der Engel des göttlichen Feuers, das alles Niedere verbrennt. Er (nicht Michael) führt das Schwert (Stab) in der Rechten und sitzt neben dem Herrn zu Gericht.

6. MICHAEL - der Gottähnliche, der "wie Gott ist", der Fürst des Lichtes. Über Michael haben wir schon gesprochen. Er ist so vielgestaltig und vieldeutig wie kein anderer. Durch die Sphäre TIF'ERET, über die er gebietet, ist er als "Fürst der Sonne" zu erkennen und somit "Herr des Lebens", denn nur durch die von ihm regierte Ebene lässt sich die kosmische

Schöpfungsordnung aufrechterhalten. Irrtümlich wird er immer mit dem Schwert dargestellt, das aber das Attribut von Raphael ist. Er ist vielmehr derjenige, der den Speer führt, das Symbol für die zeugende Kraft. Aber das sind nur wenige seiner Aspekte. Er alleine füllt den kosmischen Raum unendlicher Universen mit seiner Pracht, Macht und Herrlichkeit.

7. HANIEL - der "ICH BIN GOTT GLEICH". Über das "Dreigestirn" PHANIEL, HANIEL und AURIEL haben wir schon an anderer Stelle gesprochen.

8. RAPHAEL - der Heiler Gottes, der Wiederhersteller. Er ist der Träger des "göttlichen Schwertes". Es steht in Analogie zum "Speer" des MICHAEL und im Gegensatz zum "Stab", den CHAMAEL, der neben Gott zu Gericht sitzt, führt. Er bringt alle "Verletzungen" zur Heilung, indem er die "alte Ordnung" wiederherstellt. Ihm untersteht das kosmische Ordnungsgefüge.

9. GABRIEL - der starke Mann und Held Gottes, der Bote und "Verkünder des Wortes". Auch über Gabriel haben wir schon ausführlich gesprochen.

10. SANDALPHON - der "dunkle Engel", der "Zwilling" von Metatron. Nach der kabbalistisch-esoterischen Auffassung gehört er zum "karmischen Rat" und bestimmt das Geschlecht des zur Wiedergeburt Bestimmten. Damit greift er in das "Schicksal" der Menschen ein und agiert auf der Ebene der Polarität, was in MALKUTH natürlich nicht verwundert. Er ermöglicht ferner den Kontakt mit den Anteilen des "Selbst", die unseren unverwundbaren göttlichen Teil beinhalten. Hier noch ein besonderer Hinweis: Er ist von seiner Anlage und Art her identisch mit dem Reikisymbol SEI HE KI. Er gilt als der "Wächterengel" und als "Engel des Schutzes".

SHEKINA – METATRON

Wir wollen uns nun, vom Wesen der Erzengel ausgehend und noch ehe wir deren Wesen im Einzelnen darstellen, noch einem anderen wesentlichen Thema der Kabbala zuwenden: der SHEKINA und deren Beziehung zu den göttlichen Emanationen, den Erzengeln METATRON, MICHAEL und SANDALPHON.

SHEKINA heißt "die wirkliche Gegenwart der Gottheit". Sie gilt als die Synthese der Sephiroth, jedoch nicht als eigenständige Wesenheit im Sinne eines Erzengels. Oft wird sie irrtümlich so dargestellt.

Im Sephirothbaum ist, wie wir gehört haben, die rechte Säule die Seite der Barmherzigkeit, die linke Säule die Seite der Strenge oder Härte. So müssen diese beiden Aspekte sich auch in der SHEKINA finden. Und dies müsste in Anbetracht des eben Gesagten außerdem heißen, dass zumindest in einer Beziehung die Strenge mit der Gerechtigkeit und die Barmherzigkeit mit dem Frieden gleichgesetzt werden kann. Diese Betrachtung ergibt sich auch aus der Tatsache, dass die Kabbala letztlich den *"Aus"-Weg* aus der Polarität, den *Rück-Weg* in die Einheit aufzeigt. Wir haben dies schon ein wenig näher zu erfahren versucht bei der Betrachtung des Gottesnamens in GEBURAH, was unmittelbar hier anschließt.

Wenn der Mensch "sündigt", das heißt, sich von der SHEKINA entfernt, fällt er unter die "Gewalt der Mächte, die von der Strenge und Härte abhängen". Dann wird die SHEKINA "Hand der Strenge" genannt, was an das Symbol "die Hand der Gerechtigkeit" erinnert. Wenn sich der Mensch aber der SHEKINA nähert, befreit er sich. Dann wird die SHEKINA "zur rechten Hand Gottes", das heißt, die "Hand der Gerechtigkeit" wird zur "segnenden Hand". Dies sind die Geheimnisse des "Hauses der Gerechtigkeit", einer weiteren Bezeichnung für die SHEKINA ("Beth-Djin"). Es handelt sich um die beiden gleichen Seiten, auf die die "Auserwählten" und die "Verdammten" in der christlichen Vorstellung des "Jüngsten Gerichts" einmal "verurteilt" werden.

Die Kabbala sieht die SHEKINA noch unter einem anderen Sinnbild, das die gleichen Namen trägt wie sie selbst, folglich auch die gleichen Eigenschaften besitzt und ebenso viele verschiedene Aspekte aufweist wie die SHEKINA selbst. Dieses Sinnbild heißt METATRON, ein Name der zahlenmäßig dem Namen EL SHADDAI, dem Gott Abrahams, dem Allmächtigen, entspricht. Auch hier finden wir wieder einen Bezug zur Geschichte des MELKI-TZEDEQ. Im Hinblick auf das in dessen Kapitel in diesem Buch Gesagte lässt sich der Schluss ziehen, dass, wenn METATRON mit EL SHADDAI identisch ist, da sie das gleiche "hierarchische Niveau" besitzen, was der gemeinsame Zahlenwert symbolisiert, sich dies prinzipiell auch auf das Wesen der anderen Erzengel übertragen lässt.

Wie wir gleich sehen werden, ist MICHAEL seinerseits ein Aspekt des METATRON. MELKI-TZEDEQ aber wurde der Sage nach – ihr erinnert euch – von MICHAEL im Garten Eden "eingeweiht". Dann könnte das Verkündigungsgeschehen auch eine Widerspiegelung und physische Verankerung dieser Einweihung sein, wenn wir davon ausgehen, dass Melki-tzedeq jener war, der nun vom "höchsten Gott" als "Sohn" in die Materie gesandt wurde und der nach dem physischen Opfertod wieder heimgekehrt ist ins Paradies, geleitet von MICHAEL, dem "Großen Priester". Demnach könnte GABRIEL, der "Held Gottes", der Bote METATRONS gewesen sein. Der Ausdruck "METATRON" umschließt alle Bedeutungen von Hüter, Herr, Gesandter, Mittler. Er ist der Urheber der "Theophanien" in der sichtbaren Welt, der "Engel des Angesichts".

Und dies zeigt auch, dass es sich bei der schon erwähnten Dreiteilung der Erzengelenergien in HANIEL, PHANIEL und AURIEL in NETZACH um denselben göttlichen Aspekt handeln muss, wie bei METATRON, der alle diese Aspekte in sich vereinigt und darüber hinaus, da er auch "Fürst der Welt" genannt wird, als der "himmlische Pol" bezeichnet werden kann (deshalb seine Heimat in KETHER), so wie das "Haupt der Hierarchie der Eingeweihten", der MANU, der "irdische Pol" ist. Jener Pol findet seinen Widerschein in diesem, unmittelbar durch die "Weltachse" mit ihm verbunden - und sein Name ist MICHAEL, der große Priester, der gleichermaßen Sühneopfer und Opfernder ist vor Gott. Also sind MICHAEL und CHRISTUS als Opfer und Opfernder eins in unterschiedlichen Aspekten. Freilich ist das Wesen des Opfers selbst nur aus der Kenntnis der hermetischen Alchemie heraus zu definieren und kann hier im Einzelnen nicht erläutert werden, da es uns zu weit von unserem Ausgangsthema entfernen würde.

Alles, was die Israeliten auf Erden vollbringen, entspricht immer dem Vorbild des großen Geschehens. So symbolisiert MICHAEL den "großen Pontifex auf Erden". Und überall, wo die Schrift von der Erscheinung MICHAELS spricht, handelt es sich um die HERRLICHKEIT DER SHEKINA. Sie wird auch der "Thron des Messias" genannt. Auch dies ließe sich endlos weiterführen, da es seinerseits einen ganzen Gedankenkosmos in sich enthält. Aber was hier von den Israeliten gesagt wird, gilt für alle Völker, insbesondere für jene Repräsentanten der Urtradition. Dies hängt zusammen mit der Symbolik des Heiligen Landes als dem Abbild des Himmels.

Nach diesen Ausführungen enthält METATRON nicht nur den Aspekt der Gnade, sondern auch den der Gerechtigkeit. Er ist nicht nur der "Große Priester", sondern auch der "Große Fürst", das Haupt der "himmlischen Heerscharen". Und das heißt, dass in ihm das Prinzip der königlichen wie auch jenes der priesterlichen Macht zu finden ist, das wahre Pontifikat, dem im eigentlichen Sinn die Rolle des "Mittlers" zukommt. Dabei ist zu beachten, dass "melek" (König) und "meleak" (Engel, Bote) in Wirklichkeit nur zwei Formen desselben Wortes sind: "malaki" heißt "mein Gesandter", das ist "der Gesandte Gottes" oder "der Engel, in dem Gott (verborgen) ist". "Maleak ha-Elohim" ist das Anagramm von MICHAEL. So können wir erkennen, dass MICHAEL trotz seiner Identität mit METATRON dennoch nur einen seiner Aspekte repräsentiert.

Neben dem leuchtenden gibt es noch den dunklen Aspekt, und dieser wird von SANDALPHON dargestellt. Dessen Beziehung zu METATRON, dessen Schatten (oder auch Zwilling) er genannt wird, rechtfertigt den Gebrauch derselben Bezeichnung in einem doppelten Sinn (so besehen sind auch KETHER und MALKUTH das hermetische "das Untere ist wie das, was oben ist ...").

Eine Verwirrung dieser beiden Aspekte, des lichten und des dunklen, hat in der Vergangenheit schon oft zu schrecklichen Irrlehren und Irrtümern geführt und den "Satanismus" als Umkehrung des göttlichen Prinzips in nicht verstandenem Sinne hervorgerufen. Hier ist der Hinduismus den westlichen spirituellen Traditionen um Äonen voraus, was wir schon an unserem Beispiel von VISHNU und SHIVA gesehen haben.

Es geht darum: Die "(...) Rückkehr aller Dinge in ihren Urzustand (...)" bedeutet das Anbrechen der "messianischen Ära" im jüdischen Denken oder den "Brahma-pura" der hinduistischen Lehre, deren Abbild hier wie dort der Tabernakel ist. Dieser Tabernakel wird im Hebräischen "mishkan" oder "Wohnsitz Gottes" genannt. Die Wurzel ist dieselbe wie SHEKINAH. Die arabische Bezeichnung hierfür lautet "sakhinah", was hier wie dort mit "großer Frieden" übersetzt werden kann. Und dies entspricht der *pax profunda* der Rosenkreuzer. Daraus kann man ersehen, was sie wirklich mit dem "Tempel des Heiligen Geistes" meinten.

Und in gleicher Weise müssen wir die Stellen im Evangelium deuten, in denen vom "Frieden" gesprochen wird, umso mehr als nach der Geheimtradition die SHEKINAH eine Beziehung zum Messias hat. Dies sind nur erste Gedanken, die weitergeführt in einem Kosmos erhabenster Weisheit führen, wofür dieses Buch nicht den entsprechenden Rahmen bilden kann.

DIE HIERARCHIEN DER EINZELNEN SEPHIROTH IN DEN ENTSPRECHENDEN ZUORDNUNGEN

1. KETHER

Gottesname (Atziluth)	EHEJEH
Erzengel (Briah)	METATRON, der "Engel der Gegenwart"
Chor der Engel (Jetzirah)	CHAYOTH HA-QADESH (Seraphim oder die "heiligen Kreaturen")
Planetenhierarchie	RESHIT-HA-GILGULIM (*Primum Mobile* = erste Bewegung) NEPTUN
Tugend	Erreichung und Vollendung des "Großen Werkes"
Symbole	der Punkt, die Krone, die Swastika, der tausendblättrige Lotus
Spirituelle Erfahrung	Einheit mit Gott
Aspekte Kethers	reines Sein; das Formlose; "latente Möglichkeit" zur Existenz; das Leben der Leben; TELESMA, die Kraft hinter der Kraft; der Verborgene; der Alte

	der Alten; der Alte der Tage; der Urpunkt; das, was nicht ist; Makroposopos; AMEN; OM

2. CHOCKMAH

Gottesname (Atziluth)	JAH
Erzengel (Briah)	RAZIEL, “das Geheimnis Gottes”
Chor der Engel (Jetzirah)	AUPHANIM (Cherubim)
Planetenhierarchie	MASLOT = Tierkreis (Zodiak)
Tugend	Hingabe
Symbole	das “innere Gewand der Verklärung; das “J” des Tetragrammatons; der stehende Stein; das Lingam; der aufgerichtete magische Stab
Spirituelle Erfahrung	göttliche Vision “von Angesicht zu Angesicht”
Aspekte Chockmahs	ABBA; der höchste Vater; JEHOVA = Tetragrammaton

3. BINAH

Gottesname (Atziluth)	JHVH (JEHOVA) ELOHIM
Erzengel (Briah)	TZAPHKIEL (das Auge Gottes; der, der alles erblickt)
Chor der Engel (Jetzirah)	ARALIM (oder Er’elim) (Throne)
Planetenhierarchie	SHABTAI (oder Shabbatai) = SATURN (die Ruhe) dessen Engel: CASSIEL

	dessen Intelligenz: AGIEL
	dessen Geist: ZAZIEL
Tugend	Schweigen
Symbole	der Kelch, die Schale, das äußere Gewand, die Yoni
Spirituelle Erfahrung	die Vision der Trauer
Aspekte Binahs	AMA, die dunkle, unfruchtbare Mutter; Urwurzel der Materie; AIMA, die helle, fruchtbare Mutter; MARAH, das große Meer

4. CHESED

Gottesname (Atziluth)	EL
Erzengel (Briah)	TZADKIEL, das "Wohlwollen Gottes"
Chor der Engel (Jetzirah)	CASHMALLIM (Herrschaften - die "Funkelnden")
Planetenhierarchie	TZEDEK = JUPITER (Rechtschaffenheit, Gerechtigkeit)
	dessen Engel: SACHIEL
	dessen Intelligenz: JOPHIEL
	dessen Geist: HISMAEL
Tugend	Gehorsam
Symbole	der Tetraeder, die Pyramide, das gleicharmige Kreuz, der Stab, das Zepter, der Reichsapfel, der Krummstab
Spirituelle Erfahrung	Vision der Liebe
Aspekte Cheseds	GEDULAH = Liebe, Majestät

5. GEBURAH

Gottesname (Atziluth)	ELOHIM GIBBOR
Erzengel (Briah)	CHAMAEL (oder Kamael), die "Strafe Gottes"; das "verbrennende Feuer Gottes"
Chor der Engel (Jetzirah)	SERAPHIM (Mächte oder "Flammende Schlangen")
Planetenhierarchie	MADIM = MARS (gewaltige Kraft) dessen Engel: ZAMAEL dessen Intelligenz: GRAPHIEL dessen Geist: BARTZABEL
Tugend	Energie, Mut
Symbole	das Pentagon, die fünfblättrige Rose, das Schwert, der Speer, die Geißel, die Kette, der Drachentöter
Spirituelle Erfahrung	Vision der Macht
Aspekte Geburahs	DIN = Gerechtigkeit; PACHAD = Furcht; SHIVA; Aufspaltung der Kraft; Freisetzen der Kraft in Aktivität; das Wissen darum, dass das Böse nur "Kraft am falschen Ort" ist; der "opfernde Priester" der Mysterien

6. TIF'ERET

Gottesname (Atziluth)	JHVH (JEHOVA) ELOAH VA DAATH
Erzengel (Briah)	MICHAEL, der "Gottähnliche"
Chor der Engel (Jetzirah)	MELEKIM (oder Malachim) (Himmelskräfte, Könige)

Planetenhierarchie	SHEMESH = SONNE (das solare Licht) dessen Engel: MICHAEL dessen Intelligenz: NAKHIEL dessen Geist: SORATH
Tugend	Hingabe an das “Große Werk”
Symbole	das “Lamen” (auf der Brust des Schülers mit dem Symbol der Sonne); das Rosenkreuz; das Kalvarienkreuz; die “stumpfe Pyramide; der Kubus; die “geopferten Götter”; der Gottessohn
Spirituelle Erfahrung	Vision von der Harmonie der Dinge; die Mysterien der Kreuzigung; Sammlung der “archetypischen Ideale” und Umwandlung in “archetypische Ideen”
Aspekte Tif’erets	ZEIR ANPIN, das “kleine Angesicht”; Melek, der König; Adam, der Sohn; der Mensch; der “große Erlöser”; magische Kraft des Opfers

7. NETZACH

Gottesname (Atziluth)	JHVH (JEHOVA) TZABAOTH
Erzengel (Briah)	HANIEL, “Ich bin Gott”, der “Gottgleiche”
Chor der Engel (Jetzirah)	ELOHIM (Götter)
Planetenhierarchie	NOGAH = VENUS (strahlende Pracht) dessen Engel: HANAEL dessen Intelligenz: HAGIEL dessen Geist: KEDEMEL

Tugend	Selbstlosigkeit
Symbole	Licht, Gürtel, die Rose
Spirituelle Erfahrung	Vision der siegreichen Schönheit
Aspekte Netzachs	Lebenskraft der Natur; verborgene Intelligenz; der strahlende Glanz der intellektuellen Tugenden, wahrgenommen mit den "Augen des Intellekts in der Kontemplation des Glaubens"; Reich der Illusion; Wahrnehmung der Erscheinungen als Gedankenformen des Intellekts. Das Licht ist aufgebrochen als Strahlenglanz, die Einheit ist hier aufgehoben zugunsten der Vielheit. Der "Ein-Gott" hat sich in Götter und Göttinnen (Elohims) aufgespalten, damit er sich als Form manifestieren kann.

8. HOD

Gottesname (Atziluth)	ELOHIM TZABAOTH, der Gott der Heerscharen
Erzengel (Briah)	RAPHAEL, der Heiler Gottes, der "Wiederhersteller"
Chor der Engel (Jetzirah)	BENI ELOHIM, Söhne der Götter
Planetenhierarchie	KOKAB = MERKUR (das stellare Licht) dessen Engel: RAPHAEL dessen Intelligenz: TIRIEL dessen Geist: TAPHTHARTHARATH
Tugend	Wahrhaftigkeit
Symbole	Namen als vielgestaltige Kräfte

Spirituelle Erfahrung	Vision des hellen Glanzes
Aspekte Hods	absolute, vollkommene Intelligenz; das Beseelen einer astralen Form mittels geistiger Kraft; die Fähigkeit des Geistes zu magischen Handlungen mit den Kräften der HOD-MERKUR-THOTH-Kräfte, der "Bücher" und der Wissenschaft; die "Macht des Gleichgewichtes"; Manifestation des göttlichen Lebens durch die "Schar von Formen", die durch Kraft beseelt sind.

9. JESOD

Gottesname (Atziluth)	EL SHADDAI, der allmächtige und lebendige Gott
Erzengel (Briah)	GABRIEL, starker Mann und Held Gottes, der Bote Gottes
Chor der Engel (Jetzirah)	KERUBIM (oder Cherubim), die Starken
Planetenhierarchie	LEVANA = MOND (die lunare Flamme) dessen Engel: GABRIEL dessen Intelligenz: MALKAH BE TARSHISHIM VEAD RUACHOTH SCHECHALIM dessen Geist: SHAD BARSHEMOTH-HA-SHARTATHAN
Tugend	Unabhängigkeit, Bindungslosigkeit
Symbole	Düfte als Verkörperung ätherischer Aspekte; Sandalen zum "Abschreiten des magischen Kreises"

Spirituelle Erfahrung	Vision des Zusammenwirkens kosmischen Geschehens
Aspekte Jesods	reine Intelligenz; bestätigt und berichtigt die Pläne für ihre Ausführung; Gedanke der Stärke; Sphäre des "Äthers der Weisen" (Akasha); Reflektion der "Sonne Tif'erets"

10. MALKUTH

Gottesname (Atziluth)	ADONAI MELEK, der Herr und König oder ADONAI HA-ARETZ, der Herr der Erde
Erzengel (Briah)	SANDALPHON, der "dunkle Engel", der über die karmische Last wacht
Chor der Engel (Jetzirah)	ASHIM oder ISHIM, Feuerseelen, die Vollendeten
Planetenhierarchie	OLAM-HA-JESODOTH = DIE VIER ELEMENTE als vier Energiezustände "der Zerbrecher der Fundamente". Die Erzengel bringen die Energie ihrer jeweiligen Sphäre nach MALKUTH und verankern sie in den irdischen Elementen.
Hierarchien der Elemente	ERDE - NORDEN Erzengel: AURIEL Erdengel: PHORLAKH Herrscher: CHERUB König: GHOB Elementarwesen: GNOMEN

LUFT - OSTEN
Erzengel: RAPHAEL
Luftengel: CHASSAN
Herrscher: ARIEL
König: PARALDA
Elementarwesen: SYLPHEN

WASSER - WESTEN
Erzengel: GABRIEL
Wasserengel: TALIAHAD
Herrscher: THARSIS
König: NICHSA
Elementarwesen: UNDINEN

FEUER - SÜDEN
Erzengel: MICHAEL
Feuerengel: ARAL
Herrscher: SERAPH
König: DIJN
Elementarwesen: SALAMANDER

Tugend Urteilsvermögen

Symbole der doppelkubische Altar; das gleicharmige Kreuz; der magische Kreis; das Dreieck

Spirituelle Erfahrung Vision des Schutzengels

Aspekte Malkuths DAS TOR; das "Tor des Todes"; das "Tor der Tränen"; das "Tor der Gerechtigkeit"; das "Tor des Gebets"; das "Tor der Tochter des Mächtigen"; das "Tor zum Garten Eden"; die "untere", helle, fruchtbare Mutter; Schoß der Mutter als "Tor zum Leben"; Malka, die Königin; Kalla, die Braut; die Jungfrau; Sphäre der Erde; die Erdseele als feinstofflicher, spiritueller Aspekt der Materie; Endergebnis aller Vorgänge in den Sephiroth 1 bis 9.

Wie wir gesehen haben, beinhaltet die göttliche Welt in ATZILUTH die Sepiroth KETHER, CHOCKMAH und BINAH. Die Welt der Intelligenz findet sich in BRIAH und enthält die Sephiroth CHESED, GEBURAH und TIF'ERET. In ASSIAH, der irdischen Ebene, begegnen wir nur der Sephira MALKUTH. Es gibt für diesen Bereich also nur eine einzige Sephira. In ihr sind alle Sephiroth zusammengefasst, und sie erscheint als deren Abbild und Verdichtung. Sie ist in vier Teile gegliedert, die wiederum den vier Elementen entsprechen. Deshalb enthält sie als einzige vier Farben, und diese drücken die "Aggregatszustände" der dichten Materie aus:

fest = rot
flüssig = grün
luftig = blau
feurig = gelb

Wie die Erde besteht auch der Mensch selbst aus vier Ebenen, nämlich der physischen, der astralen, der mentalen und der kausalen.

In der Kabbala wird der **physische Leib** mit "GUF" bezeichnet (MALKUTH in ASSIAH). Er steht mit der "Welt der Seele", die wir bei der Betrachtung des TETRAGRAMMATONS berücksichtigten, nicht in Zusammenhang. Im Bereich der Seele wird, wie wir dort gesehen haben, die Vollständigkeit der Vier über CHIA erreicht. Der **Astralleib** (Emotionalkörper) "NEPHESH": Er ist der dritte Hauptteil der Seele (JESOD in ASSIAH).

Der **Mentalleib** (Gedankenkörper) "RUACH": Er ist der zweite Hauptteil der Seele (TIF'ERET in JETZIRAH).
Der **Kausalleib**, "NESCHAMAH": Er beinhaltet die Welt der Seele und des Geistes, die höchste Stufe des Seins (KETHER in BRIAH).
Des Weiteren kennt auch die Kabbala den "Buddha- und den Atmanleib", die auf hebräisch "Haiah" und "Jechidah" genannt werden. Im Allgemeinen werden aber in der Arbeit mit dem Lebensbaum nur die Bereiche GUF, NEFESCH, RUACH und NESHAMAH berücksichtigt, weil sie der in der Kabbala gebräuchlichen Viereraufteilung folgen. Im Einzelnen haben wir dies schon in der Betrachtungsweise des TETRAGRAMMATONS vertieft.

Jetzt könnt ihr noch besser verstehen, warum es wichtig ist, sich über Natur und Zugehörigkeit im hierarchischen Gefüge der angerufenen Wesenheiten im Klaren zu sein. Es ist wichtig, sich vor Augen zu führen, dass die Hierarchien sich zwar in einer bestimmten Sephira (be-)finden, aber man kann nicht sagen, sie sind die Sephira, sondern es handelt sich dabei nur um ein bestimmtes Attribut, das in einer Sephira angesiedelt ist. So kann künftig nicht mehr wie bisher das hierarchische Gefüge zum entsprechenden "Dienst" gerufen werden. Mit eurem wachsenden Verständnis und Wissen wächst auch die Verantwortung für eure Handlungen. Dies erfordert nun eine mentale Korrektur in Bezug auf eure Vorstellung vom Wirken der göttlichen Kräfte.

Solange die Hierarchie in eurem Denken jene kosmischen Wesen umfasste, die in feinen Tempeln über eurer irdischen Welt logierten, musstet ihr euch, um das "gemeinsame Werk" vollbringen zu können, in diesem Gedankenstrom einheitlich bewegen. Nur so konnte langsam euer innerer Blick "aufwärtsgerichtet" und gelenkt werden in euer eigenes göttliches Zentrum, den Sitz der Allerhöchsten, KETHERS, in euch. Dies war der Schritt aus dem "kosmischen Kindergarten" hinaus in die Schule des Lebens.

Und ihr werdet erkennen, es hat sich nur eure eigene Sichtweise verändert. Damit aber wurde eure Wahrnehmung auf eine neue Grundlage gestellt. Durch die Erfahrung, die euch aus der Beschäftigung mit der Kabbala erwächst, ist eine langsame Veränderung eurer mentalen Struktur, die sich noch an Althergebrachtes wie an einen Haltegriff klammert, erreichbar, und ihr werdet dann erst die wahren Wirkkräfte des göttlichen Feuers wirklich verstehen lernen. Aber es bedurfte dieser Zeit der Erkenntnis und des Wachstums, und deshalb habe ich euch von Anfang an geleitet und begleitet, damit ihr lernen konntet, den Berg in eurem Inneren wirklich als den Sitz der Gottheit in euch zu erkennen, den "Pol" "im fernen Land", das doch so nah an eurem Herzen liegt. (Saint Germain bezieht sich hier auf die violette Flamme, die wir vor der Zeit seiner Schulungen und ohne das jetzige Hintergrundwissen aktivierten und mit der wir arbeiteten.)

Wir werden daher lernen, bei jedem "Dienst" mittels magischem Ritual, nämlich dem Zeichnen des Erlösersymbols PENTAGRAMM und der Anrufung der Ebene der Heiligen und Meister, Zugang zur Arbeit mit dem heiligen Feuer zu bekommen.

Dabei begeben wir uns zunächst auf die JETZIRAH-Ebene von NETZACH, der 7. Sephira der Anrufungen und Rituale, rufen unsere persönlichen Heiligen und Meister, zeichnen das Pentagramm mit unserem Talisman und bitten um Führung, wenden uns nun an die Hierarchie von JESOD und bitten um die "Ausgießung" des heiligen violetten Feuers (SHEKINA) durch Erzengel GABRIEL ...

Sodann rufen wir die hierarchischen Namen der zehnten Sephira MALKUTH in JETZIRAH:

1. Die Meister und Engelkräfte, die der physischen Ebene dienen (Jesus, Maria, Kwan Yin, Nada, Saint Germain, Kuthumi, Francesco, der Manu und so weiter)

2. Die Elementeengel:

Erde - PHORLAKH
Luft - CHASSAN
Wasser - TALIAHAD
Feuer - ARAL

sowie die Hierarchen der Elementarwesen, der Gnome (Erde), Sylphen (Luft), Undinen (Wasser) und Salamander (Feuer). Wir zeigen damit unsere Verbundenheit mit unserer Mutter, der Erde. Dann verbinden wir uns mit allen dort wirkenden Heiligen, Meistern, den riesigen Engelscharen und -kräften und dem Manu, die wir vorhin gerufen haben ...

In dieser liebevollen Begleitung öffnen wir unseren Geistkörper, bewegen uns mental in die Ebene von BRIAH und rufen die vier Erzengel, die höchsten göttlichen Emanationen, die vier Urprinzipien der Materie, MICHAEL, RAPHAEL, GABRIEL und AURIEL (URIEL). Diese bitten wir nun, uns für die Wirklichkeit der BRIAH-Ebene, die die Ebene der zehn Grundkräfte des Kosmos ist, wie sie in den zehn Sephiroth manifest sind, zu öffnen, und wenden uns an die übrigen Erzengel METATRON, RAZIEL, TZAPHKIEL, TZADKIEL, KAMAEL, HANIEL und SANDALPHON sowie an die CHERUBIM als deren "Boten" ...

Zuletzt erheben wir unser Denken auf den höchsten Punkt in uns, die ATZILUTH-Ebene, und bitten das HÖCHSTE PRINZIP, uns nun jenen Aspekt und dessen heiligen Namen zu zeigen, der für den heutigen Tag durch die heiligen Erzengel als Lichtkörper von uns wahrgenommen werden darf. Dann nehmen wir mit allen Sinnen dieses Licht in uns auf, bis wir mit ihm eins werden, verschmelzen ...

Nun kann die Reinigung der niederen Körper und der Lichtdienst für die Erde mit dem violetten Feuer in der gewohnten Weise beginnen, mit dem Unterschied, dass man jeweils mit dem göttlichen Wesen verbunden bleibt, das dem Herzen gerade besonders nahe ist. Somit spielt es keine Rolle, wer nun wen zu welchem Dienst ruft. Wichtig ist jedoch, auf der ATZILUTH-Ebene verankert zu bleiben und das violette Licht der Reinigung, Umwandlung und Transformation als einen der dort beheimateten Aspekte in JESOD zu begreifen, der aus KETHER, aus dem weißen All-Licht emaniert. Gleichzeitig nehmen wir auch wahr, dass sich die Sephiroth durchdringen und die Kräfte ungehindert aus jenen Ebenen herniederströmen, die wir "rufen" ...

Das VIOLETTE FEUER kommt aus der "Ebene der Verkündigung", da, wo das "Wort des Vaters" "Fleisch" durch die Geburt des "Sohnes" werden kann. Violett symbolisiert den göttlichen Ausdruck von Barmherzigkeit, Rechtschaffenheit und Gerechtigkeit. Es emaniert aus KETHER, aus dem "Schleier der negativen Existenz" von EL SHADDAI, dem Allmächtigen, dem "Vater des Lebens", das war, das ist und das sein wird, jenem Aspekt von EHEYES Kraft, die alle Kräfte bewegt, und sammelt sich in JESOD. Sein "Großer Hierarch" ist demnach GABRIEL, der Erzengel von JESOD, was wir an der Farbe Violett, die dieser Sephira eigen ist, erkennen.

Und es wird von TZADKIEL, dem "Wohlwollen Gottes" in CHESED, der Sephira, in der Rechtschaffenheit und Gerechtigkeit beheimatet sind, an den "Hierarchen der Rechtschaffenheit und Gerechtigkeit" auf der planetaren Ebene, JUPITER (Engel SACHIEL), übereignet, der es nun über die ENGEL DER ELEMENTE herunterbringt, damit es in deren Bereich, die diesen göttlichen Attributen entsprechen, manifest werden kann, wo es nun aufgenommen und weitergeleitet wird von den Engellenkern der Elemente und den "CHOHANS DER STRAHLEN", das sind die Selbstverwirklichten auf der obersten Stufe der Jakobsleiter, die als "Strahlenlenker" das göttliche Licht für den Menschen, dem sie noch nahestehen in Liebe, in die irdische Ebene verdichten, damit dieser Mensch es erkennen und seine kosmische Qualität erfahren kann und damit er sich selbst, mithilfe dieses göttlichen Lichtes, von dem ihm innewohnenden niederen Menschen und den selbst erschaffenen Schatten erlöst.

Diese "Schatten" sind jene Kräfte, die den Spiegel verdunkeln (der im reinen Zustand das göttliche Licht widerspiegelt), so dass selbst die geringste vorhandene spirituelle Kraft, die kleine Lichtquelle im Innern, vom Menschen nicht mehr erkannt werden kann. Er befindet sich im Zustand des "Neumondes" und bedarf jetzt der Kräfte von JESOD, des lunaren Lichtes, in dem er sich in seiner Unterwerfung an das Ego erkennt, das seine eigene dunkle Seite darstellt.

So wird er lernen, sich aus den Zuständen des Elementes Wasser im Bereich des Unbewussten durch die göttliche Kraft GABRIELS, des Boten Gottes, der der inneren Stimme von der Ankunft des "Sohnes" kündet, in jene hell leuchtende Sphäre "unverfälschten Lichtes" nach TIF'ERET zu begeben, der Sonne seines Lebens, wo der Spiegel nun in seiner vollkommenen Schönheit leuchtet.

Dieses Herunterfließen der Lichtkräfte geschieht nach dem ewig gültigen kosmischen Gesetz und kann von niemandem in seinem Lauf gehindert oder verändert werden. In gleicher Weise werden auch die anderen "Strahlenkräfte" der restlichen sechs Farbaspekte göttlichen Wirkens "heruntergeleitet" und auf der Ebene von ASSIAH von den Meistern, Heiligen und Engeln der "niederen hierarchischen Ränge" für die Anwendung durch den Menschen verdichtet.

Mir liegt daran, dass ihr bei eurer künftigen Licht- und Flammenarbeit lernt, dieses Wissen und die Unterscheidung der göttlichen Hierarchien in eurem Bewusstsein zu verankern. Es ist dies für euer spirituelles Wachstum von großer Bedeutung, weil ihr so bewusstseinsmäßig schon in Ebenen hineinwachsen könnt, die euch einmal Heimat werden (sollen). Ihr bestimmt ab nun bewusster als bisher über Art und Weise eurer spirituellen Disziplin. Ich weiß, dass euch dieses Wort - "Disziplin" - nicht besonders gefällt. Vielleicht gibt es ein besseres, aber ich kenne es nicht.

WIE MAN MIT DEM VIOLETTEN FEUER ARBEITEN KANN

Eine erste Übung, um das heute Gehörte zu überdenken und einen möglichen Neuzugang zu unserer Flammenarbeit zu finden. Dabei müssen wir uns zunächst die Frage stellen, was wollen wir mit unserer "Flammenarbeit" bewirken?

1. Unsere Reinigung von alten Schlacken in allen unseren Körpern, der Aura und den Chakren. Wir bitten kosmische Wesenheiten um (Mit-)Hilfe ...

2. Das Lenken göttlichen Lichtes in die dunklen Bereiche der Erde und der Menschen. Dazu rufen wir wieder bestimmte kosmische Wesenheiten in ihren jeweiligen Ebenen an ...

3. Dann danken wir und erfahren den höchsten göttlichen Wohnort in uns, den "Tempel des Heiligen Geistes", die SHEKINA, den inneren Frieden, von wo aus wir das göttliche Friedenslicht der SHEKINA noch einmal über die Welt lenken. So hatten wir es gelernt und bisher gehandhabt.

Nun versucht einmal anhand des Gesagten, mithilfe des Lebensbaums und im Wissen um die "wahre Heimat" der kosmischen Wesenheiten in den vier kabbalistischen Ebenen eine solche "Anrufung" zu formulieren.

Auf welcher Ebene befindet sich die Farbe Violett? In JESOD. Über wen und wie erreichen wir in JESOD EL SHADDAI, Erzengel GABRIEL und die CHERUBIM, die wir dort, wie wir gehört haben, ja nicht "umgehen" dürfen? Welche Qualität zeigt uns JESOD? Hat sie etwas mit unserer bisherigen Erfahrung mit der "violetten Flamme" zu tun?

Nehmt also den Lebensbaum zu Hilfe und versucht, dies zu skizzieren. Schreibt auf, was euch dabei einfällt und wie ihr diese Gedanken schließlich in der Realität auszuführen gedenkt.

Zum Erzengel GABRIEL möchte ich noch eine kleine Hilfestellung geben. Er ist der "starke Mann und Held Gottes". GABRIEL heißt getreu übertragen "Gottesstärke". Wir kennen ihn vor allem als Gottes Boten, der den Menschen den "Willen Gottes" verkündet. Das heißt, dass durch ihn auch die Erfahrung zu machen ist, Gottes Willen zu erkennen, nur wie kann er "gehört" werden? Gibt die "Verkündigung Mariens" im Geschehnis des Neues Testaments hierauf Antwort? Ja, zeigt dieses nicht geradezu, dass wir nur über das Verständnis der Kabbala überhaupt einen Zugang zu den biblischen Ereignissen finden können?

Wenn GABRIEL also in JESOD zu finden ist, dann hat diese Ebene einen direkten Zugang zu BRIAH, der Ebene der Schutzengel. Aber wie erreiche ich ihn? Die "Brücke" ist dies: In JESOD erkennt man "Gottes Willen". Von JESOD aus ist "die Stimme" wahrnehmbar. Sie ist die Sephira des nichtreflektierenden Spiegels, ihr erinnert euch. Um welches Objekt aber handelt es sich, das durch diesen Spiegel reflektiert wird? Es muss sich dabei um ein Bild handeln,

ein Bild aus Gottes Bewusstsein, das durch GABRIEL in MARIA verankert wird. Und dieses Bild ist der SOHN, der in TIF'ERET schon als Seelenkörper eingezogen war, in HOD Form angenommen hat und in JESOD nun durch den "heiligen Akt der Vereinigung der göttlichen Idee mit der Materie des Fleisches" manifest werden kann - "und das Wort ist Fleisch geworden" -, dies ist die Ebene von JESOD.

Zugleich aber ist GABRIEL der Erzengel des Elementes Wasser, und als Planetenenergie dient ihm das "lunare Licht". Alles dies sind wiederum Elemente, die auch mit dem Verkündigungsgeschehen in Zusammenhang stehen. Denn Wasser ist auch das Symbol für MARAH, die Urmutter, die ihre Kraft ebenfalls aus dem "lunaren Licht" bezieht.

Der hebräische Name dieses "Sohnes", JEHESCHUAH (Jesus), setzt sich aus dem TETRAGRAMMATON zusammen, in der Mitte allerdings durch das "Shin", das uns wiederum mit der SHEKINA in Verbindung bringt, ergänzt. Dieses "Shin" hat die symbolische Bedeutung von "Licht". Gott als Licht wird manifest in der Form, nimmt also "Fleisch" an, um sich in JESOD als Widerspiegelung erfahren zu können.

So mögen folgende Gedanken nun den Abschluss des heutigen Übungsweges markieren. Wir bewegen uns noch immer auf dem Boden einer geheimen Wissenschaft, und das mit Recht. Es heißt, dass ein Kabbalist, sobald er die Grundstruktur des Universums erkannt hat, in der Lage sei, "die Welt aus den Angeln zu heben", weil er mit der richtigen Anwendung des TETRAGRAMMATONS das Geheimnis hierfür besitze. Diese Anwendung besteht nur in der richtigen "Aussprache des göttlichen Namens", indem er auf die "akustische Vibrationsebene" erhoben wird. Dieser Name aber hat, wie wir erfahren haben, unendliche Variationen. Die Schutzengelnamen gehören ebenfalls in diesen Bereich.

In keinem einzigen Buch der Welt ist das wahre Wissen über die Kabbala zu finden. Dieses ist seit jeher verborgen an Orten, die nur den Eingeweihten zugänglich sind. So muss der Schüler lernen, mit den wenigen, quasi "theologischen" Unterweisungen, die er erhalten hat, seine eigene Erfahrung zu gewinnen, die grundlegend verschieden von jener eines anderen sein kann - es sind jeweils nur die zwei Seiten einer Medaille.

Ihr alle habt vom »Baum der Erkenntnis«
im Paradies gegessen.
Jetzt wird es Zeit, dorthin zurückzukehren,
um die Früchte vom »Baum des Lebens« zu kosten –
wir haben ihn im Sinnbild des Otz Chi´im,
dem kabbalistischen Lebensbaum.
Liegt das Paradies nicht nahe?
Ja, es ist in uns!
Während der ganzen Zeit unserer Suche
war es immer da,
denn in Wirklichkeit haben wir uns
niemals aus ihm entfernt!

DIES SPRICHT DER ROSENKREUZER

Nur in der Gedankenkontrolle kann der Schüler "magische Kraft" erlangen, die ihn befähigt, JHVH, TETRAGRAMMATON, anzurufen.

Nur "wahre Vorstellungen" dürfen sich im Mentalkörper befinden, die vollends im Einklang stehen mit dem angestrebten Ziel.

"Gerichtete Gedanken" sind ein Mittel zum Zweck. Darum schenke der "**Kraft des stillen Gedankens**", dem "**Gedanken aus der Stille**" in Zukunft noch mehr Raum in deinem Leben. Jede materielle Handlung beinhaltet nur den äußeren Ausdruck eines Gedankens. So wird gelehrt, *"(...) dass ein Gedanke aus Narrheit Sünde sei (...)".* **Denn der Gedanke ist schon der Beginn zur Tat!**

Darum gründe dich im Gleichgewicht deiner Kräfte im Zentrum des "Kreuzes der Elemente", von dessen Mitte bei der Geburt des heraufdämmernden Universums das "**schöpferische Wort**" ausging.

Ich danke euch für eure Aufmerksamkeit und für eure Mitarbeit. Ihr werdet genügend Zeit und Muße finden, diese Dinge nun in euch lebendig werden zu lassen. Lasst euch nicht entmutigen von der (nur auf den ersten Blick) schwierigen Materie. Wenn ihr diesen Gedankenkosmos einmal in seiner Tiefe und immerwährenden Gültigkeit durchdrungen habt, werdet ihr euch (hoffentlich) mit Dank an diese Schulungszeiten erinnern. So segne ich euch mit meiner Liebe!

DIE ESOTERIK DES ROSENKREUZES UND SHAMBHALA

(Nach langer Eingangspause und Schweigen unseres Lehrers)

Wie gut und segnend, meine lieben Schüler, ist es, wenn Stille, wenn Schweigen aufblüht in uns und wir die äußeren Sinne, das Denken zur Ruhe bringen können. Wir wollen nun dieser schweigenden Stimme in uns lauschen. Dies enthält keinen Widerspruch, denn **die Stimme des Schweigens ist die Stimme Gottes in uns**. Und nur in einem Herzen, das nach innen gewendet ist, vermag diese Stimme aufzugehen. Und so wollen wir uns jetzt in dieses Schweigen noch eine Weile versenken ...

Dies, meine lieben Schüler, ist der Zustand des GADLUT, in dem wir alle Sinne zur Ruhe bringen und uns an den Fuß des Berges in unserem Inneren begeben. (Hier bezieht sich Saint Germain auf die "innere Reise", die Sie im Anhang finden.) Gemeinsam wollen wir heute erneut versuchen, diesen Berg noch ein wenig mehr zu überwinden. Wir wollen Gipfelstürmer werden und heimkehren nach KETHER. Und wir werden gemeinsam unseren großen Lebensbaum entwerfen und so noch ein wenig tiefer eindringen in das, was wir durch ihn über uns erfahren können.

Ich möchte noch einmal betonen, dieser Baum führt uns nicht weg von uns und öffnet uns nicht den Kosmos irgendeines Wissens oder fernen Himmels, der nichts mit uns zu tun hat oder nicht in Beziehung steht zu den Erfahrungen unseres Selbst. Im Gegenteil, über die archetypischen Bilder, die wir gemeinsam entwerfen wollen, erfahren wir viel über uns, über die Beschaffenheit unserer Psyche und über die verschiedenen Anteile unseres Selbst. Somit verfügen wir über ein Werkzeug, mit dessen Hilfe wir dieses Selbst in allen seinen Auffächerungen schließlich so in unsere Persönlichkeit integrieren können, dass wir Ganzheit als deren unmittelbaren und ewig gültigen Ausdruck erfahren. So dient die Kabbala uns nur als Brücke zu unserem Selbst.

Ganzsein meint gleichzeitig immer auch Gesundsein, so dass das, was unser Köper uns da und dort (noch) signalisiert, dechiffriert und mit dem TELESMA-Licht (= Christuslicht) geheilt werden kann. Ich sprach darüber schon.

So wollen wir den gemeinsamen Tag wieder mit unserem Jesus-Gebet beginnen:

DAS LICHT

Wie ich so allein dastehe in Deinem großen Schweigen,
Gott, mein Vater,
leuchtet in meinem Innern ein reines Licht auf
und erfüllt jedes Atom meines Wesens
mit einem großen Glanz.
Leben, Liebe, Macht, Reinheit,
Schönheit und Vollkommenheit herrschen in mir.

Wenn ich hineinsehe in das tiefste Innere dieses Lichtes,
erblicke ich ein anderes Licht –

klar, sanft, in weißgoldenem Strahlenkranz leuchtend,
aufnehmend und das zärtlichste Feuer des größeren
Lichtes
mütterlich hegend und ausdehnend.
Nun weiß ich um meine Göttlichkeit,
ICH BIN eins mit Gottes Weltall.
Leise spreche ich zu Gott, meinem Vater,
und nichts vermag mich zu stören.
STILLE IM SCHWEIGEN.
Doch in diesem vollkommenen Schweigen
ist Gottes größtes Wirken.

In mir ist Stille, und vollkommenes Schweigen ist um mich.
Jetzt breitet sich das Leuchten dieses Lichtes
auf Gottes weitem Weltall aus,
und ich weiß, dass überall Gottes bewusstes Leben ist.
Wieder spreche ich furchtlos:
ICH BIN GOTT – ICH BIN STILLE UND UNERSCHROCKEN.
Hoch erhebe ich den CHRISTUS in mir und lobpreise Gott.
In den Klängen meiner Musik ertönt leise die Inspiration.
Lauter und lauter singt in mir die Große Mutter
von neuem Leben.
Lauter und klarer hebt die Inspiration
mit jedem Tag mein bewusstes Denken höher,
bis es im Einklang ist mit dem Rhythmus Gottes.
Wiederum erhebe ich den CHRISTUS in mir und horche auf,
dass ich die frohen Klänge höre.

Mein Grundton ist Harmonie,
und mein Licht besingt Gott,
und Gott besingt meinen Gesang als Wahrheit.
Siehe, ICH BIN von neuem geboren, ein CHRISTUS ist hier!
ICH BIN frei in dem großen Lichte Deines Geistes,
Gott, mein Vater.

Auf meiner Stirn ist Dein Siegel.
ICH BIN bereit.
Hoch halte ich Dein Licht, Gott, mein Vater.
Noch einmal sage ich: ICH BIN BEREIT!

Was sind das für Klänge, welche Musik ist hier gemeint, die aufklingt und aus der die Inspiration kommt? Es ist der **Grundton,** auf dem jeder Mensch, jedes Wesen schwingt - und je klarer ein Mensch in der Lage ist, diesen Urton zu hören, umso mehr wird er sich einmal der wahren Musik öffnen und fähig sein, die Klänge der "Sphären" wahrzunehmen, also dort hineinzuhören, von wo jede Musik ihren Anfang nimmt.

So spüre, lausche, horche nun hinein in dein Herz, denn dies ist der Ort, an dem der Ton in dir aufklingt, und prüfe, ob du ihn jetzt - nämlich als **Gottes Stimme in dir** - vernehmen kannst ...

Und wenn du ihn gefunden hast, dann versuche, ihn zu singen und in äußeren Klang zu verwandeln, damit ein Klanggefüge als klingender Ausdruck der Einheit in dieser Gruppe jetzt entstehen kann. Ihr werdet feststellen, dass dieser Zusammenklang keine Disharmonie erzeugt, denn wo Menschen sich in Liebe begegnen, werden sie auch von ihrem Grundton her harmonisch zusammenschwingen können. Und so versuche jetzt, diesem Klang mit deiner Stimme Ausdruck zu geben ...

Es ist schön, dieser Klangwolke noch ein wenig nachzulauschen. Sie kündet auch von der Harmonie hier in diesem Raum. So danke ich euch, dass ihr euch wieder alle hier zusammengefunden habt, um den Weg mit mir weiterzugehen.

Wir beginnen mit dem euch bekannten und geliebten

TELESMA-GEBET

Ich bin das reine Christuslicht.
Christus in mir ist Vollkommenheit,
wie der Vater vollkommen ist.
Ich anerkenne nur diese Vollkommenheit
und sehe nur Vollkommenheit.

Ich bin Christus, die heilende Kraft Telesma,
die Kraft hinter der Kraft, die alle Kräfte bewegt.

Ich richte mein Denken auf das Höchste in mir,
das weiße Christuslicht,
das nun durch meine Hände, aus meinen Händen strömt
und alle Blockaden löst, die mich hinderten,
die göttliche Vollkommenheit zu leben.
Ich bin vollkommen, wie der Vater vollkommen ist,
und anerkenne nur diese Vollkommenheit.
Diese Anerkennung ist (wie) ein Befehl an das Licht,
damit es Vollkommenheit zeuge.

Ich bin frei von allen Schatten (der Krankheit).
Ich bin Licht, der lichte Funke
aus dem Herzen meines vollkommenen Schöpfers!

Amen – Om

(Dieses Gebet hat eine zentrale Bedeutung im bereits erschienenen Buch *Saint Germains Vermächtnis. Ein westlich-abendländischer Einweihungsweg* und ist vor allem in Verbindung mit Heilung auf allen Ebenen des Seins und aus der Sphäre der "Tabula Smaragdina" des Hermes Trismegistos zu verstehen und zu verwenden.)

Ich möchte euch allen noch einmal ins Gedächtnis rufen, dass es nicht bloße Worte sind, wenn wir uns an die "göttliche

Vollkommenheit" wenden und sie für uns "beanspruchen". Versucht niemals, nur mit halbem Herzen diese Kraft anzurufen - und sie ebenso halbherzig weiterzugeben. Denn diese "Anerkennung" ist ebenso vollkommen wie das Licht, und wann immer ihr euch mit ihr verbindet, **muss** das vollkommene Abbild dessen, aus dem die Kraft kommt, gemäß eures "Befehls" sich zur Verwirklichung bringen. Dies ist der wahre Inhalt des Gebets.

Wenn dennoch Beschwerden bleiben sollten und noch immer Dunkelheit herrscht, obwohl der "Befehl an das Licht" erging, so ist die Kraft, mit der ihr dieses Licht gelenkt habt, noch nicht wirklich rein, das heißt, eure Anerkennung ist noch nicht wirklich vollkommen oder vollständig. Und es heißt ferner, dass die Schatten noch längere Zeit der Auflösung bedürfen, aber das Licht dennoch ununterbrochen weiterströmt, bis das Bewusstsein - euer Bewusstsein und das Bewusstsein dessen, mit dem ihr euch verbunden habt - in diese Anerkennung mündet.

Der geringste Schatten des Zweifels bedeutet schon "Schatten, der das Licht verdunkelt". Es ist der Zweifel aber auch eine wichtige Erfahrung, denn er ist gleichzeitig auch der Motor der Psyche, der dieses wichtige "Gefährt" fahrtüchtig hält und euch von Station zu Station weiterbringt und euch somit immer mehr der Wahrheit öffnet. Ihr müsst nur zu unterscheiden lernen, in welcher Weise ihr mit diesem Zweifel Umgang pflegt. Wenn ihr euch einmal beobachtet, so merkt ihr, dass ihr sehr leicht und schnell bereit seid, dem Zweifel in euch Raum zu geben, ihn nährt mit allen möglichen Meinungen, die ihr schnell ungeprüft zu euren Wahrheiten - als den einzig möglichen - erklärt. Meistens nimmt der Zweifel einen viel größeren Platz in euch ein, als die erwähnte "Anerkennung des Lichts und der Vollkommenheit" - und da ist, ich sagte es schon oft, euer Unterscheidungsvermögen gefordert, dass ihr immer genau wisst, wer oder was den Zweifel in euch auslöst, wie ihr ihm, wenn er sich zeigt, begegnen könnt und vor allem, dass ihr es nicht zulasst, wenn er sich verselbstständigen und zu einer Art Selbstzweck degenerieren möchte.

Wir wollen uns heute unter anderem Gedanken darüber machen, warum wir die Kabbala als Stütze benutzen, mit deren Hilfe wir die Esoterik des Abendlandes besser verstehen können - und warum am heutigen Tag nicht jüdisches Denken und jüdische Mystik, sondern die Kenntnis der Lehre vom "Rosenkreuz" im Vordergrund unserer Bemühungen steht.

Notwendigerweise muss die Überlieferung des Alten Testaments die Grundlage für jede Beschäftigung mit der Kabbala liefern. Die jüdischen Talmudisten - das sind die Gelehrten, die die religiösen Überlieferungen des nachbiblischen Judentums, dessen mündlich wie schriftlich überlieferten Gesetze und Lehren "rein" erhalten - erkennen in der Kabbala nur das Instrument, um die Thora, also das Buch des jüdischen Gesetzes, in allen möglichen (und leider auch in sehr vielen unmöglichen) Richtungen auszulegen. Kabbalisten und Talmudisten sprechen im Prinzip niemals die gleiche Sprache, da Erstere die Religion als einen mystischen Akt, als das Wirken des Göttlichen im Menschen erkennen und die zweite Gruppe zu fundamentalistischer Buchstabentreue und -auslegung neigt. Tendenzen, wie sie in jeder Religion zu finden sind.

Viele Kabbalisten sind wahre Mystiker, die sich außerhalb der direkten Zugehörigkeit zur traditionellen jüdischen Lehre befinden und daher eine enge Verwandtschaft mit den christlichen Mystikern haben wie auch zu bestimmten Richtungen des Sufismus und Hinduismus, sofern jene Gruppen ebenfalls frei vom dogmatischen Überbau der "Mutterreligion" sind.

Zwar finden sich in den etablierten Religionen immer wieder mystische Strömungen, aber die Verfolgung dieser Gruppen wurde nicht nur im Christentum, aber doch vor allem dort, bis zur

Ausrottung betrieben. Und so musste es sich wie von selbst ergeben, dass die **Urtradition** nur von den wahren Eingeweihten bewahrt und erhalten werden konnte. Diese Urtradition ist in allen mystischen Strömungen dieselbe, denn sie kommt aus dem **einen *Urgrund*** und hat sich im Folgenden jeweils gemäß des kulturellen Umfeldes entwickelt, in dem sie Wurzeln geschlagen hat, und somit wohl auch eine gewisse Eigendynamik entfaltet, was jedoch nicht zu verwechseln ist mit unterschiedlichen Inhalten.

Wenn wir uns im Folgenden mit der Überlieferung und der Lehre der Rosenkreuzer näher befassen, so nicht deshalb, weil ich sie für weiser erachte als entsprechende jüdische, islamische, buddhistische oder hinduistische mystische Strömungen. Aber wir finden dort das Wissen verdichtet, was in eurer eigenen Herkunft und (religiösen) Tradition wurzelt. Die Rosenkreuzer sind diejenigen, die im Abendland einzig die Urtradition bewahren konnten, da sie ihr Wissen von den Druidenpriestern, jenen vollkommenen Vorläufern des Christentums, herleiteten, die das alte Wissen in Form von Ursymbolen und einer ganz bestimmten Symbolsprache im Abendland erhalten hatten - zudem waren sie die Erben und Verwahrer des "Grals". Alle anderen europäischen Völker und ihre religiösen Statthalter hatten nach dem Untergang des Römischen Reiches keinen Zugang mehr zur Urtradition.

Die echten Rosenkreuzer sind viel älter, als man heute annimmt. Die sich später so nennenden Brüder und Schwestern wurden von einem, der als der Bewahrer der Tradition aus dem **Herzen der Welt** aus dem "Orden des Melki-tzedeq" zu ihnen kam, wieder mit dem alten Wissen verbunden, das in kleinen, im Geheimen wirkenden Gruppen kaum hätte überleben können. Erst die Verankerung in einer alle (europäischen) Nationen umspannenden Bruderschaft ermöglichte es, sie überlebensfähig zu erhalten. (Hier spricht Saint Germain von sich, und dies war auch eine seiner Aufgaben, für die er im 18. Jahrhundert gekommen war.)

Wie wir schon gehört haben, hat sich die reine Lehre jeweils dem kulturellen (spirituellen) Umfeld angepasst, in der sie praktiziert wurde. So erhielt das Christentum auf diese Weise die ersten - aus dem Kontext der Buchstabenideologie evangelischer Deutung herausgelösten - mystischen Impulse, die sie als gleichwertig neben die anderen, zum Teil wesentlich älteren Hochreligionen stellte, denn es wurde plötzlich der gleiche Inhalt, wie er dort seit langen Zeiten bewahrt und gelehrt wurde, sichtbar und erfahrbar.

Für den Rosenkreuzer stellt sich niemals die Frage (wie es christliche Theologen bis zum heutigen Tag nicht unterlassen können), was Jesus mit seiner Lehre wirklich bewirken wollte. Der Rosenkreuzer erblickte im Christentum nicht eine neue Lehre, sondern in der Gestalt des Jesus von Nazareth, in Maria, im Leben des Meisters, seinem Leiden und Sterben den Vorhof zum Heiligtum, jener letzten Station auf dem Weg der Stufenleiter, wo das "erlösende Wort" aufklingt, das zugleich den Schlüssel für den Eintritt ins Allerheiligste bildet und das als "verloren" gilt. Und da dieses "Allerheiligste" in der Kabbala "Shekina", bei den Hindus "Shakti" und bei den Christen der "Heilige Geist" genannt wird, ist zugleich erkennbar, dass **der Schlüssel zum Paradies auch weiblich** ist, der Weg zurück also auch über den **weiblichen Aspekt Gottes** führt. Doch davon später noch mehr.

Worum es bei diesem **"Verlorenen Wort"** (das uns schon in Verbindung mit den Freimaurern und der Gralssuche begegnet ist) wirklich handelt, wollen wir heute vertiefend noch einmal näher betrachten.

Das Ringen des Rosenkreuzers gilt also dem Finden jenes Schlüssels, den Jesus besaß, dem Auffinden des "Verlorenen Wortes". Insofern ist der Meister das Vorbild, dem es nachzugehen, nachzueifern gilt im Befolgen dessen, was er lehrte - herausgelöst aus dem Gefängnis und der Gefährlichkeit der verdrehbaren Buchstaben, sondern von der Ebene aus, die seinen spirituellen sittlichen Rahmen bildete – im Verstehen der Kabbala und des alchemistischen Prozesses, der zur Gewinnung der *materia prima* und der "Transmutation" führt; auch sie ist, gemäß dieser Noetik (= geistige Erkenntnis), weiblicher Natur.

Wenn wir uns heute also zunächst rosenkreuzerisches Gedankengut näher betrachten, so entfernen wir uns, eingedenk dessen, was ich eben ausführte, in keiner Weise von unserem Thema. Erst wenn wir die Brücke gebaut haben, die vom rosenkreuzerischen Christentum zur Kabbala führt, werden wir über diese ins Zentrum mystischer Weisheit, ins **Herzenszentrum der Welt** gelangen können.

Es wird in diesen Zeiten die Angst vor der "großen kosmischen Umwälzung" genährt. Was hat es mit ihr in Wirklichkeit auf sich? Die meisten Menschen halten diese Zeit für "groß" und "wichtig", da sie, wie sie meinen, Gott nun ins Handwerk zu pfuschen in der Lage sind. Genmanipulation ist solch ein Zauberwort, das von der wirklichen "Größe" dieser Zeit ein trauriges Beispiel liefert. Wenn die Menschen nur wüssten, dass sie sich damit ein Karma von unermesslicher Tragweite schaffen. Sie verwechseln ihre Gottgleichheit und damit die Bandbreite ihrer Möglichkeiten auf fatale Weise. Die Menschen meinen also, diese Zeit sei groß wegen der sozialen, politischen und ökonomischen Erkenntnisse. Für wenige nur ist diese Zeit das atemberaubende, bestürzende Präludium einer kosmischen Umwälzung. Diese wird nicht nur von oben herab, sondern auch von unten herauf realisiert werden (müssen).

Die Universelle Große Bruderschaft von Shambhala mit ihrem Leiter, dem MANU, bemüht sich um diese Welt und ihre herabgesunkene Menschenordnung. Es ist nicht mehr die Zeit, dass verschleierte Botschaften und Enthüllungen nur wenigen zugänglich bleiben. **Die Tiefe der Weisheit, die die Menschheit einmal besaß, muss wieder zugänglich gemacht werden.**

Seit altersher gilt die Prophezeiung, dass alles, was verborgen ist, einmal geoffenbart würde. Doch es wurde auch gesagt, dass viele falsche Propheten kommen würden, und man sei angewiesen zu prüfen, dass man nicht jedem Glauben schenke, der sagt, er sei von Gott. *"Wenn eine große Weltenwende kommt, so wird alles, was in Gott, im Absoluten, verborgen ist, offenbar, die ganze Menschheit wird mit der vollkommenen Wirklichkeit des unbeweglichen Königreiches konfrontiert."*

Aber diese Offenbarung, dieses Auseinanderfalten kommt nicht als ein Urteil zu den Menschen, sondern als "Ruf zur Auferstehung", als eine starke Handreichung zur Regeneration. So darf diese Offenbarung nicht als eine öffentliche Demonstration verstanden werden. Sie ist ein reines Liebesopfer der Gott-Verwirklichten für jene, die noch Not leiden auf den Sprossen der Stufenleiter. Und wenn dieses dann vollbracht sein wird, so werden es alle erkennen als den "Geist Gottes", und es wird unwiderlegbar verbunden werden mit dem Bekenntnis, dass Christus Fleisch geworden ist. Damit wird nicht nur Bezug genommen auf eine geschichtliche Begebenheit, die besagt, dass vor zweitausend Jahren ein gewisser Jesus Fleisch geworden ist. Es bedeutet die Christus-Verwirklichung und Christus-Strahlung, also die Auferstehung im eigenen Fleisch, im eigenen Wesen.

Diese kosmische Revolution bezieht sich nicht nur auf den interkosmischen Atmungsprozess, mit den unabweisbar damit verbundenen geologischen und atmosphärischen Veränderungen. Zur gleichen Zeit wird auch ein intensiver Versuch zur Rettung derjenigen unternommen, die gewillt sind, das "verloren geglaubte Wort" wieder aufzufinden. (Hier ist selbstverständlich nicht eine Rettung durch außerirdische Raumschiffe gemeint.)

Nach jeder kosmischen Revolution ist die Menschheit immer tiefer in den Wahn und in die Materie der Dialektik gesunken (Dialektik meint "die Art und Methode zur Auffindung der Wahrheit durch das Denken im Begrifflichen der Gegensätzlichkeit" beziehungsweise durch das "Aufdecken und Überwinden von Gegensätzen", also das "spitzfindige" Handeln in der materiellen Welt).

So war die lemurische Kultur noch mit wesentlich mehr Möglichkeiten ausgestattet, als die darauffolgende atlantische. Und dasselbe kann von der atlantischen Ära im Vergleich mit unserer heutigen Kultur gesagt werden. Und diesem Gesetz zufolge sieht es so aus, als ob die Möglichkeiten in der kommenden Ära, im Vergleich zu der jetzigen, wieder viel begrenzter sein müssten. Denn dies ist eine Folgeerscheinung der stets größeren Verdichtung der Materie sowie der wachsenden Verdunkelung des geistigen Energiebereichs. So besehen steht der Menschheit eine ernste Krisenphase bevor. Darum muss, zur Verhinderung solcher Katastrophen, die Offenbarung der kommenden Zeiten von weit größeren Ausmaßen sein als je zuvor. Deshalb auch das dreimalige Erscheinen des Manu und das gehäufte Erscheinen von anderen "Boten" und "Avataras".

Wenn die heilige Sprache aller Zeiten von dem "einen Wort Gottes" redet, so ist damit keine Schriftensammlung von großem oder kleinem Wert gemeint, in ihrer Art gefälscht oder ganz entstellt. Es handelt sich hierbei um das erlösende, zum neuen Leben erweckende WORT, den WEG, die METHODE, die HEILIGE WISSENSCHAFT zum Erreichen des UNIVERSELLEN LEBENS. Deshalb hat das Zentrum, das **Herz der Welt**, seine Tore so weit geöffnet, damit jeder, der zur "Rettung" bereit ist, die Aufnahme in einen neuen Daseinskreis erfahren kann. Alle anderen müssen und werden den gewohnten dialektischen Menschheitsgang mit den gewohnten Ansichten bis hin zur gewohnten naturgemäßen Bestimmung gehen. Jenen aber, die "Ohren haben, um zu hören", wird es möglich sein, in den "Abgrund der universellen Erkenntnis" hinunterzutauchen *"(...) durch die Offenbarung der Söhne und Töchter der Weisheit aus dem verborgenen Heiligen Land (...)"*, zur Erreichung der geistigen Wiedergeburt. Die "sieben Gänge Shambhalas auf den zwölf Inseln" werden für jene weit geöffnet sein und das unaussprechliche, jetzt noch "Verlorene Wort" wird sich ihnen offenbaren, jetzt und in aller Ewigkeit!

Worum handelt es sich aber bei diesem "Verlorenen Wort" wirklich? Es ließe sich über dieses Thema sehr ernsthaft philosophieren. Wer sich in die bonafide (das heißt gutgläubige, in gutem Glauben handelnde) Literatur vertieft, die über dieses "vergessene" und "Verlorene Wort" Kunde gibt, könnte sich darüber ein unglaubliches Wissen aneignen. Aber was würde es ihm nützen?

Es ist schon so, dass die Philosophie der tatsächliche Schlüssel ist zur Wissenschaft, wenn man die Weisheitslehre zu jenem Schlüssel umzuschmieden versteht, der in das Schloss der wirklichen, universellen Türe passt, und wenn man diesen Schlüssel mit Erfolg zu handhaben versteht. Ist dies aber nicht der Fall, so ist auch die Weisheitslehre nichts weiter als großer Ballast. Darum sagte Jesus auch: *"Selig, die geistlich arm sind, denn sie besitzen das Himmelreich!"*

Also, welchen Vorteil besitzen diejenigen, welche sich unbefangen, mit der Offenheit eines Kindes, Gottes Mysterien nähern? Die Reaktion, die sie der "Schule des Geistes" entgegenbringen, ist rein, denn sie werden vom inneren Wissen um den Satz geleitet *"Wer Wissen sammelt, vermehrt Schmerz"*. Und dies besagt, dass jeder, der Wissen nicht in lebendige Wirklichkeit, in Erfahrung umzusetzen vermag, eine unerträgliche Last zu tragen hat - schaut sie euch an, eure sogenannten "Wissenschaftler". So wie ein Mensch erblindet, wenn er ungeschützt lange in die Sonne schaut, so ergeht es dem Menschen, der sich sinnlos mit Philosophie vollstopft, seine Sinnesorgane degenerieren. So kann man in Fortführung des oben Gesagten feststellen: Schaut sie euch an, eure "Philosophen".

So wurde die "Schule des Inneren Rosenkreuzes" von außen als ein Institut betrachtet, in dem man seine philosophischen Kenntnisse erweitern und vertiefen konnte. Doch diese Schule wäre sehr arm und gefährlich, wenn sie nichts anderes und nichts weiter darstellte als dies.

Hinter dem äußeren Erscheinungsbild steht aber einzig und allein der Körper, womit und worin der dazu bereite Schüler lernen kann, den Schlüssel zu schmieden, mit dem er die Pforte zum Heiligtum aufzuschließen vermag.

Ein besonderer rosenkreuzerischer Lehrsatz lautet: *"Wir versichern dir, dass unsere Schätze, obgleich von unendlichem Wert, auf solche Weise verborgen sind, dass die Nachforschungen der äußeren Wissenschaft voll und ganz scheitern müssen."*

Viele haben sich in all den Jahrhunderten bemüht, die innere Schule, die Werkstätte zu suchen, aber niemand hat sie jemals gefunden. Sie haben daraufhin die dort Wirkenden mit Schmähungen und Verdächtigungen überschüttet, bis zum heutigen Tag. Sie aßen sich zwar satt an den philosophischen Ansichten der Rosenkreuzer, da sie aber nicht weiter als bis in den "Vorraum des Vorhofes" kommen konnten, haben sie sich abgewandt mit dem Schmerz der unverdauten *Er-Kenntnis*. Denn man kann den Schlüssel weder kaufen noch stehlen, und man kann ihn vor allen Dingen nicht philosophisch "präparieren". Um vom Vorraum des Vorhofes schließlich ins Heiligtum zu gelangen, braucht es ein anderes Instrument oder einen anderen Schlüssel. Und darum sei obiger Spruch allen Schülern auch eine Warnung. Deshalb wird das Gebäude des "Inneren Ordens", obgleich Tausende sich ihm dicht genähert haben, immer unberührt und unzugänglich bleiben, vor der banalen Welt verborgen!

Im Laufe der Jahrhunderte gab es Esoteriker, die die Ansicht vertraten, das "Verlorene Wort" wäre ein Mantra oder eine "magische Formel", welche, rhythmisch in bestimmter Tonhöhe gesprochen, durch den Kehlkopf in Laute übersetzt werden müsste. Andere wiederum gibt es, die in philosophischer Begrenzung das "eine Wort" verstehen als "das erlösende Wort des Lebens", als eine Methode, um die Wissenschaft des universellen Lebens zu begreifen. Damit befinden sie sich zwar auf dem richtigen Weg, aber sie müssen noch verstehen lernen, dass das "Verlorene Wort" **hinter** der heiligen Sprache, **hinter** der philosophischen Bewusstseinserweiterung emporsteigt.

Denn das »Verlorene Wort« ist ein Zustand des Seins!

Der Schüler, der sich schon im "Vorhof zum Heiligtum" befindet, kann erfahren, wie die Wolkenschichten auseinandergleiten und sich öffnen. Er kann das "heilige Land" wie von ferne schauen, doch er kann noch nicht hineingehen. Er vermag "das Wort" noch nicht zu sagen. Nur des "Wortes" innewohnender Drang nach *Ent-Äußerung* bringt die Ahnung. Es ist dies wie das Flüstern des ungeborenen Lebens.

Diejenigen, die die äußere Schule mit der inneren verwechseln, sehen sich im Vorhof stehen in absoluter Dunkelheit. Und da ein jeder sich im anderen widerspiegelt, entstehen Spannungen, die schließlich zu einer Explosion führen können, ihr alle habt es mehr oder weniger schon erlebt. Und was wird und muss dann geschehen? All jene werden sich selbst beseitigen. Durch diese Art von Selbstreduktion wird der Vorhof immer aufs Neue gereinigt, und nur in höchst seltenen Fällen muss die "Leitung der Schule" ein wenig "nachhelfen". So wird wieder einer neuen Gruppe ein

Platz eingeräumt, die entweder einst das Heiligtum betreten wird oder sich vorher selbst hinwegbefördert.

Hat dieses Heiligtum einen Brennpunkt auf der Erde? Ja, es ist das "Herz der Welt", das eingebettet ist inmitten eines wüsten Steppengebietes im Herzen der Wüste Gobi. Aber um daran teilzuhaben, muss der Schüler nicht dorthin reisen. Denn das "heilige Land der Siddha", **Shambhala,** kann sich überall projizieren, in jedem Daseinskreis. Die Brüder und Schwestern dieses erhabenen "Weltenherzens" sind über die ganze Welt zerstreut. Und doch sind sie alle vereint und nicht voneinander geschieden und haben ihren Wohnsitz auf den "zwölf Inseln". Wenn ein Mensch auf Reisen geht in den Norden, den Süden, den Osten oder Westen auf der Suche nach den "heiligen Land", so wird er es auf diese Weise nicht finden. Denn Shambhala ist die eine Lebenswirklichkeit, in der es weder Raum noch Zeit, Entfernungen oder Grenzen gibt. Und der Schüler, der **dieses Leben** wiedergewinnt, kann erst dann ermessen, was **Allgegenwärtigsein** bedeutet. Dann ist er der ICH-BIN geworden! Dann ist er überall "gleichzeitig" anwesend, in jedem Heiligtum. Das Reich Gottes befindet sich im Inneren. Der Herr allen Lebens, Jesus, sprach davon, die Erhabenen aller Mysterien sprachen dieses Wort.

Meine geliebten Schüler, ich will euch aufs Neue lehren, das "Verlorene und vergessene Wort" zu sprechen. Ja ich will euch aufs Neue - ein letztes Mal - lehren, den Schlüssel zu schmieden!

Es gibt nur einen Weg zum Herzen der Wüste Gobi ("Gobi" bedeutet "Kern", hier gemeint als das "Herz der Welt"). Nach dem Wort der "heiligen Sprache" lagern in jenem Land die "Söhne des Löwen". So galt Jesus auch als der "Löwe von Juda". Wollt ihr euch in diese Reihe der Erhabenen begeben, so müsst ihr, wie Johannes der Täufer, den **Weg der Ich-Auflösung** gehen und auf diese Weise den "Weg des Herrn" bereiten.

Wie aber soll der Weg dieser Ich-Auflösung gegangen werden? Ihr müsst dabei auf jedes Verlangen des Egos, der niederen Natur in euch, verzichten. Dabei ist die ganze Dynamik des Energiebereichs des Egos zum Schweigen zu bringen, bis der gesamte dialektische Bewusstseinskern bis auf ein "biologisches Minimum" zurückgeführt ist. Das klingt unannehmbar? Bedenkt dies, die "universelle Weisheit" bezeichnet das Resultat dieses Auflösungsprozesses als den "Stand der (Gottes-)Kindschaft". In diesen Zustand also muss sich der Schüler der wahren Schule, der den Weg des Herrn im Inneren bereiten will, **zurückbringen** - er muss werden "wie ein Kind". Er soll nicht in die Stupidität des orthodox-religiösen Menschen, der seinen Naturzustand in der negativen Erwartung eines seligen Jenseits fortsetzt, in diese Kindschaft eingehen, nein, er muss die Kindschaft des "Johanniters" anstreben. So steht es im Evangelium des Matthäus: *"Dort, wo ihr Kinder geworden seid, da hat Gott den Geist seines Sohnes in eure Herzen gesandt!"*

Hierbei handelt es sich gewissermaßen um die esoterisch-wissenschaftliche Formel, wie dieses dialektische Ich bis auf jenes erwähnte biologisch-funktionierende Minimum in **alchemistischem Prozess** zurückgebracht werden kann. Dann vollzieht sich das große Wunder, das "große Arkanum", dann übernimmt der "Sohn des Vaters" die ganze Leitung des WERKES, denn er ist der ICH-BIN geworden. Dann ist der Ich-Mensch, der der Natur nach gestorben ist, einem Kinde gleich. Dann ist er von der Spiegelsphäre JESODS nicht mehr zu beeinflussen, ebenso wie niedere Mächte sich vergeblich einem Kind nähern, da es dazu biologisch noch zu rein ist.

Dieser ICH-BIN ist der Zweifache: **Johannes**, der zurücktritt, und **Jesus als der Christus**, der die Führung nun übernehmen kann. Dann ist er im "wahren Herzen der Welt" erblüht und hat Zutritt zur Oase der Gobi, er ist Schlüsselträger, und die "Pforten der Hölle" vermögen ihm nicht mehr zu schaden.

Das ist das vergessene und verlorene Wort! Es kann und muss gesprochen werden, nicht von deinem niederen Selbst, sondern von jenem, der in dir auferstehen will! Und es wird sein, dass der "Herr des rechten Weges" wie im Wunder geboren wird, geboren aus dem Wunder Maria, das heißt der Umwendung der Natur nach. Und so ist die große Botschaft unserer Bruderschaft zu verstehen: *"Die Kindschaft beerbt den Herrn, nur diese Frucht kennt die Belohnung!"*

Wir haben also gehört, dass sich niemand dem "Herzen der universellen Bruderschaft" nähern kann, der das "verlorene und vergessene Wort" nicht kennt. Geist, Seele und Leib des Menschen sind weder strukturell noch fundamental geeignet, am "neuen Leben" teilzuhaben. Darum muss das Wesen der Befreiung auf vollkommene andere Weise "erschaut" werden, und man muss lernen, die "geweihte, heilige Sprache" auf ganz andere Art zu verstehen. Nämlich, es muss erkannt werden, dass der Mensch zuerst "sterben" muss, um "wahrhaftig geboren" werden zu können.

Daher ist es erst einmal nötig, dass wir uns in den Begriff "Mensch" vertiefen. In der Wissenschaft der Transfiguration ist der Mensch ein System von Faktoren, die in einem planmäßigen Ganzen zusammengefasst sind, genannt der "Mikrokosmos". Unerwünschte Erscheinungen in diesem Mikrokosmos treten durch die sogenannte "Sünde" auf und werden von ihr aufrechterhalten. Ferner gibt es in diesem Mikrokosmos Möglichkeiten und Entwicklungen, welche sich einmal zur Vervollständigung entfalten können. Sie sind aber seit Äonen begrenzt und wurden vom Mikros bis zum Kleinatom zurückgeleitet.

In derselben Transfigurationswissenschaft kennt man verschiedene "Geistesstrahlen", die innerhalb des Mikrokosmos tätig sind. Was der Mensch in seiner Philosophie den "dialektischen Menschen" nennt, ist Resultat und Wesen eines dieser Geistesstrahlen. Es muss daher nun das ganze Wesen der Dialektik mit seinen Äußerungen und Resultaten sterben, sich dem Untergang weihen, damit der wirkliche Mensch sich aufs Neue offenbaren kann! In der universellen Lehre der Bruderschaft vom Rosenkreuz wird dieser ganze Prozess als "geistige Wiedergeburt", als "Transmutation" oder "Chymische Hochzeit" bezeichnet. Die Methode, welche diesem Prozess zugrunde liegt als "Magie" oder "Alchemie", zeitigt das gewünschte Resultat - das Kennen und Beherrschen des Verlorenen Wortes.

Nehmen wir also an, dass ihr durch meine Hilfe den Schlüssel schmieden könnt und zu diesem fundamentalen "Sterben" bereit seid, dann wisst ihr auch, dass dieses "Sterben" das Zurückleiten des gesamten Ich-Wesens der Dialektik bis auf das erwähnte biologische Minimum betrifft, bis zur "wahren Gotteskindschaft". Und erst dann, wenn ihr auf dieser Basis steht, hat es Sinn, euch noch mehr mitzuteilen über die Bruderschaft der Siddha, über Shambhala, über uns, die Bewohner im Herzen der Wüste Gobi, als den wahren Begründern und Erben des geistigen Rosenkreuzertums.

Und wie könnt ihr als Schüler zu diesem Herzen durchdringen? Ihr müsst euch diese Frage immer wieder vorlegen - und wenn es eine **betende Frage** ist, wird euch immer Antwort gegeben in völliger Übereinstimmung mit eurem Seinszustand. Und es gibt ja logischerweise nur eine einzige Antwort auf diese Frage. Aber diese Antwort besteht aus einem Bündel unzähliger Ansichten und Strahlen, gleich wie das Sonnenlicht in unzählige Strahlen auseinanderfällt. Daher sind die Antworten, von denen ich spreche, auch eine Aufeinanderfolge von Strahlen, die euch beim Beschreiten des Pfades erreichen. Diese Strahlen bilden eine leuchtende Treppe, die ins Heiligtum führt.

Dieser Pfad, meine geliebten Kinder, ist ein Ewigkeitsgang, und es ist gewiss, dass es auch eine ewige Strahlenverschiedenheit immer größerer und immer gnadenvollerer Herrlichkeit, immer intensiveren Lichtes und immer dynamischerer und gewaltigerer Kräfte gibt. Und in diesem Licht sollt ihr auch das Mühewalten der Weltbruderschaft sehen. Für euch entwickelt sie jetzt in immer verstärkterem Maße eine eurem Zustand als Mensch und der ganzen Menschheit angepasste, angemessene Strahlung. Und so erhält die oben erwähnte Frage einen neuen, dringenderen Charakter.

Es ist nicht möglich, die Antwort darauf durch Blättern in alten, vergilbten Pergamenten zu suchen, und man kann nicht nachsprechen, was die Alten hierüber gesagt haben. Man muss das Klopfen des Herzens der Gegenwart verstehen und belauschen können. Nur dann werdet ihr begreifen, wovon die Alten tatsächlich gesprochen haben.

So habt ihr jetzt schon einiges über diesen Ort in der Wüste Gobi gehört. Tatsächlich befindet sich dort auch geografisch ein gigantischer, universeller Brennpunkt, ein Berührungspunkt des "unbeweglichen Königreichs", das wahrhaft "heilige Land der Söhne und Töchter Gottes". Doch dürft ihr dieses sofort wieder vergessen. Hört nur auf jenen Ruf der Bruderschaft, der zu euch kommt mit der Stimme aus dem Brennpunkt in eurem Inneren! Dann werdet ihr sofort verstehen, dass die Beantwortung des Rufes nämlich davon abhängt, dass ihr selbst einen "Wüstengang" zu gehen habt.

Der Natur nach ist Leben, sowohl was Geist, Seele und Materie angeht, eine dürre Wüste, worin ihr lebt und besteht. Es ist sehr gut möglich, dass ihr euren Lebensgang nicht als einen Gang durch eine dürre Wüste erfahrt und ihr euren "dialektischen Lebensstaat" nicht als einen unfruchtbaren, dürren Zustand empfindet. Dann werdet ihr sicherlich leugnen, dass ihr in solch einer öden

Verlassenheit lebt. Dieses ist gut möglich, denn vielen erscheint dieses Leben tatsächlich voller Schönheit und sprühender Vibration. Man denke nur an die vielen Künstler, die dieser Überzeugung auf manche Art Ausdruck verliehen haben. Aber es ist die Erkenntnis, dass dieses Erdenleben eine Wüste ist, eine Entdeckung, die ich euch mitteile, und gleichzeitig auch eine große Gnade. Man kann hierfür den Vergleich mit einem "Geborenwerden in einer neuen Lebenserkenntnis" heranziehen. So nennt die "geweihte Sprache" dies auch eine Geburt, doch eine völlig auf der horizontalen Fläche der Dialektik stehende Geburt. Denn es ist die Geburt des Johannes, des Vorläufers, des Mannes und Predigers in der Wüste. Und so, wie wir von dieser Figur in den Evangelien lesen können, so muss auch der Schüler der Geistesschule des wahren Rosenkreuzes als Wüstenmensch geboren werden, und es müssen ihm dann die "Schuppen von den Augen fallen", damit er diese Welt sieht, wie sie ist. Und dann sagt dieser Schüler nicht mehr "Ich lebe", sondern "ICH BIN". Und er weiß, dass er kein "lebendes", sondern ein "sterbendes" Geschöpf ist. Die größte Wirklichkeit dieser Erkenntnis ist der "Tod" und das Leben ist nur (s)ein Widerschein.

Wir nähern uns nun wieder der Weisheit der Kabbala. Es liegt in der Natur der Erkenntnis, dass alle Geschöpfe, die sich als Individuum erkennen, diese Erkenntnis die **Weltmutter** nennen. Symbolik, Mythen und Märchen erzählen davon im Überfluss. Und darum kann der Schüler, der die "Wüstenphase" erreicht hat, die Weltmutter der gewohnten Natur die "Mutter der Toten" nennen. In der "johannitischen Erkenntnis" ist das Bestehen in dieser Natur ein "Toten-Bestehen". Es ist ein "Zusammentöten", nicht ein "Zusammenleben". Und da ein Wesen des Todes keine wirkliche Lebensmöglichkeit besitzt, werdet ihr erkennen, dass die "heilige Sprache" solch eine Situation mit dem Begriff "Unfruchtbarkeit" bezeichnet. So wird uns von Elisabeth, der Unfruchtbaren, der Mutter des Johannes, erzählt. Wenn ihr euch zur Erkenntnis eurer Unfruchtbarkeit durchringen könnt, dann wisst ihr, dass dies bedeutet, sich existenziell der Wüste und der Verlassenheit bewusst zu werden und den Tod, der sich quer durch dieses dialektische Wüstenleben zieht, zu erkennen. Es bedeutet die Erfahrung der Wirksamkeit des Lebensatems in der Todesnatur! Aus diesem Lebensatem der Todesnatur, im Zusammenwirken mit der "Mutter des Todes", aus der Wechselwirkung des planetaren Äthers mit dieser Erkenntnis, entsteht also die dialektische Erscheinung des Todes. Und sobald ihr zu dieser Entdeckung gekommen seid, befindet ihr euch schon mitten in der Wüste Gobi. Dann steht ihr am Rande, im Vorhof des Heiligtums, der geheimnisvollen Oase unserer Bruderschaft. Und wenn ihr diesen Bewusstseins(zu)stand erreicht habt, dann habt ihr auch das Erste und Wichtigste getan, um den "Pfad Gottes" in euch zu bereiten.

In dieser Lebensphase entsteht die Verbindung mit der "Mutter der Lebenden". Wer aber ist nun diese "Mutter der Lebenden"? Sie ist das Zentrum des "neuen Lebensfeldes". Und in diesem Lebensfeld tritt ein neuer Adam auf, ADAM, der nun aufrecht vor Gott steht und in ein anderes *Werdensgebiet* strahlt. Das Entwicklungsfeld des neuen Äthers ist die "Mutter der Lebenden". In der christlichen Überlieferung wird diese Mutter MARIA (Miriam) genannt, weil die Bindung mit ihr erst durch die völlige Umkehr erreicht wird, durch die Trennung von der täuschenden irdischen Natur und dadurch, dass man sich selbst in der Wüste der Todesnatur wiederfindet.

Das Erwachen in das "ursprüngliche Bewusstseinszentrum" wird nur durch Umkehr, die Metanoia, zustande gebracht. Im Mikros treten dann neue Kräfte auf, welche anfänglich noch von der verlassenen Persönlichkeit des "Johannes-Menschen" Gebrauch machen. Aber er kann nun das einst vergessene und Verlorene Wort aussprechen und zum neuen Menschen erwachen!

Und dieser wahre Mensch entsteht im Bereich der Liebe, im Hegen und Pflegen der Mutter der Lebenden!

So wird deutlich, dass das neue Lebensfeld kein philosophischer Begriff ist, sondern es kann die Erfahrung gemacht werden, dass es absolut im "Hier und Jetzt" beheimatet ist. Die Universelle Bruderschaft kann nur zu dir kommen, so du eine wahre "Johannes-Figur" bist. Dann gibt es eine sehr organisierte Berührung, hier in der öden Ebene des Todes. Denn die "Bruderschaft der Gobi" ist die "Mutter der Lebenden", die "wahrhaft heilige Mutter", welche euch alle in ihre Liebesstrahlung aufnehmen will, wenn du, als Mikros, dies verstehst und die Wüstenreise antreten willst. Dann können wir einander begegnen auf der Reise zu unserer ALL-MUTTER, der MUTTER DER LEBENDEN, und mit den Rosenkreuzern beten:

> Mit Dir, oh Trägerin der heiligen Lebenskraft, entsteigen wir der Gefahr.
> Mit Dir gehen wir in das erlösende Leben ein.
> Mit Dir erreichen wir das Ziel des neuen Offenbarungstages.
> Mit Dir fahren wir durch die neue Lebensbahn.
> Mit Dir treten wir ein ins ewige Licht.
> In Deinem strahlenden Liebeslicht entdecken wir "unsere Schuld".
> In Dir entdecken wir "unsere Sündenlast".
> In Dir entschleiert sich das große Geheimnis des Wüstenganges.
> In Deiner Heiligkeit und Deinem Licht dunkelt unser "Verderben".
> Durch Dich entdecken wir unser Höheres Selbst.
> Durch Dich werden wir uns unseres Aufstiegs bewusst.
> Durch Dich wird in uns das befreiende Handeln entzündet.
> Und durch Dich rauscht der göttliche Lebensatem von Herzschlag zu Herzschlag in uns.

Oh Rose, die an meinem Kreuz erblüht, mögest du Gottes Licht absorbieren und es in diesem dunklen Dornental erlösend transformieren.
Erst dann sprechen wir mit den älteren Brüdern und Schwestern:
Christus, der neue Gottessohn, ist mir alles !

DIE ELOHIM UND SHAMBHALA

Nun wenden wir uns einem Thema zu, das wir noch in Erinnerung haben, dem Begriff ELOHIM. Wir finden ihn in NETZACH und HOD im Bereich der Engel sowie im Gottesbegriff JHVH ELOHIM von BINAH, der dritten Sephira, in CHESED unter dem Gottesnamen ELOHIM GIBBOR, in HOD unter ELOHIM TZEBAOTH. Wir sehen also, dass es "zweifache Elohim" geben muss.
Wir haben in der Erklärung des Gottesnamens in BINAH "JHVH ELOHIM" eine Annäherung an diese Wesenheiten versucht. In manchen kabbalistischen Richtungen werden sie auch als "die Mächtigen Gottes, welche den Geist über die Wasser ausatmen" bezeichnet. Was aber haben wir uns nun wirklich unter den ELOHIM vorzustellen? Das Wissen hierüber lässt in uns auch ein anderes, vertieftes Verständnis der Kabbala entstehen.

Die ELOHIM bedeuten: "Die Offenbarung der ursprünglichen Menschheit, die ihre Wirksamkeit über ihre gefallenen Brüder und Schwestern erstreckt!" Diese ELOHIM bilden eine erhabene und göttliche Schar, welche im Dienst des "Obersten Baumeisters" die dialektische Menschheit "in Offenbarung erhält" und alles Mögliche tut, diese zum ursprünglichen Leben zurückzuführen. Auch deswegen werden sie unter anderem als "Weltenerbauer" bezeichnet.

Um diese ELOHIM nun eurem Bewusstsein näher zu bringen, so dass ihr erkennen könnt, dass es sich hierbei um sehr aktuelle Kräfte handelt, wollen wir ihnen zunächst einmal das Attribut "Heiliger (kosmischer) Geist" verleihen, denn dies löst einen bekannten, harmonischen Klang in euch aus. *"Der HEILIGE GEIST als der Mächtige, der Gottes Willen der Welt und der Menschheit vermittelt."* Der HEILIGE GEIST ist also der Vollzieher und Vollstrecker von Gottes Willen, und er ist uns nach metaphysischen Begriffen sehr nahe, wenn auch in Wahrheit kaum fassbar und unwirklich. So haben auch die Theologen entdeckt, dass alles religiöse Tasten und Suchen ohne den Heiligen Geist relativ fruchtlos ist. Wenn auch vielleicht unbewusst, so sprechen sie damit doch aus, dass ohne die Hilfe derjenigen, die den Geist Gottes bewegen, "der Pfad" nicht gegangen werden kann.

Wie wir schon gehört haben, gibt es sowohl männliche wie weibliche ELOHIM, und auch die Kraftausstrahlung des HEILIGEN GEISTES hat einen deutlichen weiblichen und männlichen Energieradius.

Was in der rosenkreuzerischen Philosophie "der Pfad" genannt wird, ist nicht nur eine symbolische Andeutung eines Weges, den ein Schüler zum neuen, befreienden Leben gehen kann. "Der Pfad" ist gleichzeitig auch eine allerhöchste Realität. Der Anfang des Pfades fällt auf den Moment, wo die Strahlungskraft des Heiligen Geistes den Schüler trifft und dieser sich dann, von jener Kraft geleitet, vorwärts begibt. Solch ein Schüler wird dann immer mehr des Heiligen Geistes gewahr und von ihm erfüllt, das heißt, die Strahlkraft nimmt im selben Maße zu, wie der Schüler auf seinem "Pfad" voranschreitet. Sie ist dem Leitstern nach Bethlehem gleich.

Die universelle Weisheit lehrt, dass von den ELOHIM zwölf Strahlen ausgehen. Und in der Symbolik werden diese zwölf Kräfte, wir hörten schon früher davon, auf unterschiedliche Weise ausgedrückt, so zum Beispiel auch durch "zwölf Brote". Wenn wir in diesem Zusammenhang weiter bedenken, dass "Bethlehem" das "Haus des Brotes" bedeutet und im Evangelium die Weisen, durch den Stern geleitet, nach dem "Haus des Brotes" geführt werden, dann wird uns der wahre Zusammenhang vollkommen klar.

Der Gang nach Bethlehem ist der Pfad
zum Herrn allen Lebens!

Dort werden wir ihn finden, den "wahren Menschen", den "Königssohn", den "König der Juden" als den Repräsentanten des "heiligen Landes". Die ursprüngliche Bedeutung, besser, die geistige Bedeutung des Wortes "Jude" verbindet uns mit dem schon erwähnten Begriff "Löwe". Und die Kombination dieser beiden finden wir auch im Wort "Gob" (oder Gobi). Wenn wir also von der "Oase in der Wüste Gobi" sprechen, so sprechen wir auch von Bethlehem, vom "Haus des Brotes".

Als Schüler des Heiligen Geistes indes müsst ihr noch auf etwas anderes achten. Wenn ihr in Wahrheit den Pfad gehen wollt (das bedeutet, wenn ihr vom Heiligen Geist auf den Weg geführt werden wollt und nicht in Eigenwilligkeit ans Studieren und Experimentieren herangeht, dem Drang eures dialektischen Ehrgeizes folgend), dann liegt das "Bethlehem", wohin die Strahlungskraft des Heiligen Geistes euch führen will, oftmals in ganz anderer Richtung, als ihr es zu Anfang eures Weges gedacht habt.

Vielleicht glaubt ihr auch, "der Pfad" sei eine schnurgerade Linie, wie ein Teil der französischen Autobahnen, die sich zwischen zwei wohlbekannten Punkten befindet, und ihr stellt euch das "Haus des Brotes", "Bethlehem", den "Born der Elohim", in einem isolierten Gebiet, einem Vakuum vor. Doch ihr müsst wissen, dass "Bethlehem" sich **hier** befindet! Die Weisen finden den "König der Juden" in einem Stall, in der "höllischen Wirklichkeit" des dialektischen Daseins. Darum führt der Weg zu den ELOHIM nicht in ein separiertes Gebiet und auch nicht in die Spiegelsphäre von JESOD, sondern wir werden sie hier finden!

Die Berührung des Heiligen Geistes, seine Strahlwirkung, führt dich als Schüler mitten in das wirkliche Leben und zu intensiver(er) Arbeit. Denn die Rettung eines einzigen Menschen bedeutet gleichzeitig die Berufung und Erweckung vieler anderer - warum sonst spricht der LOGOS in dieser Weise zu euch?

Im "Vorhof des Heiligtums" rufen wir euch auf den "Pfad". Im "Vorhof" befindet ihr euch noch nicht auf dem "Pfad". Ihr steht auf diesem erst, wenn der Heilige Geist euch mit seiner Strahlungskraft berührte und ihr diese empfangen konntet und darauf reagiert habt. Und wenn ihr darauf reagiert, ist es zunächst so, dass ihr von ihm hinaus in die "Wüste" geführt werdet. Dies aber deutet sowohl eine "*Auf-Gabe*" im eigenen Wesen an wie auch in "der Welt".

Wer in der Strahlungskraft der ELOHIM steht, weiß, was er zu tun hat. Der Heilige Geist sagt es ihm. Die "Signatur" eines solchen Schülers ist im Einklang damit zweifacher Art oder Natur. Er verrät inneres Wachstum, eine innere *Ent-Faltung*, welche sich fortwährend durchsetzt, und gleichzeitig erforscht er ein Feld für seine Tätigkeit und stürzt sich (hoffentlich) auf den "Pfad des Dienstes".

Hier wollen wir uns Aspekte im Leben von MARTHA und MARIA, den heiligen Frauen um Jesus, betrachten. Martha war die "Dienende", während Maria zu Füßen des Meisters saß. Meister Eckehart sagt, dass Martha als Schülerin größere Fortschritte gemacht hat als Maria, denn Martha kannte sowohl das schauende wie auch das wirkende Leben. Maria stand nur noch im "schauenden Leben", der Vorbereitung zu ihrer Arbeit. Ohne dieses "schauende" Leben hat das "wirkende" keinen Sinn und vermag uns kein Resultat zu zeigen. Marthas untersuchende Frage zielte darauf ab, ob ihre geliebte Schwester Maria der schauenden Phase schon entwachsen wäre und zum "Großen Werk des Heils" übergehen könne. Doch durch Jesu Antwort begriff sie, dass für Maria diese Phase noch nicht angebrochen war. Darum war es für Maria in dem Moment der richtige Weg, zu den Füßen des Meisters sitzend, sich in inneres Schauen zu verlieren. So hatte sie in ihrem Zustand den besten Teil erwählt. Darum auch sammelt der Manu euch zu seinen Lotosfüßen und sammle ich euch zu meinen Füßen, damit ihr, ehe ihr das 'Werk' vollbringt, erst das 'innere Schauen' erlernt.

Ohne die Berührung des Heiligen Geistes sind und können wir nichts. Ohne die Berührung durch die Strahlungskraft der Großen Bruderschaft ist keine individuelle Befreiung möglich, und es lässt sich kein Werk der Freiheit für die Menschheit dauerhaft errichten. Erst **nach** der "Ausgießung des Heiligen Geistes" konnten die Jünger Jesu "an die Arbeit" gehen. Maria und die anderen heiligen Frauen haben ihnen erst **danach** bei der Ausführung ihres "Mandats" geholfen.

Der Wille des Schülers muss in Gott entzündet sein. Solange der Eigenwille noch in ihm die Oberhand behält, der "Wille seiner niederen Natur", wird jede Arbeit nur aus dialektischem Ehrgeiz heraus getan, und es entwickeln sich immer mehr Schwierigkeiten. Dann entsteht ein Gedränge um die "vordersten Plätze", dann entstehen, wie einst bei den Jüngern in ihrer Vorbereitungsphase, Streitigkeiten, wer doch bitte schön der Beste und der Größte sein möge.

Im "Vorhof des Rosenkreuzes" wird mit jedem, der dies will, die Bindung mit der Strahlungskraft des Heiligen Geistes zustande gebracht. Und wenn ihr als Schüler zu dieser Bindung gereift seid, dann empfangt ihr eure *Be-RUF-ung*, dann wird der göttliche Plan für euch *ent-siegelt*.

Dieser "Pfad" bewerkstelligt niemals einen Zusammenstoß mit einem anderen Bruder, einer anderen Schwester, sondern bringt nur Harmonie und gegenseitiges Begreifen und Verstehen. Denn das "schauende" und das "wirkende" Leben stehen niemals im Widerspruch zueinander. Beide folgen sie dem Stern, auf unterschiedliche Erkennensweise, der sie nach dem "Haus des Brotes" geleiten wird, nach "Bethlehem", zum "neugeborenen König der Juden". Und der Schüler, welcher dort ankommt, ist derjenige, der diesen "neugeborenen König" im eigenen Wesen entdeckt, also die Geburt des neuen Menschen im Mikros.

"Und wäre Christus tausendmal in
Bethlehem geboren und nicht in dir,
so wärst du doch verloren!"
(Angelus Silesius)

Wenn der "neugeborene König der Juden" im Mikros ersteht, dann ist der Wille gestorben und der "König der Natur" verschwunden.

So gelangen wir nun wieder zum Kern dieser Ausführungen, den zweifachen ELOHIM. Wir sprachen schon davon, dass es "männliche" und "weibliche" ELOHIMS gibt und wie diese zwei Ansichten gleichfalls deutlich in der Wirksamkeit des "Heiligen Geistes" erkannt werden können.

Es ist das Prinzip des "Erschaffens" und "Gebärens, das Prinzip also der "Vernunft" und des "Erzeugens" - eine zweifache Wirksamkeit, die gänzlich von uns Brüdern und Schwestern von Shambhala erzeugt und gehalten wird. Nirgends kommt das Wesen vollendeter Harmonie besser zum Ausdruck als im Zusammenwirken zwischen diesen beiden Strahlen des Heiligen Geistes, und nichts in der Dialektik kann damit verglichen werden. Diese zwei Strahlen kommen bei jeder Tätigkeit des Heiligen Geistes zur Entfaltung. **Der männliche Pol führt die zwölf Strahlen dem Schüler zu,**

und das Werk der Entwicklung obliegt dem weiblichen Pol. Das "Geleit zum Pfad" wiederum bewirkt der männliche Strahl, die Betreuung und fortwährende Nährung der weibliche Strahl. **Mit Recht konnten also die alten Weisen bezüglich der "Bruderschaft der Gobi" von WELT-VATER-MUTTER sprechen.**

Wenn der "Bruder" in ein Menschenherz "hereinbricht", dann wird von der "Schwester" der "Same entwickelt". Der Bruder mäht, drischt und trägt die Ernte in die Scheunen, die Schwester knetet und bäckt das Brot. Zusammen aber erfahren sie das Glück und die Freude, dass der Schüler dieses "lebendige Brot" essen wird. Jeder Vollendete in Shambhala ist zwar individuell Bruder oder Schwester, trägt aber dennoch beide Pole gleichermaßen in sich. Dieses doppelte Bemühen der Bruderschaft wird in der heiligen Sprache als die "Bemühung der Engel" bezeichnet. Davon gibt es in den heiligen Schriften ungezählte Andeutungen.

Wenn ein Strahl des Heiligen Geistes zu einer Gruppe von Suchern ausgeht, um sie, wenn möglich, zu berühren, dann ist dies ein Strahl der Kraft, dann ist die Berührung ein absolut unpersönlicher Akt, der indes als persönliches Geschenk, als Akt der Liebe erfahren werden kann. Und wenn solch ein Strahl des Heiligen Geistes euch trifft, so entdeckt ihr darin eine Signatur, und zwar die seines Erzeugers oder seiner Erzeugerin. In solch einer Offenbarung befindet sich eine Kraftlinienstruktur, ein "gewisses Bildnis". Es ist ein Bildnis des Zieles und des Wesens der Kraftoffenbarung, jedoch zugleich das Bild der erhabenen Bruderschaft. Darum spricht die heilige Sprache von Sehern und Propheten, denen "Engel" erschienen und die die Berührung des Heiligen Geistes empfingen.

Und in solcher Offenbarung der Bruderschaft gibt es auch einen Klang. Ziel und Wesen ertönen gleichzeitig. So erfahren alle, welche von solcher Berührung getroffen werden, eine tiefe, abgerundete

Empfindung, worin nichts dem "Zufall" überlassen wird. Und so wird der Schüler "auf dem Pfad" alles empfangen, worauf sein "einfältiges" Verlangen sich richtet.
Der Heilige Geist, der ELOHIM, erscheint ihm als Lehrer. Der Heilige Geist spricht zu ihm und geht ihm auf dem Pfad Schritt für Schritt voran - und doch ist jede persönliche Bindung ausgeschlossen. Das Licht auf dem Pfad, der Strahl der Bruderschaft, die zweifältigen ELOHIM - alle sind ihm alles in allem.

Shambhala, der Wohnort der ELOHIM, der die Bereiche von JETZIRAH bis ATZILUTH durchdringt, ist der Kern des Tätigkeitsfeldes der Universellen Bruderschaft, die sich um die "Wiederherstellung der dialektischen Naturordnung" bemüht, geleitet vom derzeitigen MANU, der sich in die "Höhle des Löwen", in die "dialektische Weltordnung" hineinbegeben hat. **Somit ist Shambhala also das Kraftfeld der göttlichen Helfer,** ein Kraftfeld, das in keiner Hinsicht seine Erklärung in der dialektischen Naturordnung finden kann, das keine einzige Bindung zur Stoff- und Spiegelsphäre dort unterhält und dennoch ununterbrochen anwesend ist, um Hilfe zu bringen. Deshalb ist die Wirksamkeit dieses Brennpunkts mit einem Transformator zu vergleichen, in dem die universellen Bemühungen des Logos in und durch Shambhala, die "Stadt der Götter", bis zu einer Spannung "heruntertransformiert" werden, die die Welt und die Menschheit ertragen kann. Shambhala ist also ein Berührungspunkt, von welchem Suggestionen, Vibrationen und Radiationen in horizontaler Richtung über die ganze Welt ausgehen. Es ist die immanente Berührung einer transzendenten Wirklichkeit.

Von dieser "Stadt der Götter", der ELOHIM, gehen die bonafiden Botschafter zur "verlorenen" Menschheit aus. Es sind dies Botschafter, die unter den verschiedensten Namen ihre Arbeit überall dort verrichten, wo es wünschenswert und *not-wendig* ist. **Shambhala ist die Pforte zum neuen Leben.**

Es mag euren Ohren vielleicht sonderbar klingen, von einem sowohl geografisch tatsächlich vorhandenem Punkt auch als einem zugleich geistigen zu hören. Doch ist es nicht noch sonderbarer, sein Heil von der "Spiegelsphäre" zu erwarten, dem "wahren Verbleib der Toten", die einen großen Teil ihrer "Leiblichkeit" entbehren und infolgedessen unwiderruflich ihre Verletzung durch Reinkarnation wieder heilen müssen? Oder ist es nicht noch sonderbarer, wenn man sich zum "Heil für seine Seele" an ein kirchliches Institut klammert, wo der Unterschied mit dem Irdischen und Dialektischen nur darin besteht, dass seine Vertreter eine Sprache sprechen, die mit ihrer eigenen Wirklichkeit nicht übereinstimmt? Ist es rätselhafter und weniger logisch, wenn man etwas "in abstracto" von einem Gott vernimmt oder Vermutungen äußert, der im "Unwesentlichen" thronen und sind? Im Gegenteil, es ist sehr sonderbar, dass nicht schon viele, die für das Metaphysische und Spirituelle empfänglich sind, zur Entdeckung kamen, sich in große Mystifikationen verirrt zu haben. Und so kann man ohne Übertreibung feststellen, dass das gesamte metaphysische und spirituelle Leben sich in der Umklammerung der Spiegelsphäre befindet. Und jeder befragt die "Toten", gehört zu den "Toten" und lebt und strebt den "Toten" nach. All die Krankheiten des "Blutes" und des "Nervengefüges" entstehen durch diese Gemeinschaft mit den "Nicht-wirklich-Lebenden".

Wenn ihr also euren Weg auf den Brennpunkt der Universellen Bruderschaft richtet, dann lebt und seid ihr "aus der Kraft". So wie Paulus in seinem Korintherbrief schreibt: *"Das Königreich Gottes steht nicht in Worten, sondern in der Kraft."* Und dies ist das Kennzeichen Shambhalas.

Wenn ihr euch dieser "Geistesschule" nähert, wird eure Schwäche durch Kraft überwölbt. Und diese Kraft kann euch zur Wesenswirklichkeit werden, die euch keine Sekunde verlässt, dieselbe Kraft, die in verschiedenen Steigerungen und Möglichkeiten das "Werk der Erhaltung" trägt, treibt und erfüllt. Alle, die aus dieser Kraft leben und sind, sind in Übereinstimmung mit ihrem innersten Selbst zu *Macht-Habern* geworden.

"Die eine heilige Sprache", in Legenden, Mythen, Briefen und Beschreibungen verwahrt, legt davon Zeugnis ab, dass aus Shambhala die göttlichen Impulse ausgehen, in Gestalt von Botschaftern und auf andere Weise. Und die Bewohner von Shambhala werden ELOHIM genannt.

Viele "Entitäten" sind in den verflossenen Manvantaras nach Shambhala zurückgekehrt und durch die "Pforten der Befreiung" gezogen. Alle Übrigen wurden, mit einigen Ausnahmen, ihrer "Leiblichkeit entleert", in der Spiegelsphäre konzentriert, wo sie auf eine neue Offenbarung warten. Die Bruderschaft von Shambhala, die ELOHIM, hat unter ihrem Oberhaupt, dem MANU, die Leitung in diesem ganzen Werdegang der Menschheit, die nunmehr einer neuen Entwicklungsmöglichkeit entgegensieht.

Am Anfang dieses Prozesses lesen wir im **ursprünglichen** Bibeltext: *"Im Anfang schufen die Elohim den Himmel und die Erde."* Dies bedeutet, dass die Bruderschaft von Shambhala den "Wohnort der gefallenen Monaden" (das sind nach dem großen deutschen Philosophen Leibniz (1646-1716) *"die letzten einheitlichen Wesen, aus denen die Weltsubstanz zusammengesetzt ist"*) erneut wieder "präparierte". *"Die Erde war zum Chaos geworden und entleert - und die ELOHIM schwebten über den Wassern."*

Wenn der gefallene und noch nicht errettete Mensch solch eine neue Lebensmöglichkeit erhält und gleichsam auf diese Weise aufs Neue beginnen kann, den Weg zum "unbeweglichen Königreich" zurückzufinden, dann öffnen sich ihm die "sieben Gänge Shambhalas". Im Schöpfungsprolog der Urbibel werden sie als die "sieben Schöpfungstage" angedeutet.

"Der erste Gang nach Shambhala", der Stadt der ELOHIM, ist der **"Gang des Lichts"**. Für den Menschen als Schüler wird wahrhaft reines, "serenes" Licht gemacht, ein unfehlbares Licht. "Das Licht der gewohnten Natur" ist immer mit Dunkelheit vermischt, wie Gut und Böse in der Dialektik vermischt sind. Doch nun wird das Licht scharf vom Dunkel geschieden, und auf diese Weise wird der "erste Gang nach Shambhala" geöffnet. Und die ELOHIM sahen, dass es gut war – "der erste Tag"!

"Der zweite Gang nach Shambhala" wird das **"Firmament"** genannt. Das Firmament ist ein Lebensfeld reiner und lauterer Lebenssubstanz. Der "zweite Gang" sorgt dafür, dass der Schüler außer dem Licht auch "Kraft zum Gehen" besitzt. Und die ELOHIM sahen, dass es gut war – "der zweite Tag"!

"Der dritte Gang nach Shambhala" wird mit dem **"Werden der Erde"** angedeutet. Mit der "atmosphärischen Substanz der ursprünglichen Äther" korrespondiert im Weiteren eine harmonische, stoffliche, chemische Lebenssphäre (die Grundsubstanz für die "wahre Alchymie"). Und auf diese Weise hat der Schüler nicht nur Licht und Kraft auf dem Pfad, sondern auch "den Pfad selbst". Und die ELOHIM sahen, dass es gut war – "der dritte Tag"!

"Der vierte Gang nach Shambhala" ist eine Fortsetzung der drei vorangegangenen. Aber man muss feststellen, dass es nur einen Weg gibt und dass dieser eine Weg in verschiedene "Sektoren" aufgeteilt ist. Zuerst ist das "Licht" da, zum zweiten die "Kraft", zum dritten ist der "Pfad selbst" da, der im wahren Licht und in der wahren Kraft nun betreten werden kann. Und so ist es nun begreiflich, dass der "vierte Tag" eine logische, wissenschaftliche Verteilung, einen harmonischen Zusammenhang, ein göttliches Gleichgewicht zwischen Licht, Kraft und Wirklichkeit erkennen lassen muss. Durch Licht allein kann der Mensch überwältigt und geblendet werden. Er kann durch die Kraft allein wie festgenagelt und gelähmt stehen. Und ohne die Zusammenfügung von Licht und Kraft kann er den Pfad nicht gehen, ohne die Gefahr größter Täuschungen, ohne die Verstrickung in "Maya". Darum wird am "vierten Tag" alles bisher Empfangene zusammengeordnet und zum richtigen Gebrauch "geformt" und bereitgemacht. Und die ELOHIM sahen, dass es gut war – "der vierte Tag"!

Und so könnt ihr nun auch begreifen, dass sich im **"fünften Gang zum Herzen der Welt"** das Resultat beweisen wird. Am "fünften Schöpfungstag" werden "Fische" und Vögel" geschaffen. Diese Erschaffung von Fischen (oder das Tragen des Fischsymbols, was auch gleichgesetzt werden kann mit "das Netz auswerfen in die Tiefen des Wassers", was uns auch zur wahren Natur der Jünger Jesu führt) bedeutet das Gleiche, wie im Licht und in der Kraft auf dem Pfad nach Shambhala in Vollkommenheit die ICH-Auflösung, das "absolute Selbstopfer der eigenen Natur" zustande zu bringen und demzufolge "wie ein Vogel im Flug, wie ein Adler, den abgesteckten Weg zu vollbringen". Und die ELOHIM sahen, dass es gut war – "der fünfte Tag"!

Und die ELOHIM sprachen: *"Lasst uns den Menschen machen nach unserem Bild und Gleichnis."* Dort, wo im Vogelflug und im Zeichen der Fische der Schüler seinem Pfad der Vollendung entgegengeht, dort bricht der **"sechste Tag"** an, **da wird er Mensch!** Wahrhaftig, wiederum "nach dem Bild und Wesen der ELOHIM". Und dann kommt er heim in das "universelle Königreich", auf den "Gipfel des Berges", in die "Goldene Stadt". Dort sehen die ELOHIM alles, was sie "bisher möglich machten". Dort ist der "sechste Gang nach der Stadt der Götter" vollbracht.

Und dann ist da schließlich **der "siebente Tag"**, der "Tag der göttlichen Ruhe", der "Tag des vollbrachten Werkes", **die strahlende Wirklichkeit selbst!** Und so weist diese Interpretation der

Schöpfungsgeschichte hin auf die "sieben Gänge", nach dem "einen Leben im Herzen der Gobi".

Aber jetzt kommt das zweite Hauptstück dieser Geschichte und auch das zweite Hauptstück der "heiligen Sprache". Die "gefallenen Monaden", die sich auf dem Weg in den "sieben Gängen von Shambhala" befinden, zu neuen Möglichkeiten gerufen, verfallen zur "Gegennatur", gehen, wie schon so oft, aufs Neue in spekulierender und experimentierender Lebensweise unter. Somit sind ihnen die "sieben Gänge von Shambhala" als "selbstverständliche Möglichkeiten" wieder verschlossen. Im Anfang, gleich nach "der Katastrophe", waren die "Schlüssel" noch im Besitz vieler Mysterien. Doch auch diese zerbrachen und erkalteten in der wiederkehrenden Entartung, bis auf vereinzelte Bruchstücke, die sich immer mehr vom "brennenden Leben der Menge" distanzierten.

Doch die ELOHIM verlassen die Menschen nicht. Immer wieder erklingen ihre rufenden Stimmen und kommen Impulse zur Menschheit. Immer wieder werden sie wiederholt. Und alle rufenden Stimmen überbringen den Menschen dieselbe Botschaft:

> Die sieben Gänge von Shambhala sind noch immer da,
> und für jeden, der wirklich will,
> können sie geöffnet werden!
> Allem und jedem, was sich in dieser "Gegennatur" befindet,
> sind sie die "sieben Siegel des geschlossenen Buches".
> Jedem, der den "einen Pfad" zurückfinden will,
> werden sie einer nach dem anderen wieder geöffnet!

Dazu aber bedarf es immer wieder einer "neuen Schöpfung" und einer "vollkommenen Transfiguration", einer Wiedergeburt, um fähig zu werden zum ursprünglichen, siebenfachen Pfad. Dazu ist es nötig, dass man bewusst von innen heraus positiv auf das Jesuswort "Seid meine Nachfolger" reagiert. Denn die "Nachfolge

Jesu" fordert die völlige Dialektikauflösung in eurem Leben. Diese "Selbstauflösung" wird als "Kreuzgang" angedeutet, und in Übereinstimmung mit den "sieben Gängen von Shambhala" hat dieser Kreuzgang ebenfalls sieben Phasen.

Der **"siebenfache Kreuzgang"** ist seiner Bedeutung nach eine "siebenfache Neuschöpfung" nach der Natur und nach dem Geist. Falls ihr euch mit einer bestimmten Form des Lebens nicht verbinden wollt, so werdet ihr von diesem Leben "ausgestoßen" und werdet mithilfe dieser Feindseligkeit, in der das geschieht, "an das Kreuz der Erlösung genagelt". So bemerkt ihr, wie auch in dieser Hinsicht alle Dinge zum Guten mitwirken für den, der sich dem wahren Leben zukehrt.
Der "Feind" will euch natürlich gern eurer "Abgeschiedenheit" wegen strafen. Aber diese Strafe wird in Wirklichkeit zur Gnade. Und dann spricht der Schüler, der dies erkennt: *"Vater vergib ihnen, denn sie wissen nicht, was sie tun!"* Und von dieser Stunde an ist der "Kreuzgang" Wirklichkeit, und um den "Erlösten" herum wird es licht. **Es wird so hell, dass die anderen, welche es nicht verstehen, dieses als ihre eigene Dunkelheit erfahren.** So ist der **"erste Tag des Kreuzgangs"** vorübergegangen. "Und die ELOHIM sehen, dass es gut ist!"

Im Licht stehend, mit ausgebreiteten Armen, hört ihr aufs Neue den **inwendigen Christus** sprechen: *"Weib, siehe, das ist dein Sohn!"* Hiermit wird ein Ruf zur "Weltmutter von Shambhala", der Hüterin des Firmaments, ausgesprochen. *"Du heilige, universelle, hegende Mutter aller Gotteskinder, sieh deinen sterbenden Sohn in den sieben Gängen Shambhalas nahen!"* Die Vibration und Potenz dieses "Rufes um Kraft" nimmt immer mehr zu. **Das vergessene und so lange Verlorene Wort wird wieder gesprochen!** "Und die ELOHIM sehen, dass es gut ist." – Der **"zweite Tag des Kreuzgangs"** ist vorübergegangen!

Und ihr werdet jetzt verstehen, wenn das "WORT" gesprochen ist, **muss** die Antwort kommen! Und darum erklingt es auch: *"Sohn, siehe, das ist deine Mutter!"* Die "heilige Pflegerin des Lebens" erscheint und öffnet dem Kind den Pfad. Der **"dritte Tag des Kreuzgangs"** eilt vorüber auf dem Weg nach Shambhala.

Und hört: Die Weltmutter spricht im Gefüge der "neuen Äther" von der **Kraft**, in welcher das Kind wandert: *"Heute noch, ich sage dir, wirst du mit mir im Paradies sein!"* Es ist die Antwort des **"vierten Tages"**. - "Und die ELOHIM sehen, dass es gut ist!"

So werdet ihr jetzt auch die **"Schlüssel des fünften Tages"** verstehen. Es ist dies eine Vibration, welche nur mit dem einen Wort übersetzt werden kann: *"Durst - mich dürstet ...!"* Auf dem Pfad nach Shambhala wird die Sehnsucht nach dem "Ende", der "Erfüllung" immer stärker. Die Dynamik wird also immer intensiver und dadurch auch die Anstrengung zur Erreichung des Zieles immer größer. "Und die ELOHIM sehen, dass es gut ist." - **"Der fünfte Tag!"** Und seht, die Erfüllung naht!

Der Schüler ist zum **"sechsten Siebenkreis"** gekommen. Er wird wieder der Mensch von ursprünglicher Gestalt und Herrlichkeit. Nun sieht er die ELOHIM selbst und leiblich! Und eine wortlose, alles erfüllende Dankbarkeit ist in seinem Wesen, welche schließlich in das eine, allumfassende Gebet ausströmt: *"ELOI, ELOI, lama sabachthani! ELOHIM, ELOHIM, wie habt ihr mich verklärt!"* Das ist **"der sechste Tag"**. - "Und die ELOHIM sehen, dass es gut ist!"

So bricht die Ewigkeit selbst an. Das Große Werk des Kreuzes ist vollbracht. Und in der Ewigkeitsruhe im Herzen Shambhalas, der **"Ewigkeitsrunde des siebenten Tages"** bekunden alle: *"CONSUMATUM EST - ES IST VOLLBRACHT!"* Der Schüler hat die klaren Weiten der "Insel Isis" erreicht. "Und die ELOHIM sahen, dass es gut war!"

Der Schüler auf dem Pfad, der durch die sieben Gänge Shambhalas hindurchging und auf diese Weise seine "sieben hohen Festtage der Transfiguration" durchschritten hat, erreicht nun das "Herz der Gobi", den Brennpunkt der Universellen Bruderschaft, wo er empfangen wird als **der verlorene Sohn, der in das Haus des Vaters zurückgefunden hat.**

Dieser heiligste Ort inmitten der Einsamkeit undurchdringbarer Sandsteppen wird auch die **"Insel der Isis"** genannt. Um deren Beschaffenheit und Eigenart begreifen zu können, müssen wir bis zur Morgendämmerung der Menschheit zurückgehen, da "alles noch gut war" und die ganze Menschheit noch in dem "Atem des Allerhöchsten" existierte. Damals war die gesamte Schöpfung noch der vollendete Ausdruck des göttlichen Willens, und alle Offenbarung war "wie in der Hand Gottes". Die Situation war kosmologisch so, dass der ganze "siebenfache Erdplanet" vollkommen und absolut die Suggestion des magnetischen Geistfeldes, welches das Umfeld der "heiligen Erde" bildete, beantwortete. Zwischen dem Planeten- und Lebensfeld sowie dem magnetischen Geistfeld offenbart sich das Strahlungsfeld des Erdplaneten in absoluter Schönheit, worin alle Kräfte, welche dem magnetischen Geistfeld im Inneren der Erde entzogen wurden, konzentriert waren und leuchteten.

Dieses vollendete System dreifacher Art - das Geist-, Lebens- und Strahlungsfeld - war ein Kleinod im universellen Raum und tönte mit harmonischem Klang in der Symphonie des Alls. Doch diese Harmonie wurde zerstört, und der "siebenfache Planet des Kosmos" erfuhr eine Verdunkelung "der Sünde seiner Kinder wegen". Die Entwicklung von Millionen menschlicher Entitäten war im weiteren Verlauf nun degenerativ. Sie wurden in einem Teil des Planeten zusammengedrängt und gingen einer elenden Zukunft von Leiden, Blut und Tränen entgegen, wo sie *"im Schweiße ihres Angesichts ihr Brot essen und in Schmerzen ihre Kinder gebären sollten ..."*

Doch ein Teil der "Monaden" sündigte nicht und blieb im rechten Verhältnis zum Ursprung des Lichts. Diese wohnen jetzt auf der "Insel der Isis", das heißt, dass eine Anzahl von Lichtwesen - als der "Orden des Melki-tzedeq", als die "Bruderschaft von Shambhala" sich zusammenschließend - einen Teil des ursprünglichen lichtvollen Erdkosmos in früherer Herrlichkeit bewahrt hat. So kann man diesen Teil der Erde mit Recht noch als das ursprüngliche "Heilige Land" bezeichnen. Es ist ein kleines Land, geografisch gesehen einer Oase in der Wildnis gleichend. Es ist eine Insel inmitten eines Ozeans voll "teuflischer Wellen". Aber wie die Dunkelheit und das Licht in der dialektischen Natur aufeinanderfolgen im Wechsel von Tag und Nacht, von Gut und Böse, ohne je voneinander getrennt werden zu können, so offenbart sich diese Insel, der letzte Überrest des ursprünglichen Erdkosmos, der ganzen Welt.

ISIS ist das göttliche Licht, das unausgesetzt in diese düstere Welt über das dialektische Böse und Gute strahlt. **ISIS ist die Verkörperung der heiligen Planetenerde**, die wahrhaftige Weltmutter. Alles, was ihr entspringt, alles, was zu ihr zurückkehrt, ist wahrhaft ein "Kind des Lichts".
ISIS ist also die ursprüngliche Natur, welche für euch bewahrt wurde. Nicht jene Natur, die euch das Brot gibt, sondern die "Natur des ursprünglichen Lebens", jene Natur, welche GOTT ist. Um an der Wirksamkeit dieses Kraftfeldes teilhaben zu wollen, braucht es keine Reise zur Wüste Gobi. Ihr braucht nur als Schüler durch die "sieben Gänge nach Shambhala" hindurchzubrechen, um in den "Corpus Christi" aufgenommen zu werden.

Im Strahlungsfeld von Shambhala befinden sich **zwölf Kräfte**. Es sind die **vier heiligen Äther**, die heilige **astrale** Kraft und die heilige **mentale** Kraft, mit ihren positiven und negativen Polen, mit ihren den Mittelpunkt suchenden (= zentrifugalen) und den Mittelpunkt fliehenden (= zentripedalen) Strahlen. Die zwölf

Kräfte bilden miteinander ein intensiv strahlendes, **weißes Licht**, welches mit den Worten "Himmel" oder "Christus" angedeutet wird. Der Eingeweihte, welcher mit den zwölf Kräften tätig sein kann, der also mikrokosmisch damit völlig übereinstimmt, begegnet Christus buchstäblich "in den Wolken" seines (inwendigen) Himmels. Die Äther bilden die universellen Baustoffe, die astralen Kräfte das dynamische Vermögen, womit die Baustoffe gehandhabt werden. Die mentalen Kräfte konstruieren den Plan des "Großen Baumeisters" (der Sohn, die ELOHIM) in Übereinstimmung mit dem "Obersten Bauherrn" - dem MANU (dem Vater).

Spricht die heilige Sprache also vom "Himmel" oder davon, "den Himmel zu erwerben", dann meint sie jenen "heimgekehrten, verlorenen Sohn", der die Verfügung über diese wirklichen himmlischen Kräfte erhält. In diesen Himmel einzugehen, bedeutet also etwas ganz anderes, als die Aufnahme in eine "Spiegelsphäre" nach dem Ablegen des stofflichen Körpers. Wenn das KIND HORUS aus der Verbindung von ISIS und OSIRIS erweckt wird und wenn aus der Verbindung des HEILIGEN GEISTES mit MARIA das KIND JESUS emaniert, dann werden wir verstehen, dass es sich hier um die mystische Andeutung des "SOHNES VOM LICHT" handelt, der aus dem harmonischen Zusammenhang zwischen magnetischem Geistfeld und Lebensfeld die volle Verfügung über alle zwölf Kräfte seines Strahlungsfeldes erhält. Darum ist es logisch, dass der Herr allen Lebens auch zwölf Jünger hat, zwölf Getreue, welche in seiner Nähe sind. Mit diesen **Zwölfen um den Einen** ist "Gott im Fleisch geoffenbart", Jesus der Christus ist außerhalb der "Sünde" geboren und ruft euch zu: "Seid meine Nachfolger!"

Wenn ein Mensch die zwölf Kräfte des Strahlungsfeldes verkehrt gebraucht, also nicht in Übereinstimmung mit dem göttlichen Willen, so werden die Kräfte seines inwendigen Himmels gelöscht und seine Persönlichkeit kommt infolge der Abtrennung vom magnetischen Geistfeld "zum Verderben".

Die zwölf Kräfte des mikrokosmischen Himmels erhalten oft das Symbol des Wassers, als jenem des "Wasser des Lebens". Sobald ein Mensch diese Kräfte spekulierend, experimentierend und verkehrt anwendet, wird im Augenblick eine Katastrophe verursacht. Viele dieser Katastrophen werden in der Bibel und anderen heiligen Büchern beschrieben. So denke man an Noahs Tage, als es vierzig Tage und Nächte regnete und alles in der großen Wasserflut umkam. Ferner werden die zwölf Kräfte auch symbolisch als "Wasser und Feuer" erkannt. Das Wasser zielt dann besonders auf die Ätherkräfte, das Feuer auf die astralen Kräfte. Wenn eure Welt "durch Feuer vergeht", dann ist es euer Begehren, das niedere Wünschen, dem ihr zum Opfer fallt, und dann entwickelt sich die Katastrophe durch Wasser. Dann habt ihr also in Bezug auf die "Form-Offenbarung der Dinge" "gesündigt".

Die Rückkehr zur "Insel Isis" bedeutet also, dass der Mensch, in Christus wiedererstanden, wiederum die Verfügung über seine zwölf Kräfte erhält. In der "Mutter der Gnade" ist der Schüler zurückgekehrt zur Wurzel der Natur, und diese offenbart dem Kind aufs Neue die ursprünglichen Schätze des Lebens. Vielleicht vermögt ihr euch nun von einem solchen Geisteslicht eine schwache Vorstellung *ein-zu-bilden*.

So ist es möglich, dass es einen Weg zwischen dem "wahren Leben in der Gobi" und dem euren gibt. Es ist möglich, dass es eine Wahrheit gibt, die von dieser Lebenswirklichkeit ausstrahlt, so, wie das Leben dieser Gottgeweihten selbst zu euch kommt.

Die Christusradiation des ursprünglichen Strahlungsfeldes kommt als eine rettende Ausströmung in der Person des Jesus und seiner Diener, in jener des Manu und eures Lehrers zu euch. Der Himmel, in der dargestellten Bedeutung, neigt sich zur Erde und zur Menschheit, um euch dazu zu bewegen, "in ihn einzugehen", also zur "Insel Isis" zurückzukehren. In der Leiblichkeit ihrer Botschafter kommt die Bruderschaft von Shambhala, der "Insel Isis", zu euch. Und so sind wir bestrebt, euch zu erreichen. Wenn ihr reagiert, in spontanem Suchen, dann werdet ihr "als der erste der Jünger" gerufen. Und dies bedeutet, etwas vom "ersten himmlischen Vermögen" wird als das "himmlische Brot" an den reagierenden Menschen gereicht. Und so geht es von Schritt zu Schritt weiter, bis alle zwölf Kräfte etwas von ihrem ursprünglichen Vermögen in namenloser Liebe den gefallenen Brüdern und Schwestern abgegeben haben. Und dann wird es symbolisch auf diese Weise dargestellt, dass "einer der Zwölf" in seiner Judasnatur, die zwölffache ursprüngliche Substanz und ihren "göttlichen Botschafter" verraten muss. Damit wird dem Schüler deutlich bewiesen, dass es absolut unmöglich ist, auch nur ein wenig von den "zwölf Broten" und den "zwölf Fischen" zu dialektischer Wirklichkeit zu machen.

Und was wird jetzt geschehen? Der Herr allen Lebens, selber zu euch kommend, nachdem die "zwölf Kräfte" zur Rettung ausgestrahlt wurden, offenbart nun den Weg. Und dieser Weg ist das KREUZ. Er geht nun den "wirklichen Weg" und ersteht aus demselben in Shambhala. Die zwölf Kräfte bleiben zurück als seine Zeugen, um allen Kreaturen das "Evangelium der Erlösung" zu bringen.

Wenn der Mensch nun von einem der zwölf Strahlen getroffen, das heißt gerufen wird, so wird er "zum Kreuz geführt", und es wird ihm gezeigt, wie er den "Kreuzweg der Transfiguration" zu gehen hat. Und dort, auf dem Kreuzweg, vollkommen im Herzen, im Krisenpunkt, wo der Schüler zum Durchbruch kommt, also vom horizontalen zum vertikalen Kreuzesbalken durchbrechen muss, was ihn von dieser Natur befreit, dort in diesem Herzen steht ISIS-MARIA, Mutter von uns allen, DIE MUTTER DES LEBENS, DIE ROSE.

DORT WIRD DAS KREUZ ZUM ROSENKREUZ!

Abwechselnd wird diese “Mutter der Gnade” als Lotos und als Rose dargestellt. Wer als Schüler dieser Rose auf seinem Kreuzweg entgegenkommt, der ist einer von den Glücklichen, denn wenn die Rose gewonnen ist, dann wurde er zum Starken, der nicht mehr fehlgehen kann. Er ist in ISIS’ Schoß zurückgekehrt, und er begrüßt die Morgenstunde dieses Erreichens! Er befindet sich im “Vorhof des Rosenkreuzes”. **So kann von diesem Symbol des Rosenkreuzes gesagt werden, dass es den Weg, die Wahrheit und das Leben projiziert:** *“Er, der Voll-Herrliche ist uns alles! Er ist der Sohn der Mutter der Welt und der Sohn des Allerhöchsten!”* So also ist ISIS zugleich MARIA, die “Mutter des ewigen Lebens”.

Es ist nun deutlich geworden, dass seit den ersten Sekunden des Falles der Menschheit die Universelle Bruderschaft den Menschen begleitet, um ihm im “Ort der Fremde” beizustehen und ihm auf der Suche nach dem “Pfad” Hilfe zu leisten. Gleichzeitig wird auch deutlich, dass diese Hilfe nicht nur ihren “versunkenen Verwandten” gegenüber geleistet wird, sondern dass sie sich naturgemäß auch auf das Lebensfeld selbst ausweiten muss, in dem der “gefallene Mensch” herumirrt.

So hat der universelle Orden ein Vakuum erhalten, damit ein jeder, der zur Rückkehr bereit ist, den dafür nötigen “chemisch-elementaren Ausgang”, den Durchgang zum Aufstieg in das ursprüngliche Licht finden kann. Denn allen, die in Not sind, wird die rettende Hand geboten. Und **diese rettende Hand heißt CHRISTUS**, und jeder kann sie ergreifen, wenn er sich lossagt von theologischer Dogmatik, die schon Millionen von Menschen fast unheilbar beschädigt hat. Frei von jeder abweichenden Gedankenrichtung kommt es nur darauf an: Hier, an diesem Ort von Blut und Tränen wird das ursprüngliche Leben, die ursprüngliche Natur wie in einem heiligen Königreich für euch bewahrt als die “unterste Stufe jener Treppe, die zum wahren Leben führt”.

Wir wollen noch einmal zurückkehren zur Geschichte des MELKI-TZEDEQ, des Königs von Salem, und sie aus der Sicht der Rosenkreuzer noch in einem anderen Licht betrachten. Ihr erinnert euch: *"Aber Melki-tzedeq, der König von Salem, trug Brot und Wein heraus. Und er war ein Priester Gottes, des Höchsten (El Elion), und segnete ihn und sprach: 'Gesegnet seist du, Abram, vom höchsten Gott, der Himmel und Erde erschaffen hat. Und gelobt sei Gott, der Höchste, der deine Feinde in deine Hand gegeben hat.' Und Abram gab ihm den Zehnten von allem!"*

Wir erinnern uns, auch Jesus wird ein "Hoherpriester (Hierophant) des Ordens des Melki-tzedeq" genannt. Auch er brachte Brot und Wein hervor, und so wie Melki-tzedeq einen Bund mit Abram schloss, so kann auch von einem Bündnis, welches mit Jesus, als dem Herrn allen Lebens, geschlossen werden kann, gesprochen werden.

Des Weiteren wird berichtet von Johannes, dem Apostel der Liebe, der auf Patmos in "seelischer Einsamkeit und Isolation" daniederliegt. *"Und es kommt zu ihm er, der Menschensohn, der da wandelt unter den sieben goldenen Leuchtern, der da hält die sieben Sterne in seiner Rechten."* Es ist dies die Signatur des "Ersten und Letzten", die Signatur des ursprünglichen Menschen, der aus Gnade und in maßloser Liebe zu euch kommen will.

Kehren wir noch einmal zu Abram zurück. Wer war Abram? Er wird ein "Hebräer" genannt, also ein "Sohn des Hebers". In der Sprache der Transfiguration heißt das, er ist ein Schüler in der Schule des Transfigurismus, der Wiedergeburt. Also ist Abram der Hebräer ein Mensch, der von dem einen Leben zum anderen Leben "durchbricht". Er ist auf seinem Weg ein weit Fortgeschrittener, denn um seine Schultern trägt er schon den Mantel, der den "Schleier des neuen Lebens" versinnbildlicht. Dieser Mantel wird als sein "Bruder" angedeutet, sein "Bruder Lot", der Schleier des universellen Lichts. Im Leben eines Schülers verhält es sich so, dass der "Mantel des neuen Lebens" ihm noch nicht zum unlösbaren Besitz geworden ist. Dieses Leben gleicht noch dem Licht einer Boje auf dem Meer, die sich hebt und senkt, oder auch dem Lichtbündel eines Leuchtturms, dessen Strahlen über das Land huschen, um es sofort wieder in Dunkelheit zurückzulassen. In dieser Phase befindet der Schüler sich noch in großen Mühseligkeiten.

Bei dem Ringen um Befreiung wechselt der Mantel des Lichts oft mit dem düsteren trügerischen Schein der Dialektik, und der Schüler muss sich mit dem "Mut eines Löwen" innerlich durchkämpfen, um sich seinen wahren Besitz zu erhalten. Darum können wir lesen, wie der Bruder des Abram von Kedor Laomer in Gefangenschaft weggeführt wird. "Kedor Laomer" bedeutet wörtlich übersetzt "der den düsteren Schein Verbreitende". Die Theosophie und frühere esoterische Strömungen haben aus ihm den "Schwarzhäutigen" gemacht und so die Verteufelung der "schwarzen Rasse" betrieben, die ohne Kenntnis der wahren Bedeutung unter anderem zu der Aussage führte, dass der Exodus des jüdischen Volkes in Wahrheit den "Schwarzen" zuzuschreiben wäre, die sich, später auch in Indien einfallend, mit den dortigen "Ariern" vermischt und dadurch die "niedere Rasse der nicht reinen Arier" gezeugt hätten. Die auch im traditionellen Hinduismus analog verbreitete Annahme, dass es sich bei den "schwarzen Eroberern" um "niedere Kräfte" handle, führte zur nachmaligen Diskriminierung der Kaste der "Unberührbaren" und beweist gleichzeitig die enge Verwandtschaft des jüdischen und indischen Volkes im Sinne der "göttlichen Erwähltschaft".

Sobald der Schüler realisiert, dass der "düstere Schein" seinen neu erworbenen Besitz verdrängen will, ruft er seine "streitbaren Helden" auf. *"Abram stellte seine 318 Mannen Kedor-Laomer gegenüber ins Feld."* So könnt ihr begreifen, dass in dieser Formel die zwölf Kräfte enthalten sind, jene zwölf Kräfte, welche zur Wiederherstellung des Urzustandes, also der Wiedererschaffung führen müssen. Der "Schüler auf dem Pfad" lebt aus diesen zwölf "neuen Speisen", und sobald er diese bewusst assimiliert, kann der "Mantel des neuen Lebens" nicht mehr von ihm weichen.

So wird die **Philosophie des Rosenkreuzes** in diesem klassischen Kampf des Altertums vollendet dargelegt. Denn es gehört zur Wesenswirklichkeit der dialektischen Natur, dass der "düstere Schein" preisgegeben werden muss, damit das "wahre Gewand des neuen Lebens" jeden bekleide. Und, meine Kinder, werden euch die Kräfte, mit deren Hilfe ihr den "Kampf" zum guten Ende führen könnt, nicht zur Verfügung gestellt? Wenn der Schüler "wahrhaftig kämpft", dann wird auch er das "Tal Schave", also das "Königstal", erreichen. Das bedeutet den Tiefpunkt von Kummer und Elend, den Tiefpunkt seiner Naturgebrochenheit. Aber an diesem Tiefpunkt begegnet der Schüler dem "Herrn allen Lebens", dem "Priester nach dem Orden des Melki-tzedeq". Diese Begegnung zwischen Abram und Melki-tzedeq im Tal Schave ist dieselbe wie zwischen Johannes, dem "Vorläufer", und Jesus, dem Herrn, am Jordan. Der "Jordan" überträgt uns denselben Gedanken wie das "Tal Schave" und wiederum die gleiche Idee wie die "Insel Patmos". Der Mantel wird dem Schüler wieder umgehängt und kann ihm nun nicht wieder abgenommen werden, denn das Strahlungsfeld, das der Mantel symbolisiert, steht nun in direkter Bindung mit seinem magnetischen Geistfeld. Und der alte Status des Mikrokosmos ist im Prinzip nun wiederhergestellt. Der Schüler ist ab sofort kein Schüler mehr, unter der Leitung des "göttlichen Architekten" ist er zum "Baumeister" geworden.

Wenn ein Schüler "nach der Ordnung des Melki-tzedeq" *"mit Brot und Wein gespeist"* wird, so bedeutet das, es kann das **zwölffache Brot des universellen Lebens** assimiliert – und einem Strahlungsfeld, einem Mantel gleich – demonstriert werden. Und durch den **Wein des Gesetzes** steht er unerschütterlich da, wie ein Fels. Im "Vorhof des Rosenkreuzes" wird täglich das "letzte Abendmahl" gereicht, das heißt die zwölf Kräfte des universellen Lebens als das "himmlische Brot" und der "Wein des universellen Geistes der Bruderschaft" werden all denen gereicht, die sich dem Rosenkreuz nahen. Und nun können zwei Dinge geschehen: Entweder ihr **assimiliert**, oder der "Geist des Weins" wird euch benebeln, betrunken machen und einen Rausch erzeugen, der buchstäblich zur physischen Trunkenheit führen kann, zum Wahnsinn und heftiger Opposition. Schon allein der Bissen, in den Wein getaucht, trieb Judas zu seiner Tat.

Viele Entschlüsse, als Gegner des "heiligen, Großen Werkes" aufzutreten - entweder öffentlich oder im Verborgenen - wurden und werden im Tempel selbst gefasst. Die Gaben des "Ordens von Shambhala", das Brot und der Wein, sind immer demaskierend, und sie gleichen dem Befehl: *"Tu, was du tun willst, aber tue es bald!"* So gibt es also ein "Abendmahl des Sieges" und ein "Abendmahl des Niedergangs" - das wahre Gottesurteil.

Zur Bekräftigung dieser Worte können wir uns auch noch einmal an Noah entsinnen. "Noah" bedeutet dasselbe wie "Melki-tzedeq". Es ist schade, dass diese Legende, wie so vieles in der "heiligen Sprache", verunstaltet auf uns gekommen ist. Es ist also bekannt, das Noah für die "Nachzügler der kosmischen Revolution" eine neue (Über-)Lebensmöglichkeit in Form der Arche "konstruierte", wie die ELOHIM dies seit Urzeiten tun. Und was tut Noah in Übereinstimmung mit der klassischen Aufgabe der ELOHIM? Er pflanzt einen Weinstock! Doch schon bald liegen seine Getreuen, die Noahiten, die Schüler und "Probierer" auf dem Pfade, betrunken in ihrem Zelt, dem Mikros. So ist das Verhältnis des Weines vom Geist zu ihrem Lebensfeld unharmonisch, und anstatt des Aufklärens mittels des "Geistes im Geist" entsteht das Gegenteil, nämlich eine noch größere Einkapselung in der Dialektik. Wie kann der Schüler einer solchen "Trunkenheit" entkommen? Er kann ihr entgehen, wenn er, Abram gleich, den "richtigen Kampf streitet", und zwar mit 318 streitbaren Helden. Ich bin vorher bewusst an dieser Formel vorübergegangen, denn es ist hier der Ort, sie näher zu erklären. In der "heiligen Wissenschaft der Transfiguration" bedeutet diese Formel, dass der betreffende Schüler sein Seelenbewusstsein, sein wahres Ich-Wesen völlig und ganz entleert. Auf diese Weise stirbt er den prozessmäßigen "Tod der Natur", wodurch ein vollkommenes Durchkreuzen des niederen Lebens den Sieg über den Tod zur Folge hat. Den Sieg über denjenigen in euch, der den "düsteren Schein" verbreitet, es ist der Sieg über den Dunklen, über Kedor Laomer.

Die Bruderschaft von Shambhala wirkt in eurer Natur in "sieben Strahlen" oder in "sieben Gruppen". Und darum wird jeder Schüler, der den Pfad zu vollenden weiß und sein Schave, seinen Jordan, sein Patmos erreicht hat, einmal die Begegnung, den "Anblick des Menschensohnes" erfahren - mitten zwischen "sieben goldenen Leuchtern" stehend, mit den "sieben Sternen" in seiner Rechten! Dies also ist der wahre Ursprung der später so missverstandenen Lehre von den sieben (oder zwölf) Strahlen.

Und dieser "Menschensohn" wird ihn segnen und mit Brot und Wein erquicken. *"Und der Herr brach das Brot und sprach: 'Nehmet und esset, dieses ist mein Leib, der für euch gegeben wird; tut dies zu meinem Gedächtnis, zur bleibenden Bindung!' Und er nahm auch den Kelch nach dem Abendmahl und sprach: 'Dieser Kelch ist das Neue Testament in meinem Blut, das für euch vergossen wird. Trinket alle daraus. Tut dies zur bleibenden Bindung. Denn so oft ihr von diesem Brot esset und von diesem Kelch trinket, sollt ihr des Herren Tod verkünden, bis dass er wiederkommt!'"* Sooft euch im "Vorhof des Rosenkreuzes" Brot und Wein gereicht werden - und allein durch eure Anwesenheit im "Tempel" werden beide von euch empfangen -, so gibt es nur eine

Möglichkeit, Trunkenheit und Einkapselung zu entfliehen - euer "sündiges" Seelenwesen muss sterben. Ihr werdet, nach dem Beispiel Christi, täglich dieses Seelensterben nach der Natur in eurem eigenen tiefsten Selbst realisieren müssen. Dann könnt ihr den Tod des Herrn in eurem Mikrokosmos verkünden.

Wenn ihr diesen "Pfad des Rosenkreuzes" gehen wollt, dann werdet ihr euch die "Krone des Lebens" erwerben, dann werdet auch ihr imstande sein, "den Zehnten" zu geben wie Abram an Melkitzedeq. Das heißt, dass ihr die Ganzheit eures neuen Wesens nun der Bruderschaft "darbieten" könnt, und in ihrem Dienst werdet ihr reif, um ein "gerufener Diener des Lichts" zu sein.

Jeder Mensch trägt also die Signatur jener Kräfte, mit denen er in Verbindung steht, in sich. Dies ist deutlich sichtbar, und die täglichen Taten der Menschheit erbringen den Beweis, dass sie das Signum der "Bestie" in sich trägt, wie es andererseits ebenso erkennbar ist, wenn einer das "Zeichen des Menschensohnes auf der Stirn" trägt. Warum wird gesagt, dass solch ein Zeichen auf der Stirn zur Schau getragen wird? Weil die Stirnhöhlung der erste und deutlichste "Leuchter" ist, wodurch ein Mensch den Geist beweist, der ihn bewegt.

Eine Anzahl von Entitäten kann durchaus durch gemeinsame "innerliche Qualitäten" imstande sein, den Innengrund der Erkenntnis zu öffnen, so wie ein Kollektiv gleichgerichteter Handlungen jene Gedanken oder Gefühle und Kräfte aus den Abgründen heraufbeschwören können, die Entsetzliches anzurichten in der Lage sind. Die Universelle Bruderschaft ist um das Verfestigen dieser inneren Erkenntnisgründe seit jeher bemüht und hat in Liebe und mit göttlicher Kraft eine Verbindung geschaffen zwischen der "sündigen" Erdoberfläche und dem "Herzens- oder Erkenntnisgrund". Diese Bruderschaft hat für jeden einzelnen Schüler die Schatzkammer dieses tiefen Erkenntnisgrundes weit geöffnet, darum tritt in ihr das “wahre Wesen Christi” hervor. Ihr werdet dies sofort verstehen und erfahren können, wenn ihr den Pfad *“bewandeln”* werdet, der euch dieser Bruderschaft entgegenführt. Bleibt nicht wieder im Vorhof des Heiligtums stehen! Jesaia beschreibt diese “Verbindung” als *“Baum, dessen Wurzeln tief in die Erde greifen und dessen Krone sich bis in die Wolken erhebt”.* Hier finden wir eine der grundlegenden Erklärungen des kabbalistischen Lebensbaums.

Ihr habt sicher alle vom “Lebensborn” gehört (den die Nationalsozialisten auf so abgründige Weise entstellt und pervertiert haben), dem “wahren Born der Weisheit”, woraus der ursprüngliche Mensch lebte. Doch Jesaia sagte von ihm: *“Der Lebensbaum ist abgeschlagen, er ist ein abgetrennter Stumpf geworden.”* Der Innengrund der Erkenntnis wurde verschlossen. Und Jesaia nennt den abgeschlagenen Stumpf des Lebensbaums “Isai”, das heißt der “rettende Kraftstrom”, aus dem der Messias kommen wird. Und so kündet der Prophet: *“Es wird ein Reis aufgehen vom Stamme Isais und wird ein Zweig aus seiner Wurzel Frucht bringen!”* Diese abgebrochene Bindung ist in der “Bruderschaft des Ordens des Melki-tzedeq”, dem wahren Rosenkreuzertum, wiederhergestellt worden. Der Lebensbaum ist **dort** wiedererstanden. Seine Heimat aber ist in Shambhala, dem wahren Paradies des siebenten Schöpfungstages,

> *“... auf welchem wird ruhen der Geist des Herrn,*
> *der Geist der Weisheit und des Verstandes,*
> *der Geist des Rates und der Stärke,*
> *der Geist der Erkenntnis und der Furcht des Herrn!”*

(Diese “Furcht” ist indes etwas gänzlich anderes, als jene, die man JEHOVA, dem TETRAGRAMMATON, späterhin entgegenbrachte.)

Und damit diese Botschaft von euch wirklich aufgenommen werden kann, muss gesagt werden, wie die Große Bruderschaft als

Hüterin der wahren geistlichen und göttlichen Weisheit diesen Schatz benutzt, um der Menschheit zu helfen:

Wenn der "oberste Lehrer", der Hohepriester als "Hierophant", diese Christuserfahrung aus dem "Kelch der Erkenntnis" schöpft, so wird sie zuerst in einer "Vibration" transmutiert, damit sie von der Menschengruppe, zu der er Verbindung hält, aufgenommen werden kann. Ist die Transmutation dann zustande gekommen, so wird die derart transformierte Vibration zu der Menschengruppe abgestrahlt, für die sie bestimmt wurde. Es kann aber auch möglich sein, dass sie nur für einen einzigen Menschen bestimmt wurde. Doch so oder so, kein Gramm, kein Teilchen dieser Energie kann oder wird vergeudet werden. Sobald der Schüler im "Vorhof des Rosenkreuzes", des Heiligtums, von dieser für ihn bestimmten Vibration getroffen wird, dringt diese völlig in seine "aurische Sphäre" ein. Und selbst wenn sich zwischen Aussender und Empfänger ein großer Abstand befindet, kann diese Übertragung ohne "Energieverlust" stattfinden. Der Aussender entwickelt mit seinen Gedanken ein bestimmtes (mentales) Vibrationsschema. Es ist natürlich auch möglich, dass unmittelbar zum Empfänger gesprochen wird, wie es im "Vorhof des Rosenkreuzes" immer wieder geschieht.

Transmutation und Ausstrahlung hängen also vollkommen von der Beherrschung der Geheimwissenschaft ab, wodurch der Ausstrahler oder Transformator imstande ist, die Arbeit auf die rechte Weise zu verrichten (dies ist der wahre Sinn der "äußeren Orden", in denen diese hierfür nötigen Rituale gelehrt werden). Es wird kein Mensch von dieser transmutierten Strahlung berührt, der nicht selbst darum bat. Die Anwesenheit im "Vorhof" muss begreiflicherweise also als eine diesbezügliche Bitte aufgefasst werden.

Sobald der Schüler die Strahlungskraft in seine "aurische Sphäre" aufgenommen hat, entsteht zweierlei Wirkung, die wiederum jedes Mal eine zweifache "Ansicht" hat. Es kommt eine zweifache

Wirksamkeit im "Hauptheiligtum" zustande und im "Heiligtum des Herzens" ebenfalls eine doppelte Tätigkeit. Diese Doppelnatur der Wirkung können wir als "Anziehung" und "Abstoßung" oder "Sympathie" oder "Antipathie" bezeichnen. Wird der Schüler von der Strahlungskraft getroffen, so muss eine absolute Rückwirkung entstehen. Eine solche Reaktion kann nicht ausbleiben. So wie auch die Sonnenenergie ihre Tätigkeit in jedem Organismus verrichtet, so ist es auch mit dieser Strahlungsenergie.

Wir wollen uns diese Reaktion näher betrachten. Wenn der Schüler in dem einen oder anderen Heiligtum, oder in beiden Zentren, dem Impuls gegenüber abweisend gegenübersteht, was öfter, als man sich das vorstellt, der Fall ist, und die Abweisung mitunter von einer "gereizten" Stimmung begleitet wird, so ist die Reaktion dennoch so stark, dass der Betroffene keinesfalls mehr die bisherige Lebensweise fortführen kann. Er fühlt sich dann gehetzt und unglücklich und auf irgendeine Weise "entdeckt". In Übereinstimmung mit seiner "Kulturstufe" äußert sich seine Empörung. So wird durch dieses "antipathische Heilmittel" eine derartige Verletzung und Beunruhigung verursacht, dass nach einiger Zeit doch eine "sympathische" Antwort kommt, wenn auch in manchen Fällen vielleicht noch eine erneute Drehung des Rades durch Tod und Geburt vollbracht werden muss. Wenn der Schüler "sympathisch" reagiert, so heißt das noch keinesfalls, dass er auch schon das rechte Fühlen und das richtige Verständnis besitzt. Es handelt sich jetzt nur darum, dass er bereit ist, den Impuls zu empfangen, er ihm also "harmonisch" gegenübersteht. Dann wird er zunächst erst einmal in einen "Prozess" gedrängt, und er begegnet nichts als Schwierigkeiten und Problemen. Doch nicht etwa so, als ob sie ihm von außen geschickt würden. Es werden vielmehr, von der Liebe der Bruderschaft getrieben, die eigenen Bewusstseins- und Charakterspannungen nach außen projiziert, und so wird er mit sich selber konfrontiert. Und so kann es geschehen, dass im Auf und Ab dieses Lebenssturmes sich eine sympathische Reaktion zunächst (wieder) in eine antipathische verwandelt. So ähnelt der "Vorhof des Heiligtums" tatsächlich einer stürmisch wogenden See, auf der die Schiffchen hin und her geworfen werden. Und so werdet ihr jetzt begreifen können, warum euch gewisse Dinge in dieser Zeit in verstärktem Maße geschehen.

Die Wirksamkeit der "Bruderschaft im Heiligtum des Herzens" wird als die "mystische Entwicklung" bezeichnet, die "Wirksamkeit im Hauptheiligtum" als die "magische Entwicklung" und die Wissenschaft, durch die die Wirkungen verrichtet werden, wird die "königliche Kunst" genannt. Und die Kraft, womit diese Kunst ausgeübt wird, ist die "göttliche Mutter der Weisheit", SOPHIA, die "Frucht vom Baum des Lebens im wahren Paradies". Also haben wir uns auch hier nicht von unserem ursprünglichen Thema fortbewegt. Die göttliche Gnade ist uneingeschränkt für jeden da!

Die großen Abgesandten der Großen Bruderschaft, die sogenannten "Religionsstifter", haben keine Religionen gestiftet, haben keine Kirchen organisiert, keine Bücher geschrieben, keine Lehren zusammengestellt und keine Mysterienschulen gegründet. Alle haben der Menschheit ein und dieselbe Botschaft überbracht:

> "Du musst aus deinem Körper,
> aus deiner Persönlichkeit im eigenen Mikrokosmos,
> einen Tempel machen,
> in deiner eigenen Wesenswirklichkeit und -mitte
> musst du eine Kirche gründen!"

Und das bedeutet, dass alles getan werden muss, um den Impuls der himmlischen Bruderschaft im eigenen Heiligtum auf die rechte Weise zu empfangen.

Wenn der suchende Mensch auf diese Art Mitglied der "universellen Kirche" und wahrhaftiger Schüler der Universellen Bruderschaft wird, erhält er in einem gegebenen und heiligen Augenblick Bindung an die "königliche Kunst" selbst, das heißt, er dringt bis zur "Wissenschaft des Rhythmus vom Baume des Lebens", der wahren Kabbala, vor. Und in diesem Rhythmus, seinem Vibrationsfeld, wird er ein Spross am Baum des Lebens, und er taucht in den Grund der Erkenntnis und steht zusammen mit anderen auf dem "Pfad des Dienstes".

BETRACHTUNG DES WEIBLICHEN

So schließen wir nun die heute aufgesperrte Türe zum "Inner Sanctuary" mit einer Betrachtung des "Weiblichen" und nähern uns diesem Thema, das wir schon behandelt haben, nochmals aus einer etwas anderen Blickrichtung. Wir haben schon so viel von der Wirkungssphäre der Bruderschaft gehört. Diese Wirkungssphäre bewegt sich in zwei Kraftlinien, der sogenannten "spinalen Kraft" und der "astralen Kraft". Die weibliche Linie entspricht der spinalen Kraft, die männliche der astralen Kraft. Die spinale Kraft im Mikrokosmos hat das "Heiligtum des Hauptes" in ihrem Brennpunkt und die astrale Kraft das "Herzheiligtum". Die spinale Kraft wird in der universellen Weisheitssprache nach vereinter Wirkung mit ihrem Brennpunkt im Mikrokosmos ADAM genannt, die astrale Kraft im Zusammenwirken mit ihrem Brennpunkt EVA.

Der Begriff ADAM lenkt unsere Aufmerksamkeit auf das "Denkleben", welches seinen Sitz also im "Hauptheiligtum" hat. Der Begriff EVA lenkt unsere Sicht auf das "Empfindungsleben", das im "Heiligtum des Herzens" thront. ADAM wird wohl auch durch die Schlange symbolisiert, weil das "spinale System" bei der Stirnhöhlung beginnt und im *Plexus Sacralis* endet, was der Form der Schlange entspricht. EVA indes wird auf verschiedene Weise symbolisiert, worin immer die Lebenskraft zum Ausdruck gebracht wird. Das erscheint sehr einleuchtend, da das Herzheiligtum der Brennpunkt der Lebenskraft ist.

Die "spinale Kraft" hat zwei Ansichten, eine abstrakte und eine konkrete. Sie ist im Vergleich zur astralen Kraft eine feinere, zartere Radiation. Wenn wir nun die Kräfte, welche die menschliche Wesenswirklichkeit zum Erscheinen bringen, in einer zwölfzähligen Gruppe betrachten, so sind die zwei spinalen Kräfte die höchsten, darunter befinden sich die zwei astralen Kräfte und darunter wieder die vier Ätherkräfte mit ihren Komponenten. Hier haben wir also die zwölf Kraftwirkungen wieder im mikrokosmischen System angedeutet. In der "heiligen Sprache der Weisheitsschule" werden sie auch die "zwölf Brote des Himmels" genannt oder die "zwölf Schaubrote des Tempels".

Bei der Bildung eines Systems tritt zuallererst die spinale Kraft auf. Sie hat die Form einer feurigen Schlange. Dies ist also auch die Erklärung des Schöpfungsmythos, dass ADAM **vor** EVA geschaffen war. Und so entwickelte sich aus dem göttlichen Zusammenwirken von ADAM, dem Erstgeborenen, und EVA, die aus seiner Rippe geformt ward, im mikrokosmischen System des Menschen, also im mikrokosmischen Paradies, ein wunderbares Leben. Der Seite der Schlange entströmt eine gewisse Vibration, die anziehend auf die astrale Kraft wirkt, worauf im Zusammenwirken der beiden Kräfte die Äther in das System fließen und schließlich um beide herum die **Form** erkennbar wird (diese Symbolik ist gut im Lebensbaum darstellbar).

Die ideale Zusammenarbeit zwischen "Spinalis" und "Astralis" verwirklicht begreiflicherweise eine harmonische Persönlichkeit, in der sich alles in Übereinstimmung mit dem göttlichen Willen zeigt und beweist. Doch sobald die Spaltung beim Menschen auftrat und infolgedessen die Zusammenarbeit zwischen Herz- und Hauptheiligtum aufhörte, wurde die Harmonie zwischen beider Wirkung auch erheblich gestört. Von einer harmonischen Verbindung kann also seither nicht mehr die Rede sein.

Die "Spinalis", die Basis der Weisheitsradiation, ist die regulierende Kraft, das intelligente Vermögen, mit dessen Hilfe die astrale Kraft aufgenommen und ihr Maß und ihre Beschaffenheit bestimmt wird. Symbolisch also spricht die Schlange immer zu EVA.

In alten Geschichten wird die Aufmerksamkeit auf die Tatsache gelenkt, dass ein gewisser Teil der Menschheit die göttlichen Kräfte forcierte und missbrauchte, wodurch natürlicherweise die Störung in der Harmonie zwischen "Spinalis" und "Astralis entstand. Seither konnte von einem harmonischen "Stoffwechsel" nicht mehr die Rede sein, und der gefallene Mensch entfernte sich weiter und weiter von seinem ursprünglichen Wohnsitz.

Die gegenseitige Beschuldigung, welche in Bezug auf ADAM und EVA so häufig geäußert wird, trifft **psychologisch** zu, denn wenn in einem Menschenleben die Räder der Organstruktur nicht mehr ineinanderschließen, wodurch natürlich Disharmonie auftreten muss, da entsteht eine Aufeinanderfolge von Vorwürfen zwischen Kopf und Herz. Ihr selbst seid ja schon oft in großer innerlicher Erregung gewesen, wodurch euer Kopf und euer Herz um den "Vorrang" stritten. Auch der "Paradiesfluch" findet einen wissenschaftlichen Beweisgrund in solch einem dramatischen Konflikt zwischen Kopf und Herz. Dies hat zur Folge, dass zu ADAM gesagt wird: *"Im Schweiße deines Angesichts sollst du dein Brot essen."* Und zu EVA: *"Mit Schmerzen sollst du deine Kinder gebären."*

Wenn der Mensch also durch Übertretung der göttlichen Lebensgesetze von der göttlichen Weisheit aus- oder abgeschlossen ist, dann befindet sich das Denkvermögen oder die Verstandesseele in Dunkelheit. In "vollständiger Nacht", tastend, experimentierend und spekulierend muss er den Weg dann weiter erforschen. Wer von der heutigen Menschheit steht etwa nicht auf diesem Weg? Darum weiß ein jeder von euch aus eigener Erfahrung, welche Anstrengung, welches Leiden und welchen Schmerz es kostet, welche Enttäuschungen besiegt werden müssen, um nicht völlig in dieses Nebeldasein abzusinken. Und das Herzheiligtum, der Quell der astralen Kraft, der die Verantwortung für die Assimilation der schöpferischen und verwirklichenden Ätherkräfte trägt, ist naturnotwendig an der destruktiven Kraft des Denkvermögens beteiligt. Denn jeder Fehler des Denkens, wir hörten es nun schon immer wieder, rächt sich durch eine verkehrte Realisation. Und alle diese Realisierungen sind eure Schmerzenskinder, die euch zu jeder Stunde den Beweis des "Sündenfalls" liefern.

Wenn wir nun, nachdem wir unseren Blick auf den Anfang des Alten Testaments richteten, unsere Aufmerksamkeit auf den Anfang des Neuen Testaments lenken, so hören und lesen wir von einer "neuen EVA" und einem "neuen ADAM". Diese neue Eva heißt "MARIA", und der neue ADAM ist "JOSEPH", der Zimmermann. Diese beiden ergeben genau das Gegenbild der zwei anderen. Sie verlassen ihren Wohnort, um nach ihrem Geburtsort zurückzukehren, wie wir dies im Evangelium nach Lukas, Kapitel 2 nachlesen können: *"Es ging ein Befehl von Kaiser Augustus aus."* - Ihr alle kennt diese Bibelstelle.
"Da nun Joseph aus dem Hause und Geschlechte Davids stammte, eilte er mit seinem vertrauten Weibe nach der Stadt Davids, die Bethlehem heißt. Und es geschah, als sie dort waren, dass die Zeit kam und Maria ihren ersten Sohn gebar." Dem folgten im Übrigen noch elf weitere Kinder, es waren ihrer zwölf, sechs Töchter und sechs Söhne.

Wenn ihr diese Geschichte nun in euer eigenes Leben hineinstellt, dann werdet auch ihr den Ruf vernehmen, dass ihr euren gegenwärtigen "Wohnort" verlassen müsst, um euch auf den Weg nach eurem ursprünglichen Zuhause zu begeben, das heißt, **ihr**

müsst vollkommen umkehren zum neuen Leben! Wie aus JOSEPH und MARIA der HERR geboren wurde, welcher CHRISTUS war, so erscheint in jedem *um-gewendeten* Menschen eine völlig neue, ursprüngliche Weisheitsradiation. Und so wird der "alten Schlange" der Kopf zerschmettert, und eine "neue Schlange", die "Schlange der Weisheit", steigt im Wesen empor, die **Kundalini-Kraft der Shakti** kann erwachen. Wenn in der universellen Sprache von Männern und Frauen gesprochen wird, so sind nicht die verschiedenen physischen Geschlechter gemeint, sondern die "Spinalis" und die "Astralis" im Mikrokosmos.

Wenn euer "System" eine unheilige astrale Kraft aufnimmt, muss dem eine Handlung folgen. Denn die astrale Kraft ruft eine notwendige Ätherwirkung und dadurch eine Formoffenbarung hervor. Seid ihr also von einer unheiligen astralen Kraft "befruchtet", so seid ihr an einen Verlauf des Tuns und der Offenbarung gebunden, der nicht in einer Zeitdauer gemessen werden kann. Und während dieser Gebundenheit wird es euch nicht möglich sein, harmonisch auf die kosmischen Kräfte zu reagieren. Die Warnung in der Heiligen Schrift gilt also nicht allein den Frauen, wenn dort steht: *"Wehe den Schwangeren und Säugenden der Zeit"* - so gibt es noch viele andere entsprechende Stellen, die sich in diesem Sinne äußern. Sie gilt vielmehr jedem Menschen, ohne Ausnahme.

Ebenso verhält es sich mit den Aussagen von Paulus. Es sind Äußerungen, die den ursprünglichen Text leider nicht mehr voll und ganz wiedergeben. Auch hier hat die Kirche bewusst viel Schuld auf sich geladen. Wenn Paulus über das Verhältnis von Mann und Frau spricht, so war es in keiner Weise seine Absicht, seinen Schülern in irgendeiner Weise Moraltheologie zu geben, aber er versuchte, das richtige Verhältnis von "Spinalis" und "Astralis" zu deuten. Wenn ihr also künftig die Bibel einmal wieder lesen solltet, wird euch manches deutlich werden, was bisher unerklärlich blieb.

Von der Universellen Bruderschaft gehen also diese beiden Strahlen aus, der "männliche" und der "weibliche". Die eine Strahlung ist auf die astrale Wirksamkeit im Menschen gerichtet, die andere auf das spinale Geistesfeuer.

Die Aufgaben der heiligen Frauen in unserer Gemeinschaft der Universellen Bruderschaft sind sehr umfassend. So gehört zu ihrer Aufgabe die Beeinflussung und der Umbau des gesamten Nervensystems, also der Empfindungsseele des Menschen. Das Nervenfluidum ist das "astrale Fluidum". Beim schon so oft zitierten dialektischen Menschen fließt dieses durch ein "gespaltenes System". Es handelt sich hierbei um das "automatische Nervensystem" und das "zerebrospinale Nervensystem". Im "automatischen Nervensystem" spricht die gesamte dialektische Vergangenheit des Menschen, also auch das Blut aller Vorgeschlechter. Dieses System stellt das allergrößte Hemmnis dar für den Schüler des "Pfades". Durch die "Verdammnis der Vergangenheit" haben die niederen astralen Kräfte freies Spiel im Menschen und bilden die Ursache seiner Ohnmacht, wenn es ihm nicht wirklich gelingt, sein Leben umzuwenden. Daher muss der Schüler Hilfe von der Universellen Bruderschaft erhalten, um sein automatisches Nervensystem von der "Strafe" der Vergangenheit zu entlasten, damit die erneute Weisheitsstrahlung des Christus im Nervensystem ein bereitwilliges Instrument finden kann, den Willen Gottes zum Ausdruck zu bringen.

Die astrale Kraft im automatischen System des dialektischen Menschen wird die "satanische Kraft" genannt, sie ist der "Satan im Menschen". Der unheilige Same, der sich zum unheiligen Leben fügt, wird mithilfe der "Töchter oder Frauen des heiligen Landes" bekämpft, damit die eine fatale Seite des Paradiesfluches (*"Mit Schmerzen sollst du deine Kinder gebären"*) aufgehoben werde. Die Berührung des "Heiligen Geistes" in MARIA und ELISABETH ist die **universelle Berührung**, um diese Verurteilung des Menschengeschlechts aufzuheben.

In der heiligen Symbolik aller Zeiten wird das "zweifache Nervensystem" in seiner Einheit als "Lebensbaum" bezeichnet. Dies wird sehr verständlich, wenn wir die aus dem *Plexus Sacralis* emporsteigende feurige Geistsäule als "Stamm" (die mittlere "Säule des Gleichgewichts") betrachten, dann sind das "Heiligtum des Hauptes", die "Krone" (KETHER) und die Gehirnnerven, welche aus dem Hauptheiligtum in den ganzen Körper strahlen, die "Zweige". Und wenn vom OTZ CHI'IM, dem Lebensbaum die Rede ist, so ist es deutlich, dass damit auch die ursprüngliche, reine und ideale Wirkung dieses Lebenssystems gemeint ist.

Wenn vom "Baum der Erkenntnis des Guten und Bösen" gesprochen wird, so ist es ferner begreiflich, wenn wir unsere Aufmerksamkeit auch auf die gestörte, unheilige Wirksamkeit dieses Lebenssystems lenken. Wenn das "spinale Bewusstsein" mit den "mentalen und Willenskräften" spekuliert, dann folgt unwiderruflich eine Störung in der Aufnahme des planetaren Astralfluidums. Dieses Fluidum verwirklicht bei ungeheiligter Handlungsweise eine Gärung und Krankheit im Blut und zugleich eine Verdunkelung des Bewusstseins. Und wenn diese erst einmal zustande gekommen ist, dann ist der Fortgang der Krankheit und der Degeneration auf allen Ebenen zur unwiderruflichen Tatsache geworden. Die Verhaftung an das Rad von Tod und Geburt, die endlose Spaltung des menschlichen Bewusstseins, das "sündige Gluten", wovon mein Schüler Carl von Eckartshausen (bayerischer Philosoph und Mystiker, 1752-1803) sprach, wird dann in jeder Hinsicht begreiflich.

Wenn ihr im Licht lebt und durch einen einmaligen Fehler Dunkelheit verursacht, so habt ihr die Erkenntnis von Gut und Böse (Hell und Dunkel) im Augenblick der Verwirklichung. Ja, meine Kinder, das Leben, das ihr lebt, ist ein "unheimliches Spiel". In der Welt der Dunkelheit verursacht jede metaphysische, philosophische, wissenschaftliche, politische, soziale und ökonomische Spekulation, welche die wesentlichen Grundlagen eures eingekerkerten Seins nicht angreift, eine größere Verdunkelung und verschiebt die "Stunde der Morgenröte" in eine weit entfernte Zukunft.

Einem Kinde gleich, das sich Schlösser mit mächtigen Zinnen in einem Sandhaufen baut, reserviert ihr in euren "Kerkerhöhlen des Egos" Plätze, welche ihr "Kirchen" nennt. Und dann stellt man sich diese "Kirchen" auch noch als "Kirchen Christi" vor und spielt "erlöstes Leben", so wie das Kind sich mit eingebildetem Ernst in seine Sandburg verkriecht. Auf diese Weise aber wird eine Kirche zum Kerker, eine Erfindung zur Katastrophe - eure Zeit ist randvoll davon - und eine soziale Erneuerung zum Mühlstein, wie das ganze Leben mit wachsender Dynamik zur Hölle degeneriert.

So stellen sich die beiden Bäume im mythischen Paradies in eure nächste Nähe - der "Baum des Lebens" und der "Baum der Erkenntnis". Aus dem "heiligen Feigenbaum" wurde eine unheilige Wucherung. Und die klassische Mythe ist zutreffend, denn man muss auch *"auf die Schlange Acht geben, sie hängt und lebt im Feigenbaum."* Und diese Schlange ist das Bewusstsein, die Seele, in der "Spinalis" lebend.

Wenn Jesus zu seinen Jüngern sagte: *"Seid klug wie die Schlangen"*, dann wird damit die **ursprüngliche und heilige Verbindung** angedeutet, welche zwischen der "Spinalis" und dem "göttlichen Leben" bestand, dann bezieht es sich auf die göttliche Weisheit, die ja zusammen mit der "Spinalis" eine Wesenseinheit war. Doch sank die ursprüngliche Schlange der erhabenen Mysterien herab zum ekligen Reptil. Und so windet sich der zischende Schlangenleib durch die Materie, alle Kreatur mit seinem Gift verseuchend. Und wir lernen zu verstehen, warum die heilige Sprache vom "siebenköpfigen Drachen" spricht, der aus der Wasserflut emporsteigt. Denn die "spinale Schlange" hat tatsächlich sieben Köpfe. Es sind die sieben Gehirnhöhlungen, welche unmittelbar, also organisch mit dem gesamten "spinalen System" verbunden sind. Es sind die "sieben Lichter", die in den "sieben Gehirnhöhlen" brennen, es sind die "sieben Köpfe der Schlange", die "sieben Augen" im Märchen und die "sieben Gänge in Shambhala".

Der Baum des Lebens, der ursprüngliche, unsterbliche menschliche Feigenbaum muss errichtet werden, und die Menschen müssen zum inwendigen Paradies zurückkehren. Es muss der Kopf der alten Schlange, das siebenfache Haupt des Ungeheuers zertreten werden, damit das göttliche Yoga, die göttliche Weisheit Einzug halten kann und der göttliche Wille als Hierophant, also als Hoher Priester, das spinale System wieder regieren werde zur Transfiguration. Und dann werden die sieben Lichter entzündet, die zwölf Paar Gehirnnerven werden wie Zweige des Lebensbaums zu neuem Leben austreiben. Und das neu erschaffene Lebensfluidum dringt in die drei Heiligtümer hinein. Und dem *Plexus Sacralis* entströmt das Wasser des Lebens. Durch die acht Pforten des Heiligtums fließt es in die "gläserne See der Seele". Die Schlange, die ehemals das Wort des Todes sprach, spricht nun Worte der Schönheit, der Weisheit und der Liebe. Der Sohn des göttlichen Baumeisters ist ein neugeborener König geworden, er ist der eingeborene "Sohn Gottes", der Sohn der "Schlangen und Löwen". Der Baum des Lebens steht wieder als ein Pfeiler im Tempel Gottes. Dies also ist der rosenkreuzerische Lebensbaum.

Ich hoffe, dass ihr von dieser Fülle etwas verstehen mögt, sie enthält die ganze Weisheit der Rosenkreuzer - etwas verstehen auch vom "wahren Leben", wozu euer Hohes Selbst bestimmt ist, und von der Handreichung, welche euch durch diese Vermittlung geboten wird.

Der Vorhoftempel zum Heiligtum ist der Eingang zum Hochzeitssaal. Es ist meine Aufgabe, diesen Saal mit Gästen und Mitbeteiligten zu füllen, mit Brüdern und Schwestern, die mit den weisen Jungfrauen sagen dürfen: "Wir gehen dem Bräutigam entgegen."

Und alle, die den Hochzeitssaal, worin die "Chymische Hochzeit" gefeiert wird, betreten, müssen das Zeichen auf der Stirn vorweisen, das Merkzeichen des Menschensohnes, die Signatur des wahren Geistesschülers, das Kennzeichen der wahren Kindschaft. Denn es handelt sich darum, ob ihr den "Feigenbaum von Gut und Böse" in den "Baum des Lebens" umgestaltet.

Und dies zum Abschluss, was uns nun wieder zur jüdischen Kabbala zurückführt: In der heiligen Sprache ist ein Jude nicht unbedingt ein Israelit im Sinne einer Nationalität, doch ein "Sohn des Löwen", ein Gotteskind, ein berufener "Sohn Gottes". Das führt uns zur Erzählung im Johannes-Evangelium: Als *"(...) Jesus Nathanael zu sich kommen sah, sprach er von ihm: 'Siehe, ein rechter Israelit, in welchem kein Falsch ist!' Nathanael sprach zu ihm: ' Woher kennst du mich?' Jesus antwortete und sprach: 'Ehe dich Philippus rief, da du unter dem Feigenbaum warst, sah ich dich!' Nathanael sprach: 'Rabbi, Meister, du bist Gottes Sohn, du bist der König von Israel.'"* Also ist Nathanael der Schüler, der den Prozess der Transfiguration angefangen hat und das Merkzeichen (man könnte dies auch seine "Aura" nennen) davon an und in sich trägt. In ihm ist also kein Betrug. Und ihm erblüht ein beginnendes neues Bewusstsein, mit dessen Hilfe er die "rettende Bruderschaft" als solche zu erkennen vermochte.

So hoffe ich, dass auch ihr bald unter dem Feigenbaum gefunden werdet und man auch euch als den "siebenfach gekrönten Sohn" (was natürlich auch die "Tochter" meint) der Schlange bezeichnen darf.

O Gott aus Gott,
aus dem und durch den und zu dem alle Dinge sind,
wir loben und preisen deinen Namen
bis in alle Ewigkeit!
Amen – Om

II. TEIL

DER KOSMISCHE BAUM DES LEBENS

DIE JÜDISCHE TRADITION

Der jüdische Mystiker, so erfahren wir aus zeitgenössischer Literatur, der unbeschadet durch den "gefährlichen Irrgarten", als den der Weg, der zur Kabbala führt, auch bezeichnet wird, gelangt - er kann also sein spirituelles Selbst gänzlich mit den psychischen und ethischen Werten beibehalten -, geht so lange suchend weiter, durch alle weltlichen Verlockungen und Erscheinungen hindurch, bis er jenen schattenlosen Ort erreicht, auf dem "der Baum" steht. Hier angekommen weiß er, dass er nun die Möglichkeit besitzt "aufzusteigen". Er hat das Tor zum "Pardes", zum Paradies, passiert und die Stufen des Aufstiegs (also der Jakobsleiter) überwunden, die direkt zu Gott führen. Es ist jener Ort, an dem der "wahre Baum" wächst.

Auch nach der kabbalistischen Lehre stehen **Gedanke**, **Tat** und **Ziel** in direkter Beziehung zu **Geist**, **Körper** und **Seele**, die es nun zu verfeinern gilt, damit man Gott immer ähnlicher werden kann. Der Kabbalist tut dies so lange, bis er wirklich Gott gleicht, nach dessen Bild er einst erschaffen wurde, was er wörtlich nimmt. Dazu muss er so strahlend und rein werden, dass er nichts außer Gott widerspiegelt. Und je göttlicher er wird, umso mehr scheint Gott durch ihn hindurch. Es heißt, dass die dann stattfindende

Vereinigung mit dem Absoluten gleichgesetzt werden kann mit dem Begriff "Gleiches zieht Gleiches an".

Die Arbeit am eigenen Selbst gleicht dem "ersten Ast" des OTZ CHI'IM. Die gesamte "geoffenbarte Welt" bildet das Zentrum der kabbalistischen Bemühungen um Erkenntnis, der da zugehören die Erde, die Sterne, die Menschen, die Gewinnung ihrer Nahrung, alles Leben uneingeschränkt. Das ist die Erfahrung von ASSIAH.

Mit der fortschreitenden Verfeinerung der Sinne wird man die "zweite Welt", JETZIRAH, mit ihren englischen Wesen erfahren und mit deren Farb- und Klangwelten kommunizieren können, bis man schließlich über den Übungsweg der DEVEKUT die nicht-manifestierte Ebene seines Bewusstseins erfährt. Es ist diese DEVEKUT ein sich langsam fortsetzender Erfahrungsprozess, die eigentliche "Arbeit am innewohnenden Selbst" des Kabbalisten. DEVEKUT heißt "das Anhangen an Gott" im Sinne einer "jichud" (= Bindung), was einen unlösbaren Prozess der Verschmelzung meint, also den höchsten Zustand, den menschliches Bewusstsein erreichen kann.

Nach der größten kabbalistischen Schule des Abraham Abulafia "*... muss der Geist mit seiner Unterscheidungsfähigkeit geschult werden und sollte in direkte religiöse Erfahrung münden ...*" Aber dies darf nicht den "blinden Glauben" und die "Gläubigkeit an die alte Tradition" zur Folge haben, da solcher "Buchstabenglaube" keinen Freiraum für persönliche Gotteserfahrung lässt. Hier erkennt man, wie weit die Kabbalisten sich vom orthodoxen Judentum entfernt haben, was im Umfeld der Diaspora leichter möglich war, da die Einflüsse anderer mystischer Strömungen, wie zum Beispiel des Sufismus, des Hinduismus und Buddhismus, zu diesen Erkenntnissen führen konnten. Hierfür liefern einige Details, davon wir nun eines betrachten wollen, den Beweis.

Die **Reue**, eine grundlegende jüdische Geisteshaltung, drückt sich in dem kabbalistischen Satz aus: *"Wenn man in seinem Innern bereut, muss auch im äußeren Leben solche Reue nachvollzogen werden!"* So löst im Judentum die "späte Reue auf dem Totenbett" nur Verachtung aus, weil dem nicht mehr die "Einsicht in die eigene Sünde" folgen kann, die umgehende Reue in Gedanken, Worten und Taten verlangt.

Von dem großen jüdischen Kabbalisten Bachja ben Joseph ist eine Geschichte überliefert, die ihre Wurzeln in einer Hindu-Geschichte hat. Nachfolgend zuerst die Hindu-Geschichte:

Einst kam ein Schüler zu seinem Guru und brüstete sich: "Ich habe zwölf Jahre nur zur Vervollkommnung meiner Siddhi-Fähigkeiten am Ufer des Ganges verbracht. Und eines Morgens war ich fähig, über das Wasser zu gehen, ohne meine Füße zu benetzen." Aber der Guru blickte ihn traurig an und antwortete: "Wie schade um die vergeudete Zeit. Du hättest den Fährmann darum bitten können, dich für den Lohn einer einzigen Silbermünze hinüberzurudern!"

Rabbi Bachja ben Joseph überhöhte diese Geschichte in der weisen Art der Chassidim: Ein reicher Reisender kam an einen Fluss, über den keine Brücke zum anderen Ufer führte. Da nahm er aus seinem Reisegepäck einen großen Beutel voll Münzen in der Hoffnung, auf ihnen gehend unbeschadet zum anderen Ufer zu gelangen. Er warf die Münzen also ins Wasser, aber als er auf seine "Brücke" treten wollte, stellte er fest, dass, außer einer, alle Münzen auf den Boden gesunken waren. Unter großer Mühe gelang es ihm, diese eine zu bergen, mit der er einen Fährmann bezahlte, der ihn ans andere Ufer ruderte. "Seht", so sagte Rabbi ben Joseph, "so steht es mit der Reue, sie ist wie diese letzte Münze. Auch wenn alle Schätze des Lebens verloren sind, so wird sie uns allein aus dem trüben Wasser helfen!"

Der OTZ CHI'IM (Lebensbaum) versinnbildlicht also auch die Emanation von Gottes "Eigenschaften" in die sichtbare Welt des Menschen. Der jüdische Kabbalist begreift ADAM KADMON, den Urmenschen, als "Imitation Gottes", und da solche "Imitatio" den Menschen schließlich zur Erkenntnis Gottes würde führen müssen, müssen nur die eigenen innewohnenden Eigenschaften, für die der "Baum" eine Entsprechung liefert, vervollkommnet werden. Und somit unterhält er einen ständigen, in kontemplativer Innenschau aufgebauten Fluss zwischen der Krone (KETHER) und der Weisheit (CHOCKMAH) in seinem Denken und in seinen Handlungen.

Das Verstehen (BINAH) ermöglicht es ihm, gegen die "Weltlichkeit" anzutreten. Und so kann er sich - indem er sich seinen Körper als den OTZ CHI'IM *ein-bild-et* - die rechten und die linken "Zweige" (Säulen) als die weiblich-negative und die männlich-positive Energie, als Aspekte seiner selbst vorstellen und sich auf diese Weise durch "Ausweitung des Seinszustandes dem ganzen Universum mitteilen".

Die Krone (KETHER) vertritt also den neutralen Aspekt dieses Seins und schwebt über allem Geschaffenen. Und so nehmen erst die darunterliegenden Sphären Farbe, Geschlecht, Form und Klang an. Wenn er seine Aufmerksamkeit nun beispielsweise auf die Sphäre der "liebenden Freundlichkeit", auf CHESED, mit der entsprechenden Farbe Blau lenkt, fernerhin zu dem zugehörigen "Engelwächter" sowie auf das Gebet zum Gottesaspekt, dann entsteht in ihm jene Form, die sich in jeder gewünschten Lebenssituation als wirksam erweist und in die er nun sein Erbarmen fließen lassen kann.

Es bedarf nur eines kurzen Augenblicks, um den Übergang zwischen den kontemplativ erschauten Bildern und der daraus erfolgten physischen Wirkung zu bemeistern, bis schließlich zwischen Kontemplation und gewöhnlichem Handeln kein Unterschied mehr feststellbar ist. Er wird durch diese Erfahrung zu einer Einheit mit den Eigenschaften, die KETHER, CHOCKMAH, BINAH, CHESED repräsentieren. Aber solange er noch nicht zur totalen "asketischen Isolation" bereit ist, muss der jüdische Mystiker die entgegengesetzten Energien (Gegensätzlichkeit der Sephiroth-Paare) erst einmal auf den "Baum" seines Körpers sowie aufeinander abstimmen.

So entstammen beispielsweise gemäß der jüdisch-kabbalistischen Auffassung aus der "Sphäre des Gerichts" (GEBURAH) auf der weiblichen Seite alle sexuellen und aggressiven Impulse. Nun versteht es ein jüdischer Mystiker, diese Gegebenheiten nicht einfach zu unterdrücken oder zu ignorieren, da er durch die Schulung am "Baum" gelernt hat, seine polaren Gegensätzlichkeiten in einer tatsächlichen, jedoch "geheiligten Ehe" und in tatsächlicher aber "heiliger Arbeit" zu integrieren. Ehelosigkeit ist ein im Judentum völlig unmöglich erscheinender Weg, da eine Sublimierung der Triebe auf diese Weise als nicht möglich erachtet wird. Aber die Ehe muss im "geheiligten Zustand der Segnung der Partner" vollzogen werden. Nachdem es ihm auf diese Weise also gelungen ist, körperliches Verlangen in spirituelles zu integrieren, kann er die Triebe nun vollkommen auf Gott ausrichten und sie auf diese Weise auf die rechte, männliche Seite (CHESED), die "liebende Freundlichkeit", binden. Und erst diese Stufe der "jichud" (= Bindung), die er sich nach langer, strenger Praxis erwirbt, befähigt ihn nun, nicht nur sich selbst, sondern auch Schüler zu Gott zu führen. Ein solcher Mystiker ist in der Lage, die großen kosmischen Zyklen zu erkennen, für die ihm sein Körper als das Abbild des OTZ CH'IM (Lebensbaum) das Vorbild liefert.

Jede göttliche Eigenschaft beherrscht eine andere Tageszeit. Wenn ein Kabbalist nun in mystischer Versenkung seine geistige Konzentration zur Zeit des Schlafengehens auf die Eigenschaft "Souveränität" im Sinne von "Herrschergewalt" richtet, so übergibt er sich voll und ganz dem "Herrscher der Nacht", steht um Mitternacht auf, führt die rituellen Waschungen aus und meditiert über das spirituelle Wesen der "göttlichen Braut", wie sie ihm in der Thora entgegentritt, die Shekina. Bevor er dann zur Synagoge geht, richtet er seine Aufmerksamkeit auf die "drei Patriarchen" als seine "inneren Herrscher": ABRAHAM, verkörpert in CHESED, ISAAK, verkörpert in GEBURAH, und JAKOB, verkörpert in TIF'ERET. Im Folgenden koordiniert er die inneren Bilder solcher Erfahrungen mit den entsprechenden Körperteilen und gleichzeitig mit den Entsprechungen der Synagogenliteratur, der Thora. Dies gibt einen Überblick über den Grad des Konzentrationsvermögens des Schülers, genannt "Kawwana".

Nach Beendigung der kabbalistischen Lehrzeit ist die Individualität des Schülers so weit "ausgelöscht", dass sein persönlicher Lebensradius von dem des unpersönlichen Universums nicht mehr abstrahiert werden kann. So benutzt der jüdische Kabbalist die von der Thora auferlegten rituellen Pflichten, um die alltägliche Welt zu überwinden und sein Leben als einen einzigen Blick ins Universum zu begreifen - oder es in diese "Schau" zu transformieren.

Ein auf diese Weise erlebter Tagesablauf geschieht immer in Übereinstimmung mit dem Lauf der Gestirne, so dass der Kabbalist an den jeweils vorherrschenden Planetenaspekt gebunden ist. Diese "jichud" gilt als einzige Methode, durch die der Mensch sich *"allezeit an die Heiligkeit zu binden versteht, (...) so dass die Krone der Shekina, die Gegenwart des lebendigen Gottes, sich niemals mehr von seinem Kopf entferne ..."*.

DIE JÜDISCHEN WURZELN DER CHRISTLICHEN KABBALA

Unterschiede zwischen jüdischer und christlicher Kabbala ergeben sich in der Praxis und Anwendung kabbalistischer Rituale, ferner bei den verschiedenen Meditationstechniken, in der Sichtweise des "Göttlichen im Sohn, dem Christus", bei den Invokationen, dem "Binden der Sphären" (Sephiroth), der "Erfahrung und Rezitation der göttlichen Namen" beziehungsweise ihrer Attribute und so weiter.

Es gibt in der gesamten jüdischen Mystik und Literatur nur wenige Gelehrte, die sich auf die Urtradition berufen, also eine Tradition, die älter sein könnte als die Thora. Dieses Festhalten und Beharren auf der Thora hat überhaupt dazu geführt, dass sich ab dem 12. Jahrhundert etwa christliche Esoteriker für die Kabbala als ein Instrument, christliche Inhalte darzustellen, zu interessieren begannen, da die Thora, zwar ein Teil des Alten Testaments, von der Kirche niemals als Teil der eigenen religiösen Tradition anerkannt wurde.

Viele christliche Kabbalisten und die Rosenkreuzer befanden sich stets auf einem merkwürdigen Scheidepfad zwischen Kirche und Esoterik - zwei Bereiche, die ja aus wohlbekannten Gründen nie zusammenfinden konnten. Dieses Versteckspiel geschah bis zum Anfang des 18. Jahrhunderts unter dem Druck der Inquisition. Später, nachdem die Scheiterhaufen zwar verglüht waren, reichte der Arm des Gesetzes immer noch weit genug in den privaten Bereich braver Bürger hinein und konnte sie mit schrecklichen Drohungen für Leib und Seele, denen oft genug schreckliche Taten folgten, in Angst und Schrecken versetzen.

Dies bildete eine Plattform für die merkwürdigsten Ausformungen, sowohl der Kabbala als auch der Alchemie und anderer esoterischer Richtungen. Gab es schon unter den jüdischen Kabbalisten kaum Einigkeit in der Auslegung der Thora und in der kabbalistischen Praxis, so trat mit dem Erscheinen der christlichen Esoteriker, die die Kabbala und die Alchemie für sich entdeckten, neben großen Weltweisen und Mystikern eine Vielzahl merkwürdiger Gestalten auf den Plan. Bald trieben seltsame Blüten am Baume des Lebens und führten ein kümmerliches Dasein - die Kette dieser Erscheinungen reichte bis hin zur Gründung und baldigen Wiederauflösung des Ordens des *Golden Dawn*, der einen letzten "Höhepunkt" in diesen Bemühungen um die "Wiederherstellung alten Wissens" darstellte - die den Speisezettel des Molochs, der diese Gewächse nach kurzer Blütezeit auffraß, immer wieder um eine Varietät bereicherte.

Der *Golden Dawn* hat nachhaltig, bis in die heutige Zeit, viele auf der Suche nach ihren Wurzeln und dem Urwissen beeinflusst. Das Wissen, das dort zur Verfügung stand und mächtig rosenkreuzerisch aufgebläht wurde, beruhte im eigentlichen Sinn hauptsächlich auf der Schule des Abraham Abulafia aus dem 12. Jahrhundert, wenngleich die nicht in der jüdischen Tradition und nicht im Sinne des "wahren Rosenkreuzes" erzogenen Gründer und Verwalter des Ordens kaum verstanden, wovon sie sprachen und was sie lehrten. Die dort entwickelten Techniken, vor allem die "Vibrationsmethoden" für die göttlichen Namen und die "Pentagrammrituale", haben viele Menschen in Abhängigkeit zu wenig freundlichen Wesenheiten gebracht, was auf "Fehlschaltungen im Leitsystem" beruhte und was fernerhin die Gefährlichkeit solcher Operationen in Unkenntnis der wahren Magie beweist.

Erst seit der Rehabilitation, die Abraham Abulafia von jüdischer Seite erfuhr, wird nach und nach deutlich, welches die Quelle vor allem der christlichen Gelehrten der Kabbala war. Interessant ist diese Quelle, nämlich das, was auf Abraham Abulafia zurückdatiert. Dabei drängt sich natürlich die Frage in den Vordergrund, woher er, aus der sephardischen Tradition kommend, sein Wissen erhalten hat. Aber es mag uns genügen, wenn die Antwort auf die "Quelle allen Wissens" weist, die er in seiner prophetischen Schau angezapft hatte. Man kann auch sagen, dass er wissend in diese Welt kam als einer, der schon einmal im Besitz dieses Wissens war.

Der jüdische Streit um die "rechte Auffassung des Gesetzes", seit jeher ein Synonym für Gelehrtendisput, wurde bei den europäischen Kabbalisten, vor allem im mittelalterlichen Spanien, ebenso heftig ausgefochten, wie die katholische Kirche ihre "Ketzer" und sonstigen Abtrünnigen verfolgte und erbarmungslos in den Feuertod am Scheiterhaufen trieb. Auch die mittelalterlichen Bewahrer der jüdischen Tradition bedienten sich oft der "Strafe vermittels Tötung", nicht selten unter Zuhilfenahme der Schergen der römischen Kirche (auch wenn davon heute keiner mehr etwas wissen will), wenn der Thora in ihren Augen "Gewalt" angetan wurde und kabbalistischer Freigeist in höhere Bereiche vorzudringen versuchte. Dennoch konnten sich gerade in dieser Zeit in Europa wichtige Schulen der Kabbala formieren, von denen die faszinierendsten jene des erwähnten Abraham Abulafia sowie jene des Bachja ben Joseph waren, die das System der Kabbala, die bis dahin gültigen Inhalte auf eine völlig neue Basis stellten, die auch heute noch, wie wir schon feststellten, einen wichtigen Rahmen nicht nur für jüdische Kabbalisten bilden. Vieles, was später von den christlichen Anhängern der Kabbala als "neu entdeckt" und "nicht jüdisch" galt, geht in Wirklichkeit auf diese beiden jüdischen Mystiker aus dem 12. Jahrhundert zurück.

Es kann nicht geleugnet werden und war zu dieser Zeit auch gar nicht anders möglich, dass die mystisch orientierten Kabbalisten des mittelalterlichen Spaniens von der abendländischen Wiege der Kabbala, vor allen Dingen von muslimischen Sufi-Mystikern, beeinflusst waren. Das führte dazu, dass die bisherige strenge orthodoxe Praxis "von innen her", wenigstens im Bereich der Kabbala, aufgeweicht werden konnte. Die bisher buchstabengetreu gelebte jüdische Ethik wurde nun esoterisch überhöht. Aus totem Buchstabenglauben wurde eine lebendige Symbolsprache.

Die gesetzestreuen Juden leugneten stets die esoterisch-spirituellen Inhalte der Thora. Ihr einziges Anliegen bestand von jeher darin, das Gesetz auszulegen und nach allen Richtungen zu deuten, aber es waren und blieben nur tote Buchstaben und uralte Geschichten, morsche Wurzeln, die gar nicht mehr in der Lage waren, einen "Baum" zu tragen und zu nähren. Sogenannte Kirchenchristen brauchen allerdings nicht die Nase zu rümpfen, auch ihre eigene religiöse Praxis ist heute noch identisch mit dem jüdischen Vorbild.

Wie wir schon am Beispiel des "Ehezwangs" erkennen konnten, blieb das Judentum auch im orthodoxen Bereich praktisch und in bestimmter Weise weltzugewandt. Die Kabbalisten aber brachten noch eine Steigerung in dieses Konzept, sie wussten die kontemplative Askese des Ostens mit der praktischen Seite des Judentums aufs harmonischste zu verbinden. Eine Lebensauffassung, die auch den christlichen Mystikern sehr entgegenkam, die die Leib- und Lebensfeindlichkeit der römischen Kirche als Instrument der Machtausübung auf die "armen Seelen" erkannten, die nicht teilhaben durften am "Brot, das zu sättigen vermag", also am spirituellen Leben, sondern in einem durch Zwang auferlegten, beständigen

"Schauen auf die Sünde" ihr Leben unter der Knute der kirchlichen Moralwächter fristen mussten.

Die jüdischen Mystiker hatten natürlich ebenso viele Schwierigkeiten bei der Durchsetzung ihrer Schulen, wir hörten schon davon, da auch hier die Gesetzestreuen den Rahmen vorgaben (und noch immer vorgeben), innerhalb dessen jüdisches Leben praktiziert werden musste. Und es ist allgemein bekannt, dass die strengen Rituale des Judentums die kirchlichen um ein Vielfaches übertreffen, man denke dabei nur an die "Pflicht zur Heiligung des Sabbat".

Der große Unterschied zum verknöcherten orthodoxen Judentum bestand in der Ausformulierung des religiösen Gebotes, das der Mystiker Bachja wie folgt an seine Schüler weitergab: *"Der Geist muss mit seiner Unterscheidungsfähigkeit die direkte religiöse Erfahrung und nicht den blinden Glauben oder die Tradition bestätigen."* Dies wurde natürlich als ein Angriff auf eben diese Tradition verstanden. Vor Verfolgung schützte ihn nur sein hohes Richteramt, das er in Saragossa bekleidete, und so sind seine wunderbaren Lehren auf die kabbalistisch-mystische Nachwelt gekommen, von denen natürlich die christlichen Mystiker im Besonderen zu zehren vermochten. Der schon erwähnte Abulafia hatte weniger Glück. Er wurde verfolgt, durch ganz Europa gehetzt, in Rom von der Kirche auf Anordnung des Papstes, den er bekämpfte, gefangen gesetzt, von den Franziskanern befreit, später von den orthodoxen spanischen Juden gefangen genommen, aber auch hier auf wundersame Weise befreit, so dass es ihm doch noch möglich war, seine Schule zu einem geistigen Treffpunkt zu machen. Und so konnte auch seine großartige Lehre der Nachwelt erhalten bleiben. Auf diese beiden großen Mystiker im Besonderen, aber auch auf den großen Rabbi Akiba und auf einige andere, nicht minder aus ihrer Innenschau Schöpfende reicht also die Hauptströmung der mittelalterlichen Kabbala zurück, deren

Weisheit heute noch ebenso gültig ist wie vor neun oder mehr Jahrhunderten. Sie trägt deutlich den Stempel Shambhalas.

Sowohl im Judentum als auch innerhalb des christlichen Lebens bilden die Kabbalisten also eine kleine Gruppe von Außenseitern. Und dies zeigt auch die traurige Bilanz, die wir aus dieser Tatsache ziehen müssen: Das Wissen um die wahren esoterischen Inhalte der überlieferten traditionellen Lehre ist nach wie vor nur wenigen zugänglich. Und wenn ihr ferner bedenkt, dass die Schriften Sai Babas keinen anderen Sinn haben, als das esoterische Wissen des Hinduismus wieder aufzuzeigen und als lebendige Erfahrung allen zugänglich zu machen, so lässt sich dies auf die allgemeine spirituelle Situation auf der ganzen Welt übertragen. Überall bilden die Mystiker die Außenseiter.

Die fundamentalistischen Strömungen aber haben einen seit den Zeiten des Nationalsozialismus nicht mehr gekannten massenhaften Zulauf zu verzeichnen. Nichts ist leichter bei den Menschen zu erwecken als der Nationalismus. Und mit keinen anderen Parolen ist die Masse mehr bei der Stange zu halten als mit jenen, die die eigene Kraft, das eigene, für das Vaterland zu vergießende "Blut" besingen. Wenn man indes tiefer schaut, erkennt man darin ein unbändiges Verlangen nach dem Numinosen, das sich auf diese Weise, eingebunden in solche Scheinreligion, Bahn bricht. Damit unterscheiden sich diese fundamentalistischen Fanatiker im Grunde nicht von den mystischen Ekstatikern, den Chassidim und Kabbalisten. Es bedarf nur jener Erkenntnis, die die Masse anzurühren versteht, und damit also eines "Führers", der die Sehnsucht des Einzelnen in der Masse **in die richtige Bahn zu lenken** versteht. Dies wird und muss die Aufgabe des MANU sein.

So wollen wir uns wieder unserem "Baum des Lebens" zuwenden. Wie wir also gehört haben, bildet dieser seit dem Mittelalter das

zentrale Bild der kabbalistischen Meditation. Man versenkte sich in seine zehn Sephiroth und in die göttlichen Attribute, die diese beinhalten. Der "Baum" mit seinen "inneren Lichtern", die sich über bestimmte Farben ausdrückten, und den göttlichen Namen und Ebenen, über die er herrscht, bot einen nie auszulotenden Born der Versenkung. Die "Meditation über die Sephiroth" glich der Annäherung an das "letzte Ziel".
Die jüdischen Mystiker sagten:

"Also Gott Israel die Thora gab,
öffnete Er ihnen die sieben Himmel,
und sie sahen, dass dort in Wirklichkeit nichts weiter war
als Seine Herrlichkeit.
Er öffnete ihnen die sieben Erden,
und sie sahen, dass dort nichts war
als Seine Glorie.
Er öffnete ihnen die sieben Abgründe,
und sie sahen, dass dort nichts war
als Seine Herrlichkeit.
Meditiere über diesen Sachverhalt
und du wirst verstehen,
dass Gottes wahres Dasein mit allen Welten
verbunden und verkettet ist
und dass alle Formen der Existenz
miteinander verbunden und verflochten sind,
*aber aus Seinem wahren Dasein ausgehen!"**

(Hier haben wir auch wieder die Siebenheit von Shambhala.) Und eingebettet in diese Erkenntnis ging der Mystiker nun daran, "den Baum emporzusteigen", sich den Welten zu stellen, die Verbindung

* Dieses und alle nachfolgenden Zitate aus dem *Sohar* aus: Ernst Müller (Hg.), *Der Sohar, das heilige Buch der Kabbala,* © 1998, Diederichs Verlag, München, in der Verlagsgruppe Random House GmbH

zu seiner eigenen Person anzuerkennen und somit zur Erfahrung des Göttlichen in seinem Inneren zu kommen, auf dem das ganze Schema (be-)ruht.

Die Sphäre der Herrschaft (MALKUTH) repräsentiert unsere materielle Welt. Begründung, beständige Dauer und Majestät (JESOD, NETZACH und HOD) versinnbildlichen die prämanifeste Welt des Geistes. Schönheit, liebende Freundlichkeit und Gericht (TIFÈRET, CHESED und GEBURAH) bilden die Welt der Schöpfung. Die Welt von Weisheit, Verstehen und Krone (CHOCKMAH, BINAH und KETHER) bildet den Bereich der göttlichen Immanenz (des Innewohnens).

Wenn der Mystiker im Geist zu dieser Quelle "hinaufsteigt", durchquert er gleichzeitig Myriaden von Universen, die in den zehn Sephiroth enthalten sind, ebenso wie die vier archetypischen Welten, die siebzig göttlichen Namen und die zahllosen "Gesichter" auf dem Baum. Alles dies verdichtet sich im *Sohar*, dem "Buch des Glanzes", dem Leitstern aller jüdischen visionären Werke. Dieses umfassende Kompendium von Geschichten dechiffriert, wie moderne kabbalistische Literatur dies bezeichnet, die "esoterische Thora" *"... und liefert dem Schüler eine Landkarte der visionären Landschaft, die er auf dem Baum erforschen kann. Und er wusste (und weiß), dass er, sobald er das Buch öffnet, hineinblicken kann in das ganze Universum ..."* Wir wollen, da es uns hier zu weit führen müsste, den *Sohar* nicht weiter untersuchen.

DIE GESCHICHTE DES ERZENGELS METATRON

Bei der Betrachtung der Erzengel wurde deutlich, dass sie als die "ersten Emanationen Gottes" bezeichnet werden, man könnte auch sagen, als das erste Antlitz Gottes, das sich den Menschen, wenn auch aus unendlicher Höhe, zuwendet.

Die Geschichte des Erzengels METATRON nach der Überlieferung der Chassidim indes zeigt, dass es sogar einem Menschen möglich sein kann, in diese unbeschreibbaren Höhen, in die "Welt von BRIAH", aufzusteigen, sofern er gelernt hat, über den "Weg des Baumes" und durch die Überwindung aller Hindernisse in jene Bereiche vorzudringen. So mag diese apokalyptische Legende symptomatisch sein für die Tiefe der Erfahrungen, die eine Versenkung in den "Baum" dem Schüler auf der letzten Stufe ermöglicht.

Des Weiteren wird daraus ersichtlich, dass die Erzengel in derart personifizierter Form nichts als Versuche darstellen, göttliche Emanationen erfahrbar zu machen. Das wahre Wesen dieser "Ströme göttlichen Lichts" ist nur über die Versenkung in ihre Natur zu erfahren, durch die Vibrierung ihrer göttlichen Namen, das allmähliche Eindringen in ihre Ebene, was nur durch die Überwindung aller Hindernisse in ASSIAH und das Erfassen und Verlassen der Ebene von JETZIRAH möglich ist. Wer aber vermag dies in einem normalen Leben zu vollbringen?

Hier also die Geschichte von HENOCH, der zu METATRON wurde. Henoch war der Urgroßvater Noahs. Er beobachtete die Natur in ihren kleinsten Details und war dadurch mit dem Zyklus der Jahreszeiten so verwachsen, dass er keinerlei Angst mehr vor dem Tod empfand. Nachdem er sich auf diese Weise in die Schöpfung versenkt hatte, lebte er in so vollkommener Übereinstimmung mit den göttlichen Geboten, dass er zu Einsichten gelangen konnte, die über die eines jeden anderen Menschen weit hinausgingen.

So schreitet er allmählich von der gemeinschaftlichen zur eremitischen Lebensweise voran, in der nun Einsamkeit und Gebet sein inneres Auge für die Welt der Engelwesen öffnen. Bald ist er in der Lage, zwischen der Welt der Menschen und dem himmlischen Reich mühelos hin- und herzuwechseln. Er wirkt als göttlicher Bote und ermahnt die Menschheit, sich von ihren weltlichen Beschäftigungen ab und spirituellen zuzuwenden. Dank seiner hochentwickelten psychischen Fähigkeiten kann er die göttlichen Mysterien direkt von den Lippen der Engel ablesen. Indem er nun die fünf Sinne anhand einer Reihe feinsinniger Metaphern der Reihe nach anführt, ersteigt er hohe Berge, überquert Kristallströme und durchwandert auf seiner "Reise nach Osten" (!) himmlische Hallen. In einem namentlich nicht erwähnten "Land des Geistes" findet er duftende Pflanzen und Kräuter, er nennt es das "Land der Wohlgerüche". Im "Norden" wird Henoch von einem überweltlichen Unwetter überrascht, aber nicht überwältigt, was eine Folge seiner immerwährenden Meditation über KETHER war, so berichtet die Überlieferung.

Am Ende seiner Wanderung betritt er die Kammern des himmlischen Palastes, dessen Bewohner, der "erste Rang der Engel", ihn in die astronomischen Geheimnisse einweihen und ihn in das göttliche Attribut "Verstehen" einführen, das durch ein "weibliches Wesen auf dem Thron" (die Königin und Mutter in BINAH, wohin er also nun gelangt war) personifiziert wird. Als er noch weiter forscht, begegnet er dem "kleinen Angesicht Gottes" (dargestellt in CHOCKMAH): *"Hier sah ich einen, der hatte ein Haupt aus Tagen, sein Haupt war weiß wie Wolle, und bei ihm war ein anderes Wesen, dessen Gestalt das Aussehen eines Menschen hatte. Er war der Messias, und sein Gesicht war voller Anmut, wie das der heiligen Engel."*

Und er ist für noch höhere Bewusstseinszustände bestimmt. Nachdem er sieben Berge aus sieben verschiedenen Metallen (!) überquert hat, kommt er in ein Tal, das von Racheengeln bewohnt wird. Doch auch diese Rächer werden von seiner Heiligkeit schnell gezähmt, und sie lehren ihn die Geheimnisse von Licht und Donner, bevor sie ihn weitergeleiten.

Im "fünfhundertsten Jahr, im siebten Monat, am vierzehnten Tag seines Lebens" steht Henoch schließlich "von Angesicht zu Angesicht" vor dem "Alten der Tage auf Seinem Thron", der höchsten Vision, zu der ein Sterblicher gelangen kann. Sofort wird er lebendig in den Himmel getragen und in den Erzengel METATRON verwandelt. *"Und von diesem Tag an wurde ich nicht mehr unter die Menschen gezählt. Und ein Engel setzte mich zwischen die zwei Winde, zwischen den Norden und den Westen, wo die Engel die Schnüre nahmen, um für mich den Ort für die Erwählten und Gerechten auszumessen."*

Henoch-Metatron ist nun umgeben von den *"gesegneten Söhnen Gottes"*, den *"heiligen Kreaturen"*, deren Gesichter und Kleider so weiß und strahlend sind, dass sie ihn beinahe blenden, weswegen er auf sein Angesicht fällt. Dann ergreift ihn der Erzengel MICHAEL und trägt ihn noch höher, während er ihm alle Geheimnisse der sieben Himmel (!) offenbart. Und in seiner letzten Vision des

“Heiligen der Tage” ist HENOCH-METATRON von zehntausenden Seraphim, Cherubim und Ofanim umgeben und wird von den Kristallzungen des lebendigen Feuers gereinigt und fällt auf sein Angesicht: *“Und mein ganzer Körper entspannte sich, und mein Geist wurde verklärt, und ich schrie laut!”*

Mit der Verwandlung Henochs im Angesicht EHEYES, in dessen Sphäre (Sephira) KETHER er nun auf ewig als “Erzengel des Angesichts” verweilen darf, erreicht die jüdische Mystik den unermesslichen Gipfel der spirituellen Liebe, die die Reise an einem Ort enden lässt, wohin menschliche Sprache nicht folgen kann - *“... und ich schrie laut!”* Aber sie weist auch auf den von den Juden immer noch erwarteten “Messias” hin (der in sein Heiligtum kam, aber von ihnen nicht erkannt ward), den CHRISTUS in all seinen Aspekten, der Wohnung hat in CHOCKMAH. Der Weg zu EHEYE, dem “Alten der Tage”, dem “Unaussprechlichen”, führt also nur über ihn.

Wir begreifen, dass alle Darstellungen, die mit dem OTZ CHI’IM zusammenhängen, immer nur symbolischen Charakter haben. Dass aber die auf ihn projizierten Energien in vielen Jahrhunderten mystischer Innenschau eine ungeheure, verdichtende Potenz erfuhren, die bei der bloßen Nennung des entsprechenden Attributes ihre Wirksamkeit umgehend entfalten und auf den Schüler entladen.

CHRISTLICHE KABBALA IM SINNE MESSIANISCHER ERLÖSUNG

Für den christlichen Mystiker beinhalten diese möglichen Erfahrungen aber noch eine weitere Stufe, da er auf seinem kontemplativen Weg den "Weg des Kreuzes (hin) zur Erlösung" beschreitet, bei der er seinem Erlöser in Gestalt des CHRISTUS persönlich begegnen kann, der ihm nun den Weg weist zum VATER. Es sind hierin noch sehr viel tiefere Bilder enthalten, die wir eingedenk des Jesuswortes *"Niemand kommt zum Vater, denn durch mich"* betrachten wollen.

In der Überlieferung des Henoch wird an anderer, hier nicht erwähnter Stelle immer wieder von der "Furcht" berichtet, die dem jüdischen Menschen aufgrund der Unerlöstheit des Tetragrammatons einwohnt.

Ein "normaler" Christ, also jener, der nicht den kabbalistischen Weg geht, wird nicht die gleichen Erfahrungen wie der jüdische Bruder machen, denn er begegnet auf seiner Reise bereits dem "Erlöser", von dem er meint, dass dieser das "Erlösungswerk" nun für ihn vollbringen soll. Aber dieser schickt ihn zurück und heißt ihn den "Weg nach Golgatha" zu gehen, also "sein Kreuz auf sich zu nehmen", wodurch er zur Selbsterlösung schreitet. Der christliche Kabbalist aber geht den "Weg des Kreuzes", der Selbsterlösung aus innerem Antrieb heraus, und findet dann zu Christus, durch den "hindurch" er nun zum liebenden All-Vater, dem vom Sohn erlösten PENTAGRAMMATON, gehen kann.

Der chassidische Kabbalist erfährt in diesem Sinne (noch) keine "Erlösung". Kann dies möglich sein? Jeder jüdische Mystiker muss, um das *Opus Magnum* zu vollbringen, in seiner letzten Inkarnation den "Heilsweg in CHRISTUS" antreten, denn das ist das *Opus Magnum* des Meisters, des Herrn allen Lebens, sein Erlösungswerk an seinem Volk! Mag der Chassid auch in seinen Studien und geistigen Versenkungen noch so weit in das Mysterium des Göttlichen ein- und vordringen, die Erlösung aus der Gebundenheit des ADAM vermag er, wie alle anderen, nur durch den "wahrhaft erlösten Adam", den Ersten derer, die "zurückkehrten von ihrem Wüstengang und heimkehrten nach Shambhala", den "wahren Messias CHRISTUS" zu erlangen.

Man könnte sagen, dass die Messiaserwartung der Juden - wobei diejenige der Kabbalisten nicht zu vergleichen ist mit jener der orthodoxen Gläubigen - auch die tiefverwurzelte Sehnsucht nach der "liebenden Vaterhand" darstellt. ADONAI regiert ja immer noch mit unerbittlicher Strenge und Härte sein Volk. Nur dem jüdischen Kabbalisten ist es möglich, göttliches Wirken als den Ausdruck der All-Liebe im Verlaufe seiner in strenger ritueller Disziplin erworbenen Durchdringung des kosmischen Lebensbaums zu erfahren. Er wird von Sehnsucht getrieben, alle kabbalistischen Texte künden davon, dem Messias auf seiner Reise zu begegnen. Doch auch er begreift ihn nicht als Erlöser des - im jüdischen Geist noch gebundenen - Tetragrammatons, sondern er richtet seine Sehnsucht, wie jeder andere Jude auch, auf sein erlösungsbedürftiges Volk. So wird in dieser dialektischen, jahrtausendealten Sehnsucht nach "Befreiung" die tatsächliche Tragweite des jüdischen Schicksals begreifbar.

Natürlich wäre es schön, wenn man nun behaupten könnte, dass das Christentum, über jenen im Judentum erwarteten Erlöser längst "erhaben", aufgrund seiner Erlöstheit Vorbild wäre für alle anderen. So erscheint es nach der oben gegebenen Darstellung ungerecht, dass der jüdische Kabbalist und Chassidim in einer nicht beschreibbaren Selbstversenkung und ekstatischen Gottesliebe die höchsten Berge spiritueller Erfahrung erklimmen und doch nicht "am Ziel" sein sollte, während der lauwarme Christ, bar jeglichen spirituellen Engagements, nur im Hinblick auf Jesus Christus, der seine Sünden (keiner weiß, warum) schon vor zweitausend Jahren auf sich genommen hat, so mir nichts, dir nichts in den Himmel aller Erlösten sollte eingehen können. Vor solchen Trugschlüssen sei natürlich gewarnt. Der jüdische Kabbalist erwirbt sich tatsächlich die "Schlüssel des Himmelreichs", sein letztes Leben öffnet ihm dann wie von selbst die Tür und er erkennt den BRUDER ALS ERLÖSER SEINER SELBST, während der lauwarme Christ, noch ziemlich weit unten auf der Jakobsleiter stehend, nur mit sehnendem Blick auf das Tor hoch oben zu schauen vermag, wo der "Erlöser" in weltenweiter Zukunft auf ihn wartet, "*... umringt von jenen singenden und tanzenden, verachteten Frömmlern ...*".

So haben wir den Kreis geschlossen
und die Wahrheit jener Jesusworte
in unserem Innersten erschaut.
Ihr wisst nun, warum dieser Weg euch frei macht,
denn ihr habt verstanden,
dass euer Alltag, den Blick auf den VATER gerichtet,
jener "Weg des Kreuzes" ist,
von dem aus ihr "ins Paradies eingehen" könnt,
was bedeutet, die Herrlichkeit in KETHER,
geleitet vom "Herrn allen Lebens",
dem MESSIAS, zu schauen.

Und ich sage euch,
bleibt nicht stehen auf halbem Weg.
Es ist immer jemand an eurer Seite,
der euch hilft, euer Kreuz zu tragen,
der euch Dürstende labt mit dem "Wasser des Lebens"
und der "an eurem Kreuz steht und weint".

Nie seid ihr allein,
auch nicht in der dunkelsten Stunde eures Lebens.
Es schlafen nur eure "unwissenden Anteile" -
der Geist in euch bleibt wach
und auf den VATER gerichtet.
So geht der "Kelch" an euch vorüber,
und die Verheißung des
"Heute noch wirst du mit mir im Paradiese sein!"
wird euch zur Gewissheit!

HILFESTELLUNG ZUM UMGANG MIT DER KABBALA UND DEM LEBENSBAUM

Zunächst noch einmal wichtige Grundsätze. Wenn ein göttlicher Name angerufen (= "vibriert") wird, wird auf der mentalen Ebene gleichzeitig eine Vision (= ein magisches Bild) erzeugt. Entsprechend der vier Ebenen der Kabbala wird nun die jeweilige göttliche Energie, in der sich der Betende im Geiste bewegt, in seinem Geistkörper Form annehmen können. Der Weg führt immer nur Schritt für Schritt nach oben, von Engelreich zu Engelreich. Deshalb muss man erst zu den Ebenen in JETZIRAH gehen, die der Ebene von ASSIAH noch am nächsten sind. Dort begegnen wir den Heiligen, den Eingeweihten und jenen Vollendeten, die ihr Meister nennt.

Wie schon an anderer Stelle erwähnt, kann erst dann die nächste Stufe erklommen werden, um Kontakt zu den "einfachen" Engeln aufzunehmen, sie anzurufen. Über die "Fürsprache" jener Wesen, die einst auf der Erde lebten und die jetzt am "Ende der Jakobsleiter" als Helfer wirken und Versprechungen einlösen, und/oder die des Manu sind zunächst die unteren Engelreiche aufzuschließen. Diese wirken dann als Katalysator für die nächstgelegenen Reiche und so weiter. Diese Engel stehen den Menschen noch am nächsten, denn ihre Hierarchie ist mit derjenigen der Meister und Heiligen eng verwoben. Sie warten auf Anrufungen und Gebete, erhören diese, leiten sie weiter und geben Hilfe und Trost.

Der MANU wirkt im übertragenen Sinn - als Repräsentant der "Hierarchie" - in allen von der Kabbala benannten Ebenen gleichzeitig: Durch seine physische Verkörperung und zufolge seiner "Amtsausübung" in ASSIAH, seiner "Entwicklung" und "Stellung" wegen in JETZIRAH und durch seine Spiegelfunktion in BRIAH und ATZILUTH. Dadurch wirkt er unmittelbar durch die Qualitäten jeder einzelnen Sephira auf allen Ebenen, wenngleich sein Amt per definitionem nicht unbedingt in den kabbalistischen Kontext passt. Er bezieht sein Selbstverständnis, seine Autorität und die Grundlage seiner Lehre aus der uralten hinduistischen Geisteswelt - sein Kommen und das Amt des MANU stehen in dessen geistigem Kosmos. Sein weltweites Wirken hat seinen Anfang in der Erneuerung der indischen Gesellschaft und breitet sich von dort segenbringend über die ganze Welt aus.

Wie der Manu der Spiegel des Göttlichen ist, so ist Indien der Spiegel für die (von ihm) erneuerte Welt. Nur von Hinduismus und Buddhismus kann erwartet werden, dass sie - als "Prototypreligionen" für universelle Toleranz - die Basis für eine erneuerte Weltgesellschaft zu bilden vermögen. Im Abendland wird nur das "esoterische Christentum" überleben und mit der uralten Weisheit des Ostens einmal eine innige Synthese eingehen - unter Führung und Anleitung der "personifizierten Shakti-Shekina", des PREMA SAI (der nächsten und letzten der drei physischen Verkörperungen des Manu).

Ferner hörten wir, der höchste Name in jeder Sephira ist jeweils jener in der Ebene von ATZILUTH, der Welt des Geistes. Dieser Gottesname verkörpert das höchste Prinzip und herrscht über alle anderen dortigen Aspekte. Keine Sephira kann lebendig werden ohne die Anrufung des ihr zugehörigen Gottesnamens! Er schafft erst die Grundlage, auf der dann eine Weiterentwicklung möglich ist. Erinnert euch bitte immer dieser Gesetzmäßigkeit.

So ist es ab nun wichtig, die kabbalistischen Hierarchien zu kennen und sie zu verinnerlichen, wenn ihr die Inhalte (als Bestandteil eures spirituellen Wachstums) ernst nehmt und als Erfahrung in euer Leben integriert. Um Verbindung mit ihnen aufzunehmen, müsst ihr euch also (noch) an euren Lehrer als Vermittler und/oder an euren persönlichen Schutz- und Führungsengel und/oder an den MANU wenden.

Seit jeher gilt in Bezug auf Invokationen der Grundsatz, dass man die Ebene auch kennen muss, zu der man Verbindung aufnehmen will. Das bedeutet nichts anderes, als dass man über die Mentalkräfte und über das spirituelle Herz unmittelbaren Zugang zu den entsprechenden Ebenen erhält, indem man sich einfach für ihre segensreichen Energien öffnet und die innere Haltung eine bittende ist.

In jeder Sephira wirken die vier Ebenen:

ATZILUTH	=	der göttliche Aspekt, ausgedrückt im jeweiligen Gottesnamen der Sephira
BRIAH	=	der Erzengel und der "Chor der Engel"
JETZIRAH	=	die Planetenhierarchien und die Engelkräfte, die Heiligen und Vollendeten als direkte Vermittler
ASSIAH	=	die Engel des Naturreiches und der Naturkräfte als Repräsentanten der Erde und der physischen Elemente

Erinnert euch immer der Tatsache, dass sich die Hierarchien zwar in einer bestimmten Sephira (be-)finden, dass man aber nicht sagen kann, sie sind die Sephira. Vielmehr handelt es sich um ein bestimmtes Attribut, das in der jeweiligen Sephira angesiedelt ist.

DIE BEDEUTUNG DER DEVEKUT

Die Thora lehrt, DEVEKUT bedeutet nicht die Auflösung des Menschen in Gott in einer anderen Welt. Devekut bestärkt die Berufung des Menschen in dieser Welt vor Gott und den Menschen - und das besagt, er muss beiden dienen. Der Mensch, der die Devekut lebt und seine Aufgabe in deren Sinn erfüllt, erhält von Gott das Privileg, die Freude der "oberen Welt" bereits in dieser Welt zu kosten. Devekut ermöglicht es dem Menschen, die wahre "obere Welt", den OLAM HABA, dorthin zu holen, wo er sich befindet. Und je mehr er in das Wesen Gottes durch das Studium des Gesetzes (Thora) eindringt, wird er von den Lichtern der "oberen Welt" schon erfasst. Durch seinen Wunsch, OR AIN SOPH - das Licht des Unendlichen - zu schauen, ermöglicht ihm die Devekut, dessen ersten Schimmer zu empfangen. Er lebt auf immer in der unmittelbaren Nähe zu Gott, schon fast vollständig "in Gott", und da die SHEKINA in ihm gegenwärtig ist, hat Gott in Wahrheit schon Wohnung in ihm. Er wird von den Strahlen der SHEKINA, der Herrlichkeit von Gottes Gegenwart überflutet. Dies entspricht dem Luz-Prozess des Kabbalisten, und Luz entspricht wiederum der Kundalini.

Wir wollen das "Gesetz" nicht unbedingt im Sinne der jüdischen Thora interpretieren, aber die Essenz jener Weisheit, mit der die

Thora den Devekut beschreibt, hat auch für uns absolute Gültigkeit in Bezug auf den "Dienst", der zuerst immer ein **Dienst am Allernächsten**, dann **am Nächsten** und im Weiteren **an der "Welt"**, dem OLAM, ist. Nur durch solchen Dienst erwerben wir uns den Zutritt zum OLAM HABA, der himmlischen Welt, was im Sinne unserer Deutung das Tilgen "karmischer Schuld" bedeutet. Dessen eingedenk verrichten wir auch unseren "Lichtdienst" (die geistige Arbeit unseres Freundeskreises für Verstorbene), ohne auf die Früchte zu schauen. Devekut ist einfach "Dienst um des Himmelreichs willen". Also nicht, um für das Ego eine Heimstatt zu schaffen, sondern um die Seele in die Herrlichkeit der SHEKINA eintauchen zu lassen. Auch euer "Lichtdienst" und "Heilkreis" sollte als reine Devekut verstanden werden.

DIE DREI FUNDAMENTALEN MENSCHLICHEN PRINZIPIEN

Die Kabbala lehrt, dass der Mensch in seiner Konstitution das ganze Universum widerspiegelt. Darum wird er auch Mikros oder Mikrokosmos genannt, also die kleine Welt, im Gegensatz zum Makros oder Makrokosmos, der Welt des Universums. Wir haben gehört, dass der Mensch zwar ein Abbild des Universums ist, doch dass sie nur analoge, nicht aber gleichartige Prinzipien darstellen.

Auch alle Mystik geht von Analogie als dem einzig Begreif- und Beweisbaren aus, da im Menschen wie auch im Universum alles dem "einen Gesetz" folgt und sich deshalb alles "analog" verhalten muss. Die Natur als großer Lehrmeister zeigt uns die Dinge in ihrer verschiedenen Form und Konstitution, die Mineralien, die vegetabilen und animalischen Geschöpfe. So betrachtet die Kabbala die Materie als eine Hülle, die durch den Fall Adams allen nach ihm erschaffenen Wesen beigegeben wurde.

Der Mensch selbst setzt sich der Kabbala zufolge, wie wir schon in einer früheren Darstellung hörten, aus den wesentlichen Elementen zusammen, die jeweils in einer gewissen (= adäquaten) Verbindung mit der entsprechenden Sphäre des Universums stehen:

1. Dem sogenannten "Funktionsprinzip" = NEPHESCH, der "niederste physische Teil". Nephesch durchdringt die gesamte physische Welt, bezieht seine Nahrung aus ihren Energien und "formt" damit ihre Geschöpfe. Dieses niedere Prinzip aber ist nicht der materielle Körper selbst, da Materie an sich kein wesentliches Element ist, sondern nur das Prinzip **beschreibt**, das die Form der Materie bestimmt und beherrscht.

3. Für NESHAMA gilt das Gleiche in Bezug auf die göttliche Welt. Dieses höhere Element gleicht dem göttlichen Funken, dem Geist, der alle Mystiker durchglüht. Diese beiden Elemente (1) und (3) verhalten sich wie Öl zu Wasser. Sie sind von solch verschiedener Wesensnatur, dass sie niemals in Beziehung zueinander treten könnten ohne die "Vermittlung eines Dritten" (des in der Mitte befindlichen zweiten), das sie vereinigt:

2. RUACH (Geist): Er unterliegt dem gleichen Prinzip auf der astralen Ebene. Dieses zweite Element dient also als Bindeglied zwischen NEPHESCH und NESHAMAH. Wir finden in ihm unter anderem das "Leben der Gelehrten", den "Geist der Philosophen", die "Seele der Mystiker".

Diese "drei fundamentalen menschlichen Prinzipien" also befinden sich analog zueinander, sie sind nicht voneinander verschieden oder gar getrennt. Sie gehen eines vollständig in das andere über, wie die Farbränder des Spektrums, die zwar individuell aufeinanderfolgen, aber doch nicht scharf voneinander getrennt werden können, da eines mit dem anderen verschmilzt, wie der Kabbalist Carl Leiningen dies im 19. Jahrhundert schon sehr schlüssig darlegte. Alle diese Elemente sind also Teil des Mikrokosmos, des Menschen und seiner Existenz und stehen in beständiger Wechselwirkung mit den ihnen entsprechenden Sphären des Universums.

Eine an dieser Stelle wichtige Einfügung: Erst von hier aus kann man Astrologie und die Aussagen der Kabbala wirklich verstehen. Die Planeten bilden die Organe des Universums, durch ihr Kreisen ist dieses Universum ein lebendiger Organismus. Dieses Leben wird erhalten durch die Lichtströme, die alle Planeten umfließen und sie mit einer Flut von "Zeugungskeimen" bedecken. Und so wie im Menschen bereits jedes Blutkörperchen sowohl Empfänger als auch Fortpflanzer des Lebensstromes ist und somit ein reales Wesen - nach dem Vorbild des Menschen gebildet -, so ist es auch mit den Lichtströmen im Universum. Diese Erscheinungen bilden somit den Ursprung der kabbalistischen Lehre in Bezug auf das "Herabströmen der Macht", jener personifizierten Kräfte des Universums, die dort ERZENGEL genannt werden. Der Kabbalist will also **Kenntnis** erlangen über das Leben dieser unsichtbaren Wesen, jener Empfänger und Fortpflanzer des universellen Lebensstromes, die in den unendlichen Lichtströmen "kreisen". Indem er sich bemüht, auf diese "Wesen" einzuwirken und ihre Kräfte kennenzulernen, rührt er an das ganze kosmische Wissen, an Astrologie ebenso wie an die verschiedenen magischen Disziplinen bis hin zur Devekut.

Aber die Lebenskräfte, die sich im Blutkreislauf fortpflanzen, sind nicht die einzigen wichtigen analogen Funktionsabläufe im Körper. Über der Kraft des Blutes steht jene, die sie leitet, die **Nervenkraft**. Das Fluidum dieser zentralen Kraft reguliert wichtige Lebensphänomene und wird nicht wie die Lebenskraft des Blutes fortgepflanzt: Es geht von einem Wesen aus, das geheimnisvoll und verborgen im Menschen lebt - der Nervenzelle - und strömt ununterbrochen einem "Empfangszentrum" zu. Zwischen Aussenden und Empfangen gibt es nur einen Leitungskanal.

Die Kabbala lehrt ein analoges Erscheinungsbild im Universum. So befindet sich im Inneren der dortigen Lichtströme ein geheimnisvolles Fluidum, das nicht abhängig ist von den schöpferisch tätigen Wesen der Natur, so wie ja auch die Nervenkraft nicht abhängig ist von den Blutkörperchen. Dieses besondere universelle Fluidum emaniert direkt aus Gott und wird als der Körper Gottes bezeichnet in seiner ersten Emanation - der Geist des Universums. Somit setzt sich auch das Universum wie der Mensch zusammen:

1. Aus einem **Körper**: Es handelt sich hierbei um die Gesamtheit der Gestirne und um das, was sie hervorbringen.

2. Aus einer **Lebenskraft**: Diese wird gebildet aus den Lichtströmen, die diesen Körper umfließen und die die schöpferisch tätigen Naturkräfte (= die ENGEL) enthalten.

3. Aus einem **leitenden Willen**, der sich, durch ein den Sinnen unfassbares Fluidum, überall hin fortpflanzt - das OR AIN SOPH.

Dieses Universum (der Makrokosmos) ist wie der Mensch (der Mikrokosmos) einer periodischen Involution (= Konzentrierung auf den Ursprung zu) und einer Evolution (= Entwicklung zum Individuum) unterworfen und muss sich schließlich wieder völlig vereinigen mit seinem Ursprung (= GOTT).

Steigt man also vom Körper, das heißt mit jenem dem Körper am engsten verbundenen "niedrigsten Prinzip" NEPHESCH durch RUACH (Geist) bis "hinauf" zum erhabensten Grad aller Existenz,

NESHAMA, findet man alle Abstufungen in sich, wie wenn man sich physisch vom Dunkel zum Licht bewegt. Aber auch umgekehrt durchläuft man alle Stufen der geistigen Existenz bis hinunter zu den dunkelsten Erscheinungen dessen, was man noch als Licht (Zwielicht) bezeichnen kann.

Aus dieser gegenseitigen Verschmelzung der Prinzipien entsteht die **Zahl 9**, die die **Einheit** verkörpert, um den vollkommenen Menschen hervorzubringen, jenen verkörperten Geist, der in sich die beiden Welten OLAM und OLAM HABA vereinigt. Der *Sohar* bezeichnet diese drei dem Menschen immanenten Prinzipien als "sinnliches Leben" (Nephesch), "Geist" (Ruach) und "Seele" (Neshama).

So lesen wir im *Sohar*: *"In den drei Dingen, der Seele, dem Geist und dem sinnlichen Leben, finden wir ein getreues Bild von dem,* ***was von oben herabsteigt, und alle bilden nur ein einziges Wesen, in welchem auch alles zu einer Einheit verbunden ist.*** *Das 'sinnliche Leben' selbst besitzt an sich kein Licht und ist daher mit dem Körper noch eng verbunden, welchem es die Freuden und die Nahrung, deren es bedarf, verschafft. Über das sinnliche Leben erhebt sich der Geist. Und über diesen endlich die Seele, welche alles beherrscht und auf alles das Licht des Lebens wirft. Aber in Wirklichkeit sind Geist und Seele eins, denn die Seele wird durch das Licht des Geistes erleuchtet, und alles hängt vollkommen von beidem ab ..."*

Die drei Prinzipien entsprechen auch dem, was als Körper, Leben und Willen bezeichnet wird, und bilden mit der Einheit allen Seins eine innige Synthese. In der hier dargestellten Form kann man die drei Prinzipien auch als den Ausgangspunkt (1), den Endpunkt (3) und den Vorgang zwischen Ausgang und Ende (2) bezeichnen, wie verschiedene jüdische Kabbalisten dies dargestellt haben.

Nun bewegen wir uns auf den Lebensbaum zu. Nach der kabbalistischen Emanationslehre ist der Mensch als reiner Geist aus

Gott emaniert (= ausgeströmt). Nach seinem Ebenbild in Bezug auf geistige Kraft und Intelligenz (CHOCKMAH und BINAH), also als positiv und negativ geschaffen, ist er zugleich männlich und weiblich, ADAM-EVA, im Ursprung als einziges Wesen gebildet. Aber infolge des "Sündenfalls" vollzog sich die Teilung des einen einheitlichen Wesens in eine ganze Reihe von androgynen Einzelwesen. Der Abstieg in die Materie, auch als Materialisierung zu bezeichnen, war die Bekleidung mit einem materiellen Körper und die Zerteilung eines jeden dieser androgynen Wesen in zwei materielle und geschlechtlich voneinander getrennte Wesen - in Frau und Mann, also in den irdischen Zustand. Nun besagt die Weisheit der Kabbala, wie sie auch im Tarot zu finden ist, jeder Mann und jede Frau bergen ein Abbild ihrer ursprünglichen Einheitlichkeit in sich - das Gehirn ist ADAM, das Herz ist EVA in jedem von uns. Und so umschließt die menschliche Natur in Gänze auf allen Stufen ihres Daseins beide Prinzipien, aus deren Verbindung ein Mittleres hervorgeht, wodurch die Trinität (Sanskrit: Trimurti) als Resultat, als vollkommener Ausdruck erzeugt wird.

ADAM KADMON (der himmlische Adam) und der ADAM PROTOPLAST (der menschliche Adam) bilden die Verbindung des männlichen (Gehirn) und weiblichen (Herz) Prinzips. Nur so konnte schließlich der irdische Mensch entstehen. Diese Unterscheidung findet sich gemäß dem *Sohar* sowohl im Körper als auch in der Seele: *"Jede Form, die nicht ein Männliches und Weibliches ausdrückt, ist keine obere und vollkommene Form ..."*

Wir wollen dies entsprechend der kabbalistischen Lehre nun auf den Lebensbaum übertragen:

1. Der Mensch ist nach dem Ebenbild des Universums erschaffen, aber Mensch und Universum sind nach dem Ebenbild Gottes erschaffen.

2. Gott selbst ist für den Menschen nicht erkennbar (OR AIN SOPH). Nur in seinen Offenbarungen, in seinen Projektionen nach außen wird er begreiflich und verständlich.

3. Die erste göttliche Offenbarung, durch die Gott das Prinzip der Realität und so auf ewig seine eigene Unsterblichkeit schuf, ist die **Dreiheit**. Diese erste Dreiheit als das Urmuster aller Naturgesetze findet sich, mehr oder weniger verändert, bei allen Völkern und in allen Kulturen:

Sonne	Mond	Erde
Brahma	Vishnu	Shiva
Osiris	Isis	Horus
Osiris	Ammon	Phta
Jupiter	Juno	Vulkan
Vater	Sohn	Heiliger Geist

Die Kabbala bezeichnet es mit den Namen

KETHER
BINAH CHOCKMAH

als die **erste Triade** der zehn Sephiroth - sie drückt die **Urattribute Gottes** aus.

Zur Vertiefung: Universum und Mensch bestehen in ihrem Wesen aus der Dreiteilung von Körper, Geist und Seele. KETHER, CHOCKMAH und BINAH stellen also GOTT dar. So wie das Bewusstsein als Synthese den ganzen Menschen zusammenfasst, so bilden die Prinzipien der "oberen Triade" eine Analyse des göttlichen Geistes. Das Leben Gottes bildet die Dreiheit, die Menschheit mit ihren polaren Gegensätzen ADAM und EVA.

Der Körper GOTTES wird durch das Universum in seiner dreifachen Gliederung gebildet. So kann GOTT folgendermaßen definiert werden:

1. GOTT ist nicht in seinem Wesen, aber in seinen Offenbarungen erkennbar.

2. Das UNIVERSUM bildet seinen Körper.

3. ADAM-EVA bildet seine Seele.

4. GOTT SELBST bildet in seiner ZWEIFACHEN POLARISATION seinen Geist.

Diese drei Triaden als Einheit sind ein Abbild der zehn Sephiroth, die die Entwicklung aller drei Prinzipien der Gottheit in allen ihren Attributen darstellen. So gibt es bei Gott, dem Menschen und dem Universum drei Grundelemente zu unterscheiden. In der Entwicklung ihrer jeweiligen Attribute zeigen sie je zehn Elemente oder eine Dreiheit, die sich in einer Siebenheit entfalten kann: 3 + 7 = 10

Die zehn Sephiroth können also in einem doppelten Sinn verstanden werden:

1. Als eine symbolische Darstellung Gottes, des Menschen und des Universums oder als Geist, Seele und Körper Gottes.

2. Als Darstellung der Entwicklung und/oder Entfaltung eines beliebigen dieser drei großen Prinzipien.

Die Idee von der Dreiheit, die sich in einer Siebenheit entfaltet, findet sich natürlich nicht nur in der Kabbala. Sie geht in ihrem Ursprung auf die indische Religionsphilosophie zurück, was auch einen Hinweis auf das tatsächliche hohe Alter der kabbalistischen Tradition gibt.

Hier noch eine kurze Darstellung der **indischen Sephiroth**. Der erste Akt der Offenbarung BRAHMAS (der noch in ihm selbst erfolgte) war die **Trimurti**, die metaphysische Dreiheit jener göttlichen Kräfte, die zum Schöpfungsakt schreiten:

1. Kraft des Schaffens
2. Kraft des Erhaltens
3. Kraft des Zerstörens (was auch meint: des Veränderns)

Sie können unter den folgenden Namen personifiziert und als durch ein tiefes Mysterium **vereinigt** betrachtet werden:

1. BRAHMA - KETHER
2. VISHNU - CHOCKMAH
3. SHIVA-SHAKTI - BINAH

ALLES IST EINS UND NICHT VONEINANDER GESCHIEDEN!
E circulo triadicus Deus egreditur =
Aus einem KREIS geht GOTT als DREIFACHER hervor!

Diese erste göttliche Trimurti geht dann zu einer Offenbarung nach außen über, zu jener der **sieben erzeugenden Kräfte** oder der ersten siebenfachen metaphysischen Entwicklung, die personifiziert wird durch die Allegorie von

1. MAYA - CHESED
2. OUM - GEBURAH
3. HARANGUERBEAH - TIPHERETH
4. PORSCH - NETZACH
5. PRADJAPAT - HOD
6. PRAKRAT - JESOD
7. PRAN - MALKUTH

Jedes dieser insgesamt zehn Prinzipien wird nun nach seinen verschiedenen Auffassungen und in seinen Beziehungen zu den pythagoreischen Zahlen analysiert, was hier zu weit führen würde. Es sollte nur die Analogie aufgezeigt werden, aus der uns auch das kabbalistische Prinzip wieder entgegentritt.

Zur Vertiefung:

1. Die **materialistisch gesinnte Philosophie** studiert nur den **Körper Gottes**, das heißt das **Universum**, und betet dadurch, halb unbewusst, die niedrigste Äußerung der göttlichen Offenbarung im Kosmos an.

2. Der **pantheistische Philosoph** studiert das **Leben Gottes,** also jenes Kollektivwesen, das dort ADAM-EVA genannt wird. Es ist die Menschheit, die sich so selbst anbetet.

3. Die **Theisten** und die **Religionen** betrachten vor allem den **Geist Gottes.** Daher nun rühren die Streitigkeiten über die drei "großen Personen" und deren Offenbarung. Und dies findet sich in den Auseinandersetzungen hinduistischer Gelehrter ebenso wie im Christentum und in den Strömungen des orthodoxen Judentums.

4. Die **Kabbala** alleine (sie sollte nicht mit dem Judentum per se verwechselt werden) steht über jeder dieser religiös-philosophischen Lehrmeinungen. In ihr findet sich die **Synthese von Materialismus, Pantheismus und Theismus in einer Einheit,** deren Teile sie zwar analysiert, ohne sie jedoch als Streitgegenstand auseinanderzudividieren. Allein die Betrachtung der drei Triaden und das Zusammengehörigkeitsgefühl, das dabei entsteht, lässt jeden Streit um die Definition solch erhabener Gesetzmäßigkeiten im Keim ersticken.

DUALSEELE UND REINKARNATION IN DER KABBALA

Die Kabbala lehrt (wie auch die östliche Philosophie) die Reinkarnation und stößt dieser Aussagen wegen bei den orthodoxen Strömungen im Judentum seit jeher auf Ablehnung. Nicht anders verhält es sich im Hinblick auf jene esoterischen Strömungen im christlichen Abendland, die gleichfalls die Reinkarnation vertreten.

Diese Annahme der Kabbala von der Präexistenz der Seele ist in ihrem substanziellen Gehalt nicht unterschieden von der indischen Lehre. Während die indische Philosophie jedoch mehr die metaphysisch-abstrakte Komponente betont, bleibt nach der Kabbala die moralisch-konkrete Seite im Vordergrund. Im Wesentlichen betrifft dies den "Sündenfall", den Ausgangspunkt der physischen menschlichen Existenz. Wir wollen dies ein wenig näher betrachten.

Da der Mensch "abfiel" von Gott, soll er nun seinen ursprünglichen (= androgynen) Zustand wieder erreichen, damit er wieder jenes Wesen zu bilden vermag, das er einst war - ADAM-EVA. Ist die *Re-Kreation* der Einzelwesen gelungen, so müssen sie sich nun zur Gänze vereinigen, bis sie wieder ihrem allerersten Ursprung,

GOTT, eins und gleich werden. Hierin gleichen sich Kabbala und indische Religionsphilosophie. Beide lehren die Theorie von der ursprünglichen Einhüllung, der Entfaltung oder Entwicklung (was in der Kabbala jedoch als der "Sündenfall" bezeichnet wird) und der schließlichen Rückkehr, dem Nirwana, oder, wie eben dargelegt, der Rückkehr zum Ursprung, zum "Paradies".

Wir wollen die Philosophie der Kabbala noch ein wenig näher betrachten. Die verschiedenen Grade der Existenz werden die "sieben Tabernakel" genannt. Einer davon ist der Allerheiligste, in dem sich die Seelen in der allerhöchsten Seele vereinen und gegenseitig ergänzen. Nun wird alles zu Einheit und Vollkommenheit, und alles vermag mit dem einen, einzigen Gedanken zu verschmelzen, der sich unendlich über das ganze Universum erstreckt und es völlig erfüllt. Der Urgrund dieses Gedankens ist das Licht, das in ihm verborgen ist. Dieses kann niemals und von niemandem je erfasst oder erkannt werden. Man erfasst nur den Gedanken, der ihm fortwährend entströmt. Auf dieser Stufe ist die Schöpfung nicht mehr von ihrem Schöpfer zu unterscheiden oder zu trennen. Derselbe Gedanke erleuchtet sie, derselbe Wille beseelt sie. Die Seele wird zur Herrscherin mit Gott und lenkt mit ihm das Universum, und was sie gebietet, führt Gott im Augenblick aus!

So lernen wir zu verstehen, dass sich diese Darstellungen über den "Sündenfall" und die Wiedererhebung, die Rückkehr, auf allgemeingültige Gesetze zurückführen lassen, die wir täglich in ihrer Entfaltung und Wirksamkeit erfahren können. Sie sind in drei Bestimmungsbereiche aufzugliedern:

1. die Einheit,
2. das Ausgehen von der Einheit = Vielfalt
3. die Rückkehr zur Einheit.

Wir wollen uns bezüglich dieser Thematik nun noch der Weisheit des *Sohar* bedienen: *"Die menschliche Natur entspricht dem Bilde Gottes; sie enthält auch, in allen Abstufungen ihrer Existenz, die zwei zeugenden Prinzipien, deren Dreiheit durch ein Mittelglied gebildet wird, das aus ihrer Vereinigung hervorgeht und deren Resultat der 'vollständige Ausdruck' ist."*

Der himmlische ADAM ist also das Resultat des männlichen und weiblichen Prinzips, und so muss es sich auch mit dem irdischen Menschen verhalten. Die Unterscheidung findet sich nicht nur beim Körper, sondern findet im Besonderen auch in der Seele statt, wenn man sie als reines Element betrachtet.

Jede Gestalt, in der man nicht das männliche und weibliche Prinzip findet, ist keine hohe, himmlische, also vollständige Gestalt (hier wird die Jung'sche Analogie Animus und Anima vollends verständlich).

Der *Sohar*: *"Der Heilige, gepriesen sei Er, schlägt nicht seine Wohnung an einem Orte auf, wo nicht diese zwei Prinzipien sich vollkommen vereinigt finden; der Segen kann nur da sein, wo diese Vereinigung ist und wie es die Worte sagen: 'Er segnete sie und nannte ihren Namen: ADAM am Tage, an welchem sie geschaffen wurden, denn selbst der Name ADAM (= Mensch) kann nur einem Mann und einer Frau, die zu einem Wesen verbunden sind, gegeben werden.' So wie die Seele anfangs ganz in der göttlichen Existenz war, ebenso waren die zwei Hälften des menschlichen Wesens, von denen eine jede die Elemente unserer geistigen Natur mit einschließt,* **um sich zu erkennen** *und sich von neuem in Gottes Schoß zu vereinigen. Alle Seelen und Geister bestehen, bevor sie in diese Welt eintreten, aus einem Mann und einer Frau, die noch zu einem Wesen vereinigt sind. Wenn sie auf die Erde hinabsteigen, scheiden sie sich in zwei Hälften und beleben verschiedene Körper. In der Heirat verbindet sie der Heilige, gepriesen sei Er, der alle Seelen* *und Geister kennt, so wie sie früher waren, und sie machen wieder einen einzigen Körper und eine einzige Seele aus. Diese Verbindung aber richtet sich nach den Handlungen des Menschen und nach den Wegen, auf denen er gewandelt. Wenn der Mensch rein ist und seine Handlungen gottgefällig sind, wird ihm jene Verbindung zuteil, die ihm schon vor seiner Geburt geworden."*

Mann und Frau sind also durch ihre geistige Natur und durch die absoluten Gesetze der Moral gleich und unterscheiden sich nur durch die natürliche Richtung ihres "geistigen Vermögens". Dies führt uns zum Grundgedanken der Präexistenz (Reinkarnation), was uns noch enger an die **Lehre von der Identität des Seins und Denkens** anschließt. Der *Sohar*: *"Zur Zeit, da der Heilige, gepriesen sei Sein Name, die Welt schaffen wollte, war sie in der* **Idee** *schon gegenwärtig. Er bildete da alle Seelen, welche dem Menschen zugeteilt werden sollten. Alle stellten sich Ihm in genau demselben Bilde dar, welches sie dann im menschlichen Körper annehmen sollten. Er betrachtete jede einzeln, und da waren einige unter ihnen, die ihre Wege durch mindere Sitten und schlechten Wandel in der Welt verderben sollten." – "Ist ihre Zeit gekommen, so ruft Gott jede Seele und sagt ihr: 'Geh an jenen Ort, jenen Körper zu beleben!' Die Seele antwortet Ihm: 'O Herr des Weltalls, ich bin glücklich in der Welt und wo ich bin, und ich wünsche nicht, in eine andere Welt zu gehen, wo ich nur Magd bin und allem Unflat ausgesetzt.' Hierauf spricht Gott: 'Von dem Tage an, da du geschaffen worden, wardest du nur geschaffen, um in dieser Welt zu sein!' Sieht die Seele nun, dass sie gehorchen muss, so betritt sie schmerzvoll den Weg dieser Welt und steigt zu uns herab. Gleichwie vor der Schöpfung alle Dinge dieser Welt der göttlichen Idee gegenwärtig waren, so waren auch alle menschlichen Seelen, bevor sie auf die Erde herabstiegen, ihr, der nämlichen Gestalt, welche sie in dieser Welt haben, im Himmel gegenwärtig, und alles, was sie auf Erden lernen, wussten sie schon, bevor sie in diese Welt eintraten."*

So ist also die moralische Seite des Menschen, die Idee des Guten und des Bösen, die man ohne Freiheit nicht begreifen kann, eine jener Formen, unter denen wir uns DAS ABSOLUTE vorzustellen haben.

Nach dem *Sohar* wird jenen, die die Freiheit missbrauchen, gesagt: *"Alle jene, welche auf dieser Welt nicht schuldlos sind, haben sich bereits im Himmel entfernt vom Heiligen, gepriesen sei Er; sie haben sich bei ihrem Eintritt in einen Abgrund gestürzt und sind der Zeit, in der sie auf Erden herabsteigen wollten, zuvorgekommen. So waren die Seelen, bevor sie unter uns gekommen sind (...)."*

Um die Freiheit mit der "Bestimmung der Seele" auszugleichen, um dem Menschen die Möglichkeit zu lassen, seine Fehler zu büßen, haben die Kabbalisten die pythagoreische Lehre von der "Metempsychose" (Reinkarnation, Seelenwanderung) angenommen. So müssen demnach die Seelen, gleich allen Einzelwesen dieser Welt, in die absolute Substanz zurückkehren, aus der sie hervorgegangen sind.

Der *Sohar*: *"Zu diesem Ende aber müssen sie, durch viele Proben (Leben), das Bewusstsein ihrer selbst und ihres Ursprungs erlangt haben. Haben sie diese Bedingung nicht in diesem Leben erfüllt, so beginnen sie ein anderes und nach diesem eine drittes, indem sie immer in einen neuen Zustand übergehen, wo es nun ganz von ihnen abhängt, jene Tugenden, welche ihnen früher mangelten, zu erwerben."* Und: *"Dieses Exil hört also auf, wann sie wollen. Nichts hindert den Menschen, dasselbe aber immer fortdauern zu lassen. Und alle Seelen sind dieser Wanderung unterworfen, und die Menschen kennen nicht die Wege des Heiligen, gepriesen sei Er; sie wissen nicht, dass sie vor Gericht gezogen werden, bevor sie in diese Welt eintreten, als auch nachdem sie diese verlassen haben. Sie kennen nicht die vielen Umwandlungen und geheimen Proben, die sie zu bestehen haben, oder die Zahl der Seelen und*

Geister, welche in diese Welt eintreten und in den Palast des himmlischen Königs und der Königin (Shekina) nicht zurückkehren. Die Menschen wissen nicht, wie die Seelen gleich einem Steine, der mit der Schleuder geworfen wird, sich umwälzen. Die Zeit ist endlich da, wo diese Geheimnisse aufgedeckt werden dürfen."

Man weiß seit Hieronymus (Kirchenvater, 347-419 n. Chr.), dass die Seelenwanderung unter den ersten Christen noch als eine esoterische **und** traditionelle Doktrin gelehrt wurde, die nur einer kleinen Schar Auserwählter anvertraut werden durfte. Und so bewegen wir uns wieder auf dem Boden - wenn auch unter der Flagge einer anderen Symbolik -, den uns die "Chymische Hochzeit" bereitet. Noch immer ist es nur eine kleine Schar Auserwählter, die Gebrauch macht vom universellen Wissen. Der große Rest ist noch mit der Handhabung der "Steinschleuder" beschäftigt, aber irgendwann werden auch sie "umgewälzt" und vom heiligen Feuer der Erkenntnis ergriffen.
(Es handelt sich bei den hier gegebenen Informationen um erstmals in einen Sinnzusammenhang geordnete Zusammenfassungen kabbalistischer Lehren aus verschiedenen Kabbala- und Thora-Schulen, die ein verborgenes und zerstreutes Dasein im immer kleiner werdenden Schatzkästlein des universellen Weistums fristen.)

DAS VATERUNSER

1 A-VINU SHEBA-SHAMAYIM
Unser Vater, der Du bist in den Himmeln,

2 YIT-KA-DASH SHE-MEY-CHA
geheiligt werde Dein Name.

3 TA-VO MALKUT-EY-CHA
Dein Königreich komme,

4 YE ASSEH RETZON-CHA
Dein Wille geschehe,

5 KOMO BA-SHAMA YIM KAIN BA-A-ARETZ
wie in den Himmeln, so auch auf Erden.

6 ET LECHEM CHUK EYNU TEN-LANU HA YOM
Gib uns unser tägliches Brot heute.

7 U-SLACH LANU ET CHOVO TEYNU
Vergib uns unsere Schulden (eigentlich: Sünden),

8 KA-ASHER SALACHNU GAM ANACHNU L'CHA-YAVEYNU
wie auch wir unseren Schuldigern vergeben.

9 VIH-AL TIVI-EYNU LI-Y'DEY NI-SA-YON
Und führe uns nicht in die Hände der Versuchung,

10 KIH IM CHAL-TZEYNU MIN HA-RAH
und befreie uns von dem Bösen.

Denn Dein ist das Reich und die Kraft und die Herrlichkeit, in Ewigkeit!

Amen.

1 – Durch die Kraft des in die Seele eingeflossenen Wortes zeigt uns Jesus, wie jeder von uns die Grenzen des individuellen Selbst durchbrechen und eine größere Einheit mit dem "göttlichen Vater" leben kann.
"Die Himmel" zu verstehen heißt, Gott zu verstehen. Die Himmel sind seine einzige Schöpfung. Die Himmel, das sind die verschiedenen Ebenen der "Hierarchie", von JETZIRAH bis ATZILUTH.
Wenn wir diese **göttliche Sprache** erhöhen, dann erhöhen wir auch die verschiedenen Stadien unseres spirituellen Wachstums.
Jesus gab uns ein Gebet, das uns mit allen Ebenen der Schöpfung verbindet - von ASSIAH bis ATZILUTH. Gemäß der Kosmologie der Bibel befinden wir uns in der "materiellen Welt", das heißt des in der "Gravitation gefangenen Lichtes", in der Kabbala ASSIAH genannt.
Die nächste Ebene der Schöpfung ist JETZIRAH, die Welt der Transformationsformen.

Die dritte Ebene ist die Welt der mannigfachen Schöpfungsformen aus dem "lebendigen Licht" - BRIAH.
Die höchste Ebene in dieser Einteilung der Seinsebenen ist die Ebene von ATZILUTH. Sie besteht aus Emanationen, die unbegrenzt sind und durch alle Gedankenformen göttlicher Schöpfung wirken können.

2 - Jesus lehrt uns, zu einem "lebendigen Vater" zu beten, einem Vater, *"erhöht als Herr der Herren und König der Könige über alle Hierarchien".*

3 - Das "Königreich" MALKUTH koordiniert die Arbeit zwischen allen Welten und Dimensionen (Himmeln) und bedient sich unserer Kräfte als aktive Partner im unendlichen Programm der Ausdehnung - dem Prozess der Unendlichkeit.

4 - Vater, mache mich zu einem Instrument Deines Willens, damit ich Dein göttlicher Sohn, Deine göttliche Tochter des Lichtes werden kann.

5 - Wir müssen zuerst den Willen des Vaters in den Himmeln verstehen, bevor wir das Königreich auf die Erde bringen können. Und dies ist eine "kosmische Unmöglichkeit", wenn es keine Vorbereitung gibt. Wir müssen also erst in eine "persönliche Beziehung" zum "Vater" und zur Kraft des Christus treten.
Um das Vaterunser verstehen zu können, muss das Christusbewusstsein schon in uns lebendig sein, das Bewusstsein unserer "göttlichen Sohnschaft".
Um das Gebet voll erfüllen zu können, muss das Christusbewusstsein mit dem Sein des Vaters verbunden werden.

6 - Wenn wir wirklich verstehen, dass unser Körper die "Keimsaat der Herrschaft" hat, mit Christus eins zu sein, sind wir

aufgefordert, “das Brot des Lebens zu brechen”, was die Hingabe unseres Körpers und Blutes als “Brot” und “Wein” ist, um die Welt zu nähren. Dies ist die wahre heilige Kommunion, das wahre von uns darzubringende Opfer. Das lateinische Wort “Gemeinschaft” (= Kommunion) gründet auf der Fähigkeit, “das Brot des Lebens zu brechen”. Wenn wir unser Leben also nicht im Dienst an den Nächsten hingeben können, dann können wir auch das Gebet nicht richtig verstehen.

7 - “Sünde” könnte man auch als die “Blockierung oder Begrenzung der göttlichen Energie” bezeichnen.

8 - Wenn wir “Vergib uns unsere Schulden” aussprechen, verstehen wir, dass auch wir die “Sünden” unserer “Schuldiger” vergeben müssen - oder die derjenigen, die gegen uns “gesündigt” haben.

9 - Wir widerstehen den weltlichen Händen, die uns daran hindern wollen, “die Erde mit dem Himmel zu versöhnen”.

10 - Wenn unser Bewusstsein erhoben und von den “unteren Bereichen der Begrenzung”, den Begierden, befreit wird, dann erblicken wir wieder die Fülle und den Glanz des Christus.

Wir wollen uns nun noch der Tatsache zuwenden, dass es sich beim Vaterunser um eine Mischform aus Bitt- und Dankgebet handelt. Feststellungen und Bitten stehen eng nebeneinander, aber es ist dies keine bejahende Gebetsform, in der der Mensch sich auf die Stufe Gottes stellt. Kann uns dies etwas sagen? Jesus, der Gottverwirklichte, der Christusträger, lehrt seine Anhänger kein bejahendes Gebet. Es findet sich darin auch keine Invokation -

man kann sagen, es handelt sich um ein Gespräch mit Gott, wie es ein Kind mit seinem Vater führen mag. Es spricht dieses Kind von LIEBE - in allen Zeilen verbirgt sich das unbedingte, grenzenlose Vertrauen zum VATER.

Das höchste und einzige Versprechen, das dieses Kind dem Vater gibt, ist jenes der Vergebung. Dies ist einer der Schlüssel zum Verständnis dieses Gebets überhaupt. "Bitte und es wird dir gegeben." Das Kind bittet den Vater um Vergebung, denn es ist schuldig geworden, und indem es seine Schuld erkennt, gibt es das Versprechen, nun seinerseits allen zu vergeben, die ihm gegenüber schuldig geworden sind. Und danach - weil das Eis so dünn ist, auf dem der Mensch sich bewegt - folgt die Bitte um starken Mut, der den Versuchungen des Lebens zu widerstehen weiß.

Nur in der Erlösung "von allem Übel", dem "Bösen", das heißt in der Lösung von den Formen, die das Böse, das Übel an die Welt binden, vermag das Kind die Ebenen vom REICH zur KRAFT, von MALKUTH zu CHESSED, zur LIEBE und noch weiter zu CHOCKMAH, zum VATER zu gehen. Das REICH und die KRAFT und die HERRLICHKEIT - das ist dann die Verbindung von MALKUTH über TIF'ERET zu den höchsten Regionen in KETHER, der EWIGKEIT, da GOTT, EHEYE "einwohnt" in seine Schöpfung = KETHER-MALKUTH.

Die Form, am Anfang eines Gebetes den Namen des All-Einen zu heiligen, entspricht ganz der jüdischen Gebetssitte: ER, gelobt sei Sein Name (und der fromme Jude verneigt sich und bedeckt sein Haupt), ist der Eine, dessen REICH komme, dessen WILLE geschehe, im Himmel und auf Erden. Ein Gebet, ganz und gar verwurzelt in der jüdischen Tradition.

Jetzt kommt die erste Bitte. Sie steigt auf aus MALKUTH und dringt durch die Welten - DEIN REICH KOMME -, es werden

KETHER und MALKUTH zusammengeführt. Der Mensch bittet Gott, dass das Gottesreich auf Erden errichtet werden kann - wie oben, so unten. Und nun kann der WILLE des ALL-EINEN dieses Oben und Unten verbinden. Der Mensch, der solches erbittet, unterwirft sich diesem Willen, sonst hätte die Bitte keinen Sinn.

Das Vaterunser ist der Aufruf zur Versöhnung, der Aufruf an alle Menschen guten Willens: GOTT IST, UND AUSSER IHM IST NICHTS! Unmissverständlich, unwiderruflich: ER IST DER VATER! Dies ist die einzige Wahrheit, die ein Mensch erringen muss, in ihr sind alle anderen Wahrheiten enthalten. Nichts ist außer GOTT - ER ist der VATER. Wir alle sind seine Kinder. Und so sind alle Menschen in allen Welten - ohne Ausnahme - Brüder und Schwestern.

ICH BIN DER ICH BIN - KETHER = HIMMEL.
Das ist die "GEGENWART GOTTES".
Dies ist der ORT DES WAHREN ICH BIN.
ICH BIN DAS ABSOLUTE = ATZILUTH.
DU OBEN - ICH UNTEN = KETHER-MALKUTH.
GEHEILIGT WERDE DEIN NAME = EHEYE.

Gott ist die Quelle der Versorgung des Menschen. Dort, in der Verbindung von KETHER-MALKUTH kann jeder das erhalten, was Gott, dessen Wille im Himmel und auf Erden - durch die Heil-(= Ganz-)Werdung des Menschen (= er hat seine göttliche Natur erkannt) - gleichermaßen verankert ist, für den Menschen wachsen lässt, mancherlei Früchte und Kraut - und das Korn für das Brot. Der Mensch lebt nicht nur vom Brot allein, aber ohne das BROT DES LEBENS vermag er Gott nicht in seinem Tempel (= Körper) zu heiligen.

Und nun, da der Mensch alles erhalten hat, was er für die Errichtung seines Körpertempels braucht, ist er fähig zur Erkenntnis von

Schuld und Vergebung und Sühne. Dies hat mit *Ver-Söhnung* zu tun. Dann kann die *Ent-Bindung* von allem "Bösen" (= dem Gottfernen) geschehen, und so wird er "der Welt" widerstehen können und sich von ihr lösen und seine "niedere Natur" *ent-binden*, auf dass das REICH, die KRAFT (= Fundament) Gottes und seine HERRLICHKEIT auch auf Erden, dem Reich des *er-lösten* ADAM, errichtet werden kann - **in Ewigkeit**. Darin liegt das Versprechen des Menschen an Gott, nicht wieder in "Sünde" zu fallen. In einer "sündigen Welt" können das Reich, die Kraft und die Herrlichkeit nicht verankert sein in Ewigkeit.

Es ist dies die Durchdringung des ganzen Lebensbaumes!

Man kann dieses Gebet natürlich, wie geschehen, auf tausend Arten interpretieren. Alle Interpretationen werden, gemäß dem jeweiligen Standpunkt, richtig sein. Aber die Ebene, die Jesus meinte, ist jene der Kabbala, wie seine ganze Lehre die Zusammenfassung des alten Weistums war, das in der Kabbala in seiner reinsten Form überliefert, von ihm aber in besonderer Weise - wir hörten schon davon - überhöht wurde.

Alle Lehren, die Jesus als Suchender in den langen Jahren seiner Reisen geprüft hatte, fand er wieder in der verdichteten Form des OTZ CHI'IM - und so konnte er schließlich, da er die Einheit aller Religionen in ihrem Kern erkannte und seine Lehre das universelle Weistum aller Zeiten und Völker umschloss, sagen:

> ICH BIN DER WEG,
> DIE WAHRHEIT UND DAS LEBEN.
> UND WER MIR NACHFOLGT,
> WIRD DAS LEBEN HABEN
> IN EWIGKEIT!

Diese Nachfolge meint, es ihm gleichzutun, die niedere Welt zu überwinden und in Gott das Wirken der einzigen Kraft zu erkennen, die den Kosmos erfüllt. Der WEG von MALKUTH nach KETHER. Er hat Gott als VATER benannt, aber er lehrte im Geiste der jüdischen Kabbala. Und das besagt, dass er im Wirken des VATERS den GEIST, die SHEKINA, erkannte. Gerade im Judentum wäre eine einzige Bezugnahme auf den Vater völlig undenkbar.

So kann man Jesu Lehre in Wirklichkeit nur über das Verständnis der Kabbala in ihrer reinen Essenz erfahren. Und wenn er Gott den ALLLIEBENDEN VATER nennt, dann meint er zunächst EHEYES Vateraspekt in CHOCKMAH, und dieser Aspekt ist unlösbar mit BINAH verbunden, genau wie die SHIVA-Energie sich nicht ohne die SHAKTI-Kraft entfalten kann.

Die Kabbala ist ohne das Wirken der SHEKINA undenkbar. Deshalb haben jene, die das Vaterunser übersetzen mit "Vater-Mutter im Himmel" mit Gewissheit recht, ganz im Sinne dessen, was die Kabbala lehrt und was die Wesensnatur Gottes betrifft.

Und um den Kreis zu schließen: Wenn Jesus lehrt "Unser Vater im Himmel", dann drückt er damit aus, das CHOCKMAH und KETHER EINS sind, dass aber der Mensch KETHER nur über das Erfassen von CHOCKMAH überhaupt begreifen kann, jener Ebene, in der Gott sich aus Liebe zu seinen Geschöpfen geteilt hat in VATER und MUTTER. Er hat also seine Qualitäten und Eigenschaften "zwischen sich geteilt" und ist in die Polarität "herabgestiegen", damit der Mensch sich selbst im ADAM KADMON als Gottes Ebenbild erkennen kann.

So enthält die erste Zeile des VATERUNSERS das ganze Wissen der Kabbala. Aber man muss seine Inhalte kennen, um zu begreifen, wie umfassend Jesu Lehre war. Zum Zeitpunkt, da er dieses Gebet ausgab, unterschied er sich von seinen Essener Mitbrüdern nur insofern, als er als Autorität und Meister auftrat. Hätte er das Gebet nach der Auferstehung gegeben, dann hätte er gesagt: "ICH BIN WIE DER VATER IM HIMMEL, GEHEILIGT SEI EHEYE, DER NAME DES HERRN, DENN ER IST EWIG!"

Auch der Kabbalist sieht in Gott im "kleinen Angesicht" den SOHN (ADAM) und im "großen Angesicht" den VATER. Durch die Erfahrung von Kreuz und Auferstehung hat Jesus diesen ADAM von der Furcht des TETRAGRAMMATON entbunden und in die Freiheit der ALLLIEBE geführt. Nach dem Erwachen des Christusbewusstseins und der Entfaltung seiner Messiasnatur hat er sich herausgelöst aus der Reihe der Väter, indem er das WORT, die Verheißung der Propheten erfüllte.

ER, JESUS, HAT ISRAEL ERLÖST.
AUF IMMER UND EWIG WIRD ER
DER VOLLKOMMENE JUDE (= MENSCH) SEIN!

"ICH BIN DER WEG" - "aber die Finsternis hat ihn nicht begriffen", da niemand die Lampe zu entzünden wusste, die diesen Weg erhellt. Und so wird das Sinnbild der Menschheit, Israel, so lange nach dem Licht suchen, bis auch das letzte seiner Kinder, also der letzte der Menschen, im CHRISTUS den MESSIAS erkennt, im KOSMISCHEN CHRISTUS und im BRUDER JESUS den WEG. Denn er hat vorgelebt, die Polarität, also das Kreuz zu überwinden und nach KETHER, in das Bewusstsein des ALL-EINEN zu gelangen.

Vielleicht habt ihr verstanden, dass das Beten des Vaterunsers aus diesem Verständnis heraus die Invokation zur Gänze zu ersetzen vermag.

DIE SEPHIROTH

Wir schauen auf unseren Baum des Lebens und wenden uns, um ein neues Verständnis zu erreichen, nochmals der jüdischen Überlieferung zu.

In der jüdischen Kabbala wird **CHOCKMAH** (Weisheit und Wille) als die **erste** Sephira bezeichnet. Warum? Es umfasst dort der Begriff WEISHEIT den weisen Schöpfergott, der alles bewegt und bewirkt. Weisheit aber ist es, die den Menschen mit Gott verbindet, so stellt CHOCKMAH die Verbindung des Menschen mit **Gott als dem Urgrund der Weisheit** dar.

Im Anfang der Weisheit, sagt der Talmud, liegt die Furcht vor Gott. "Jirah" (frei übersetzt mit "Furcht") bedeutet aber wörtlich **Erkenntnis.** Weiter sagt der Talmud: *"Da der Mensch Gott erkennt, wird er von Furcht und Zittern begleitet."* Die Kabbalisten deuten dies so: Der einfache Jude muss vor Furcht zittern, da er Gott niemals erkennen kann und seine Unwissenheit ihn an das Rad des Lebens bindet, bis er geläutert wird (hier haben wir das Wissen um die Reinkarnation). Der Weise, der Kabbalist aber ist von der Erkenntnis überwältigt, und daraus entsteht *Ehr-Furcht*. Nur ein *ehr-fürchtiger* Jude findet zu jener Weisheit, die ihn mit Gott als seinem Urgrund verbindet. Dies ist eine der Erklärungen von CHOCKMAH.

Die andere Seite von CHOCKMAH ist **BINAH**. Wir übersetzten BINAH mit **Verständnis**, was auch meint **Klugheit und Einsicht in die Dinge, die Gott schuf**. Die Kabbalisten sagen, in CHOCKMAH herrscht der **Wille**, aus dem die Welt hervorging. In BINAH nimmt sich die MUTTER der Welt an und trägt sie aus Liebe zum VATER. Sie unterwirft sich seinem Willen und trägt die Konsequenzen aus seinem Tun. Es ist das Opfer der Mutter, diese Welt, wie sie ist, zu (er-)tragen (daraus entstand, weil die wahre Bedeutung im orthodoxen Judentum nicht immer verstanden wurde, die Rolle der Frau in dieser Gruppierung).

Daraus entsteht nun das, was die Welt erhält, das **Wissen**, ausgedrückt in **DAATH**, was wir auch mit TAT übersetzen können. Hier treffen das **Erkennen** von CHOCKMAH und das **Opfer** von BINAH zusammen. DAATH kann nur durch das Wirken dieser beiden existieren. So ist **das Wissen das Kind von Weisheit und Verständnis**. Wissen aber wird nie öffentlich kundgetan, es ist eine Sache des Herzens. Deshalb ist die Sephira DAATH verborgen.
Warum aber deuten die jüdischen Kabbalisten die Triade **vor** der ersten Sephira KETHER? Dies hängt mit der Sichtweise des Menschen zusammen. Das "Oben" kann er nicht erkennen, sein Blick fällt zuerst auf das "Unten", auf das, was geschaffen ist. Auch CHOCKMAH, BINAH und DAATH existierten zwar bereits vor der Schöpfung, aber sie repräsentieren die Schöpfungsprinzipien und können deshalb vom Menschen **erkannt** werden. Oben in KETHER verbirgt sich GOTT SELBST. Dort also ist er verborgen, in CHOCKMAH, BINAH und DAATH tritt er hervor.

Die Ebene der ersten drei sichtbaren Sephiroth ist **ATZILUTH**. Hierin findet sich das Wort "zel" = Schatten. "Azel" (mit dem Aleph am Beginn) hat viele Entsprechungen um den Begriff

“Schatten”. Wir können es am treffendsten beschreiben mit “Nähe, auf die Schatten fällt”, was heißt, dass dieser so nahe steht, dass der Schatten Gottes auf ihn fällt. Das geschieht nur den höchsten Wesenheiten, den Gottgleichen. “ZELEM” heißt “Bild”. Der Mensch als Ebenbild Gottes = BE-ZELEM ELOHIM.

Die nächste Triade gehört in den Bereich der OLAM B’RIAH (Welt der Erzengel). Es handelt sich zwar bereits um die Welt **nach** der Schöpfung, aber sie ist dem Menschen noch nicht zugänglich. Gemeint ist hier die Schöpfung des Universums, dessen, was als “vorweltlich” gilt, denn die Schöpfung der Welt gilt den Juden als die “letzte Tat Gottes”.

Jetzt, mit der zweiten Triade, beginnt dieser Schöpfungsprozess. Die jüdische Kabbala lehrt, am ersten Schöpfungstag (der Welt) entstand CHESED, die **Liebe** und die **Gnade**. Sie befindet sich direkt **unter** CHOCKMAH. So befindet sich auf dem OTZ CHI’IM (Lebensbaum) **die Weisheit über der Liebe. Weisheit vermag ohne Liebe nicht zu existieren. Also ist Weisheit weit mehr als Liebe. Liebe ist nur ein Aspekt der Weisheit.**

Als Erstes erschuf Gott das Licht “OR”. Steht **CHESED** für den **ersten Schöpfungstag**, so bedeutet dies gleichzeitig, dass das sichtbare Licht der äußere Ausdruck CHESEDS genannt werden kann.

Dem **zweiten Schöpfungstag** entspricht die Sephira **GEBURAH**, was mit **Kraft** und **Stärke** übersetzt werden kann. Der Gottesname dort lautet ELOHIM GIBBOR - jener Held, der mit seiner Kraft in CHESED das **Prinzip der Liebe in der Welt**, für die CHESED steht, möglich macht. **Liebe** und **Macht**, zwei Synonyme für die Kraft des GIBBOR, in dessen Name sich gleichfalls “OR” - das Licht - verbirgt.

Die Kabbala lehrt: CHOCKMAH kann nur durch das Wirken von BINAH verwirklicht werden, diese Verwirklichung findet in

DAATH statt (wie der Mann nur durch das Wirken der Frau seine Bestimmung in der Welt finden kann). Deshalb gilt GEBURAH als die Durchsetzungskraft, die das Wirken von CHESED ermöglicht. Liebe kann nur mithilfe der Kraft verwirklicht werden. Der Talmud lehrt: *"Wo die Liebe wirkt, stehen die Gegenkräfte schon am Tor."* Übertragen auf die Sephiroth heißt das, die Weisheit Gottes gründet sich darin, dass er mit der **Tat zur Schöpfung** auch die **Gegenkräfte** bedachte. Deshalb ging BINAH, die Mutter, mit den Kindern der Schöpfung, um sie vor allem zu behüten und vor drohenden Gefahren zu bewahren.

TIF'ERET symbolisiert den **dritten Schöpfungstag** und wird übersetzt mit **Harmonie** und **Ordnung**. In dem Wort finden sich auch die Begriffe **Herrlichkeit, Pracht** und **Lob.**
CHESED und GEBURAH sind die Wegbereiter für TIF'ERET. Ohne ihr Wirken könnten niemals Harmonie und Ordnung entstehen.
Nun entsteht aus dem **Licht** von CHESED und der **Ausdehnung** von GEBURAH, die - so sagen die Kabbalisten - es möglich macht, dass die oberen Wasser von den unteren geschieden werden, der neue Schöpfungstag mit der **Welt der Formung** - JETZIRAH. Dieses Wort wird abgeleitet von "jazar", was bedeutet "bilden" und "formen".

Daraus entsteht nun am **vierten Schöpfungstag NETZACH,** was übertragen heißt: **Sieg** und **Ruhm.** In der Auslegung der Kabbala bedeutet dies, dass trotz der Gegenkräfte und Widerstände die Welt entstehen konnte, weil sie aus Gottes Willen entsprang. Diese Welt trägt daher das Siegel Gottes, sie ist der sichtbare Ausdruck seines **Willens** und seiner **Kraft.** NETZACH bedeutet daher auch **Ewigkeit.**

Die Sephira des **fünften Schöpfungstages** ist **HOD.** Dieses Wort beinhaltet die Ausdrucksformen **Lob und Preis Gottes.** Daraus entstand das "Preiset den Herrn". Was soll gepriesen werden, was sich nicht auch in der Form findet? Deshalb ist jeder Lobpreis zugleich ein Preisen des Schöpfers, aus dem alles Geschaffene hervorgeht. Durch Lob und Preis wird alles heil, was Gott als einzig heilbringendes Prinzip verherrlicht.

Der **sechste Schöpfungstag** entspricht der Sephira **JESOD**, was bedeutet **Grundlage, Fundament**. In der alten jüdischen Überlieferung bezieht sich dieses auch auf den **Altar im Tempel**, als den Ort des großen Mysteriums. Im Wort "sod" findet sich die Bedeutung für **Geheimnis, Mysterium**. Also ist das Fundament gleichzeitig das Geheimnis Gottes. Alles geschieht im Verborgenen, die Schöpfung ging aus dem Verborgenen hervor. Auch die Wurzeln liegen dem Auge verborgen im Erdreich. Dem gemäß liegen auch die Wurzeln des Menschen im Verborgenen, befindet sich das Fundament seines Wesens in den Mysterien seiner Herkunft.

So gelangen wir zum **siebenten Schöpfungstag**, ausgedrückt in der Sephira **MALKUTH**, was bedeutet **Reich, Königreich**. Aus "melech" leitet sich das Wort **König** ab. Auf diese Weise wird die Verbindung mit KETHER offenbar. Sie erfolgt durch die Krönung des Königs - MALKUTH - KETHER. MALKUTH steht gleichermaßen am Ende und am Anfang. Der Kreis ist geschlossen, aber er muss durchschritten werden, wenn man von MALKUTH nach KETHER gelangen will. Die jüdische Kabbala lehrt, dass das auf der Ebene der Materie Sichtbare auch auf den anderen Ebenen da ist, nur verborgen.

So sind die Sephiroth gleichzeitig das Attribut des Sichtbaren wie des Unsichtbaren, des All-Heiligen in KETHER. Wir können anhand dieses Kurzbeispiels ein klares Bild von jüdischem Denken, jüdischer Weisheit und jüdischer Durchdringung der göttlichen Geheimnisse gewinnen. Die weitaus wichtigste Erkenntnis mag uns davon unterrichten, dass solches Weistum nicht an die überschaubare mosaische Lehre gebunden sein kann, sondern ihre Ursprünge sich in weit entfernter Zeit befinden, dort, wo alles Weistum seinen Ursprung hat. Wie weit man bereit ist, in dieses Wissen einzudringen, hängt mit der Wert- oder Geringschätzung des jüdischen Wesens an sich zusammen. Dabei mag zunächst die Frage auftauchen, was hierbei (noch) als Wissenschaft und was (schon) als Religion zu bezeichnen ist. Das Judentum bietet, wie andere Religionen auch, in seiner Gesamtstruktur beides, wobei jüdische Wissenschaft mit Gewissheit als der Vater der westlichen Wissenschaft in toto betrachtet werden muss.

Die Vielfältigkeit des Judentums drückt sich in seiner extremsten Form in der Kabbala aus. Sie gilt als das wunderlichste und am schwersten zu fassende, zu begreifende Element. Das liegt zum einen an seinem geheimen Charakter, an dem also, was man als "Geheimlehre" bezeichnet, was immer den Vorwurf der Exklusivität in sich enthält. Zum anderen erklärt die Kabbala in Wort und festgeschriebener Lehre wie kein anderes religiöses System das Wesen des Unsichtbaren, des All-Geistes, und schafft damit einen fassbaren Ausdruck des an sich Numinosen. Auf diese Weise offenbaren sich die tiefsten Ebenen jüdischen Seins und jüdischen Wesens. So rückt die Kabbala aus dem rein jüdischen in ein weltliches Umfeld. Dabei gewinnt der nichtjüdische Schüler, der sich auf das Abenteuer der jüdischen Kabbala einlässt, viel für sein Leben. Denn das Judentum ist heute die einzige (westliche) Spur, die weit in das vorjüdische Leben zurückführt. Die nicht sehr reichhaltig vorhandene und zum Großteil noch in Handschriften vergrabene Literatur zur Kabbala weist solchen Weg. Es wird daraus ersichtlich, dass dies, was über die Zeitalter bewahrt wurde, den Niederschlag einer wesentlich älteren Literatur darstellen muss, einer ursprünglich mündlichen Lehre, deren wahrer Charakter durch die vorhandenen Reste literarischen (kabbalistischen) Gutes hindurchschimmert.

Was sich uns in der Kabbala also zeigt, ist im Prinzip die alte, einheitliche Hochreligion der vorägyptischen Zeit, der Zeit des HERMES TRISMEGISTOS, der ja seinerseits das Wissen der "Alten" - jenes, das lange vor ihm existierte - in seinen hinterlassenen Schriften zusammengefasst hatte. Wobei HERMES-THOTH-MERKURIUS eine allegorische Figur ist, gewissermaßen das Behältnis einer göttlichen Hinterlassenschaft, einer geist-unmittelbaren Geheimlehre.

Orthodoxes Judentum und Kabbala sprechen keine einheitliche Sprache. Stets wurden die Kabbalisten, wie schon an anderer Stelle erwähnt, von den Vertretern der Orthodoxie beargwöhnt und verfolgt. Ein Phänomen, wie es in allen Religionen zu beobachten ist, in denen sich das alte, geheime Wissen in "mysteriösen Zellen" bewahren konnte. So wird den Kabbalisten von Seiten des etablierten Judentums stets der Vorwurf gemacht, das sie kein "richtiges Verhältnis" zur Bibel hätten. Dabei ist auf den Umstand hinzuweisen - der die Antwort auf dieses Phänomen in sich birgt -, dass die Kabbalisten die Bibel nicht wörtlich, also orthodox ausleg(t)en, sondern als Allegorie verstanden und den Inhalt in mythologischen wie auch in legendenhaften Betrachtungen interpretierten. Auch im heutigen Christentum geht die Richtung eindeutig dahin. Die Bibelinhalte des Alten und Neuen Testaments werden vielfach als tiefenpsychologische und allegorische Bilder gedeutet.

Wer die Bibel verstehen will, ist gezwungen, sowohl die allegorische Deutung der Kabbalisten als auch die kanonisierte, exegetische Bibelauslegung zu kennen. Das "Buch der Bücher" ist ja beides, Sinnbild und göttliche Offenbarung. Wenn wir bei unserer früheren Betrachtung bleiben und uns der Feststellung anschließen, dass Gott das Gesetz ist, dann mag dies einleuchtend sein. Darüber hinaus enthält die Bibel des Alten Testaments einen geschichtlichen Abriss über eine lange Periode, die so dem Dunkel der Zeiten entrissen wurde und einem zerrissenen Volk eindeutig Heimat zuweist. Auch dieses Volk ist, wie wir schon früher feststellten, ein Symbol für die Menschheit schlechthin. Somit handelt es sich bei dieser Heimat auch hier im übertragenen Sinn um die **Heimat des Menschen in Gott.**

Die Schöpfungslehre, der Grundpfeiler der Kabbala, ist auch der Dreh- und Angelpunkt der nicht nur von jüdischer Seite vorgebrachten Kritik an der kabbalistischen Deutung. Die Schöpfungslehre ist der Ursprung der jüdischen und christlichen Geheimlehre. Alle sakralen Institutionen haben den Kaffeesatz ihrer Gesetze seit jeher aus dem Schöpfungsmythos gezogen und ihn ganz wie weltliche Zauberer gedeutet. Der große jüdische Philosoph Oskar Goldberg macht diese festgeschriebenen Gesetze gar dafür verantwortlich, dass sie *"... als Einrichtungen größten Stils (...) über das Schicksal ganzer Völker seit Jahrtausenden oft gar grausam bestimmten ..."*

In früherer Betrachtung haben wir uns schon den mittelalterlichen Überlieferungen und einigen "Vätern" solchen Weistums zugewandt. Was wir dort ausführten, war natürlich nur ein kleiner Abriss dessen, was das Mittelalter an kostbaren wie auch an wertlosen Blüten zur Kabbala hervorbrachte. Die Bibelexegeten sowohl des orthodoxen Judentums wie auch der katholischen Kirche waren seit jeher eine große Gefahr für Leib und Leben der Kabbalisten jüdischen oder christlichen Gepräges. Deshalb tragen viele mittelalterliche Schriften zur Kabbala den Charakter und die Form dessen, was die Bibelexegese vorschrieb beziehungsweise (noch) erlaubte.

Die einzige herausragende Ausnahme bildet hier das *Sepher Jetzirah*, das "Buch der Formung". Unzählige Deuter haben die Struktur dieser schmalen Abhandlung aufzuhellen versucht. Nur der *Sohar* erfuhr ebenso viele Kommentare wie das *Sepher Jetzirah*. Dabei gibt es wohl eine einheitliche Sruktur in all diesen Bemühungen in Bezug auf Inhalt und Methode. Die wichtigste ist die Erkenntnis, *"... dass die Sprache, hervorgegangen aus den*

Urlauten, den Anfang allen Seins darstellt, und dass der gesamte Kosmos sich nach dem Menschen hin orientiert ..." Dabei greift diese Vorstellung uraltes Gedankengut auf, wie es auch aus der Hindulehre, aus der griechischen Überlieferung ebenso wie aus der alexandrinischen und christlichen Offenbarung spricht: Das weltschöpferische Wort bildet das Fundament für das Schöpfungsgeschehen schlechthin und vertieft sich in der Erfassung des Göttlichen ins Unaussprechliche, das sich nun in allen, der gesamten Schöpfung innewohnenden Aspekten zeigt.

Die Gottesnamen, überall als gleich heilig und in der Anwendung selbst als schöpferisch verehrt, bilden dieses Fundament, daraus abgeleitet werden die von den Gestirnen bestimmten Schicksale und das Wirken der Naturelemente. Alles dies findet sich in einer geheimnisvollen Harmonie des gesamten Schöpfungsprinzips, der aus dem Schoß der Sprache geborenen göttlichen Realität.

Begnügt sich der orthodoxe Gläubige mit der Tatsache der Schöpfung an sich, so durchdringt der Kabbalist die Überlieferung, dechiffriert sie und gelangt in die gesamten Daseinstiefen aller Formen. Dabei bedarf es nicht einmal ganzer Worte, es genügen ihm die **heiligen Buchstaben**, um Gott zu erklären. Und neben dem, was diese Buchstaben an Gedankenkräften, die den Intellekt auf ein unbegreifbares Niveau zu heben vermögen, freisetzen, geschieht noch ein zweites: Die Zahlen sprechen eine ebenso wichtige Sprache wie die Buchstaben. Sie existieren im Verborgenen, nämlich in den Buchstaben selbst. Buchstabe und Zahl, entweder oder, oder beides in glücklicher Synthese - alles ist dem Kabbalisten möglich, und niemals verlässt er den göttlichen Pfad der Erkenntnis.

Und als letzte Erkenntnis nun dringt der Kabbalist weit in jenen Bereich vor, der in die Zeit des HERMES weist. Indem er den Menschen als den Bezugspunkt zwischen Gott und Schöpfung erkennt - als jenes Wesen, das zwischen der oberen und der unteren

Welt steht –, begreift er zugleich, dass der Mensch göttlichen Ursprungs ist und sein Leben sich als "Erlösungsweg" entfalten muss – es geht um seine eigene Erlösung aus der Bindung an die Welt (aus dem Fall des Adam) wie auch um das Erlösungswerk an der Welt und den Menschen. Hier findet das Motto "Einer für alle, alle für einen" zu seiner wirklichen Natur.

Nun ermöglicht ihm der Lebensbaum, seine Erkenntnisse in der Form zu durchdringen. Er weiß, dass er mit dem Körper der "unteren" Welt angehört, mit der Seele der "oberen". Der Ursprung des Menschen wird ihm so deutlich und das gemeinsame Ziel, das alle Menschen miteinander verbindet. Der Ursprung ist göttlich – sein Vorbild ist der ADAM KADMON, Adam vor dem Sündenfall. Das Ziel ist der "Zaddik", der "vollkommene Mensch", dessen Vorbild der Messias ist, der "Über- und Gottmensch". Nun gilt es, diese beiden "Menschen" miteinander zu verschmelzen, die Synthese zu erreichen, das Untere mit dem Oberen zu verbinden. Die Höhe der menschlichen Bestimmung eröffnet ihm sein ganzes Wesen, und er muss, um das Ziel zu erreichen, unzerstörbar, doch immer wieder aufs Neue durch die Erd- und Himmelreiche wandern. Zwei Instanzen weisen ihm dabei den Weg: Die irdische Lebensform ist dann gemeistert, wenn die **hohe Moralität** ihn im Kampf mit den "bösen Mächten" siegen lässt und er endlich dem "Gesetz" Genüge getan hat. **Freiheit** und **Gnade** als zweite Instanz – in der äußeren Welt als Polarität erfahren – werden ihm nun, da er das Gesetz in sich verwirklicht hat, zur **Erfahrung der Einheit**.

Das **Gesetz** selbst bedeutet dem Kabbalisten **Freiheit**, und diese Erkenntnis ist **Gnade**. So lehrt das *Sepher Jetzirah: "Der Mensch kann erst dann zur 'Quelle' werden, wenn er zuvor 'Zisterne' gewesen ist"* – das heißt, dass er als Gnade die von oben befruchtete Geistessubstanz empfangen durfte. In Wirklichkeit aber hat er sie durch siegreiche Kämpfe mit den "Mächten der Finsternis" selbst erworben.

In dieser Erkenntnis trennt den Kabbalisten nichts vom wahren Eingeweihten. Darum ist die Kabbala selbst eine der erhabensten Einweihungslehren aller Zeiten und Kulturen, die es dem Menschen ermöglicht, sowohl das Mysterium der Menschwerdung als auch jenes des göttlichen Odems in seiner Tiefe zu begreifen. Eines der wesentlichsten Merkmale geistiger Durchdringung der Mysterien der Sephiroth ist die geradezu unerhörte Kühnheit, wie hier einerseits von den höchsten Regionen göttlicher Daseinsformen gesprochen wird, während die letzten Geheimnisse aber nur mit ehrfürchtigem Schweigen angedeutet werden. In der Durchdringung dieser kabbalistischen Tugend verbirgt sich die wahre Tugend eines jedes Eingeweihten.

Wer den OTZ CHI'IM zu lesen weiß, wird die unmittelbare Nähe zum mystischen Christentum immer wieder erfahren. Vielleicht vermögen ihm so auch Geist und Lehre des Menschensohnes Jesus um ein Vielfaches verständlicher zu werden, wenn er deren Quellen erkennt, die im Lebensbaum zu finden sind. Das zentrale Prinzip dort ist jenes des **Sohnes**, ausgedrückt im "Kleingesichtigen", und jenes der urschöpferischen Kräfte, deren innerstes Wesen die Weisheit ist, der Vater, ausgedrückt im "Langgesichtigen". Ebenso entscheidend aber ist fernerhin die Unterscheidung - und hier ist der Kabbalist dem Christen wie auch dem "einfachen" Juden um ein Vielfaches voraus - des Göttlichen in den **Vater** und in die **Mutter** als das urmännlich geistige und das urweiblich in der Natur begründete Prinzip. Dies folgt der überlieferten alten jüdischen Trinitätslehre von Vater, Mutter und Sohn. Die neuere Kabbala aber, ausgehend vom ***Sohar***, überhöht nun das alte mosaische Gesetz, das die Betonung des männlichen Elements erdrückend in den Vordergrund schob, zugunsten der SHEKINA, also **des der Welt einwohnenden göttlichen weiblichen Prinzips**, das dort (in der Kabbala) einen ebensolchen Stellenwert besitzt wie das **Vaterprinzip**.

Im Schema des Lebensbaums wird alles dies nun begreifbar. Darüber hinaus weist er in seinem organischen Aufbau in wunderbarer Weise die "waltende Geisteswelt" aus: Nicht nur durch die beiden Gliederungsebenen - die horizontale, wie die vertikale -, sondern auch in der Darstellung seiner Struktur der drei Säulen und durch die drei Triaden: die oberste = geistwirkend, die mittlere = seelenwirkend und die unterste = naturwirkend. Abschließend findet sich dort, außerhalb dieser Phänomene, die unterste Sephira, das Reich als Verbindung zwischen Menschen- und Geisteswelt.

In einer nicht mehr nennbaren Höhe findet sich die oberste Sephira, die Krone. Sie geht unmittelbar in das Allerhöchste über, das Unendliche, AIN SOPH. Im untersten Teil findet sich das gesamte Menschenreich. Aber die Bedeutung von MALKUTH (= Königreich) drückt aus, was auch im Vaterunser anklingt: Es handelt sich auch hier um eine Region des Geläuterten, des Geistes, welche den in ihr weilenden Menschen unmittelbar umhüllt und berührt. Und aus dieser Betrachtung ergibt sich, dass sich KETHER und MALKUTH nicht ausschließen. KETHER trägt den ganzen Baum ja als Keim, als Same in sich, und ebenso ist der ganze Baum im **Reich** verdichtet. Deshalb verbinden viele Kabbalisten die erste und zehnte Sephira miteinander in dem Namen KETHER-MALKUTH. Die oberste Triade benennt die Erfahrung der Erkenntnis, die die höchsten Stufen des Daseins offenbart, deshalb wird sie auch das **Vernunftreich** genannt.

Hier angekommen, kehren wir nochmals zu unserer Eingangsbetrachtung zurück, nun mit einem etwas geschärfteren Blick für den gewonnenen Inhalt:

CHOCKMAH (die Weisheit im urschöpferischen Sinn) bildet den Uranfang aller Dinge, den LOGOS, wie die Sprache der Gnosis ihn nennt. Es ist dies der göttliche Gesetzgeber - um bei unserer Betrachtung der Natur des MANU anzuknüpfen -, der Spiegel des Schöpfers und zugleich Schöpfer und Schöpfung selbst in jener Form, die dem Menschen zugeneigt ist, der kosmische Christus, das Ursein aller Wesen und Dinge, der Vater aller Wunder und Vollkommenheit.

BINAH (die unterscheidende Vernunft) enthält zur Weisheit auch die Negation als Ausdruck der Polarität, die hier ihren Anfang nimmt. Nun kann die Unterscheidung der Dinge beginnen, wie zum Beispiel die des Männlichen und Weiblichen, des Sinnvollen und Sinnlosen - die Form und Begrenzung aller vernunftbegabten Wesen.
Und wie bei der Philosophie des Platon denkt man bei BINAH nicht an etwas Abstraktes, sondern an eine reale, *wirk-liche* Wesenhaftigkeit, die aus der Substanz der Weisheit herausgebildet wurde.

In der **MITTLEREN TRIADE** finden sich alle **Urmächte des Seelenlebens**: die **bejahende Liebe** (CHESED = die göttliche Liebe, oder GEDULLA = die Größe) ebenso wie die **scheidende Gerechtigkeit** (GEBURAH oder DJIN, die "strafende Macht Gottes" und "richtende Strenge"); beide verbunden und versöhnt durch die **Barmherzigkeit** (RACHAMIM = ausgleichende Barmherzigkeit Gottes oder TIF'ERET, die Herrlichkeit, das "Herz des Himmels"), das harmonisierende Element des Höchsten. Diese Barmherzigkeit indes enthält keinerlei Passivität, sie bezeichnet im Besonderen jene Sphäre der Liebe in ihrem Urgrund, in der alles zu gedeihen vermag, was in ihrem Namen begonnen wurde. Eine Liebe, die erhält, weitet, ohne in sich selbst aufzugehen oder zu zerfließen, da sie ihre Stärke bezieht aus der Gerechtigkeit, der die Gezeiten des Daseins unterworfen sind.

In der **UNTEREN TRIADE** finden wir die **Urmächte des vitalen Daseins**, also des "Naturreiches", die **Stärke und Beständigkeit** (NETZACH), die **Schönheit** (HOD) und alle physische Zeugungsmacht, die in der Kraft und Schönheit im Keim auf immer verschmolzen sind. Auf dem **Fundament** (JESOD) gründen beide, im geistigen wie im physischen Reich. **Stärke** und **Schönheit** befinden sich in einer polaren Struktur zueinander. Die Stärke erscheint hierbei als der primäre, positive physische Aspekt, während die Schönheit den Gegensatz zur Stärke bereits beinhaltet, sich als Vielfalt in der Form darbietet.

Diese Darstellungen bilden indes, wie auch die eingangs ausgeführten, wiederum nur einen Aspekt einer möglichen Deutung. So kann man sagen, dass die Einteilung in drei Triaden, welche nach oben und unten nicht "abgeschlossen" sind, auch noch viele andere Deutungsmöglichkeiten zulassen.

Einen wesentlichen Aspekt beinhaltet auch folgende Deutung der Gliederung der Triaden: **Weisheit, Liebe** und **Kraft** (im physischen Aspekt) begegnen uns als positive, nichtpolare Potenzen. Solche, die Gegensätzliches zum Ausdruck bringen, finden wir in **Vernunft, Gerechtigkeit, Strenge** und **Schönheit**. Dabei aber sollten wir Folgendes beachten: Diese Tugenden stehen nicht im Gegensatz zueinander, sondern drücken grundsätzlich polare Seinsweisen als positiv/negativ aus. Man kann ja nicht sagen, dass die Vernunft den Gegensatz zur Weisheit darstellt oder Gerechtigkeit im Gegensatz stünde zur Liebe; auch nicht, dass Schönheit den Gegenpol bilde zur Kraft.

Dabei gilt die Erkenntnis, dass Negatives im Ursprung nicht existiert und somit auch im Lebensbaum kein Ort vorhanden sein kann, in dem es beheimatet sein könnte.

So hat man festgestellt, dass die **rechte Seite des Lebensbaums Expansion und Extensivität** darstellt, während die **linke Seite Intensität** in Form von Unterscheidungsmöglichkeit und Widerstand enthält; beide Eigenschaften können nicht als negativ bezeichnet werden. In beiden Seiten vereinigen sich die polaren Prinzipien

in einem höheren Seinszustand, der als Same und Frucht beide wieder erneuert aus sich herausfließen lässt.
Deshalb bildet KETHER das Reich des Über-der-Vernunft-Stehenden, das sich selbst erzeugt aus **Weisheit** (CHOCKMAH) und **Vernunft** (BINAH) und diese beiden immer weiter - im Sinne der Ewigkeit, wie soeben beschrieben - aus sich selbst erzeugt.

Gleiches kann gesagt werden vom **Erbarmen** (TIF'ERET) in seiner Beziehung zur **Liebe** (CHESSED) und **Gerechtigkeit** (GBEURAH), vom **Fundament** (JESOD) in seiner Beziehung zur **Schönheit** (HOD) und **göttlichen Kraft** (NETZACH). Das **allerhöchste Verbindungsprinzip** (CHOCKMAH) hierzu kann nur in seiner reinen Form, in der **Positivität** gesehen werden, angesiedelt in der rechten Seite des Lebensbaums. Dies ermöglicht die Betrachtung der hier vorgenommenen Gliederung mit dem Bewusstsein für das, was Gott in Wahrheit vermag.

Ist es nicht ein wunderbares Mysterium, eine Glyphe zu besitzen, die solches Wirken dem Menschen zugänglich, weil verständlich macht? In der Betrachtung des Bildes und der Durchdringung seiner Inhalte vermag sich ein ungeheures Potenzial göttlichen Weistums jedem zu erschließen, der ein offenes Herz hierfür mitbringt.

Der *Sohar* lehrt, dass diese Wirkweisen durch verschiedene Namen und Bilder zugänglich werden. So zum Beispiel, wenn Polarität zwischen der rechten und linken Seite als **Waagschale** benannt wird, welche eine in der Mitte wirkende Kraft (oder Macht) im Gleichgewicht hält. Die Kabbala sagt, dass der Gleichgewichtszustand das Merkmal jener Welt ist, die vor Gott Bestand hat, im Gegensatz zu allem anderen, was diesem nicht entspricht. Das positive Prinzip, allem voran jenes der Liebe, gilt hierbei als das männliche, während das negative, im Besonderen jenes der richtenden Gerechtigkeit, als das weibliche gilt.

Und hier begegnen wir wieder dem hermetischen Grundsatz, denn im Aufeinandertreffen dieser Symbole treffen sich die Gegensätze von rechts und links mit jenen von oben und unten. Erst durch die Vereinigung und Durchdringung dieser polaren Prinzipien kann, wie wir oben festgestellt haben, der höhere Seinszustand erreicht werden.

Die Kabbala weist der rechten und linken Seite also eine tiefe Bedeutung zu. Sie lehrt folgenden Grundsatz: *"(...) Auch die anscheinend so indifferenten Gegensätze des Raumes leiten ihren letzten Ursprung aus der schöpferischen Polarität des geistigen Daseins ab - deshalb findet sich in alten Bezeichnungen für Gott das Wort 'makom', was 'Ort' bedeutet (...)."* Und das führt uns in die Tiefe des kabbalistischen Denkens hinein. So lehrt der *Sohar*, dass der Urgrund des Bösen, der in der Negation (also dem Begriff des "Bösen") zum Ausdruck gebracht wird, ursprünglich im linken Prinzip veranlagt ist, er aber erst durch die Verbindung mit dem rechten Prinzip entstehen kann, wo er sich nun vom rechten, positiven Sinn "losreißt" und "verselbstständigt".

Diese Darstellung der Kabbala gibt uns ein einzigartiges Bild vom "Abfall der Engel", dem "Sturz aus den Himmeln". Erst durch dieses Ereignis kann aus der linken Seite die andere hervorgehen, *"... als welche alles Böse und Daseinsfeindliche erkannt wird ..."* Und da steht der Mensch, der einmal selbst seiner Lichtmacht beraubt wurde, und erfüllt jenen Mächten gegenüber die Mission, die ihm zugleich Erlösung und Aufstieg bedeuten. So lehrt es die Kabbala des *Sohar*.

In den Figuren der Bibel finden sich all jene allegorischen Zutaten, die weltgeschichtliche Ereignisse unmittelbar in den Zusammenhang von irdischem und höherem Geschehen stellen. ISRAEL steht immer als Synonym für die Menschheit, als jener Hüter des "treuen Zusammenhangs", der im "Bund mit Gott" begründet wurde, in der Offenbarung der Propheten gefestigt und in der Gesamtheit der jüdischen Kultur bis heute aufrechterhalten wird. Und das schon mehrfach erwähnte hermetische Prinzip, dass das Untere wie das Obere sei, erklärt die SHEKINA zur Seele Israels, die in der Kabbala als Symbol für die **Weltseele** gilt, so wie sie auch das Einwohnen Gottes in seine Schöpfung bedeutet. Die Stammväter Israels erscheinen allegorisch als die Weltpotenzen.

Vielen mag es fremd erscheinen, dass sich ein Volk selbst zum Sinnbild für die ganze Menschheit erhebt. Aber wie wir zu Beginn dieser Betrachtung schon feststellten, hat gerade Israel als Bewahrer des Urgutes alten Wissens den Ariadnefaden zwischen jenen in der Bibel bezeichneten Erfahrungen, der ja nicht einzig das jüdische Schicksal, sondern jenes der gesamten "dritten Rasse", also der gesamten Menschheit des nachatlantischen Zeitalters enthält, bis heute fortgesponnen, wenn auch nur in jener Tradition, zu dem der "Normal-Jude" keinen Zugang hat, ebenso wenig wie der Durchschnittschrist die Mysterien der Verkündigung und der Geburt des Lichtes verstehen kann.

Die Idee und die Durchdringung eines erneuerten Menschentums geht aus diesem Vermächtnis hervor, sie ist Inhalt des "Bundes mit Gott" und dem Christentum gleichsam als Geschenk in die Wiege gelegt worden. Welchen Dank hat dieses Christentum aber dem Judentum gezollt? Beide könnten, wenn sie sich einander öffnen wollten, viel voneinander lernen und profitieren. Der Mensch der Zukunft muss seinen Aufstieg, wie in der Kabbala beschrieben, von unten nach oben vollbringen, damit das Untere wie das Obere werde.

Erst die Kabbala hat dem Christen die Augen wirklich geöffnet, erst durch die heilige Glyphe des Lebensbaums konnte er sein eigenes Mysterium anhand der Schöpfungsparabel begreifen. Und so sind es auch im Christentum nur jene, die aus diesem Vorrat des Weltweistums zu schöpfen wissen, die im Buch des Lebens zu lesen verstehen, dessen wunderbarste und wunderlichste Seite der OTZ CHI'IM darstellt.

Was der Christ vom jüdischen Kabbalisten zu lernen vermag, haben wir darzustellen versucht. Umgekehrt hätte sicher ein befruchtender Dialog stattfinden können, wenn der christliche Hochmut solches nicht in den Bereich der Unmöglichkeit verbannt hätte. Viele jüdische Philosophen haben sich um solchen Dialog bemüht. Die Angebote, die von christlicher Seite kamen, waren mager und überheblich. Es kann ja nicht sein, dass der Jude, dem Christen gegenüber "schuldig", auf gleichem Niveau als Dialogpartner auftritt. So haben sich die christlichen Kabbalisten seit dem frühen Mittelalter mit oft nebulösen Argumenten und Spitzfindigkeiten ihre eigene Kabbala gebastelt, die bis hin zu den Auswüchsen des "*Golden Dawn*", einiger theosophischer Richtungen sowie verschiedener Rosenkreuzer-Orden wucherten.

Um die oben gestellte Frage, was der Jude vom Christen hätte zu lernen vermocht, noch einmal aufzugreifen, ließen sich wahrhaft gute Argumente anführen. **Gerade in der Messiassehnsucht des jüdischen Volkes liegt ja die Chance zur Erlösung seiner gequälten Seele.** Aber man zeige mir den Durchschnittschristen, der einen in allen spirituellen Disziplinen beschlagenen Juden zu "erlösen" vermöchte.

Die alte jüdische Trinität wurde vom Christentum aufgegriffen, aber verwandelt. Das Weibliche wurde dort hinausbefördert und durch die **Jungfrau** ersetzt, ohne die Hintergründe für das große Mysterium der Jungfrauengeburt auch nur im Ansatz zu begreifen. Maria wurde freilich nicht in die Trinitätslehre übernommen, sondern irgendwie danebengesetzt. Aus dem Heiligen Geist wurde ein seltsames Zwitterwesen und aus der Wunderkraft der SHEKINA, der TELESMA-KRAFT, ein Symbol, zu dem kaum ein Christ noch Zugang hat.

Keinem Christen würde es einfallen, im Heiligen Geist das weibliche Prinzip Gottes zu sehen. Nur ganz langsam keimt ein Bewusstsein hierfür in jenen auf, die den alten TETRAGRAMMATON, der ja auch in den Kirchen mit eiserner Hand als "Gott, der Herr" herrscht und wütet, gerne zugunsten jenes allliebenden Vaters, von dem der Herr allen Lebens sprach, austauschen möchten. Ein **Vater** aber braucht, um überhaupt Sinn zu machen, eine weibliche Entsprechung, also die **Mutter** an seiner Seite.

Dergestalt könnten die Modelle aussehen, die jüdische und christliche Kabbalisten im Geiste einen. Jeder übernimmt vom anderen das, was er selbst schmerzlich in seiner eigenen Tradition vermisst.

Kabbala und Judentum, Rosenkreuz und Christentum, nichts erscheint eindeutig. Die Vielfalt dessen, was möglich ist, ist wahrhaft unerschöpflich. Alte und neue Kabbala, die Kabbala des *Sohar* und die Deutung der Rosenkreuzer - alles hängt mit allem zusammen, alles ist eins, wenn auch auf einer jeweils anderen, individuellen Ebene beheimatet. Diese verschiedenen Ebenen bestehen aus sich heraus in ihrer Einmaligkeit und Vielfalt - Widersprüche, die jeder für sich beantworten kann. Im ahnenden Vertrauen darauf, dass das Licht all das im Inneren erleuchtet, was jetzt noch dunkel ist, sich dem Neuen, Fremden und Unbekannten zu öffnen, ist ein gewinnbringendes Wagnis, auch wenn der Verstand noch nicht alles versteht.

Alles, was in der Seele lebendig ist, hat seine Entsprechungen im Lebensbaum, in dem die tiefsten Geheimnisse des Lebens abgebildet sind, ähnlich dem Meditationsobjekt eines Mandalas, das seinerseits das hermetische Prinzip "Das Untere ist wie das, was oben ist" aufs trefflichste zum Ausdruck bringt. Und diese Geheimnisse der "Harmonie" sind wurzeleins mit jenem Wesentlichen, das auch jegliche Meditation, die christliche wie die östliche, an spirituellen Einsichten eröffnet. Alles hängt ursächlich mit allem zusammen.

Die Kabbala verbindet uns mit der Welt der Erscheinungen ebenso wie mit jener des Numinosen. Geist und Seele geben dem Körper erst das eigentliche Leben. Sie sind, obwohl “verborgen”, lebensbestimmend für alles Erscheinende. So ist GOTT, dessen Körper aus Seele und Geist besteht, der wahre Bewohner des Menschen, denn der Geist ist immer nur der EINE. Das Erscheinende ist an den Körper gebunden, ohne ihn kann in der Materie nichts geboren werden. Dies zeigt sich gemäß seiner Entwicklung und seines Wachstums, man kann sagen, es besitzt einen wegweisenden Impuls, der vom Ursprung her bestimmt wird. So bestimmen Geist und Seele den Sinn der Erscheinungen, des Körperlichen.

Es geht nun darum, einen Weg zu finden, um diesseitiges und jenseitiges Leben zur Heilung zu führen, zur Synthese. Dann wäre der Friede keine Utopie mehr, er würde das äußere wie das innere Leben bestimmen. Vollkommenheit kann nur dort gedeihen, wo Friede herrscht. Das Schicksal des Lebens, das Schicksal jeder Herkunft und seine Zukunft wären, wenn das äußere Leben *befriedet* wäre, keine unbekannten Größen mehr, die aus einer unbekannten Quelle kommen und einer unbekannten Gesetzmäßigkeit folgen. Die Frage nach der Kausalität, also nach dem rechten Verhältnis von Ursache und Wirkung, löst sich angesichts harmonischen Lebens, an das keine Fragen mehr zu stellen sind, auf. Harmonie und Frieden gehen immer Hand in Hand. Die Frage nach dem Warum und Wozu der kausalen Reihenfolge ist die Sinnfrage des äußeren Lebens ganz allgemein. Lassen wir doch Geist und Seele Geschichten erzählen, Geschichten unseres eigenen Lebens ebenso wie die Geschichte der Menschheit ganz allgemein.

Der Lebensbaum bietet uns Antwort auf unsere individuelle und globale Sinnfrage. Er erzählt Geschichten aus dem Verborgenen, jenem Verborgenen, das unseren Weg in der richtigen Reihenfolge des Geschehens bestimmt. Der Lebensbaum mag uns so eine logische Entwicklung und eine verständliche Entfaltung unserer

Möglichkeiten aufzeigen, denn seine Geschichten, die er uns enthüllt, stammen ja aus dem Bereich von Seele und Geist und sind somit frei von jedem kausalen Zwang.

Das GESETZ, das ihm Form und Gestalt verleiht, bietet uns die nötige Gewähr, dass unser Lebens EINS ist und uns über die Grenzen von Raum und Zeit hinaus erhalten werden kann. Er gibt uns also Vertrauen und damit eine Sicherheit, die wir für das Leben brauchen.

Die Kabbala nennt das Gesetz, in dem der Lebensbaum verwurzelt ist, "die eine Seite von Gottes Walten". Die andere Seite ist jene von Liebe, Gnade und Barmherzigkeit. Sie schenkt dem Menschen alles, was er braucht, nämlich die Freiheit, die zum Bild und Gleichnis Gottes gehört. **Gott ist das Gesetz. Freiheit und Frieden bedingen einander. Wer beides in sich zur Verwirklichung gebracht hat, lebt in Harmonie mit den göttlichen Gesetz. Denn nur in Gott sind Gesetz und Liebe in wahrer Harmonie vereint.**

Im Lebensbaum werden Buchstaben zu Bildern, sie werden *vergeistigt* und beseelt, deshalb sind sie unsterblich. Was erzählt er wirklich? Dass des Menschen Körper dem Mond gleicht mit seinen wechselnden Phasen. Sie kommen und gehen, auf dass sie wiederkommen, denn Seele und Geist sind ewig und beleben den toten Körper immer wieder aufs Neue. Aber die Spuren, die diese Körper hinterlassen, gleichen einer Spirale oder den Stufen einer Leiter, die sich immer höher in den Ätherleib der kausalen Formen winden, bis eines Tages das Unten zur Gänze nach Oben getragen und *er-löst* wurde. Das Leben, das nun folgt, ist eins mit jenem, das schon immer war, jedoch nicht identisch mit ihm, aber es fußt in der **Erkenntnis der Einheit in der Liebe**. Von dort nun gibt es kein Zurück mehr. Aber der Lebensbaum zeigt auch den Weg selbst. Er benennt die Ebenen der Wegstrecke ebenso wie die Wesenheiten, die diesen Weg säumen. So ist er ein Modell, sowohl für die Erkenntnis der eigenen Wesenhaftigkeit wie auch jener des großen Ganzen. In der Durchdringung dieser Erfahrungen wächst nun die Möglichkeit im Menschen heran, Schritt für Schritt aus der Vielheit in die Einheit zu gehen.

DER INNERE ORDEN VOM ROSENKREUZ

1.

Warum haben die Rosenkreuzer aller Zeiten sich so sehr um die Durchdringung der Kabbala, insbesondere die des Lebensbaumes bemüht? Die wahren Rosenkreuzer wussten um das Mysterium des Lebens. Sie waren durch dessen harte Schule gegangen, die Natur mit ihren Geheimnissen war ihnen ein "offenes Buch", in dem sie zu lesen wussten. Sie hatten im Sinne des Hermes gelernt, das "Flüssige" vom "Festen" zu trennen, um den Geist zu destillieren - und sie hatten im Dienen den höchsten Grad der Menschlichkeit zu erwerben gewusst. Sie waren durch die Schule der Erkenntnis gegangen, die direkt aus dem Offenbarungszentrum gespeist wurde. Von dort wurde ihnen der Zugang zum uralten Weltweistum geöffnet, erhielten sie Wegweisung und Wegbeschreibung zum Ziel.

Jetzt ging es darum, auch noch den letzten Rest von Welt zu überwinden. Sie waren beinahe dort angelangt, was die Kabbala den "Ort der Stille" nennt. Sie spürten den Fluss des Lebens, aber sie wussten noch nicht wirklich, ob das Leben nur so dahinfließt oder ob es in Wahrheit weiterfließt. Es fehlte vielleicht noch der letzte Rest von Vertrauen.

Der Endpunkt, an dem man sich solche Fragen stellt, ist für den Christen jener von Golgotha, auf dem das Kreuz steht. Der letzte Buchstabe des hebräischen Alphabets, das TAW, besteht aus der Hieroglyphe des Kreuzes - es ist jener Punkt, wo ein Weg den anderen sch(n)eidet. Das Leben wird vielfach durchschnitten, der härteste Schnitt ist der vom Leben zum Tod - oder derjenige, der das Leid scheidet vom Glück. Gibt es, hier angekommen, eine Antwort? Sie wussten zwar, dass es einen Trost geben muss, aber sie hatten noch nicht wirklich verstanden, wie er zu gewinnen sei.

Jetzt, am Schnittpunkt, wo die Frage nach dem Woher und Wohin eindeutig beantwortet werden muss, wo die Angst mit der Hoffnung sich paart, muss die Schlussfrage an das Leben gestellt werden. Hier also, am letzten Punkt, jenem des TAW, beginnt das eigentliche Exil des Menschen, und die Kabbala nennt dies das "Exil der 22", da der TAW der 22. und letzte Buchstabe des Alphabets ist. Es ist jener Punkt, an dem der Sohn vom Vater getrennt ist. Die entsprechenden Bibelstellen beschreiben die Trennung des Jakob von seinem Vater Isaak, die 22 Jahre währte. Jakob, auf der Flucht vor Esau, weilte 22 Jahre bei Laban, bis er seinen Vater wiedersehen durfte. Und genau so lange dauerte nachmals auch die Trennung des Joseph von seinem Vater Jakob. Auch hier verging eine Zeitspanne von 22 Jahren, beginnend bei seinem Verkauf nach Ägypten, bis er seinen Vater wieder in die Arme schließen konnte. Die Kabbala lehrt also, "*... dass das Leben in die 22 Buchstaben wie in ein Exil eingetaucht wird ...*"

Der Zahlenwert des TAW ist 400. Es ist die Zahl der Fronjahre des jüdischen Volkes in Ägypten, also die Zahl des Leides. In der Hieroglyphe des TAW erkennt man ein liegendes Kreuz. Es beschreibt also den Weg des Menschen, der sich auf dieses TAW hinbewegt, und man möchte meinen, dieser Weg endet im Tod. Im physischen Tod wohl, aber dieser bedeutet gleichzeitig die Abnahme des Körpers vom Kreuz. Das Grab aber, in das man diesen Körper zur "letzten Ruhe" bettet, ist leer - es enthält, wie die christlichen Kabbalisten sagen, *"die ungeheure, ja unfassbare Mitteilung der Auferstehung"*.

Der Buchstabe TAW im hebräischen Alphabet

Wo Trauer um den Hingegangenen herrschte, bricht nun Freude aus, gemäß dem Psalmwort *"... die, die unter Tränen säen, werden im freudigen Jauchzen ernten!"* Aus der Erde nämlich kommt alles erneuert zurück. Jetzt erfährt das Leid seine grundlegende Verwandlung. In den Pflanzen kündet sich die Metamorphose an, die im Ostergeschehen ihren Höhepunkt erfährt - die Vermählung von Himmel und Erde konnte geschehen. Die Kabbala lehrt: *"Die Buchstaben des Lebens sind die Quellen des Lebens. Das WORT geht aus von GOTT."*

Dieses Mysterium der Auferstehung, die Geburt des Neuen, feiern Juden wie Christen. Beide sagen: *"Suchet den Menschen nicht weiter im Diesseits des Körpers, denn Israel ist nach 400 Jahren aus Ägypten gezogen."* Und nun beginnt für beide der Weg in Wirklichkeit.

Die Kabbala lehrt weiter: *"Wer den Menschen für immer an das Diesseits zu fesseln versucht, nagelt ihn ans Kreuz."* Nur wer diese (Er-)Kenntnis, die fest verwurzelt im Judentum ist, erlangt, vermag auch als Christ das Ostergeschehen zu begreifen.

Jesus war beileibe nicht derjenige, für den ihn seine christlichen Nachfolger hielten, denn er hatte den Boden seiner spirituellen Herkunft nie wirklich verlassen, ihn aber (durch das Kreuz) *erhöht*. In allem erfüllte er getreulich das Wort der Propheten.

Hier, im Schnittpunkt von "Rose" und "Kreuz" begegnen sich Kabbalisten und Rosenkreuzer. Und sie eint das gemeinsame Wissen, jedoch mit dem Unterschied, dass der Jude in Jesus den Bruder erblickt und der Rosenkreuzer mit der Überwindung des Kreuzes seine eigene Fähigkeit zur Erlösung erfährt, gemäß dem Opfertod des Herrn allen Lebens. Hier, an der Schwelle zwischen Leben und Tod, wird der Suchende, der Kabbalist wie der Rosenkreuzer - jeweils als Synonym für den Suchenden im universellen Sinn -, nun zum Wissenden.

Die 400, also das TAW, kann nun aufgelöst werden. Da es nach dem TAW aber keine Fortsetzung gibt, beginnt ein neues Mysterium. Man kann das "Große", das der 400 folgt, also die 500, nur darstellen mit 400 + 100, was nun eine völlig neue Situation schafft. Die 4 und die 1 symbolisieren den Baum der Erkenntnis und den Baum des Lebens. In der 5 ergibt diese Verbindung, dass der Baum der Erkenntnis dem Baum des Lebens weichen muss, was das Wiedererreichen des Paradieses bedeutet.

Die Reihe der Buchstaben endet mit dem TAW, das heißt, dass der (irdische) Weg mit 400 zu Ende ist. Für die 500 gibt es aber keinen Buchstaben. Was bedeutet dies? Es besagt, dass jenseits der 400 die Welt des Schweigens und der Stille beginnt. Dies ist die Welt des ADAM, dessen Name im eigentlichen Sinn bedeutet: "Ich schweige." Das also ist die wahre göttliche Natur des ADAM, des Naturgeborenen.

Tod, Leben, Auferstehung, alles ist eins. Wir schlafen, wir erwachen, hierin haben wir im Kleinen bereits das Bild der Auferstehung. Alles ist angelegt in uns, wir sind der Mikros im Makros, das gelobte Land, der Garten Eden, der Weg nach und aus Ägypten, aus der Gefangenschaft der 400 Jahre, hinein in die alles verheißende, übermächtige Freiheit.

Wir tragen in uns das Reich des machtvollen Schweigens, den naturgeborenen ADAM. Und nur hier wird uns bewusst, dass es außerhalb der Liebe nichts gibt. Dort ist der Anfang und das Ende, EHEYE, der die ganze Welt mit Güte, Liebe, Gnade und Barmherzigkeit speist, die im Lebensbaum ununterbrochen herabströmen.

2.

Was ist der “Innere Orden”? Ich sagte schon an anderer Stelle, dass die Geschichte der Rosenkreuzer sehr viel älter ist, als man heute annimmt. Um den Inneren Orden der Weltbruderschaft verstehen zu können, muss man in die innere Rosenkreuzerschaft eindringen. Deren geistiger Ursprung hat in Wirklichkeit nichts mit dem Erscheinen der drei fundamentalen Schriften des Johann Valentin Andreä zu Anfang des 17. Jahrhunderts zu tun, der nur Werkzeug war für die Universelle Bruderschaft. Wenn man die Schwierigkeiten bedenkt, die sich dem Autor seitens des protestantisch-kirchlichen, katholischen und sozialen Umfeldes in den Weg stellten (und die ihn später veranlassten, sich von seinen Schmerzenskindern zu distanzieren), mag man sich die Frage stellen, ob die Weltbruderschaft wirklich den richtigen Zeitpunkt für die Verbreitung des alten Wissens gewählt hatte. Je nun, hätte sie darauf Rücksicht genommen, wäre das Wissen niemals unter die Menschen gekommen. Der Zeitpunkt war ganz bewusst gewählt, denn neben den katastrophalen Zuständen in beiden Konfessionen gab es gerade in diesem Jahrhundert große Mystiker und Erleuchtete - wenn man so will, das beste “Material” als Auffangbecken für solche Gaben.

3.

Uns interessieren an dieser Stelle jedoch nicht Zeit und Umstände der Verbreitung der Lehre, sondern die Lehre selbst. Um sie zu verstehen, müssen wir einen Blick in die drei Hauptschriften des oben genannten Johann Valentin Andreä werfen, um in die erhabene Tiefe der Weltweisheit, des Weltweistums, wie die Rosenkreuzer sagen, einzudringen. Dann mag es auf den ersten Blick so erscheinen, dass sich dort nicht das Weltweistum, sondern rein christliches Gedankengut verbirgt. Es erfordert die Durchdringung dieses Wissens einen offenen Geist, der auch in christlichen Sinnbildern die universellen Weisheitsglyphen entdeckt, die sich im Kern nicht unterscheiden von jenen der anderen Religionen. Deshalb wird es gerade für den abendländischen Menschen einen großen Zugewinn bedeuten, die "Geheimnisse der Gnosis", die von den Kirchen so verunstaltet wurden, in der vertrauten Sprache, die aber keine Kirchensprache ist, ganz neu zu entdecken, ja ihren tiefsten Sinngehalt anhand der Sinnbilder selbst zu entschlüsseln.

So will ich euch auch nur äußere Hinweise geben, DAS WERK müsst ihr dann selbst vollbringen. Im Prinzip müsste euch dies ein Leben lang beschäftigen - die Tiefe dieses Weistums ist grenzenlos. Intellektuell mag man rasch zu Ergebnissen kommen. Aber damit ist es nicht getan. Es ist erhebend, in der Durchdringung des echten Rosenkreuzer-Wissens auch das Christentum und seine Lehre für sich selbst ganz neu zu entdecken. Das muss sein, sonst trägt das Feld der Erkenntnis keine Früchte. Es geht ja letztlich nur um diese "Ernte". Ich möchte euch bei dieser Ernte beobachten und sehen, auf welche Weise ihr sie in eure "Scheuer" verbringt. Wenn ihr die Verbindung zu mir aufrechterhalten wollt auch über die Zeit der "Lehre" hinaus, dann findet ihr mich in jenen Kammern, in denen ihr diese Ernte als euren kostbarsten Schatz hortet.

4.

Wir hatten als ersten Versuch schon ein wenig Einblick genommen in die rosenkreuzerische Denkungsart bei der Betrachtung über die Bruderschaft von Shambhala. Dieses Wissen wurde zum Beispiel in den äußeren Orden - mit wenigen Ausnahmen - so gut wie niemals verbreitet, weil es diesen äußeren Gruppierungen nicht zur Verfügung stand. Hier kann man den fundamentalen Unterschied zwischen äußeren und inneren Strukturen schon erkennen. So bemühten sich die äußeren Gruppierungen stets, die Schriften des Johann Valentin Andreä vordergründig zu entschlüsseln und auf diese Weise auch dem Kirchentum neue Inhalte einzuverleiben. Wie wir wissen, waren alle diesbezüglichen Mühen vergebens. Das zeigt uns aber auch, dass die äußeren Orden es auch nicht unterlassen konnten, immer auch um die Kirchen zu buhlen, die ihrerseits diese Orden verfolgten, ihre Aktivitäten unterbanden und sie auch sonst auf mancherlei Weise zu schädigen trachteten. Aber auch in den äußeren Gruppierungen selbst ging es oft zu wie bei der Inquisition. Und so geschah, was ich am Beispiel der "Vorhofreinigung" schon aufzeigte - sie vermochten nicht zu überleben, wurden hinweggefegt von der Tempelleitung und hinterließen stets einen schlimmen Nachgeschmack, der jedoch den inneren Orden niemals Schaden zufügen konnte, da die äußere Welt keinen Zugang zu ihnen hatte. Darin liegt auch die Ursache für ihre hermetische Abschirmung. Aus diesem Grund entstanden viele Vermutungen. Einige glaubten, die Hierarchie der Inneren Orden befände sich im Inneren der Erde, ja, der König der Welt regiere von "Agartha" (oder in anderer Schreibweise: Agartti) aus die Erde. Dieses "Agartha" aber ist jener Brennpunkt auf dem "höchsten Berg", dem MERU, dem MONTSALVAT. Man vermutet ferner, die Pole seien Zugang zu jenem Zentrum, das von einer inneren Sonne gespeist würde. (Es existiert die in Schriften veröffentlichte Meinung, dass im Inneren der Erde eine zweite Sonne zwecks Beleuchtung der dort lebenden Menschen existiert.) Ihr könnt anhand des früher Gesagten nun selbst eine Brücke zur Entschleierung dieses Mythos bauen.

5.

Die äußeren Orden bemühten sich ebenso redlich wie vergeblich, die inneren Strukturen der geheimnisvoll-verborgenen zu erfassen. Es wurde bis in die heutige Zeit hinein unternommen, immer wieder äußere Orden zu begründen, ihnen altehrwürdig Namen zu verleihen, wie zum Beispiel *AMORC*, was heißt "Alter mystischer Orden vom Rosenkreuz", dabei ist er der jüngste von allen. Dann gibt es jenen Orden *Lektorium Rosicruzianum* in den Niederlanden, der in vielen Ländern "Filialen" unterhält. Dieser Orden nimmt für sich in Anspruch, einziger Statthalter des alten Wissens zu sein und begründet dies unter anderem damit, dass der langjährige, rührige Ordensleiter Jan van Rijckenborgh selbst Abgesandter der Bruderschaft von Shambhala gewesen sei. Dort findet sich auf äußerer Ebene erstmals eine Verbindung zu diesem Wissen, wenngleich die Quellen teilweise absurd sind. Art und Weise seiner Vorträge ließen keinen Zweifel an seinem wahren Sendungsbewusstsein aufkommen. Er verstand es, die Bruchstücke des inneren Wissens, die ihm zur Verfügung standen, mit dem Wissen aus der Adyar-Theosophie, der er vor der Ordensgründung angehört hatte, zu verquicken und so ein Rosenkreuzertum zu vertreten, das aus Pseudoinformationen bestand, sich aufblähte und Seitenhiebe an jene austeilte, die einmal Weggefährten und später "Feinde" (so zum Beispiel Rudolf Steiner) waren. In der Lehre des *Lektorium Rosicruzianum* finden sich schon viele Anhaltspunkte, die unter anderem den I-AM-Bewegungen später Nahrung boten.

Wer also in den Inneren Orden vordringen will, ist erst einmal genötigt, die Spreu vom Weizen zu trennen. Van Rijckenborgh war ein Mann, der von seiner Mission überzeugt war, dementsprechend ist auch die Ausbeute seiner literarischen Werke. Ein Großteil der heute zugänglichen Rosenkreuzer-Schriften stammt aus seiner Feder oder ist zusammengetragen aus seinen Vorträgen, und man muss genau prüfen, ehe man sich solcher Lektüre hingibt, aus welcher Quelle sie kommt.

Heute setzt man die Rosenkreuzer vielfach gleich mit dem *Lektorium Rosicruzianum*, dem *AMORC* oder *OTO* (Ordo Templis Orientis), jenem geheimsten aller geheimen Zusammenschlüsse, der von sich behauptet, das Wissen aller Zeiten und aller Welten zu besitzen, zu bewahren und zu lehren. Und man hat da und dort auch das Gedankengut der Theosophen im Gepäck, wenn man sich über diese Orden der Bruderschaft nähern möchte.

Da es einem Suchenden nicht möglich ist, aus eigenem Erkennen die Spreu vom Weizen zu trennen - denn natürlich enthalten zum Beispiel die Schriften des *Lektorium Rosicruzianum* auch wertvolle Erkenntnisse -, dort, wo das Weistum des inneren Ordens durchschimmert, wird es immer schwieriger, die Kunst der Unterscheidung zu lernen. Deshalb will ich durch diese Schulung versuchen, euren Blick zu schärfen und euch anhand der Qualität der reinen Lehre unempfänglich zu machen für die lauten Zwischentöne, die seit jeher verantwortlich waren für die Disharmonie zwischen "innerer" und "äußerer" Kirche.

Selbstverständlich hatte es die innere Kirche nie nötig, mit Pauken und Trompeten das Heil zu verkünden und Abweichler vom vorgegebenen Kurs mit dem Tod zu bestrafen. Nur im inneren Reich konnte die Liebe überleben, die einzige Brücke, die zur Erfahrung des Transzendentalen und damit zur Entfaltung der Rose im Herzen führt.

Viele große Frauen und Männer, die offiziell der äußeren Kirche zugehörten, waren und sind Mitglieder des Inneren Ordens.

Daraus ergibt sich, dass es sich bei ihm nicht um einen realen Geheimbund, sondern um eine innere Haltung und Ausrichtung auf Gott handelt, die von einer inneren Regierung, dem eigenen Selbst, gesteuert wird. So darf man getrost behaupten, dass alle Heiligen und Weltweisen Mitglieder dieses Inneren Ordens waren und sind. Wenn dessen Regierung das eigene Selbst ist, dann finden wir auch Zugang zu meiner Forderung, das eigene Selbst an die Stelle äußerer Gruppierungen zu setzen und sich auf die Suche nach der Wahrheit nur an die hinterlassenen Schriften der Weltweisen, Heiligen, des MANU und anderer "großer Seelen" zu halten.

Sicher tauchen in diesem Zusammenhang Fragen auf, wie zum Beispiel jene, wo denn nun das innere Wissen bewahrt wurde, wenn es offensichtlich einen Inneren Orden als lebendige Zelle gar nicht gab und gibt. Die Antwort darauf kann nur aus dem wahren Zentrum der Welt gegeben werden, denn dort wird das Weltwissen aufbewahrt seit Anbeginn. **Jeder Mensch reinen Herzens, der weder der Macht noch irgendeiner anderen Bindung folgt, hat Zugang zu diesem Wissen.**

Steht einem Menschen nur Scheinwissen zur Verfügung, so ist er (noch) nicht wirklich reinen Herzens. Meist sind es die Verlockungen der Macht und der "Welt", die den Zugang zur Quelle behindern. Ein Mensch, der nicht in der absoluten Wahrheit und Aufrichtigkeit verankert ist, wird ebenfalls niemals Zugang zu diesen Bereichen und dem unverfälschten Wissen haben können.

Es gibt natürlich auch eine lebendige Zelle. Sie wird gespeist aus dem Energiepotenzial der Weltbruderschaft von Shambhala. Dieses Shambhala mit dem kleinen realen Brennpunkt auf der irdischen Erde und dem unendlichen Reich JETZIRAH kann als ÄTHER-KÖRPER DER ERDE bezeichnet werden.

Die Erde besitzt, wie der Mensch, sieben Chakras. Diese sieben Energiezentren bilden die hauptsächlichen Einflussbereiche des Ätherreiches, genau wie beim Menschen:

> Das **Scheitelchakra** befindet sich im **Himalaya mit Tibet und Nordindien als Brennpunkt.**
>
> Das **Stirnchakra** bildet das **südliche Amerika** mit dem **Brennpunkt Anden.**
>
> Das **Halschakra** ist das "alte Europa", also **Mitteleuropa, mit Brennpunkt in den Pyrenäen.**
>
> Das **Herzchakra** liegt in **Südindien und Ceylon mit dem Brennpunkt Puttaparthi.** Dieser Brennpunkt ist immer der Wohnort des jeweiligen "chakravarti-avatara" = Manu.
>
> Den **plexus solaris** bildet das **Heilige Land (Israel als Brennpunkt) und es umgebende Länder.**
>
> Das **Sakralchakra** bildet die Gegend um den **Mount Shasta als Brennpunkt (Nordkalifornien); auch das nördliche Amerika, einschließlich Kanada und Alaska, gehört dazu.**
>
> Das **Wurzelchakra** bilden **Afrika und Madagaskar,** der **Brennpunkt befindet sich über der Sahara-Wüste.**

Außerdem finden sich wie beim Menschen auch bei der Erde zahlreiche Nebenchakras. Alle diese Energiefelder bestehen aus sogenannten Energiewirbeln, durch die die kosmische Energie zirkuliert, die die Erde weltweit mit allen Substanzen versorgt, die sie für ihren Organismus benötigt.

Der Schutzgeist der Erde, als SANAT KUMARA bekannt, ist eine Wesenheit aus der Ebene BRIAH. Man könnte ihn als "kleinen Erzengel" bezeichnen, da ihm der kleine Zellkern Erde anvertraut ist und er für den Energietransfer zwischen den einzelnen Ebenen Sorge trägt. Auch er besteht, wie alle Erzengelenergien, aus dem Energiepotenzial vieler tausend Engel und ist keine natürliche Person.

Auf der Ebene JETZIRAH, dem Ätherleib der Erde, befindet sich also das Zentrum des Inneren Ordens, und von hier kommen die Botschaften, die jene, die reinen Herzens sind, in ihrer Essenz und Klarheit erreichen. So haben wir den Kreis geschlossen.

6.

Wir wenden uns nun Kreuz und Rose zu und wollen die Schriften von Johann Valentin Andreä dann später aus der Nähe betrachten. Diese Betrachtungen sollten euch zum Lesen dieser Schriften (am besten ohne Kommentare) anregen, sie können und wollen diese nicht ersetzen. Daher hier nur so viel, wie zum Verständnis der Rosenkreuzer-Lehre erforderlich.

Die Symbole **Rose** und **Kreuz** sind keine Erfindung der Rosenkreuzer. Sie sind so alt wie "das Wissen" selbst. Dieses Wissen wurde seit jeher, um in allen Sprachen und Kulturen gleichermaßen verstanden zu werden, in Form von Symbolen übermittelt.

Symbole sind Zusammenfassungen wichtiger Prinzipien, die nicht aus sich selbst heraus bestehen, sondern sich aus dem definieren, was man ihnen beimisst. Die **Ursymbole Kreuz, Kreis und Punkt** sind neben dem **ägyptischen Ankh** und dem **keltischen Kreuz** die ältesten Symbole der Menschheit. Das **Kreuz** bedeutet immer die Aufteilung von Kräften, die in Abhängigkeit zueinander stehen, und ist somit das Symbol der Dualität schlechthin, das aber darauf hinweist, dass nur in der Überwindung derselben Erlösung zu erfahren ist. Aus dem Schnittpunkt, der nun alle Gegensätze zum Ausgleich zwingt, erwächst das neue Leben.

Kreis und **Punkt** können nicht voneinander gelöst werden, da sie jeweils der Schöpfer des anderen sind. Sie stellen unter anderem das Symbol dar für Gott, von dem es heißt, *"... dass Er das Zentrum von allem darstelle, das überall existiere und keine Begrenzungen kenne ..."*. Auch die Alchemisten bedienen sich dieses Symbols, es bedeutet ihnen sowohl das Gold wie auch die Sonne, wiederum als Symbole für Gott.

Jegliche Mathematik beginnt mit dem **Punkt**. In der Genesis heißt es, dass am Anfang allen Seins nur Gott existierte. Er ist also der Ausgangs-**Punkt** der Schöpfung. Deshalb lehrt die Kabbala: *"Vom Punkt muss alles ausgehen, wie alles in ihn zurückkehrt."* Der **Punkt im Kreis** nun stellt im Besonderen das dar, was der Mystiker Jakob Böhme als *Centrum Centrorum*, als den Mittelpunkt aller Mittelpunkte bezeichnet, *"... den ruhenden Pol in der Erscheinungen Flucht."* Es ist das Kreisen um den Mittelpunkt der Transzendenz.

Weder die Mathematik noch Gott verharren im Punkt. Er bedeutet lediglich den **Anfang der Dinge**. Er muss sich also *ent-wickeln*. Da Gott Bewegung und Dynamik darstellt, muss sich der Punkt nun durch Bewegung entfalten. Entwicklung vollzieht sich nach einer unauflösbaren Gesetzmäßigkeit immer von oben nach unten und bildet so eine vertikale Linie, aus der sich der Punkt von oben nach unten "zieht" - als Sinnbild für den Menschen, der von oben herabgestiegen ist. Diese senkrechte Linie entspricht auch der germanischen Rune "Is" - man kann daraus viele Rückschlüsse, auch zu früher Gesagtem, ziehen. So bezeichnet diese vertikale Linie, wie wir sahen, den Menschen, der "von oben" kommt, sich auf der Erde, also "unten", ausbreitet und sich wieder "nach oben" wenden muss.

Dieses Verweilen des Menschen auf der Erde bildet die Horizontale, es entsteht des Menschen Kreuz. Was ist hier wirklich entstanden? Eine sich bekämpfende Zweiheit, das Sinnbild für den menschlichen Kampf schlechthin? Oder handelt es sich um zwei Kräfte gleicher Herkunft, die sich nur in unterschiedlichen Seinsweisen ausdrücken, sich in verschiedene Richtungen ausdehnen? **Betrachten wir den Mittelpunkt dieses Kreuzes, so sehen wir dort den Punkt, er ist der eine Ursprung, aus dem heraus alles entsteht.** So ließen sich diese Beispiele ins Unendliche fortführen.

Ebenso vielfältig ist das Sinnbild der **Rose** in allen Kulturen zu finden. Wir leiten daraus die Erkenntnis ab, dass sich unsere Wesenswirklichkeit in unserer immerwährenden Suche nach dem Licht verbirgt. Dieses Licht wird immer von dort herkommen, wo sich der Quellgrund unserer Kraft befindet. Und dieser Quellgrund ist das **Kreuz**, der **Kreis**, der **Punkt** und die **Rose**. Die "Rose der Seele" muss in den harten Prüfungen der Welt, in der jeder sein eigenes Kreuz trägt, zur Entfaltung gebracht werden. Sie wird stets das wundersame Symbol der Reinheit und Anmut bleiben. Kreuz und Rose entstammen dem Urgrund der Zeiten. Anders als das in seiner Grundgestaltung unveränderlich bleibende Kreuz kann die Rose durch verschiedene symbolische Darstellungen wiedergegeben werden, eine davon ist der **Kreis**. Die Verbindung von Kreuz und Rose entspricht also jener von Kreuz und Kreis, und das führt uns zum keltischen Kreuz und immer auch zu unserem wahren Erbe.

Der schon erwähnte und zitierte *Sohar* ist einer der Wegbereiter des mittelalterlichen Rosenkultes, der der Kirche dieser Zeit, wenn auch unbewusst, bald zur Grundlage der Marienverehrung wurde. Es wurde die alte Redeweise "in rosa" für alles, was mit weltlicher Liebe in Zusammenhang stand – die aus dem Quellgrund irdischer Lebensfreude kam, heraufdämmernd aus dem griechisch-römischen Erbe mit ihren Göttern Eros, Aphrodite und Dionysos und allen Grazien und Musen des griechischen Pantheons – nun durch den jäh aufflammenden Marienkult, der natürlich der tiefwurzelnden Sehnsucht nach der weiblichen Seite Gottes entsprang, ersetzt. "Maria im Rosenhag" wurde nun zum Sinnbild der Anmut und Liebe. Es entstand der Rosenkranz, die Tugendrose, bis schließlich im Symbol der Jungfrau Maria, in deren Schoß ein "Ros' entsprang", eine neue Heils- und Morallehre ihren Anfang nahm, der tausende und abertausende von Menschen, vorwiegend Frauen, zum Opfer fallen sollten.

Der *Sohar* bezieht sich in seiner Verherrlichung der Rose auf das "Hohelied Salomo". Von dort ausgehend erfolgt eine tiefe, den Dingen auf den Grund leuchtende Analyse göttlichen Mysteriums, die das ganze Werk durchzieht und in dem natürlich Israel und die Thora, als Synonym für die Menschheit in ihrer Beziehung zu Gott, im Mittelpunkt stehen.

Leider gibt es vom *Sohar* nur eine (schlechte) französische, aber keine umfassende deutsche Übersetzung, nur schwer verständliche Auszüge aus diesem unergründlichen Weistum, die naturgemäß nur ein unzureichendes Bild hiervon übermitteln können.

Keinem westlichen Menschen wäre es indes auch möglich, in den selbst für Juden unauslotbaren Reichtum der jüdischen Überlieferung und chassidischen Frömmigkeit einzudringen. Deshalb harrt der *Sohar* noch immer eines jüdisch-chassidisch-kabbalistischen Philosophen, der, mit der abendländischen Denkungsart und den christlichen Inhalten vollends vertraut, das "heilige Buch der Kabbala", das "Buch des Glanzes", in deutscher Sprache aufbereiten könnte. Für jeden Christen, auf der Suche nach seinen Wurzeln, wäre es eine einzigartige Bereicherung, das Wurzelwerk seiner Herkunft in den geheiligten Buchstaben des *Sohar* zu entdecken. Wenngleich erst im Mittelalter aufgetaucht, mit verwischten Spuren seiner Herkunft, handelt es sich auch hier, wie bei den Schriften des Johann Valentin Andreä, um Offenbarungen aus höchster Quelle, den Sinngehalt der Bibel erhöhend, erklärend, im Sinne einer wahren mystischen Lehre.

Die Wahrheit kann immer nur aus einer einzigen Quelle kommen, aber die äußere Form richtet sich nach der Beschaffenheit des Flussbettes, in dem die Wasser fließen. Es ist immer das eine Wasser, das sich in solchem Fluss bewegt, aber gemäß der Landessitte wird er, so er durch viele Länder fließt, mit unterschiedlichen Namen belegt. Und ebenso verhält es sich mit allem Geoffenbarten. Es kann aber einer, der vom "Wasser des Lebens" getrunken hat, nicht mehr sein wie jener, der (noch) nicht davon gekostet hat.

So mag ein Kind, das beispielsweise am Ufer der Donau in Rumänien mit Steinchen spielt, keine Ahnung davon haben, dass dieser Fluss im fernen Deutschland aus mehreren Quellen gespeist und erst nach und nach zu jenem mächtigen Strom wird, als den es ihn kennt. Es sieht nur "seinen" Fluss. Diesen aber kümmert es nicht, dass das Kind an seinem Ufer seine Herkunft nicht kennt - er folgt dem ewigen Gesetz, das seinen Lauf bestimmt. Das Kind nun kommt in die Schule und lernt, wo die Donau entspringt. Es vermag bald die Länder zu nennen - und irgendwann zu kennen -, die sie durchfließt. Niemals mehr wird es so unbefangen am Ufer sitzen und träumen und denken, dass dieser Fluss ihm allein gehört. Sein Geist ist gewachsen, und gemäß dieser Erkenntnis wird es nach und nach die größeren Zusammenhänge begreifen, die den Lauf der Donau bis zu ihrer Mündung ins Meer bestimmen.

Anhand dieser kleinen Parabel mag sich jeder selbst Gedanken darüber machen, dass es Gott nicht kümmert, wie die Menschen ihn sehen - er ist der ewige Fluss, der alle Länder durchquert, sie befruchtet und nährt, und wenn sie gegen seine Natur sündigen, ist es ihre eigene Sünde, die sich im Folgenden gegen sie kehrt. Man mag unwissend, gleich einem spielenden Kind, die Wasser des Lebens an sich vorbeiziehen sehen. Es führt aber kein Weg an der Schule vorbei. Sie muss durchlaufen werden, wenn das Leben Sinn und Inhalt bekommen soll. So sagt es das Gesetz. Nun kann man sich, weil man faul, trotzig oder träge ist, vor den Lektionen drücken und dem Wissen die Sinne versperren. Dann bleibt man ein Leben lang Kind und findet auch nur einen "kleinen Platz" in der Welt. Nur die Tüchtigsten, die Besten erreichen das Ziel. Irgendwo dazwischen mogeln sich die meisten durch, halb Kind, halb Wissender. Man folgt der Herde, den Hirten dieser Herde und singt im Chor der Menge. Wenige wagen den Schritt, der sie herausführt aus der Geborgenheit der Masse in die einsame Höhe des Alleinseins - bzw. *All-ein*-seins - mit Gott. (Es beinhaltet zweierlei: das Einssein mit dem Göttlichen und dem All (Kosmos, Universum) und das Alleinsein mit Gott.)

Man kann ein Leben lang in Gott den wütenden oder weisen, gütigen oder strafenden alten Herrn erblicken, der in den Himmeln thront, mit dem Sohn zu seiner Rechten und den Unwürdigen zu seiner Linken, die er in die Höllenglut befördert. Gott ist und bleibt unberührt von solcher Sichtweise. Aber der Mensch, der sich nicht aus der Dumpfheit seiner Sinne erhebt, wird niemals den Anschluss finden an den Strom der Weisheit. Jeder Impuls muss aus ihm selbst geboren werden. GOTT IST und gibt solche Impulse nicht. Aber er hat Werkzeuge. Wer also selbst solch ein Werkzeug und Wirkzeuge werden will, ist genötigt, seinen Horizont - Stufe um Stufe - zu weiten. Er wird dabei zwar feststellen, dass Gott immer der Eine, der "unbewegte Beweger" bleibt, dass aber die eigene Sichtweise auf diesen von Mal zu Mal, also von Schritt zu Schritt, erhabener und größer wird. So wird er gerne die Anschauungen von gestern den Erfahrungen von heute opfern, die ihm seinen Horizont größer und strahlender und dem Licht näher erscheinen lassen. Er wird erkennen, dass es nur eine einzige Schule gibt, die Schule des Lebens, der verschiedene Lehrer angehören, jeder einem anderen Fach verpflichtet. Er wird also brav in der Klasse sitzen und Lektion um

Lektion erlernen, bis der Leiter der Schule erscheint und ihn in allen durchlaufenen Fächern prüft. **Es ist dieser Leiter sein eigenes Selbst – und nur ihm gegenüber trägt er Verantwortung.**

So prüfe sich ein jeder, wie er vor diesen "Schulleiter" hintrete. Hat er den strengen Lehrer, der ihn über die Klippen der einzelnen Etappen führte, als den Vollstrecker des Gesetzes der Wahrheit erkannt, oder verübelt er ihm, dass er ihn aus der Unbefangenheit seines kindlichen Glaubens und Vertrauens **heraus**- und in das "raue Leben", nämlich jenes der Erkenntnis der Zusammenhänge, aus denen die niedere Welt besteht, **hinein**führte? Verübelt er ihm ferner, dass er – dem Amt eines Lehrers gemäß – Bestleistungen von ihm verlangte, die seiner Klasse, also seinem "Alter" und seiner Entwicklungsstufe, gemäß waren? Niemand ist verpflichtet, die höhere Schule sofort zu absolvieren, jeder kann einen niederen Abschluss erwerben und mit diesem mehr oder minder glücklich sein restliches Leben fristen. Aber er wird später **wieder** an jenen Punkt geführt, an dem die Frage der Entscheidung auf ihn wartet. Einmal **muss** jeder den Gipfel der Erkenntnis und Wahrheit erreichen.

Kein Lehrer spricht in der Primarstufe wie einer, der Abiturienten unterrichtet. Aber von Klasse zu Klasse wird seine Sprache sich dem Reifegrad seiner Schüler anzupassen wissen – bis er schließlich keinen Bedarf an Erklärungen mehr hat, er keine mythischen Figuren zur Erklärung irgendwelcher Phänomene heranziehen muss. Er wird und muss nun die Dinge klar und bestimmt beim Namen nennen, im Vertrauen darauf, dass das Unterscheidungsvermögen des Schülers so weit gediehen ist, dass er das, was früher aus Parabeln und "modernen Märchen" zu ihm sprach, nun in der Erkenntnis der Wesenhaftigkeit der Dinge im Kontext seines Reifungsprozesses als jene Hilfe erkennt, die ihm die Möglichkeit der Erkenntnis göttlichen Wirkens in Aussicht stellt. Dabei wird das Bewusstsein in ihm reifen, dass sich nur die Formen, nicht aber die Inhalte geändert haben.

Wie aber ein Mensch von fünfzig Jahren nicht mehr im Kinderwagen die Landstraße entlanggefahren wird, sondern er selbst das Antriebsmittel lenkt, das ihn voranbringt - es ist der Straße aber egal, mit welchen Fahrzeugen der Mensch sie bemeistert -, so verhält es sich mit Form und Inhalt geistlicher Übungen und geistiger Erfahrungen. Man wird als "fortgeschrittener Schüler des Lebens" nicht mehr das Gefährt eines Säuglings benutzen, wenn man sich auf jene Straße begibt, die zur göttlichen Wirklichkeit führt. Und man wird auch nicht den Führerschein eines anderen in der Tasche haben, wenn man sich auf den Weg zur Erkenntnis macht, sondern die eigene Befähigung vorzuweisen haben. Man muss sich also erst hinsetzen und die Regeln lernen, damit man unbeschadet durch die Klippen des Straßenverkehrs kommt und der Prüfer die sehnlich erwartete Befähigungsurkunde ausstellt.

Die Gestirne strahlen auf alle, die zu ihnen aufschauen, aber der Mensch muss lernen, ihre Wirkkraft zu entschlüsseln und jene Gesetze zu kennen, die sein Leben - unter ihrem Einfluss - bestimmen. Dazu dienen ihm lang vor ihm entwickelte Erkenntnismodelle, und je weiter er fortschreitet in seinen Bemühungen, umso tiefer dringt er in die Materie von Astronomie und Astrologie ein. Aber er kann auch das Wochenhoroskop seiner Lieblingsillustrierten lesen oder den Kaffeesatz befragen, um Antworten auf seine Lebensfragen zu erhalten. Alles dies ist den Gestirnen egal, es beeinflusst ihre Stellung und ihren Einfluss auf das Leben dieses Menschen nicht im Mindesten. Was aber gewinnt dieser für sein Leben, wenn er sich immer nur im Profanen bewegt? Jemand, der es gut mit ihm meint, wird ihm zuerst bestätigen, dass das Zeitungshoroskop gewissen Regeln folgt, die Sinn machen. Also wird er ihn in seiner bisherigen Sichtweise bestätigen, es aber nicht dabei bewenden lassen. Er wird ihm nun nach und nach die ganzen Zusammenhänge erklären, auf die sich die Astrologie bei der Berechnung der Horoskope stützt. Und so wird aus einem begeisterten Horoskopleser einer, der plötzlich **versteht**. Und dennoch hat er sich aus seinem ursprünglichen Umfeld nicht wirklich fortbewegt. Er befindet sich noch immer an jenem Punkt, von dem aus er sich Antworten auf seine Lebensfragen erhofft. Erst wenn er sich wirklich bewegt, er also weitergeht, wird er erkennen, dass auch die Astrologie nur eine Wegmarke ist, die ihm eine Richtung aufzuzeigen vermag, aber keine wirkliche Lösung für sein Lebensproblem enthält. Bei dieser Erkenntnis angelangt, wird er sich nun endlich selbst auf den Weg machen, der ihn immer weiter zur Erkenntnis **zwingt**. (Hier beschreibt Saint Germain auch seine Art des Lehrens, so wie wir es erfahren durften. Er holt seine Schüler dort ab, wo sie gerade stehen. Er zertrümmert also nicht mit einem Schlag deren momentanes Weltbild, sondern führt sie langsam und behutsam aus den eingefahrenen Gleisen heraus und Schritt für Schritt weiter.)

Und so ist auch der Weg des Rosenkreuzes all diesen Bemühungen um Erkenntnis gleichzusetzen. Wir wollen uns ihm also wieder zuwenden und dort anknüpfen, wo wir den Weg für vorstehende Erklärungen verlassen haben: bei den drei fundamentalen Rosenkreuzer-Schriften des Johann Valentin Andreä. In der ersten Schrift, betitelt *Fama Fraternitatis* (1614 erschienen), wird eine "Bruderschaft" zum ersten Mal erwähnt. Der aufmerksame Leser wird dabei die Feststellung treffen können, dass sie schon lange vorher bestanden haben muss. Die zweite Schrift, die *Confessio Fraternitatis* (1615 erschienen), enthält das Bekenntnis der Bruderschaft. Die dritte Schrift ist betitelt *Die alchymische Hochzeit von Christian Rosenkreuz* (1616 erschienen). Sie stellt den Höhepunkt des Zyklus dar, und ihr im Besonderen wollen wir unser Augenmerk zuwenden.

7.

Es gibt viele Übersetzungen dieser Texte in die moderne Sprache. Aber es lohnt die Mühe, sie im Original der Zeit um 1600 zu lesen. Heute wird vielfach versucht, in diesen Schriften nichts anderes als Kritik an den Zuständen der damaligen Zeit mit ihren Ordens- und Logenwucherungen sowie dem blindwütigen Wirken vieler Alchemisten zu sehen. Es ist nicht von der Hand zu weisen, dass in manchen Passagen auch etwas davon zu spüren ist, aber der Gesamtkontext vermittelt das wunderbare Bild einer inneren Erfahrung, der Grunderfahrung des Menschen auf dem Weg zur Gottvereinigung, der (alchymischen) Hochzeit zwischen König und Königin (Braut und Bräutigam) - der Reise durch den Lebensbaum.

Die Rosenkreuzer-Symbole beziehen sich auf die Erlebnisse und Traumbilder des Christian Rosenkreuz (von nun an abgekürzt - C. R.), die wir später näher betrachten werden. Wer es nicht versteht, die Schriften des Johann Valentin Andreä in ihrem tiefen Gehalt zu erfassen, wird naturgemäß auch in den Symbolen nichts Wesentliches, was über die bekannte (christliche) Tradition hinausreicht, erkennen können. So wird nun deutlich, dass dieser tiefe Gehalt des Wissens in diesen Schriften (nur) all jenen zugänglich ist, die eine innere Voraussetzung hierfür mitbringen - die, um das weiter oben Gesagte noch einmal aufzugreifen, "reinen Herzens" sind, um die verschlüsselte Botschaft als Mitteilung der Weltbruderschaft zu erkennen.

Die Erfahrung des C. R. umfasst einen Zeitraum von sieben Tagen. Traumbilder und reale Erlebnisse spielen gleichermaßen eine Rolle, was uns davon unterrichtet, dass stets das Unbewusste der Begleiter der bewussten Handlungen und Erfahrungen ist. Zunächst mag der unbefangene Leser erschrocken sein ob der zum Teil recht grausamen Schilderungen, und es bedarf eines scharfen Blickes, um diese Erfahrungen nach innen zu lenken und sie als innere Prozesse zu deuten. Jeder kennt die subtilen Mechanismen des Unbewussten, die sich oft in wirren, grausamen Träumen ein Ventil verschaffen, durch das die Aggressionen und sonstigen gewaltvollen Anhäufungen im Bereich der Psyche entweichen können. Die Psychoanalyse kam unter anderem zu der Erkenntnis, dass es diesen weisen Mechanismen zu verdanken sei, dass nicht jeder Mensch als Mörder oder Aggressor herumzulaufen genötigt ist.

So vermittelt neben den tiefen inneren Erkenntnissen die Geschichte des C. R. auch dies: Die Anhäufungen im Bereich der Psyche dienen dem Menschen als Erkenntnismodell für die Beschaffenheit seiner wahren Struktur. Die *Er-Lösung* der im tiefsten Inneren gefangenen Archetypen (diese *Er-Lösung* vermag oft wenigstens so weit zu gehen, dass der im Dunkeln tappende Mensch die Möglichkeit zum Überleben erhält) findet nicht selten durch grausame Traumrituale statt. Und so wird der Weg allmählich geebnet, hin zur Selbstbestimmung aus dem Geist.

C. G. Jung war einer jener Weltweisen, der sein Wissen aus der Quelle bezog. Alle Menschen haben teil am "kollektiven Unbewussten" und werden genährt aus diesem Vorrat. Das ist auch der Grundgedanke, der der Archetypenlehre Form und Inhalt gibt. Da alle Menschen sich im Prinzip denselben Bedingungen ausgeliefert sehen, da sie über die gemeinsamen Archetypen aneinandergekettet sind, wird verständlich, dass nur der Mensch den Menschen aus dieser Gefangenschaft befreien kann. Immer gibt es solche, die durch das Tor der Erkenntnis geschritten sind und die Archetypen *ent-bunden* haben. Ihnen obliegt es, den anderen den Weg zu zeigen, der herausführt aus dem Potenzial von Gewalt und Hass, Bindung, Eifersucht und Lieblosigkeit, aus dem der unbewusste Mensch seine tägliche Nahrung bezieht. Auch hierfür ist der Weg des C. R. ein Synonym - und so kann jeder Mensch sich in ihm erkennen, der bereit ist, den Kampf gegen die inneren Giganten aufzunehmen, um schließlich auch in den gewaltfreien Kosmos der eigenen Psyche einzugehen, in dem die erlösten, verwandelten Archetypen nun das Antlitz des Königs und der Königin tragen.

Es geht also darum, dass der Mensch seine wahre Natur in sich entdeckt und mithilfe des inneren Lehrers das Werk der Selbsterlösung vollbringt. Christian Rosenkreuz streckt ihm die Hand entgegen, ergreife er sie! Damit er durch das Beispiel dieses Freundes den eigenen Weg erkennt und ihm ebenso bedingungslos folgt, auch wenn Qual, Folter und Verstoßung zeitweise Weggefährten sind. Es sind ja die einst selbstgeschaffenen Ungeheuer und Bedingungen, die den Fluss der Entwicklung stören. Die weise Psyche hat durch die Möglichkeit des Aufarbeitens in Traumgesichtern ein wunderbares Werkzeug zur *Er-Lösung* geschaffen.

Noch ein Wesentliches kann man aus der Beschäftigung mit den Rosenkreuzer-Schriften für sich gewinnen. Alle Erfahrung, Führung und Begleitung, die ein Mensch - mehr oder weniger - nötig hat, solange er sich auf dem Weg der *Ent-Wicklung* befindet, muss einmal ein Ende nehmen und in die **Fähigkeit zur Selbsterlösung** münden. Das setzt voraus, dass die auf der Wegstrecke gewonnenen Erkenntnisse wirklich in das Leben integriert wurden und von dort nun als Kräfte zurückfluten. Viele hängen sich aber an ihre Helfer und tyrannisieren diese bei drohender Beendigung eines therapeutischen, also rein begleitenden Verhältnisses. Oder aber sie geben sich antriebsarm und schwach, um so der "nährenden Mutterbrust" niemals entwöhnt zu werden. Dabei saugen sie oft die letzten Kräfte aus solchen "Mutterwesen", verfügen zu solchem Tun also über genügend Stärke und Motivation.

Nur in der **Selbsterlösung** liegt das Geheimnis, zu dem uns C. R. führt. Und deshalb muss für jeden Menschen der Zeitpunkt kommen, da er nicht mehr Hilfe im Außen sucht, sondern alle gewonnenen Erfahrungen und Geschenke der Hilfe, die ihm bisher zuteil wurden, **in sich verdichtet und erhöht**. Dann vermag er allen zu vergeben, die an ihm schuldig wurden, ohne dass er wieder und wieder die Sinnfrage nach dem Wozu und Warum zu stellen genötigt ist. ER WEISS - UND VERGIBT!

Wir werden uns nun dieser alchymischen Hochzeit zuwenden und eine zeitgemäße Interpretation wenigstens der wichtigsten Inhalte versuchen. Es ist nicht schwer zu erkennen, dass vieles von dem, was ich versuchte, an euch weiterzugeben, sich in diesen Texten wiederfindet. Auch die Strenge ist dort zu finden, mit der man in dieser Angelegenheit verfahren muss, und es zeigt dieses Beispiel sehr anschaulich, warum mir so sehr daran gelegen ist, dass ihr euch nur der Wahrheit aufschließt, euch immer nur dorthin wendet, wo die Wahrheit wie ein klares Licht zu finden ist - und wie mit denen verfahren wird, die nicht der Wahrheit dienen.

(Wenn Sie, liebe Leserin, lieber Leser, Interesse an dem an die heutige Sprache angepassten Originaltext der "Chymischen Hochzeit" haben, erhalten Sie nähere Informationen am Ende dieses Buches. Das Abdrucken der Originaltexte würde den Rahmen des vorliegenden Werkes sprengen. Saint Germains hier nachfolgende Interpretation, die so gehalten ist, dass man sie auch verstehen kann, wenn man den Originaltext der "Chymischen Hochzeit des Christian Rosenkreuz" nicht zur Verfügung hat, bezieht sich auf die ersten drei von sieben Tagen (= Kapitel) des Buches. Das Werk beinhaltet Christian Rosenkreuz' Reise in sieben Tagen, und Saint Germain war der Meinung, wir würden mit dem Verständnis, das wir durch die bereits erfolgten Schulungen und seine folgenden Interpretationen erlangten, mit den restlichen vier Tagen alleine zurechtkommen. Der nachfolgende Text von Saint Germains Interpretation enthält einige Zitate aus dem Buch "Die Chymische Hochzeit des Christian Rosenkreuz"*, dessen Lektüre sich mit dem gewonnen Verständnis gewiss lohnt.)

** Abdruck der verwendeten Zitate mit freundlicher Genehmigung des Anaconda Verlages, © 2001 Anaconda Verlag GmbH, Köln*

III. TEIL

DIE CHYMISCHE HOCHZEIT DES CHRISTIAN ROSENKREUZ

DIE CHYMISCHE HOCHZEIT DES CHRISTIAN ROSENKREUZ

Wir werden uns nun dieser alchymischen Hochzeit zuwenden und eine zeitgemäße Interpretation wenigstens der wichtigsten Inhalte versuchen. Man könnte die *Chymische Hochzeit* als zeitloses Märchen bezeichnen. Die meisten von euch haben sich schon mehr oder weniger intensiv mit der Welt der Märchen auseinandergesetzt und auf diese Weise die **Bildersprache der Seele** entdeckt. Nicht anders verhält es sich mit der *Chymischen Hochzeit*, wenngleich sie den Rahmen eines herkömmlichen Märchens natürlich bei weitem sprengt.

All die Vorgänge, die uns so viele Rätsel aufgeben, könnten in der Tat verwirrend sein, wenn nicht immer wieder durch dieses feine Gespinst ein unerbittlich scheinendes Gesetz alles Geschehen blitzartig erhellen würde, so dass man den Faden, der dieses Gespinst miteinander verbindet, zu fassen bekommt. Deshalb ist es wichtig, den Blick zunächst ganz von sich selber zu lösen und in die Tiefe des Geschehens hineinzusenken, (von) wo er dann wie ein Spiegel das eigene Sein reflektiert. Dann erfahren wir, dass alles, was in des Menschen Natur noch gebunden ist, durch die "Opferung" geführt werden muss, so dass es sich **erneuern** kann. So tauchen wir in

Naturvorgänge ein, die in Wahrheit natürlich seelisch-geistige Prozesse darstellen, so wie sich vor unseren Augen die Gesetze einer "inneren Chemie" enthüllen. Und aus dem naturgeborenen Wesen des Christian Rosenkreuz - als Synonym für unseren eigenen "naturgeborenen Zustand" - steigt wie "Phoenix aus der Asche" die höhere Natur, die "Über-Natur" des "wahren Menschen", der den Keim einer künftigen Menschheit in sich trägt.

Wenn wir im Folgenden nun versuchen, die Inhalte der äußeren Handlung der ersten drei Tage unserer Geschichte auf die inneren Strukturen jeder menschlichen Lebensreise, auf ihre Erfahrungen, Entwicklungen und Erkenntnisse zu übertragen, so tun wir dies mit den gleichen Methoden wie die Märchenexperten - wir legen den psychologischen Kern frei -, indes aber **unsere Psychologie die wahre Lehre von der Seele beinhaltet** und sich nicht auf Erklärungen formaler Zusammenhänge der uns begegnenden archetypischen Bilderwelt beschränkt.

Es wird hier jedermanns Lebensreise dargestellt, aber nicht jeder wird in Bruder Rosenkreuz schon das eigene Alter Ego erblicken. Gar mancher sieht sich, ob er will oder nicht, noch portraitiert in den einen oder anderen Personen oder Personengruppen, denen wir im Verlauf der Handlung später begegnen werden.

DIE CHYMISCHE HOCHZEIT DES CHRISTIAN ROSENKREUZ

ERSTER TAG

INTERPRETATION

Es ist der Abend vor Ostern. Jeder mag diese Symbolik verstehen. Sie deutet auch an, dass es nun Zeit ist, sich auf den Weg zu machen, um die eigene Erlösung zu erfahren, die "Auferstehung im Geiste". Der Abend vor Ostern aber ist der Karsamstag, der Tag des Zwischenreichs. Der alte Adam ist gestorben, und dort, im Zwischenreich, muss er nun alles *er-lösen*, damit er Ostern erleben kann. Dieser Tag ist ja nicht aufzuhalten. Wie auf den Karfreitag der Karsamstag folgen muss, muss diesem der Ostersonntag folgen, niemand ist in der Lage, diese Gesetzmäßigkeit außer Kraft zu setzen. Also muss er heute hinabsteigen in die "Vor-Hölle".

Christian Rosenkreuz (in der Folge C. R.) weiß sich eins mit der gängigen Tradition. Er bereitet sich vor, Ostern zu begehen, indem er Osterlamm und ungesäuerten Kuchen essen will. Aber er kommt nicht mehr dazu. Die alten Traditionen müssen sich im "Sturm" auflösen, er wird durch den Sturm gerufen, alles loszulassen und sich auf den "Weg" zu machen. Sein "Häuschen im Berg" hält dieser Kraft kaum stand.

Man möchte meinen, es handle sich dabei um einen Aufruf apokalyptischer Natur, um ein Gerufensein von höchsten Mächten, die ihn auf eine Pilgerschaft besonderer Art führen, die sich über die ganze Osterwoche erstrecken wird. Dies zeigt uns also einen Menschen, dessen Seele in das "Mysterium der Auferstehung" hineinwachsen muss. Aber er ist immer noch auf die Aufrechterhaltung der Tradition bedacht, gedenkt sogar des Teufels, der in dieser Tradition einen Platz einnimmt, und widersteht der "Versuchung". Er wendet sich nach innen, um dem Sturm zu widerstehen, der "Betrachtung" zu, in die er vor dem Aufkommen des Sturms versunken war. Es war dies ein Gebet, in dem er sich mit seinem Schöpfer unterhielt. Er gedachte der vielen Geheimnisse, die dieser ihm offenbarte und in denen er ihn als Vater des Lichtes, als die Majestät erfahren durfte, die ihn mit Gütern im Überfluss gesegnet hatte. Hier erfahren wir, um wen es sich bei C. R. wirklich handelt.

Die erste Prüfung ist bestanden, nun kann sich das Material zur zweiten zeigen. Eine herrliche weibliche Gestalt "zupft" ihn, macht ihn auf sich aufmerksam, da er versunken war in die Betrachtung der göttlichen Majestät. Es naht sich ihm nicht eine Gestalt der Verführung, sondern eine Abgesandte des "inneren Reiches". Die Posaune aus lauterem Gold in ihrer rechten Hand, was bedeutet sie? Sie zeigt den "Tag des Gerichts" an, der heute angebrochen ist, und das Gold weist darauf hin, dass er das Gericht als ein **Verwandelter** verlassen wird. Der eingravierte Name, wohl sein eigener **wirklicher Name**, darf nicht bekanntgegeben werden, so verlangt es der "Innere Orden".

Die Briefe in allerlei Sprachen, die sie in ihrer Linken hält und *"in alle Länder tragen muss"*, deuten an, dass es sich um die Zeit für allgemeinen Aufbruch handelt, um die Scheintradition hinwegzufegen, damit das Wissen um die einzige Ordnung und Tradition ihren Weg (wieder) in die Welt nehmen kann (man beachte die ewig gültige Aktualität). In ihrer Erscheinung zeigt sich, dass sie eine Abgesandte der göttlichen Mutter auf der Ebene JETZIRAH ist, der Weltregierung. Aber noch ist C. R. vor Schreck und Verwunderung "blockiert", er ist in der Betrachtung ihrer äußeren Erscheinung gefangen. Er weiß aber instinktiv, wozu sie fähig ist, sie spricht ja nicht mit ihm, sondern überreicht ihm seinen Brief wortlos, doch mit großer Ehrerbietung.

Ja, für jeden Schüler existiert solch ein persönlicher Brief, und es ist für die Regierung eine unaussprechliche Freude, diesen zu überreichen, wenn die Zeit da ist! Er selbst bestimmt aufgrund seiner Lebenshaltung über den richtigen Zeitpunkt. Dann wird die Posaune erschallen, dass ihm, dem Schüler, auf lange Zeit Hören und Sehen vergeht.

Nachdem er mit Gottes Hilfe, worum er durch ein inniges Gebet fleht, Angst und Furcht überwunden hat, öffnet er den versiegelten Brief. Dieses Siegel trägt ein eingraviertes Kreuz mit der Aufschrift *in hoc signo vinces* (in diesem Zeichen wirst du siegen). Er ist beruhigt, da der Teufel solches Zeichen nicht verwenden würde. Er ist noch im alten Denken befangen, zu dem der Teufel eine innige Beziehung hat. Noch kennt C. R. die wahre Bedeutung dieses Kreuzes nicht. Wir erinnern uns, was das Kreuz als eines der ältesten Symbole überhaupt bedeutet. Es gemahnt an die "Auflösung der Gegensätze", an die "Überwindung der Dualität", an das "Große Werk", ist also der Hinweis, dass allen, die solchen Brief erhalten haben, diese Möglichkeit nun offensteht, die ja direkt mündet in die Erfahrung der "Chymischen Hochzeit".

Auf blauem Grund mit goldenen Buchstaben geschrieben findet er (s)einen Vers - den **Schlüsselvers** des ganzen Werkes. Blau-Gold ist die Farbe der göttlichen Mutter. Solcher Aufruf zur “Hochzeit”, solche Einladung wird immer von ihr ausgehen. Das Wort muss verwandelt werden, das Gold deutet auf den alchemistischen Prozess solchen Werdens. Was hat es aber zu bedeuten, dass solche Ladung, wie wir hörten, immer von ihr ausgeht? Alle mystischen Erfahrungen kommen aus dem Schoß der Mutter, sie entspringen dem befruchtenden Samen des weisen All-Geistes (CHOCKMAH) und reifen im Schoße der “unterscheidenden Vernunft” (BINAH) heran, die sie nun nach Erreichen ihrer lebensfähigen Natur (DAATH) gebiert.

Der Brief spricht davon, dass heute der Tag angebrochen ist, der zur Vereinigung der Gegensätze (wir erinnern uns, es ist der Vorabend vor Ostern, und das heißt, Golgotha ist überwunden!) drängt. C. R. ist ja schon ein alter Mann, er hat die irdische, die äußere Lebensbahn beendet. So erhält er den Aufruf, sich von MALKUTH nach KETHER zu begeben, zum König, der die Vermählung mit MALKUTH für diesen Tag angesetzt hat. Hierzu ist C. R. geboren, auch wenn er während des Tappens und Suchens (das ihn zwar Gott nahe bis hin zum Gebet und Gespräch brachte, er mit Gott also noch “über das Außen” verbunden war) sich nicht immer der Tatsache bewusst war, dass er **zur Freude geboren** ist (wie der Brief dies besonders erwähnt). **Was bedeutet des Menschen wirkliche Freude? Die Vermählung von Himmel und Erde, das Wiedererreichen des naturgeborenen Zustands des “alten ADAM”.**

Aber es muss erst der Berg überwunden werden, der Berg mit den drei Heiligtümern. Was haben sie zu bedeuten? Auch C. R. ist deswegen ratlos. Es mag dies auf den ersten Blick ein Hinweis auf das kulturelle Umfeld sein. Aber es stehen eindeutig die Worte “drei Tempel” und nicht “drei Kirchen” da. Das deutet also auf ein Einweihungserlebnis hin, das nur in Tempeln, den Synonymen für die Einweihungsmysterien, erfahren werden kann. Die Dreiheit mag zunächst die Dreigliederung der Seele meinen, die in der Einweihung geläutert wird und für die die wahre Trinität VATER, MUTTER, SOHN (ADAM KADMON - DER KOSMISCHE CHRISTUS) steht - und nicht die kirchliche Trinität. (Wir dürfen auch nicht vergessen, dass der Autor aus der protestantischen Tradition kommt, die die dogmatische Ausformung dieser Lehre nicht kennt.)

Wir richten den Blick also tiefer: Es ist dies die Ladung des Vaters über die Mutter an den Sohn, die ihm das höchste Glück in Aussicht stellt, wenn er zuerst in sich geht, den "alten Menschen" mit dem "Wasser des Lebens" reinigt, sich darin "badet", denn sonst vermag er das Hochzeitsgeschehen nicht zu erleben. Unerklärlich mag zunächst der Schluss des Briefes erscheinen, aber er deutet unmissverständlich auf "etwas" hin, mit dem das **Gewicht des Schülers** bestimmt wird. Und was könnte dies bedeuten? *"Schad hat, wer hier verzeucht",* also wer sich nicht traut, wer verzagt - man könnte auch "wer hier verzichtet" sagen. Sich nicht trauen oder gar zu verzichten heißt also auch, zu wissen (oder zu meinen), dass man für "zu leicht" befunden würde, und das bedeutet in Wahrheit, dass man sich der eigenen Unvollkommenheit - das heißt dem **Ungleichgewicht zwischen Wollen und Sein** - wohl bewusst ist, was das Scheitern solchen Weges beinhalten könnte.

Ja, da müssen einem die Haare zu Berge stehen, und muss man erst einmal den Boden unter den Füßen verlieren. Tief im Inneren weiß man, dass der Zeitpunkt - lange errechnet und vage aus den Berechnungen der Gestirne bekannt - nun da ist, aber jetzt wird klar, nur freundlicher Zaungast bei der Hochzeit zu sein, das ist nicht möglich - der WEG (dorthin) ist das Ziel!

Alle bisherigen Erfahrungen lösen sich plötzlich auf, da sie, wie er meint, nur dem Unverstand und der Blindheit entsprungen waren. Aber er straft sich ja bei dieser Selbstbetrachtung Lügen, ist ihm doch die Tatsache sofort aufgegangen, dass es um die Erkenntnis der wichtigsten Güter des irdischen Menschseins geht, nämlich um **das Wesenhafte der Natur und um das Begreifen ihrer Vergänglichkeit.** Und so in die Selbstbetrachtung getrieben, erkennt er zugleich die **Wesensnatur des "echten Rosenkreuzers"**, also des **Eingeweihten**, er versteht, wie diese beschaffen sein muss, um an der Hochzeit teilhaben zu können.

Und gemäß der Erkenntnisse, die ihm **heute** möglich sind, verfügt er sich zu Bett, hin- und hergerissen zwischen Furcht und Hoffnung, wie es jedem Menschen an solchem Lebensabschnitt nicht anders beschieden ist. Und sofort, nachdem der Schlaf ihn übermannt, tritt der **innere Psychologe** - oder in anderer Lesart der **"Hüter der Schwelle"** - in Aktion. Es folgt der Traum, der seine geistige Bestandsaufnahme von vorhin nun in Bilder umsetzt.

Dieser Traum ist in seinem Bilderreichtum so stark gezeichnet, dass er sich wie von selbst erklärt, wenn man sich lange genug auf ihn eingelassen hat. Es ist dies ein Traum, wie auch jeder von euch ihn träumen könnte: Dem Ego geht es nun ans Leben, und so kehrt es seine wahre Seite noch einmal nach außen, um deutlich zu machen, wer den Menschen in Wahrheit zu beherrschen scheint. Aber die **Einladung** hat das Werk der Transformation in der Seele dieses Menschen bereits begonnen, das Ego wird schließlich besiegt, die **Gnade der göttlichen Mutter**, die keines ihrer Kinder, das ihre Ladung zur "Hochzeit" erhielt, im Stich lassen würde, zieht ihn beim sechsten Versuch (was das Zentrum der Geistigkeit meint, wie wir später sehen werden) in die Freiheit. Wenn das Leben eines Menschen an diesem Punkt angekommen ist und die Erkenntnis schließlich obsiegt, dass nur in der Annahme dieses Weges, wie beschwerlich er auch sei, alles Glück zu finden ist, wird ihm die Hand, das Seil als Gnadenakt der Mutter - die, um der Schöpfungstat des Vaters willen mit ihren Kindern den Weg in diese Welt antrat - retten. Denn, **ERLÖSUNG ist das Werk der SHEKINA.**

Trompeten und Heerestrommeln sind seit altersher das Signal für den Sieg oder drücken die Hoffnung auf solchen aus. In unserem Fall deuten sie die Befreiung derer an, die in ihrem Kreuz wie Trauben aneinanderhängen. Immer wenn die Befreiung naht, wird sie von **Musik** begleitet, auch sie gehört zum **Wesen der göttlichen Mutter.**

Deshalb sind die meisten Musiker, wenigstens im schöpferischen Bereich, Männer. Dies stellt nicht, wie so oft vermutet, eine Diskriminierung der Frauen dar, sondern ist eine natürliche Erscheinung, da die "Radiation des Urweiblichen" in der Seele des Mannes einen größeren Widerhall erzeugt. Im Nachschöpferischen nun verwischen sich die Konturen. Hier vermag die Frau ihre eigene Wesensverwandtschaft mit der MUTTER über die Musik wiederzuentdecken - und so gibt es in diesem Bereich kaum Unterschiede in der "Qualität der Umsetzung, der Reproduzierung von Musik" zwischen männlichen und weiblichen Künstlern.

Nun kommt der **Hoffnungsstrahl.** Das **Licht**, ausgelöst durch das Heben des den Turm verschließenden Deckels, bewirkt natürlich, dass jeder als Erster dem Zustand der Gefangenschaft entkommen möchte. Noch einmal schlägt das Ego zu. Dies entspricht ganz der menschlichen Natur und geht auch am "Hoffnungsträger des menschlichen Geschlechts" nicht spurlos vorüber. Not macht alle Menschen gleich. Es ist immer der Mensch, der einen anderen in Ketten legt und in finstere Verliese sperrt, wie der Mensch im Allgemeinen der Verursacher aller seiner höllischen Zustände ist. Und so wie die Welt (noch immer) beschaffen ist gäbe es keine Rettung aus solchem Kerker, wenn nicht die göttliche Mutter, die mit ihren Kindern ins Exil ging, ab und zu Feste feiern würde, in denen sie "Gnade vor Recht" ergehen lässt. Wer sich draußen, also nicht im "dialektischen Turmgetümmel" befindet, mag sich lustig machen über die da "unten", weiß er doch, dass die **Gnade der Mutter** jedes, auch das geringste ihrer Kinder, erreicht. Und er weiß auch, dass sich keiner wirklich unschuldig dort im Turm befindet und dass das Kollektiv der Schuld, hier dargestellt als "Menschentraube", **die Summe der Handlungen jedes Einzelnen** darstellt. Darüber mag man belustigt sein, weil man selbst ein Erretteter - und schon "oben" - ist und um die "bevorstehende Erhebung" jener "da unten" weiß.

Der *"Sohn der Mutter, ein alter, eisgrauer Mann"* gibt den Anlass für die Rettungsaktion kund. In einem leicht verworrenen Text, mehr in Geheimnissen redend als erhellend, spricht er davon, dass das menschliche Geschlecht durch seine *"Erhebung gegen die ihm auferlegten Bedingungen"* sich gegen die Gnade der Mutter erhebt. Aber es wäre gegen die Natur einer Mutter, wenn sie trotz der "Unart" ihrer Kinder ihre *"schönen Güter"* unter Verschluss halten wollte. Diese Güter sind natürlich nicht weltlicher Natur. Es geht um die **Vergebung, die wahre Natur der Mutter.** Sie lässt ein Fest ausrichten, und dies tut sie offensichtlich nur selten. Aber an manchen Tagen können diese "schönen Güter", von denen man dann spricht, ans Licht gebracht werden. Und je mehr der Gnade sie tut, desto mehr vermehrt sich ihr Ruf. Und sie stellt in Aussicht, dass die Geschicktesten, also jene, die das Seil, das sie hinunterlässt, ergreifen können, gerettet werden.

Nun beginnt der eigentliche **Weg der "siebenfachen Verwandlung" des Menschen.** Jeder Mensch hat diese "sieben Tore zur Freiheit" in sich. Während sich nun die **Schlangenkraft** zu regen beginnt, die verschlossene **Luzkraft** ihre Umhüllung aufbricht, sich die **Kundalini** also erhebt, durchschreitet sie nach und nach die **sieben Kraftfelder des menschlichen Körpers.** Unser Held erreicht beim **sechsten Mal** das Seil, also im Zentrum des "Dritten Auges", was seinen wahren Seelenzustand schon zur Genüge definiert. Es ist dies ja die Kraft der SHAKTI, der SHEKINA, der MUTTER, die ihn nun zur Vollbringung des schier Unmöglichen befähigt.

Viele stürzen, schon beim ersten Mal scheiternd, also noch lange nicht "reif" für solchen Aufstieg. Wer sich in der Not, wie sie bei solcher Rettungsaktion herrscht, an Gott erinnert, wird gerettet, auch wenn das rettende Seil zunächst bedrohlich hin und her und vorbeischwankt. Die göttliche Gnade, durch das Herzensgebet angerufen, nun antwortend, kennt kein "unmöglich", und so gelingt die Rettung, wenngleich der Weg "nach oben" gekennzeichnet ist durch eine Verletzung. Man könnte sie als letzte Warnung bezeichnen, diesen "Weg nach oben" nicht mit Gewalt zu nehmen, sondern sich noch mehr in das Vertrauen auf die rettende Hand zur rechten Zeit zu begeben. Solche Wunde aber wird, während man Freude über die Rettung der Mitgeschwister empfindet, nicht mehr wirklich wahrgenommen. Jetzt kann das **sechste Zentrum**, hier, am **Ort der mütterlichen Geborgenheit**, seine volle Kraft entfalten. Der Held wird sogleich in das Radiationsfeld der Mutter gezogen und beteiligt sich umgehend, kaum selbst gerettet, an der Rettung jener, die noch "unten" sind.

Und nun, da der **siebente Zug** vollendet war, an dem die *"allermeisten* (aber doch nicht alle) *gehangen"* - was dem Menschen insgesamt doch auch ein trostreiches Zeugnis in Bezug auf seine Entwicklung ausstellt -, wird das Seil auf Geheiß der Mutter hinweggetan, und der "uralte Sohn" spricht zu denen, die noch im Turm verblieben sind, gar trostreiche, wenn auch schwer zu deutende Worte. Ihren Sinngehalt zusammenfassend, stellt er auch ihnen in Aussicht, bald - nämlich in *"wen'gen Tag"* - gleichfalls in Freiheit zu kommen. Freiheit, eine *"fröhliche Zeit"*, in der alle, arm oder reich, eins sind durch die Gnade der Mutter. Und nun wird aber auch das Allerschwierigste verlangt, nämlich dass die noch im Turm Sitzenden den Entlassenen ihre neue Freiheit wohl gönnen. Und zugleich wird gesagt, dass auch die erlangte Freiheit "nicht ohne" ist: *"Wem viel befohlen, der muss viel holen"* und *"Wem viel anvertraut, dem geht's an die Haut"*. Verstehen wir dies?

Dort, wo der Mensch zum Diener an seinesgleichen geworden ist, ist er zwar in Freiheit, aber sie hat ihren Preis. Sie muss in Wirklichkeit (denn sie ist nur auf "Vorschuss" gewährt) noch abgearbeitet, also erworben werden, und je mehr er sich abmüht, umso mehr stürmt auf ihn ein, bis er auch den "letzten Heller" des "Vorschusses" zurückbezahlt hat. Dann erst brechen die frohen Zeiten aus.

Aber alles Äußere ist endlich, so auch diese Zeit des martervollen Dienens. Nicht endlich ist dann die Zeit der Freude, der Ernte. So hat C. R. begriffen, dass all diese Erkenntnisse ihm die Einladung zur Teilnahme an jener geheimen Hochzeit bescherten. Aber wir greifen vor.

Ein Rätsel ist der "*alte, eisgraue Sohn*". Er symbolisiert das ewige Menschengeschlecht, das längst "*physisch älter als die Mutter geworden*" ist, die sich bei jeder Neugeburt verjüngt, während die "Kinder" noch immer unaufhaltsam dem Welken und dem Tod entgegengehen. Er entlarvt sich im Folgenden auch als einer, der noch dem alten dialektischen Denken verhaftet ist, welches das Gesetz über das Mitleid stellt und sich dabei, wohl dem Gesetz genügend, sich doch gegen das Herz der Mutter verhält. Aber auch hier greifen wir wieder vor.

Zunächst wird über die restlichen Gefangenen also wieder der Deckel der Finsternis gestülpt, und sie heben ein Wehklagen an, das lauter ist als das Trompeten und Trommeln. **Sie hatten die Botschaft also noch nicht mit ihrem Herzen verstanden.** Wer aber mag ihnen solches verübeln, auch der Held wird von Mitleid übermannt, trotzdem er schon "Wissender" ist.

Es werden zunächst auf Geheiß der Mutter die Erlösten gezählt und mit Namen notiert. **Gott kennt und ruft jeden beim Namen, wenn seine Zeit gekommen ist.** Wir werden uns daran im Verlauf der Geschichte noch einmal erinnern. Die Mutter aber denkt an die letzten ihrer Kinder, die noch leiden im Turm. Der Sohn indes erinnert sie streng an das "Gesetz". Er ist also einer, der sich höher dünkt als die "da unten", der nicht weiß, dass alles Niedere vom Höheren geführt und geleitet wird. **Er verkörpert noch das alte Denken, das Herren und Knechte kennt und trennt - so ist er mit seinen Verhaftungen an dieses Gesetz "steinalt" geworden.** Die Mutter aber schweigt dazu.

Warum schweigt sie? Sie erinnert sich, was ihr Sohn offensichtlich (schon wieder) vergessen hat und was er doch eben selbst verkündete: *"Eine fröhliche Zeit, die soll bald kommen. Darin wird einer dem andern gleich. Keiner wird arm sein oder reich."* Und so denkt sie in Erinnerung an diese Worte sofort an das Nächstliegende, nämlich die Befreiten nun auch von den immer noch ins Fleisch schneidenden Fesseln zu befreien.

Nie lehnt sich die Mutter gegen das bestehende gültige Gesetz auf, denn sie kann warten im Vertrauen darauf, dass alte Gesetze aufgehoben werden, sobald sie ihren Sinn erfüllten, und von neuen, besseren abgelöst werden. Sie beschenkt, ehe sie sie verabschiedet, die Erlösten mit einem goldenen Denk- und Zehrpfennig, der das Bild der Sonne zeigt und die Aufschrift "D.L.S." trägt. Und sie geloben auf Geheiß der Mutter zu schweigen über das, was ihnen anvertraut wurde. **Dies beschreibt die Initiation, *"die durch die Mutter gegeben"*. Das oberste Prinzip des Eingeweihten ist das Schweigen, was vor allem das Stillschweigen meint über alles, was ihn zur Initiation führt.**

Was bedeutet nun der *"güldene Denk- und Zehrpfennig"* und seine Inschrift? Von den Rosenkreuzern wird sie mit *Deus Lux Solis* (Gott ist das Licht der Sonne) gedeutet. Mögen wir uns dem anschließen, vor allem, wenn wir uns darauf besinnen, dass der Held sich umgehend auf den Weg machen wird zur "Hochzeit", der

Vereinigung der Gegensätze. In der Sprache der Alchemisten deutet dies auf die Gewinnung des Goldes aus der Sonne (gemäß der *Tabula Smaragdina* des Hermes Trismegistos) hin.

Die Mutter selbst mahnt ihn, ehe er aufwacht, sich seiner Wunden, die ihm die Fesseln verursachten, nicht zu grämen, sondern sie gelassen im Gedenken an sie zu ertragen. Was sollten die gelinden, selbstverschuldeten Wunden denn sein im Vergleich zu jener Last, die sie seit Ewigkeit für ihre Kinder freiwillig trägt?

Er erwacht beim Klang der Trompeten und begibt sich in das Vertrauen zu und in die Ehrfurcht vor Gott, die ihn mit Sicherheit schließlich zum gewünschten Ziel führen werden. So also rüstet er sich und begibt sich auf die Reise, zieht sein **weißes Leinengewand** an, **umgürtet seine Lenden mit einem blutroten Band**, kreuzweise über die Schultern gebunden, steckt auf den Hut **vier rote Rosen**, damit er unter dem Haufen der Menschen, die mit ihm auf Reisen sind, besser bemerkt würde. Brot, Salz und Wasser, von einem "Verständigen", also Eingeweihten geraten - wichtige Zutaten der alchemistischen Wandlungsmaterie - dienen ihm als Proviant.

Warum will er sich aus *"dem Haufen der Menschen"* hervortun? Was bedeutet die extra betonte Gewandung, die vier roten Rosen? Die Farben Weiß und Rot symbolisieren das "Priesterliche", die Gesinnung eines Menschen, der das "Niedere", die Bindung an die niederen Körper, vor allem an den physischen Körper mit seinen erdgebundenen Trieben, überwunden hat, auch ausgedrückt in der Umgürtung der Lenden. Er ist jener, der den **Dienst an der Menschheit** angetreten hat. Das weiße Gewand mit der roten Umgürtung war zu jener Zeit auch das Gewand des (christlichen) Arztes. (Der Jude, auch der jüdische Arzt, musste sich "zum Zeichen seiner vermeintlichen Verwerflichkeit" damals immer schwarz gewanden.)

Die vier roten Rosen deuten auf die innere Natur dieses **Arztes an der Menschheit** hin. Sie sind das Symbol für Christus und weisen diesen auf Christus ausgerichteten Menschen als einen mit einer unerschütterlichen Hingabe an Gott aus, der sich der **aktiven Intelligenz des Schöpfers** zu bedienen weiß (also Heiler im besten Sinne ist), der in Übereinstimmung mit den Gesetzen Christi lebt und die an den Leib bindenden Sinne durch ein gottgefälliges Leben überwunden hat.

Nun macht er sich auf den Weg, gibt Gott das höchste Versprechen, nämlich dem Ego in aller Bescheidenheit abzuschwören und sich ganz dem Dienst an der Menschheit zu verschreiben - nicht, um der Förderung des eigenen, sondern des Ruhmes Gottes wegen und um die Herrlichkeit dessen Namens zu fördern. Und so gerüstet, hoffnungsfroh und voll Freude scheidet er aus seiner Zelle. Was kann solchem Menschen noch widerfahren? Der Verlauf der weiteren Reise wird es zeigen. Auch solcher Mensch ist noch nicht wirklich gefeit vor den Tücken der Welt. Solange er sich in ihrem astralen Einflussgebiet bewegt, lauern auch ihre Gefahren noch auf den redlichsten Wanderer. Die Welt ist in Wirklichkeit ein Labyrinth, in dem sich jeder, der sich nur ein wenig auf die ihn umgebende Vielfalt einlässt und seine Aufmerksamkeit "vom Weg" ablenkt, verirren kann. Darum achte jeder auf seinen Fuß und auf den Ort, wohin er diesen zu setzen gedenkt.

ZWEITER TAG

INTERPRETATION

Wenn der Mensch sich zur Hochzeit aufmacht, tritt er den Weg frohgemut an, er singt und ist eins mit der Natur und seinem Schöpfer. Aber wir haben gehört, der Weg dorthin, wo der König die Königin freit, ist das Ziel, also muss sich auf dieser Wegstrecke auch allerlei ereignen.

Als Erstes stehen auf dem Weg drei Zedernbäume, die Schatten spenden. Das ausdauernde Bemühen bei der Erreichung des Ziels gleicht einem Wüstengang. So steckt der Wanderer schon nach kurzer Zeit, obwohl er auf seinem äußeren Weg munter die ihm gewogene Natur und einen Wald durchschritt, die Müdigkeit in den Knochen, und es gelüstet ihn nach schattiger Ruhe, die er sich vom Ausstrecken unter den drei Zedernbäumen erhofft. Aber er kommt nicht zur Ruhe, denn es erwartet ihn die erste Botschaft. Sie ist Wegbeschreibung und Warnung in einem. Natürlich, hier kommen nur Hochzeitsgäste vorbei, die jetzt über die vier Wege, davon sie drei auswählen können, zu entscheiden haben. Der vierte kommt von vornherein nicht in Betracht, denn er ist für Sterbliche, wie es noch ein jeder ist, der an diesem Wendepunkt steht, nicht geeignet.

Wer einmal bis hierher geraten ist, hat nur noch wenige Möglichkeiten zur Umkehr. Und kehrt er dennoch um, dann beginnt die ganze Mühsal wieder von vorne, und irgendwann wird, ja muss er wieder hierher gelangen. Viele sind gerade noch rechtzeitig umgekehrt und mühen sich seither über die Zeiten hinweg. Manch einer ist unerlaubterweise umgekehrt und hat dabei das Leben verloren. Er musste also wieder zurück, dorthin, wo das Leben nur als Urform keimt, um langsam, ganz langsam wieder in die Kette der Inkarnationen zu gelangen. Wer gegen das **Gesetz des Königs** verstößt, wird unbarmherzig von ihm aus seinem Land vertrieben, denn nichts wird unerbittlicher bestraft als Ungehorsam gegen das Gesetz.

Dieses Gesetz ist das **Gebot der Liebe**. Wer sich gegen die Liebe verhält, hat nicht das Recht, an des Königs Hochzeit teilzuhaben. Bei kleinen Vergehen darf der "Sünder" noch rechtzeitig umkehren, große Vergehen werden mit dem Tode bestraft. So mag man einsehen, wie es sich verhält mit einem Menschen, der unentwegt gegen das Gebot der Liebe verstößt. Er wird in Äonen nicht teilhaben können am "Leben", also am Wirken derer, die den **vierten Weg** zu gehen berechtigt sind.

Unser C. R. ward nun von Traurigkeit erfüllt, denn **die Wahl des rechten Weges ist die Entscheidungs- ja die Schicksalsfrage des Lebens ganz allgemein.** Und so zeigt sich, dass er die Gesetze selbst noch nicht wirklich versteht, da er seiner Verzweiflung gestattet, über die Vernunft hinaus - die ihm ja bestätigt, dass es Zeit für ihn ist, **seinen Weg** zu wählen - die schlimmsten Dinge zu befürchten. Er **weiß**, aber er vertraut noch nicht wirklich, auch die Erinnerung an den "Traum der Befreiung" vermag ihm sein Gefühl der Unwürdigkeit nicht zu nehmen, wenngleich es ihm Trost gewährt. Also tut er erst einmal, was jeder Mensch in solcher Situation beginnt, er versucht, den Gefühlen der Unentschlossenheit, die Hunger und Durst erzeugen, zu begegnen und sich auf die Labung des Leibes zu besinnen.

Und nun tritt der **reine Aspekt seiner geistigen Vernunft** auf den Plan, in Form der weißen Taube, mit der er nun sein Mahl zu teilen gedenkt. Die Schönheit dieses Anblicks hat ihn wieder getröstet. Aber auch hier, immer noch sehr im Bereich der Dualität, da der Weg noch nicht ein kleines Stückchen begangen wurde, naht schon der gegnerische schwarze Rabe und begeht Mundraub an der Taube. Immer sind es die rabenschwarzen Gedanken, die alle erhabenen Dinge zerstören. Es sind die Symbole der **Taube** und des **Raben** hier natürlich leicht zu entschlüsseln als **Selbst** und **Ego**. Aber auch in diesem kosmischen Intermezzo, da der Mensch sich einmischt in die Belange zweier Naturkräfte, mag ein Wink des Schicksals zu erkennen sein. Denn im Bemühen, dem **schwarzen Gedanken-Raben** die **Speise der weißen Tauben-Seele** wieder abzujagen, gerät er unversehens auf den Weg - und es ist dies durchaus nicht der Weg seiner eigenen Wahl. Jetzt gibt es kein Zurück mehr. Vage Versuche, sich gegen den "Wind" zu erheben, müssen scheitern, denn dem astralen Wind aus diesen Regionen vermag kein Mensch ohne Schaden zu widerstehen. Das **Brot** im Säckel muss dort bei den **drei Zedern** unerreichbar verbleiben, denn der alchemistische Prozess hat sich nun in der Seele zu ereignen, dort muss die *Ver-Wandlung* stattfinden, für die die zurückgelassene Nahrung mit ihrer Symbolik bürgt. Die **drei Zedern** als Symbol für biblische Bäume (ein Hinweis auf die Libanonzeder des Salomo) sind als Vorstufe zu den "drei Tempeln" (als dem Tempelbau des Salomo) zu sehen. Die Bäume dienen als **äußerer Hinweis auf das innere Mysterium**, das nun seinen Anfang nehmen will. Und so muss das äußere Sinnbild für diesen Prozess, das **Brot**, dort bei den äußeren Symbolen, den **Zedern** (wie ja auch äußere Tempel nur ein Symbol für die inneren Heiligtümer darstellen), verbleiben. Das **Wasser** trägt er offensichtlich in einem Beutel oder einer Flasche am Leib.

Nun hat er vielleicht resigniert oder sich in Gottes Hand und Ratschluss begeben. Er gebraucht jedenfalls seinen Kompass und begibt sich auf den Weg. Es ist wichtig, solches Messinstrument bei sich zu tragen, denn wie wir am Ende des ersten Tages feststellten, gleicht der Lebensweg einem Labyrinth, und man muss darauf achten, wohin man den Fuß setzt. Sich immer an der Mittagslinie zu orientieren heißt also, der **Sonne** nachzugehen, dem lebendigen, leuchtenden **Symbol für Gott**.

Nicht viele sind auf dem Weg schon vor ihm gegangen, dieser Weg ist manchmal rau und noch recht ungebahnt, was ihn verzweifeln lässt. Wer könnte es ihm nicht nachfühlen? Er ist noch sehr im Äußeren befangen, versteht nicht, was Taube und Rabe ihm bedeuten sollen. In solche Betrachtungen versunken, geht er also seines Weges. **Auf dem Weg zu sein heißt, zum Wissenden zu werden.** Was nützt es dem Menschen, sich dumpf vorwärtszubewegen, wenn er die Zeichen am Weg nicht zu deuten versteht?

Und nun zeigt sich am Horizont das (versprochene) Ziel, ein wunderschönes Portal, auf das er zueilt, um es noch bei Tageslicht zu erreichen. Es ist leicht zu erraten, dass es sich um das äußere Erreichen der drei Tempel handelt, von denen im Einladungsbrief gesprochen wurde. Der **Einweihungstempel** ist erreicht und empfängt nun den Würdigen, der sofort mit dem **Gebot des Schweigens** über die innere Wirklichkeit dort konfrontiert wird. Und die Anwesenheit der Mutter-Radiation in Form eines Blaugewandeten zeigt sich wieder.

Der Einladungsbrief, nicht im Säckel gelassen, sondern wohl verwahrt am Herzen, öffnet ihm Tür und Herz des Hüters dieser Pforte. Er wird nach dem Namen gefragt, antwortet wahrheitsgemäß, dass er der **Bruder von dem Roten Rosenkreuz** (also bereits ein "durch das Blut Christi (Ein-)Geweihter") sei, und erwirbt mit seinem Wasser im Fläschlein, das sein (vor-)letztes Vermögen darstellt – und wie wir sehen, ist es genug – ein *"güldenes Zeichen"*, das die Buchstaben "S. C." trägt. Wir erfahren die Bedeutung dieses Zeichens, deren zutreffendste mit Gewissheit *Spes Charitas* (Hoffnung in der Liebe) darstellt. Er hat Brot und Wasser des äußeren Lebens schon hingegeben, um deren innere, verwandelnde Kräfte hier im Heiligtum zu erwerben. Aber dies ist ihm noch nicht bewusst. Er erhält zunächst ein Empfehlungsschreiben, ein Brieflein besonderer Art, das ihm Einlass auch beim zweiten Torhüter gewähren soll.

Der Weg geht also weiter, und er erreicht nach endlosem Aufenthalt beim ersten Hüter, von *"mütterlichem Licht"* aus sechs Lampen - drei zu jeder Seite - erhellt (diese "lichttragende Jungfrau" ist das Symbol für die sich abzeichnende Neugeburt im Leben des C. R.), auf dem Weg zum "Schloss" die zweite Pforte, der ersten ähnlich, doch wird er hier mit lautem Gebrüll von einem an der Kette liegenden Löwen empfangen.

Jedes Heiligtum wird von einer besonderen Kraft bewacht. Der **Löwe** bedeutet hier den **Sieg der Sonnenkraft**, also **des Göttlichen**. Aber hier steht er mit Sicherheit auch für den "Löwen von Juda", denn wir dürfen die zeitliche Entstehung der Geschichte nicht vergessen. Wer ohne Gefahr an einem solchen Löwen vorbeikommt, trägt schon das Zeichen seiner Wiedergeburt, das Signum des Eingeweihten, des Gralsritters auf der Stirn, so dass ihn auch der Torwächter sofort als solchen erkennt. Er gelangt also immer tiefer hinein in das Hauptheiligtum und hier, am zweiten Tor beginnt das Mysterium nun, Form anzunehmen. Der Löwe bürgt dafür wie auch die Gegengabe, die C. R. dem Wächter des zweiten Tores überreicht.

Wir wollen dabei noch ein wenig verweilen. Was steht wohl in dem Brief, den C. R. hier vorlegt? Es muss sich in der Tat um ein erhebendes Empfehlungsschreiben handeln, das allen Mut machen soll, die den Weg bis zur zweiten Pforte geschafft haben. Denn dort wird man **erkannt**, und so wird allen Reisenden auf dem Weg zur Hochzeit zugerufen: "Willkommen! Du bist der Mensch, dem ich schon lange und gern begegnet wäre!"

C. R. löst mit dem ihm als einzigem noch verbliebenen **Salz** ein weiteres Zeichen aus mit der Aufschrift **"S. M."**. So dringen wir immer tiefer in das alchemistische Geheimnis solcher Weihehandlung ein. Das **reinigende Salz** - *Sal Menstrualis* - weist zugleich auf die reinigende Umwandlung (also auf die Transformation, die daraus hervorgeht) aller gegensätzlichen Natur hin, was auch das körperreinigende Prinzip einschließt, das einem Mann nicht zur Verfügung steht, das er aber in der Umwandlung seiner sterblichen Natur **in sich** vollbringen kann, in der "chymischen Hochzeit".

Jetzt ist keine Zeit mehr zu verlieren. Die Glocke im Schloss ertönt, und von der Jungfrau begleitet, die auch schon die sechs Lampen entzündet und die ihm voranschreitet, erreicht er im allerletzten Augenblick das Schloss. Es ist auch dies noch ein Ort der Gegensätze, die Inschrift auf den Säulen, die er dort entziffert, künden davon: *"Ich beglückwünsche dich"*, steht auf der einen, auf der anderen: *"Ich leide mit dir." "Nicht die Gescheitesten auf der Erde hätten dies auslegen können"*, verrät C. R., aber er will die Bedeutung bald an den Tag bringen, so Gott es zulässt. Warum schreibt er dies? Er will es offenbaren, wenn er dies alles durchlebt hat, denn dann ist er erhaben über jene, die sich die "Gescheitesten" dünken, dann vermag er das Rätsel zu lösen. Denn die mysteriösen Zeichen sprechen davon, dass das Glück solcher Einweihung nur durch Leid zu gewinnen sei. Das aber ist mit dem Kopf, dem Verstand nicht zu begreifen. Solches erklärt mit Nachdruck die Art und Tiefe solchen Einweihungsweges.

Nochmals wird sein Name notiert, der nun an den "Herrn Bräutigam" zusammen mit den Namen der anderen Hochzeitsgäste, die bis hierher gedrungen sind, geschickt wird. Wir sehen also, wie wichtig diesem so verborgenen Bräutigam der **Name** ist. Er trägt ja in

Wirklichkeit, wir ahnen es schon, den Namen des "**Menschensohnes**" **Christian Rosenkreuz** - und dieser Name wird nun in das "Buch des Lebens" eingetragen und dem Bräutigam zugestellt.

Das Gastzeichen, das er nunmehr erhält, ist *"dem Bräutigam zur Hochzeit darzubringen"*. Er übergibt seine Schuhe einem Armen, *"... wie sie häufig unter dem Tor fein ordentlich saßen ..."*. Das nun verwundert doch an solchem Ort. Wir erinnern uns dabei umgehend an andere heilige Orte, die gleichfalls von Armen und Bettlern gesäumt werden. Solche Orte werden wohl vieler Gründe wegen heimgesucht, und kaum sind die wichtigsten jene, weshalb sie bestehen. Es ist auch dies, wir sprachen schon davon, noch ein Ort mit gegensätzlichen Kräften. Die Menschen, die ihn umsäumen, kommen äußerer Gaben wegen, die sie wohl auch erhalten. Vielleicht sind auch diese ein Tor für jene Armen, irgendwann ...

Aber auch das **Symbol der Schuhe** mag zunächst verwundern, warum wird es erwähnt? Wir erinnern uns dabei an die Bibelstelle, da Moses die Worte vernimmt: *"Löse deine Schuhe von deinen Füßen, denn der Ort, auf dem du stehst, ist heilig!"* **Bei solchem Eintritt in das Heiligtum muss alles Alte abgelegt, erneuert werden.**

Nun beginnt das Werk der Transformation. Im Dunkeln fallen Männer, Barbiere über ihn her und schneiden ihm eine Tonsur. An der Stirn aber, an Ohren und Augen lassen sie das lange, eisgraue Haar hängen, was ihn äußert verzagt macht. Das abgeschnittene Haar wird eingesammelt und weggetragen. Es ist dies das erste Zeichen des "Novizen", des Kandidaten für das Hochzeitsfest. Das äußere Zeichen, das Haar des Hauptes wird geborgen, quasi als Pfand, als Beleg. Nichts geht verloren. Um diese seltsam anmutende Begebenheit ganz zu verstehen, müssen wir noch tiefer gehen. Die Tonsurstelle ist der Sitz der **Hypophyse**, also des **Seelenzentrums**, der **Pforte des Geistes**. Sie ist verantwortlich für alle wichtigen Körperfunktionen und steht in unmittelbarer

Verbindung zur Zirbeldrüse. Wenn der "neue Mensch" nun entsteht, dann fließt die Kraft des Lebensfeuers ungehindert zwischen Zirbeldrüse und Hypophyse. Man bezeichnet diesen Zustand als die "Lichtgeburt der Seele" oder als die "Geburt des wahren Denkvermögens". Wir erleben die Erfahrungen in den Tempeln als "inneren Aufstieg", und die heilige Reinigungsarbeit der Kundalinienergie bewirkt die Wiederherstellung der getrennten Bewusstseinszustände im Menschen, die Verbindung von Zirbeldrüse und Hypophyse.

Er wird in einer mächtigen zweifachen Berührung (was den beiden im Körper tätigen Kräften entspricht) davon getroffen (die zwei Barbiere) und ist davon so überwältigt, dass er dies nicht sofort erkennen kann. Deshalb (bezieht sich auf die Schilderung im Absatz davor: die Hypophyse und was dieses Lichterlebnis hervorruft) wird er so sehr vom Licht geblendet, dass er sich zuerst in Dunkelheit wähnt. Durch das Haar dringen die feinen Kräfte, die sich in diesem Zentrum verbergen, stetig nach außen. Deshalb gilt in vielen Kulturkreisen und religiösen Richtungen, die dieses Wissen bewahrten, das Abschneiden des Haupthaares als besonders schändlich. Weshalb aber wird es dann in einer Einweihungszeremonie, wie wir es auch von christlichen und buddhistischen Mönchsorden kennen, abgeschnitten? Es wird damit der "direkte Zugang" zur Hypophyse freigelegt als Symbol dafür, dass dieser Mensch aller äußeren Zierde entsagt und sich nur nach innen wendet, dem Fließen dieser beiden Kräfte zu.

Und nun treten die Lichtkräfte, die in der Erzählung immer als Knaben auftreten, wieder in Erscheinung und lassen ihn begreifen, dass für Furcht kein Grund besteht, im Gegenteil. Er wird also von zwei Knaben in den Saal geführt, in dem sich schon eine große Zahl von Menschen befindet - Hohe und Gemeine, Könige, Fürsten und Herren, edel und unedel, reich und arm, und allerlei Gesinde, was ihn verwundert. Er trifft auf bekannte Gesichter, auf Menschen, die ihm niedrig erscheinen und auf die er nie etwas gehalten hat. Er schilt sich einen Narren, der so viel auf sich genommen hat, um bis hierherzugelangen. Trotz Bitten und Beten ist er als Letzter gekommen, und alle diese Unnützen waren lange vor ihm da - wie es scheint ohne Müh. Die "Raben-Natur" macht ihm also noch einmal zu schaffen. Aber hat er nicht recht? Man verlacht ihn, als er sich auf Gottes Gnade beruft, die ihm hier hereingeholfen - und der Pöbel meint, wer so "geringer Dinge" wegen Gottes Gnade bedürfe, müsse dem Spott ausgeliefert werden. Aber er erfährt dank Nachfragen nun doch, dass auch ihr Weg nicht mühelos war, da sie *"(...) größtenteils über die Felsen hätten klettern müssen (...)"*. Es deutet sich also schon an, mit welchen Leuten er es hier zu tun hat. Was sich im Weiteren dadurch zeigt, dass das Gebet, das einer der Knaben spricht, von den seltsamen Hochzeitsgästen nicht beachtet wird, sie darüber sogar allerlei Unsinn treiben.

Und nun wird er nochmals hineingezogen in das dialektische Weltengetümmel. Prahlen, aufschneiden, lügen, dass sich die Balken biegen, schmeicheln und schwadronieren - der ganze menschliche Abschaum zeigt sein Gesicht. Gelockert von der Triebkraft des Weins führen die Zungen die Kette der niederen Gedanken zu Ende. Ja, und alle diese Herren - es handelt sich ja durchweg nur um männliche Gäste - sitzen an der Spitze der Tafel, während er, C. R., am geringsten Platz im ganzen Saale sitzend, nicht seinen Frieden finden kann.

Und dann spricht plötzlich die Stimme der Vernunft in Gestalt eines Stillen. Und man ahnt schon, dass die Zeit naht, dass diesem *"ganzen Mummenschanz die Maske vom Gesicht gezogen werden müsse"* - die Vorhofreinigung wird alsbald beginnen - sie hat ihre Boten, oder ihre bonafiden Botschafter, unsichtbar dem menschlichen Auge, nun in den Saal beordert. Alle "Kandidaten" werden auf besondere Weise unmittelbar von der "astralen Kraft des Vorhoftempels" berührt. Aber die wenigsten reagieren auf diese Berührung positiv. Die weitaus meisten verhalten sich "normal", das heißt, sie kehren ihre Ich-Zentralität nach außen.

Dies wollen wir uns nun doch noch ein wenig näher betrachten. All diese Aufschneidereien, von denen uns hier berichtet wird, klingen uns, wenn wir an den unübersehbaren Esoterikmarkt denken, an all jene, die seit den Tagen des Johann Valentin Andreä gemäß ihrer Möglichkeiten den Zeitgeist bedienen, sehr vertraut in den Ohren. *"Ach wenn ich daran denke"*, lesen wir da, *"was für Übernatürliches und Unmögliches ich damals gehört, werde ich jetzt noch unwillig darüber!"* Warum erzählt der Autor so ausführlich von diesen unerfreulichen Zeitgenossen? Hat sich in all den Jahrhunderten in dieser Beziehung etwas zum Besseren gewendet in der menschlichen Natur? Man kann es beileibe nicht bejahen. Und man nimmt erleichtert wahr, dass die *"unsichtbaren Aufwärter"* solchem Aufschneider, der gar behauptet, diese Unsichtbaren zu sehen - wo doch keiner der Gäste auf solche Wahrnehmung vorbereitet war -, auf sein *"verlogenes Maul"* schlagen, *"... dass nicht allein er, sondern auch andere neben ihm wie die Mäuslein schwiegen ..."*.

So sei mir, Saint Germain, erlaubt, hier ein Wort in eigener Sache einzufügen. Muss es denn verwundern, dass das Vorhofpersonal - angesichts der scheinbar unausrottbaren Zustände, da Verführer und Verführte abseits stehen im Schatten der Lügen - immer wieder das **Licht der Aufklärung** aussenden muss, das hineinleuchtet in die Abgründe menschlicher Selbstsucht, um jene zu retten, die bereit sind, sich der **Erkenntnis der Wahrheit** zu öffnen? Dass die Mittel drastisch sind, die dabei eingesetzt werden, lehrt uns auch die Geschichte des Christian Rosenkreuz.

Ein solcher "Vorhof" ist zum Beispiel auch der Darshanplatz des Manu Satya Sai Baba. Die meisten von euch kennen das seltsame Treiben, das durch die Spiegelwirkung des Manu in diesem

"Vorhof" herrscht. Viel zu wenig aber ist euch bekannt, mit welch eisernem Besen das "Herzheiligtum" dort Tag für Tag reinigt. Da sind die Methoden eures Lehrers wie ein sanftes Säuseln. Das, was C. R., als er sich so unvermutet auf dem Weg fand, entgegenblies, ist mit dem Sturm des Manu zu vergleichen, der all jenen ins Gesicht bläst, die sich gegen die Wahrheit im Herzheiligtum verhalten. Täglich werden dort vom "Vorhofpersonal" etliche Personen auf Nimmerwiedersehen hinausbefördert, ja mit Schimpf und Spott hinausgetrieben, genauso wie es uns in der Geschichte hier gleich begegnen wird, *"nackt bis auf die Haut"*, die sie nun zu retten haben. Die meisten aber tragen sie, ob dieser Kränkung nur noch schamloser weiter zu Markte. Sie öffnen sich nun auch dem Hass, der Verleumdung gegen das Licht, und führen das, was sie vielleicht aus falsch verstandenem Sendungsbewusstsein begannen, mit den Mitteln des Gegenspielers fort. Sie wählen bewusst das Böse, um dem zu schaden, der doch Satya, die Wahrheit, verkörpert. Was aber gewinnen sie dabei, diese Armen? Auch andere Heilige wie Amma (indische Avatarin) - manche von euch wissen darum - verfahren in ähnlicher Weise und mit einer Rigidität, die viele, die nur davon hören, in Zweifel stürzt, weil solches Handeln sich offenbar nicht mit der Liebe vereinbaren lässt, die man in solchen Gottmenschen vermutet. **Meine Kinder, solches geschieht aus Liebe. Nur die Macht der Liebe vermag so unerbittlich und streng zu handeln, da das Ego des Menschen nur auf diese Weise geläutert zu werden vermag.**

Geht einmal in euch. Wie verhält es sich in eurem eigenen Inneren, wenn man euch mit ganz harmlosen Worten schilt, aber dabei euer Ego bloßstellt? Nun muss solcher "Entlarver" nicht in der Liebe sein, manch einer tut derlei aus mancherlei Gründen. Aber **eine göttliche Person handelt immer aus reinen und niemals aus emotionalen Motiven** und gibt dem Schüler somit die Chance zur Einsicht, zur Umkehr, zur Metanoia. Ergreife sie jeder, der von solchen astralen Winden berührt wird! Niemand ist da, der ihn verurteilt oder etwas anderes an ihm schädigt, als das Ego. Sähe er das liebende Herz hinter solcher Handlung, bäte er augenblicklich um Vergebung und würde sein Leben im selben Augenblick umwenden. Es liegt in der Natur des Menschen, dass er lieber anderen Menschen vertraut, die zu jenen Typen gehören, wie sie uns hier in der Geschichte begegnen, als der Stimme eines unbequemen Mahners zu lauschen, der keinerlei persönliche Genugtuung empfindet, sondern nur der **Wahrheit** (CHOCKMAH), der **Liebe** (CHESED) und der **richtenden Strenge** (GEBURAH) dient. Auf diese Weise durchdingen sich die Welten von BRIAH und JETZIRAH.

Aber nun weiter in unserer Geschichte. Nun kommt diese wunderbare Stelle, in der *"dieser feine, stille Mann"*, der neben C. R. sitzt und nur gelegentlich von *"feinen Dingen"* sprach, die Frage stellt: *"Siehe mein Bruder, wenn nun jemand käme, der solche verstockten Leute auf den rechten Weg bringen wollte, würde man ihm zuhören?"* - *"Nein"*, antwortet der Gefragte. *"So will nun"*, spricht er weiter, *"die Welt mit Gewalt betrogen sein und will die nicht hören, die es gut mit ihr meinen."* Und wenige Zeilen darunter wird berichtet, dass *"... keiner ein Wort sagte, denn sobald einer das Maul auftun wollte, wurde ihm unversehens ein Streich verpasst, ohne dass man wüsste, woher das kam ..."*

Will die Welt also betrogen sein, oder respektiert sie, wenn solche, die es gut mit ihr meinen, ihre Stimme erheben und all den Spitzbuben, Gauklern, Aufschneidern, Volksverdummern und unnützesten Tröpfen so lange *"aufs Maul schlagen"*, bis sie endlich die Wahrheit bekennen - oder wenigstens schweigen? Da "die Welt" offensichtlich immer noch eher bereit ist, jenen zu glauben, die sie "verdummen", als solchen, die warnend ihre Stimme vor den Auswüchsen des Zeitgeistes erheben, muss das unsichtbare Vorhofpersonal, wie wir soeben gesehen haben, auch zu drastischen Methoden greifen, um der Wahrheit, die nur in der Abgeschiedenheit fein und still erblüht, Gehör und Ansehen zu verschaffen. Der Dienst an der Wahrheit ist der höchste Dienst, den solches "Personal" zu verrichten hat. Wo die Wahrheit (noch) verborgen ist, muss sie aufgedeckt werden. Und wie wir gleich sehen werden, schont man die "Schuldigen" nicht.

Es werden in der Geschichte nachfolgend auch diejenigen nicht verschont, die solchen Aufschneidern auf den Leim gehen. Auch sie müssen sich "wiegen" lassen und werden nicht unter den Schuldlosen sein. Denn wer allzu leichtfertig glaubt und nicht selbst prüft, ist niemals ohne Schuld und muss es sich wohl gefallen lassen, dass auch er dann mit Spott und Schmach davongejagt wird. Dies geschieht also jenen, die leichtfertig großen und schönen Worten, Ideen und "Spekulationen mit dem Übernatürlichen" folgen und sich davon betören lassen, ohne den eigenen Verstand zu benutzen.

Ist einer einmal bis in den "Vorhof des Tempels", für den dieser Saal in der Geschichte ein gutes Bild liefert, vor- oder gar eingedrungen, dann steht er vor einem unbarmherzigen Richter - dem einzig Gerechten. Und er muss solange Rede und Antwort stehen, bis er schließlich bekennt und davongejagt wird. Es dauert Äonen, ich sagte es schon, bis er den Weg zurück wiederfindet.

Am besten ergeht es, wie wir gleich sehen werden, noch jenen, die gutgläubig betrogen wurden, die werden belehrt und dürfen gehen. Jene aber, die die Wahrheit kennen und dennoch lieber den Weg der Illusion beschreiten, werden schon einer drastischeren Strafe unterzogen. Den Falschspielern selbst aber droht das schlimmste Gericht, sie werden ohne Erbarmen vom Leben zum Tode befördert.

Inmitten des entstandenen Tumultes ertönt mit einem Mal eine unsichtbare Musik. Im Zeitalter der Tonkonserven macht eine solche Vorstellung kaum Mühe, aber für damalige Verhältnisse mutet solche Geschichte besonders wundervoll an. Man kann sich vorstellen, dass es sich hierbei um das Werk der Reinigung des von so vielen niedrigen astralen Kräften verschmutzten Äthers handelt. Musik, das Geschenk der Mutter, spielt also auf unsichtbaren Instrumenten. Umgehend wird die "Luft gereinigt", und es kehrt Stille in den Saal ein. Wagt einer, diese Stille zu brechen, erhält er von ebenso unsichtbarer Hand einen Streich. Solcherart ist das Herzheiligtum, das Reich der Mutter, beschaffen. Und mit dem schon bekannten Getöne von Posaunen, Trompeten und Heerpauken wird eine schöne Jungfrau, sitzend auf einem goldenen Thron, von tausend Lichtern gesäumt, von zwei Knaben noch mit hellen Fackeln extra beleuchtet, in den Saal getragen. Sie trägt ein weißes, goldschimmerndes Kleid. Nun wird offensichtlich, es müssen die männlichen Anteile verwandelt werden, denn immer sind es die "holden Jungfrauen", die uns "auf der anderen Seite des Geschehens" begegnen. Sie und "Knaben", also Noch-nicht-Männer, sind die wesentlich Handelnden in dieser Geschichte, während die Männer selbst mit ihrer "schwierigen Natur" zu kämpfen, sie zu bekämpfen und schließlich zu besiegen haben. Und solch ein Sieg, nämlich das Fleischlich-verstandesmäßig-Männliche und das Geist(ig)-herzbetonte-Weibliche zu verschmelzen, ist das Ziel jeder alchemistischen Handlung. Deshalb stehen diese Männer, die uns hier begegnen, für die Naturgeborenheit des menschlichen Geschlechts und die Jungfrauen für das Wesen und Antlitz der Geistgeborenen, was schließlich zur Auflösung der Gegensätzlichkeit in der Annahme der jeweiligen "Gegen-Natur" führen muss.

In absoluter Harmonie und Makellosigkeit strömt nun das Licht kraft seiner eigenen Gesetzmäßigkeit in liebevoller Dienstbereitschaft - dem Attribut der Mutter - in den von solch erhabenen Klängen gereinigten (Tempel-)Saal ein und stellt die Kandidaten vor die erste Prüfung.

Seid ihr innerlich auch wirklich vorbereitet, um dem Bräutigam, dem göttlichen Geist in Reinheit entgegenzutreten, um beim heiligen Fest sein würdiger Gast zu sein? Seid ihr würdig für solche Erfahrung?

Was die Jungfrau nun spricht, führt uns tief in das Mysterium dieser Geschichte. Summa summarum wird also davon berichtet, dass jeder von Gott mit den gleichen guten Gaben versehen wurde, aber nicht jeder setzt sie auf die ihm gebührende Weise ein.

Jeder, der den Ladungsbrief erhalten, erhielt ihn dieser Gabe wegen, es ist aber beileibe nicht jeder würdig, ohne ernsthafte Begründung und das Vorweisen der Befähigung wirklich auch an der Hochzeit teilzunehmen. Solche Teilnahme verlangt von jedem, dass er sich seit langer Zeit darauf vorbereitet habe. Und wollte einer haben, was ihm nicht zusteht, so heißt dies, dass er ohne Anstrengung nach den Sternen greifen wollte, wiewohl ihm nur ein Platz unter den Niederen gebührt.

Aber keiner, der für "zu leicht" befunden, würde ungeschoren davonkommen, denn der *"Künstler Waag"*, die morgen aufgestellt wird, wird alle jene entlarven, die sich ungerechterweise unter den Hochzeitsgästen befinden. Solche müssen gar *"unter die Sporen"*. Aber jener, den das Gewissen drückt, könnte morgen noch vor der großen Wiegeaktion frei werden, aber das bedeutet zugleich, dass er sich nie mehr zu solcher Hochzeit einfinden dürfte. Die anderen aber, die Zutrauen zu sich hätten und Mut bewiesen, sollten sich auf morgen rüsten. Wenn sie jedoch wider besseren Wissens blieben, würde ihnen der Schlaf gar hart werden, und es wäre besser für sie gewesen, die letzte Chance zur "Rettung" genutzt zu haben.

Darauf wurden sie unsichtbar hinausgeleitet. Nur ein Lichtlein blieb für jeden zurück. Die meisten hatten, noch umnebelt vom

"Rausch", wohl die Rede nicht begriffen, denn sie wollten bleiben und morgigen Tags gewogen werden. Bei vielen aber regten sich doch schwere Gedanken und Gefühle. Schließlich wird unser Bruder Rosenkreuz als einer von neun weiteren, die im Vorhof verblieben waren - während andere schon von einem Lichtlein in ein Gemach geführt wurden -, von seinem Lichtlein an einen besonderen Ort geleitet, darunter befindet sich (natürlich, möchte man sagen) der *"stille Gesell"*. Von den Knaben wurden sie schließlich an den Füßen gar kunstfertig gebunden, hierauf nahmen jene das Lichtlein mit sich und ließen die Gefesselten allein in ihrem Schmerz. Es war ihnen verboten zu sprechen, was sie in ihrem Elend auch gar nicht vermochten. Die Fesseln waren unlösbar an ihren Füßen. Und so tröstet C. R. sich, dass es ihm auf solche Weise möglich sein könnte, in einer einzigen Nacht alle Vermessenheit, die auf ihm lastet, abzubüßen. Er lässt sich also beschämt binden in der Erwartung des Urteils, das am nächsten Tag über ihn und alle anderen verhängt würde. In völliger Selbstübergabe vertraut er sich dem *"urteilenden Licht"* an, da er keine andere Wahl mehr hat. An diesem Teil des Weges angekommen, gibt es nur noch **das Erwarten des göttlichen Urteilsspruchs, also die vollkommene Übergabe an das göttliche Selbst.**

Die folgende Nacht, die letzte des "irdischen Bewusstseins", löst nun auch noch die letzten Reste der Gebundenheit aus seinem Denken, denn der folgende Traum zeigt ihm unmissverständlich, dass jener, der sich selbst erhöht, erniedrigt und der andere, der sich freiwillig erniedrigt, erhöht wird. Dies ist das Gesetz von Gottes Gerechtigkeit, der als Symbol für diesen Gerechten nun durch seinen Traum schwebt.

Die Müdigkeit, die Verzweiflung führen ihn also in Schlaf und Traum. Es ist dies mitnichten die Nacht für ihn, in der ihm *"der Schlaf gar hart werde"*. Darin deutet sich bereits an, dass er das Urteil und die Wiegeaktion unbeschadet überstehen wird.

Er sieht sich auf einem hohen Berg und schaut von dort in ein großes weites Tal - ein Symbol der Seele -, das angefüllt ist mit einer riesigen Menge Volkes, davon jeder mit einem Faden an den Himmel geknüpft ist. Ein alter Mann, der in den Lüften herumfliegt, schneidet etlichen, die ihm gerade so in die Quere kommen, den Himmelsfaden ab. Die, die weit oben schwebten, fallen mit so schwerem Fall hernieder, dass die Erde erzittert. Und er, der Zuschauer auf dem Berg freut sich, wenn einer, der hoch oben schwebt, mit schändlichem Getöse auf die Erde fällt, dass er auch noch seinen Nachbarn mit sich reißt (*"... denn wer sich selbst erhöht, wird erniedrigt werden").* Und ferner freut es ihn, dass solche, die nahe bei der Erde weilten, ohne jedes Aufsehen davonkamen *("... und wer sich erniedrigt, wird erhöht werden").*

Sein "innerer Bildner" beschenkte ihn mit der Verarbeitung dessen, was er in dem Saal an diesem Tag erlebt hatte. Und so mag er nun dem dritten Tag entgegengehen, im Wissen um Gottes Gerechtigkeit, für die die Waage ein Symbol ist, wie sich am folgenden Tag zeigen wird.

Immer wenn das Licht verschwindet, wird der Kandidat einer Selbst(über)Prüfung überlassen. Aber getreu dem mütterlichen Liebesgesetz bleibt jeweils ein kleines Licht zurück, und wenn auch dieses äußerlich hinweggetragen wird, wird er erkennen, dass es in ihm für immer weiterglüht.

Der Augenblick des Selbstgerichts zeigt dann das Resultat solcher Selbstprüfung, so wie dies vom Licht erwartet wird. Aber wer ist von diesen Hochzeitsgästen wirklich imstande, diese Dinge in sich zu erkennen? Die weitaus meisten hängen weiterhin der Frage nach, ob dieser Hochzeitsverlauf einer Spekulation überhaupt wert sei, zu lebens- bzw. egobedrohend sind die Dinge, die jetzt schon, im Vorfeld des Geschehens passieren. Sie begreifen nicht, dass jeder, der wirklich ins Herzheiligtum vordringen will, unmissverständlich alle Bedingungen, die solche Wegbemeisterung stellt, erfüllen muss.

Wer sich dem nicht beugt, dem wird die Hochzeit mit Gewissheit kein Glück bringen.

Die neun Kandidaten aber stellen sich der Forderung und erwarten geduldig ihr Urteil. Sie sind die Einzigen, die sich dessen bewusst sind, wenngleich auch unter ihnen die Pein groß ist. Aber welcher Mensch, welcher "verlorene Sohn", dünkt sich schon würdig, vor das Angesicht des Vaters zu treten, in sein liebendes Herz zurückzukehren?

Im tiefen Bewusstsein ihrer Unwürdigkeit lassen sich die **neun Kandidaten - in der Zahl verbirgt sich der Erlösungsweg der reif gewordenen Menschheit**, sie entspricht den symbolischen "Hundertvierzigtausend", von denen in der Apokalypse gesprochen wird - in vollkommener Selbstübergabe von den Fesseln befreien und sich abermals, nun aber **zusammenbinden**, der "weisen Vernunft" vertrauend, die gerade diese in Demut zu ertragende *Ver-Bindung* von ihnen erwartet. **Nur in der restlosen Aufgabe des irdischen Selbstes und in der absoluten Selbstübergabe kann das Geistlicht nun im Menschen erwachen.**

DRITTER TAG

INTERPRETATION

Wir erinnern uns, C. R. war sehr überrascht, als er bei seinem Eintritt in den Saal feststellen musste, wie viele Unwürdige sich darin befanden, die seiner Meinung nach absolut nicht dorthin gehörten und deren leichtes Vordringen ihn in großes Erstaunen, ja Enttäuschung versetzte. Und so bewegen auch wir in uns die Frage, wie solches möglich ist. Wie kann jemand, der seiner inneren Verfassung nach nicht reif für solchen Ort ist, dorthin gelangen?

Es gibt in der Tat, auch wenn sich die Welten durchdringen, nur ein Ganzes, ein Universum, einen Tempel als das Haus Gottes. Und so existieren Punkte oder Seinsgebiete in diesem Gottesreich, die man als Übergangssphären zwischen dem einen und dem anderen "kosmischen Gebiet" bezeichnen könnte (auch die einzelnen Sephiroth entsprechen diesen Gebieten). Das Astralreich allein ist von solch ungeheuren Ausmaßen, dass kein Mensch in der Lage ist, sich diese Ausdehnung und die Vielzahl der Ebenen vorzustellen. Alle Gebiete gleiten ineinander über. Aber "ganz oben" gibt es Sphären, in denen der Äther so unendlich durchlässig ist, dass er fast völlig zu bestehen aufhört und somit seine Art, seine Vibrationen und Strahlungen bereits ganz dem reinen, kosmischen Raum zugehören. Wir kennen diesen Bereich als die Ebene JETZIRAH oder Shambhala.

Der Tempel, in den wir in der "Chymischen Hochzeit" treten, gehört noch den niederen Reichen in solch einem Übergangsgebiet an. Darin ist auch der Grund zu suchen, dass von "zwei Portalen" als Eingangsporte gesprochen wird. Hinter diesen aber befinden sich noch zwei weitere Tempel, wie wir aus der Einladung zur Hochzeit erfahren haben.

Der erste Tempel ist jener des Gerichts, eine Zwischensphäre, ein Durchgangsgebiet, in dem sich erst zeigen muss, welche Seelenqualität der Kandidat besitzt. Der zweite Tempel ist der Tempel der Mutter, also der Weltseele. Der dritte Tempel ist jener der absoluten Gottesgemeinschaft, der Geistgeburt.

So vermögen wir nun zu verstehen, wieso C. R. solchen Gestalten begegnen konnte. Alle, die auf die eine oder andere Weise streben, begegnen einander an irgendeinem Punkt in ihrem Leben. Daraus lässt sich die große Traurigkeit des C. R. erklären, der sich, selbst schon in höheren Gefilden wandelnd, nun fragen muss, ob er sich solches wirklich verdient habe. Denn diese astrale Sphäre ist mit Sicherheit kein angenehmer Aufenthaltsort. Wenn sich einer sehnt nach absoluter Ruhe, nach der unermesslichen Stille des "befreiten Lebens", muss es enttäuschend sein, wenn man nach solch beschwerlicher Anreise feststellen muss, dass diejenigen, die sich am meisten fortgeschritten dünken, es aber mitnichten sind, auch dort die größten Schwätzer und Prahler sind und auf die vordersten Plätze drängen.

Aber dies zeigt uns auch, **wie in allen Bereichen nur ein Gesetz existiert, jenes der Freiheit in Gott.** Und ihr alle, die ihr glaubt, die Wahrheit zu kennen und zu besitzen, die ihr glaubt, diese

Wahrheit im eigenen Dasein in positive Werte umgesetzt zu haben, ihr also müsst euch im ersten Tempel **beweisen.** Und immer können wir sehen, dass auch hier nur das **Gesetz der Liebe** herrscht.

Ihr strebt also weiter, habt die "Signatur des Königsweges" in der Tasche und möchtet die absolute Wahrheit erfassen. Ihr glaubt auch, schon einiges zustande gebracht zu haben, im völligen Gegensatz zu denen, die meinen, es besser gemacht zu haben als ihr. Je nun, aufgrund eurer hohen Meinung werdet ihr nun in einen astralen Seinszustand geführt, worin sich jetzt entscheiden muss, ob euch (schon) Aufenthalt gewährt wird oder nicht, ob ihr also in den dritten Tag der "Chymischen Hochzeit" eingehen könnt. Denn alle, die den "naturgeborenen Zustand" (den die Kirche "Erbsünde" nennt, da sie es nicht besser weiß) überwinden bzw. mit dem geistgeborenen assimilieren wollen, werden nun in dieses astrale Gebiet hineingeführt, sie werden magnetisch davon angezogen. Und dieses Gebiet ist der **"Tempel des Gerichts"**. Deshalb fängt der dritte Tag mit dem Urteilsspruch im Eingangstempel an.

Jeder Kandidat muss nun imstande sein, auf der **Waagschale** der Schwere von **sieben Gewichten** standzuhalten. Wer dies nicht vermag, wird sofort in seinen "naturgeborenen Zustand", in den "Tod" zurückgeworfen. Wer sich also der "Welt" entziehen will, aber die hierfür erforderlichen Eigenschaften noch nicht besitzt, wird immer wieder in die Welt zurückbefördert. **Das ist keine Strafe, sondern das Gesetz!** Weltflucht verlängert nur den Weg. Wenn ihr als Schüler also noch immer den harten Griff der "Welt" empfindet und Mühe und Lebensschwere im Mittelpunkt eures Lebens stehen, könnt ihr noch nicht durch den Eingangstempel gelangen, denn das "astrale Feuer" dort würde euch verbrennen. Alle Menschen, die sich "religiös" nennen, streben diesem Ziel zu, und viele von ihnen meinen, es erreicht zu haben, verlockt und für den wahren Weg verdorben durch die Versprechungen so mancher Gemeinschaften.

Noch einmal führt uns die Geschichte also mitten hinein in die "Welt" und ihre äußere Struktur. Arme spotten der noch Ärmeren und dünken sich weit über ihnen (wir werden wieder an den Turmtraum erinnert, alle dort gemachte Erfahrung wiederholt sich). Das äußere, der Welt zugewandte Bewusstsein bleibt wie zäher Schleim in den oberen Gehirnwindungen hängen und weigert sich beharrlich, die innere Natur, das eigene Wesen zu erkennen, verstopft also die Ströme, durch die die Erkenntnis fließen könnte. Aber die wahre Natur wird immer obsiegen, da sie mit der Stimme der Wahrheit spricht. Und so kommt alle Verlogenheit, jede Überheblichkeit mit göttlicher Genauigkeit an den Tag - am Tag der Prüfung und des Gerichts.

Es scheint, dass im Tempelsaal des Eingangstempels alle versammelt sind, die sich in einem günstigen Augenblick in dem schon erwähnten astralen Feld befinden, um dem "Gericht", also einer Wertbestimmung, unterworfen zu werden. Unter den dort Versammelten können wir drei grundverschiedene Typen unterscheiden: a) solche, die von Wahn erfüllt sind, b) die Missetäter und c) die Gebundenen, Geketteten.

Der zweite Tag machte schon deutlich, wer diese Geketteten sind. Es sind jene, die sich gänzlich unwürdig fühlen, weil sie im hellen Licht, also im Seelenlicht der Mutter, die eigene Art, die eigene Unzulänglichkeit deutlich erkennen können und sich selbst durchschauen. Solche bilden sich nichts auf ihre Klugheit und Übersicht, die es natürlich gibt, ein, denn aller "Wahn" ist bei ihnen bereits zur Gänze ausgerottet. Der Zustand der Ichlosigkeit führt sie zu solcher Selbsterkenntnis und lässt sie die Erhabenheit der lichten Welt dieses Seelenzustandes, aber andererseits auch die erdrückende Last ihrer weltlichen Vergangenheit deutlich erkennen. Aber noch ist ein solcher Schüler nicht fähig, sich von dort, vom Eingangstempel, zu lösen, denn er gehört hierher, aber er weißt es (noch) nicht.

Dieser physische Zustand lässt ihn das Gefühl entwickeln, gekettet, ohnmächtig, ja ganz und gar unwürdig zu sein und sich doch nicht von hier fortbewegen zu können. Aber das Wissen, auf solche Weise "gekettet", "gebunden" zu sein, ist doch der Beweis für den wahren Zustand des Nichtseins und dass es unmöglich ist, durch solche Erfahrung "betrogen" zu werden. Denn der wahre Seinszustand, sein "ätherisches Kleid", ist entscheidend.

Der Ätherkörper des Menschen ist sein eigentliches Gewand. Jegliches Ordensgewand, das man anzieht, um als etwas zu erscheinen, das man möglicherweise in Wirklichkeit gar nicht ist, ist nur ein Abbild des Ätherkleides. So erklärt sich die Stelle, in der die Jungfrau C. R. erblickt und seines Gewandes gewahr wurde, ihn darob verlachte und sagte: *"Nun, hast du dich auch unter das Joch begeben? Ich meinte, du hättest dich besonders fein gerüstet!"* Und C. R. schossen bei diesen, wie er meinte, ihn entwürdigenden Worten die Tränen in die Augen. Das wahre Gewand eines Menschen kann nicht lügen. C. R. wurde kraft seines Gewandes für würdig befunden. Er muss nur noch lernen, diese Würde in seinem Bewusstsein durch Erfahrung zu verankern.

Die Jungfrau von gestern, die Lichtträgerin, die *virgo lucifera*, ist nun in die Farben der Gerechtigkeit gehüllt - Rot und Weiß, wir kennen sie schon (GEBURAH). Wir begegnen der Umkehrung, hier ist es ein rotes Kleid mit weißem Gürtelband. Das deutet darauf hin, dass ihre Seele bereits gewandelt, also im Zustand der Jungfräulichkeit ist. Der Lorbeerkranz, der sie *"trefflich zierte"*, unterstreicht ihre reine Königswürde. Ihre Begleiter sind zweihundert geharnischte Männer, ebenfalls in den Farben Rot und Weiß - ganz wie in Einweihungstempeln der Mysterienschulen üblich. Sie sind die "Bannerträger der Unschuld", denn nur in diesem Zustand kann man die Prüfung bestehen. "Geharnischt" bedeutet sowohl "gerüstet" als auch "verborgen". Es entspricht dies der wahren Ritterwürde. Auch die Gralsritter, auf der Suche nach dem "verlorenen Zustand", dem Gral, sind derart gewandet.

Die Jungfrau spricht merkwürdige Worte zu Rosenkreuz. Sie hat ihn längst, wie soeben festgestellt, "erkannt" - erkennt ihn weit mehr an seinem Gewand, als er sich selbst zu kennen meint. Und da sie auch seine Naivität erspürt, verspottet sie ihn ein wenig, dass ihm *"die Augen übergehen".* Ein kleiner, grausamer oder erhellender "Kunstgriff" des Autors? Es ist für den Erwachten, den Sehenden, den Wissenden nicht leicht, solche Naivität hinzunehmen, **da ein reines Herz neben der Liebe auch mit Wissen gefüllt sein sollte.**

Die ganze Wesensnatur von C. R. verhält sich von Anfang an diametral gegen sein "inneres Wissen". Hätte er nicht hintreten können und sollen, um selbstbewusst seine Teilnahme an der Hochzeit - ohne diese peinigende und erniedrigende Prüfung - einzufordern? Aber er ist der allerärmste Tropf, der sich wie schon vorigen Tags von den überheblichen Gästen nun auch von der Jungfrau verlachen lässt. Eine Antwort lieferte er indes selbst mit dem letzten Traum.

Immer bewegt er sich also in peinigender Bescheidenheit und im Selbstzweifel. So wird er nun zwar von den Fußfesseln erlöst, um doch gleich wieder mit anderen zusammengebunden und *"an einen Ort gestellt zu werden, (von) wo die Waage gut zu sehen ist".* Die Jungfrau sagt dazu, *"dass es ihnen besser ergehen würde als jenen, die noch ungebunden dastehen".* **Die Stimme der unterscheidenden Vernunft!** Ja, sie ist weise. Hier handelt es sich also offensichtlich um das "Kollektiv des zusammengefügten Guten", während die anderen, alleine auf sich gestellt, als Einzelwesen schlechte Karten zu haben scheinen.

Und nun kommt die **Waage** ins Spiel. Sie ist aus lauterem Gold. Das Metall, das **Gold** genannt wird, setzt sich aus **sieben Metallen** zusammen, die, zu einer bestimmten Formel verbunden, Gold ergeben. So ist die **goldene Waage** das **Gerichtszentrum.** Daraus lässt sich auch der Begriff "das goldene Hochzeitsgewand" (der gereinigte Zustand des Ätherkörpers) ableiten. Aber es zeigt sich wiederum, was sich schon bei den sieben Teilen des Traums ankündigte, dass das Gewicht des Menschen gewogen wird mit den "Gewichten seiner Entwicklung".

Sieben Gewichte: Das erste, das größte Gewicht, die größte Bürde, die der Mensch mit sich herumträgt - das Wurzelchakra. Dann "vier kleine" und zuletzt noch "zwei große", auch wieder für sich gesondert - "*... und diese waren so unverhältnismäßig schwer, dass es kein Mensch glauben oder begreifen kann ...*" **Die Erfahrungen auf der Waage beziehen sich auf den gesamten Einweihungsprozess eines Menschen.** Jetzt wird jedem Gewicht eine Gruppe von Geharnischten zugeteilt, ausgerüstet mit Schwert und Strick als dem Symbol der vollstreckenden Gerechtigkeit der "weiblichen Seite" (GEBURAH), so dass sich also sieben solche Gruppen ergeben. Die nachfolgende Rede der Jungfrau, die Wiegeaktion und die Anordnung der Strafen sind so eindeutig, dass ihr leicht zu einer Interpretation finden könnt.

Ein wenig näher wollen wir uns nur das Resultat der Wiegeaktion an C. R. besehen. Als Nummer 8 (dem Symbol für die göttliche Natur des gewandelten Menschen) seiner Gruppe muss er ebenfalls auf der Waagschale Platz nehmen und macht sich hinsichtlich des Ergebnisses keine Illusionen. Aber zu seiner eigenen Verwunderung hält er allen sieben Gewichten stand. Selbst als man ihn noch mit Gewalt hinaufzuziehen versucht und drei Männern befiehlt, sich an die andere Waagschale zu hängen, wirkt sich auch das in keiner Weise aus. Die Schale ist nicht in Bewegung zu bringen, so dass daraufhin der Ruf erklingt: *"Dieser ist es, lasst ihn frei!"* Und umgehend wendet sich sein Blatt.

Abgeschlossen werden diese überwältigenden Wiegeszenen mit der **"Erbittung der vier Rosen"** durch die Jungfrau, die C. R. vom Hut ab in die Hand genommen hat. Er muss also sein Zeichen nicht mehr tragen, da die Rose in seinem Inneren nun, da er gewogen und für "gut", ja als der Beste befunden wurde, erblüht ist. Und so übergibt er sie als Sinnzeichen dieser Trägerin des Lichtes. Damit ist auch die Metamorphose eingeleitet. Er, der uns bisher als armer Tropf begegnete, ist nun, im Licht der reinen Erkenntnis, der Beste selbst. Der "vollwertige Schüler" hat die Prüfung auf der Waage also vollständig als Bester bestanden. Er wurde mit den sieben Gewichten der vollkommenen Zahl gewogen und nicht für zu leicht befunden, trotz aller Mühewaltungen hielt er allen Gewichten stand. Die Beweise hierfür finden sich nicht abstrakt irgendwo versteckt, sondern er zeigt sie durch absoluten Besitz, durch besondere Werte, durch eine Kraft, die jeden Besitzer befähigt, ein wirklicher Diener am Menschen zu sein, in der absoluten Bedeutung des Wortes. Und so finden sich die vier Rosen nicht mehr als Zeichen einer zielgerichteten Reise und des äußeren Beweises seiner Dienerschaft auf dem Hut. Er hat sie abgenommen und trägt sie nun **in der Hand**, denn er ist **"zur Tat bereit"**!

Auf diese Weise kann nun in der Person des Knaben und der Jungfrau der Heilige Geist, die Shekina, zu ihm kommen und die **Rosen der Tat** in Empfang nehmen. Als ein wahrhaft vollwertiger Kandidat ist er in den Hochzeitssaal eingetreten und wird als solcher willkommen geheißen. Jetzt kann der so begonnene alchemistische Prozess fortgesetzt werden.

In seiner neuen Eigenschaft hebt er nun an, mit zwei anderen Gerechten Recht zu sprechen. Er, der noch vor wenigen Minuten gebunden war, befindet sich nun in der Rolle eines Mitrichters und findet Gehör.

Auch die folgenden Textteile sind von erhabener Struktur. Was sich am Tag zuvor sozusagen als Filmnegativ zeigte, kann nun als positives, entwickeltes Bild erkannt werden. Jene, die gestern grölend, aufschneidend und mit schlechtem Betragen zu Tische saßen, werden nun, da ihnen vor der Bestrafung noch ein Mittagessen gegönnt ist (man denkt unwillkürlich an die "Henkersmahlzeit"), noch einmal zu Tische sitzen. Aber wie gewandelt sind sie nun, ist ihnen *"die Pfeife noch in die Tasche gerutscht"* (noch immer bewegen wir uns auch um den Inhalt des letzten Traumes herum).

Der erste Schleier ist den Probanden, die die Prüfung bestanden, jetzt von den Augen genommen. Sie können das "Personal", das ihnen gestern noch verborgen war, nun sehen, da *"das Glück der bestandenen Prüfung sie erhöht hatte"*. Und sie verstehen auch, die Mutlosen, die Verzweifelten zu trösten, die so gern ihr Urteil vernommen hätten, doch das Schweigegelübde bindet bereits ihre Zunge (und bei diesem Geschehen erinnern wir uns wieder des ersten Traumes, in dem der Befreite, kaum dass er gerettet wurde, sich im Radiationsfeld der Mutter schon an der Rettung der anderen beteiligte).

Es entspricht dies in allerfeinsten Nuancen dem **Initiationsritual**, das sich in allen wahrhaften Orden erhalten hat. In den heutigen Rosenkreuzer-Nachfolge-Orden findet sich jedoch nichts mehr, da sie ihr Wissen nicht aus dem Reichtum der Hinterlassenschaft des Autors der "Chymischen Hochzeit" beziehen, sondern vielfach blinde Nachbeter der Sieben-Strahlen-Lehre der Theosophen sind. Entsprechend sind auch die Interpretationen in Bezug auf die immer wiederkehrende Zahl 7, die sich doch in Wirklichkeit auf die inneren Strukturen des Menschen, auf seine sieben Chakras, die Lotosblüten und die sieben Körper bezieht. Welche andere siebenfache Verwandlung sollte ein Mensch sonst zu vollbringen haben? Es ist nicht die universelle Kette der Bruderschaft, die solches Werk vollbringt, wie dort behauptet wird. Der Mensch muss sich schon selbst auf jenen Weg machen, der ihn zur und mitten hinein in die "Chymische Hochzeit" führt (die Universelle Bruderschaft gibt nur Anstöße, aber sie verlässt den Vorhofraum nicht). Dann erst kann der Schüler in die Wirklichkeit der "höheren Sieben", in den "Vorhof von Shambhala" mit seinen sieben Gängen, die wir in ihrer Struktur bereits erfahren haben und die die Entwicklung von Welt und Menschheit in ihrer Ganzheit umschließen, eintreten - aber der Weg dorthin, nach JETZIRAH, ist äonenweit.

Euer Verständnis ist so weit geschult, dass ihr den Verlauf des restlichen dritten Tages mit Sicherheit weitestgehend alleine interpretieren könnt.

Näher betrachten wollen wir nun einige Szenen, um einen kleinen Schlüssel zur Öffnung eventuell noch verschlossener Türen mitzuliefern. Wir lesen auf Seite 145: "*Ich wünschte meinen Rang nicht zu verhehlen, auch wenn mir solches etwa (als) Ausdruck der Hoffart gedeutet wird, welche doch dem vierten Gewicht zuwider ist ...*" Was ist das "vierte Gewicht"? Das vierte Chakra = das Herzzentrum, der vierte Körper = der Mentalkörper. Beide sind unter dem Zeichen der "Hoffart", also des gemeinen Stolzes, nicht in der Lage, einen Menschen derart zu adeln, dass er zu solcher Hochzeit geladen würde.

Ein wenig einmischen möchte ich mich in die "Verlesung des zweiteiligen Patentes", Seite 146 ff. Dem "ersten Haufen" also wurde Folgendes vorgelesen: "*Sie sollen bekennen, dass sie falschen, erdichteten Büchern zu leichtfertig geglaubt, ihnen zuviel [sic] zugemessen [haben] und also in dies Schloss gekommen [sind], wozu sie doch niemals berufen worden seien. Es wäre wohl der größte Teil nur darauf aus gewesen, sich zu bereichern und danach desto prächtiger und herrlicher zu leben. So hätte einer den andern aufgestachelt und in solchen Spott und Schande versetzt, weshalb sie einer geziemenden Strafe wert wären."*

Dies illustriert das bereits Gesagte in solch aktueller Weise, dass man nur schwer zu glauben vermag, dass es sich um Erfahrungen des frühen 17. Jahrhunderts handelt. Auch die Fortsetzung dieser Darstellungen trägt sich in exakter Parallelität heutigentags so zu. Die Gerichte des Heiligtums müssen seit altersher auf diese Weise Tag für Tag ihr Urteil fällen. Und die Ausreden derer, die solcherart vor aller Augen bloßgestellt werden, ähneln sich seit jeher im Wortlaut. Aber die königliche Majestät ließ zu keiner Zeit mit sich handeln: *"Jene sollen sich ebenfalls auf den Tod einstellen, die mutwillig gehandelt und Unverständige gegen ihren Willen verführten. Desgleichen jene, die mit falschen Büchern die königliche Majestät verletzt haben, wie aus ihren eigenen Büchern und Schriften zu ersehen."*

Dass sich die Jungfrau nicht weichklopfen ließ von all dem erbärmlichen Klagen, Weinen und Flehen, Bitten und "Fußfallen", da das königliche Urteil verlesen ward, nimmt einen nicht wunder, da sie gewohnt ist, alle Menschen nach ihrem "wahren Gewand" zu beurteilen. Aber natürlich, die Hochzeit stimmt den Herrscher milde, er lässt "Gnade vor Recht" ergehen. "Herren" und "Machthaber" werden generell, ohne Ansehen auf ihre Schuld begnadigt, aber sie dürfen dem Fest nicht beiwohnen. Ferner werden sie aus dem "Orden verstoßen", was, genau betrachtet, fast eine schlimmere Strafe darstellt als die Vollstreckung eines Todesurteils, *"... dies sei aber ihrem Ruf nicht nachteilig, weil eben nicht alle alles haben können ...".* Und dass sie, die hohen Herren also *"... von bösen Leckern verführt wurden, soll an ihnen nicht ungerächt bleiben ...".*

Dann wird erläutert, wie mit diesen Schriften, von denen sich sogar etliche in hiesiger Bibliothek befinden, nun verfahren wird. Sie werden dem Feuer übergeben, ein Autodafé der besonderen Art.

Und nun geht es den anderen, die den Gewichten nicht standhielten, an den Kragen. *"Die anderen, die das erste, dritte und vierte Gewicht* (= Wurzel-, Solarpexus- und Herzchakra) *nicht bestanden, will ihre Majestät nicht so leicht von sich lassen, sie sollen* **nackt fortgeschickt** *werden." "Wer beim zweiten und fünften Gewicht* (Sakral- und Halschakra) *als zu leicht befunden wurde, soll* **zusätzlich mit Brandmalen** *gezeichnet werden." "Die beim sechsten und siebten Gewicht* (Stirn- und Scheitelchakra) *nicht bestanden haben, sollen* **etwas gnädiger behandelt** *werden ... - jeder bekam die ihm zugemessene Strafe." "Diejenigen, die sich gestern freiwillig ab* [meint "aus-"]*gesondert hatten, sollten* **ohne Vergeltung** *frei ausgehen." "Endlich sollten die überführten Landbetrüger, die kein Gewicht aufwiegen konnten, an Leib und Leben, teils mit Schwert, Strang, Waffen oder Ruten, gestraft werden, damit solches Exempel andern zur Vermahnung vollstreckt werde. An dieser Stelle brach unsere Jungfrau das Stäbchen* (GEBURAH)."

Ist nackt fortgeschickt zu werden ein nicht zu hartes Urteil? Wir wollen also versuchen zu verstehen, was dies bedeutet. Nicht nur, dass solch ein Mensch der Schande ausgeliefert ist, vor allem jene, die zusätzlich mit "Brandzeichen" versehen, also gebrandmarkt sind, gibt es in ihrer **Ätherhülle** nichts mehr, "das für sie spricht". **Sie müssen ganz von vorne beginnen.** Aber darin ist gleichzeitig die Güte des Urteils zu erkennen, denn **es ist alles aus ihnen herausgetilgt worden**, sie haben die Chance für einen absoluten Neubeginn. Die Gebrandmarkten tragen allerdings ein "Kainsmal" an sich, und es bedarf besonderer Anstrengungen, sich durch ein **reines Leben** von diesem Makel zu befreien. "Nackt sein" - hier ist nicht das "nackt vor Gott stehen", von dem die Bibel öfter berichtet, gemeint, denn dies ist ein Seinszustand (vor Gott sind alle gleich) und keine Strafe. Was haben wir uns also darunter vorzustellen? Der Mensch erwirbt sich, je nachdem, wie seine Lebenslinien verlaufen sind, verschiedene Eigenschaften, die in zweierlei Weise auf sein Leben *rück-wirken* - als **Erbe** und als **Karma**. So bildet die Gesamtheit seiner Möglichkeiten und Eigenschaften sein "Gewand". Dieses Gewand ist sehr kostbar, weil dessen Gewebe aus allen Leben, die im Mikrokosmos dieses Menschen je existierten, besteht. Dieses erworbene ätherische Gewand wurde in den "Schatzkammern der Weltenseele" (im Ätherreich) aufbewahrt und Leben um Leben in Farbe und Form verändert.

Sehen wir uns nun jene Menschen an, von denen uns am dritten Tag berichtet wird, die Unzählige, oft lange nach ihnen Geborene, verführten und ins seelische Unglück stürzten. **Solche Menschen verfügen über starke magnetische Kräfte**. Kaum einer, der sich solcher "charismatischer Sogwirkung" zu entziehen vermag. Man meint, ihr Gewand sei besonders reich und prächtig. Wer aber diese Kräfte und Möglichkeiten, die ihm immer wieder aufs Neue zuwachsen, nicht in der **einzig richtigen Weise** gebraucht, wird zur "tödlichen Gefahr" für seine Mitmenschen. Jeder, der über besondere Kenntnisse und Kräfte verfügt, kann, je nachdem, **wie** er von ihnen Gebrauch macht, ein Segen für die Menschheit sein oder eine tödliche Gefahr darstellen.

Nun kommt der Augenblick des Gerichts, der Rechtsprechung. Was wird geschehen? Wir haben schon gehört, dass Rechtsprechung aus Liebe niemals wirklich richtet, es richtet sich der Mensch selbst aufgrund seiner Vergangenheit, die als "ätherisches Kleid" an ihm haftet. Auf diese Weise wird der Mensch seiner ganzen karmischen Vergangenheit entledigt. Die Rosenkreuzer lehren hierzu: *"Eine wertvolle karmische Vergangenheit, verbunden mit einer für die Menschheit gefährlichen ich-zentralen Persönlichkeit ist eine nicht zu verantwortende Abnormität. Deshalb wird die Verbindung zwischen Karma und Persönlichkeit durch ein 'astrales Feuer' in Form solchen 'Gerichtsbeschlusses' am Solarplexus durchgebrannt, und so entsteht das Kainsmal. Die Persönlichkeit wird dann sich selbst, ihrer 'naturgeborenen Art und Auffassung' überlassen, wodurch sie kaum mehr Schaden anrichtet, jedenfalls nicht in größerem Ausmaß, als alle Menschen dies tun."*

Aber das so entfernte "karmische Gewand" wird nicht vernichtet - denn dies ist unmöglich -, sondern **neutralisiert**. Und so ist die Möglichkeit nicht ausgeschlossen, dass auch solch ein "Vagabund und Volksbetrüger" im gegebenen Augenblick sein **Geburtsrecht**, sein **Erbe** wieder zurückempfangen kann, wenn er sich dies durch **ununterbrochenen Dienst am Leben** erworben hat. Die Interpretation der Gefangenenzahlen wollen wir nicht weiter unter die Lupe nehmen, wenngleich sie ein köstliches Spiel des Autors darstellt. Aber für unsere Geschichte ist sie nicht von größerer Bedeutung. Vielleicht macht ihr euch auch selbst an die Lösung.

DIE SYMBOLTIERE DER "CHYMISCHEN HOCHZEIT"

Wir begeben uns in den "gesäuberten" Garten. Da erscheint nach fünf Minuten der Stille ein schönes, **schneeweißes EINHORN** mit einem **güldenen Halsband** samt etlichen Buchstaben darauf. Und es erweist dem Löwen, der unbeweglich auf dem Brunnen stand, sich zierlich in den Vorderfüßen neigend, seine Ehrerbietung. Worauf der Löwe das Schwert, das er in den Klauen mit sich führte, mitten entzweibrach. Und nun brüllt der Löwe so lange, bis die weiße Taube, im Schnabel einen Ölzweig bringend, auftaucht, der vom Löwen verschluckt wird und er darauf zufrieden wurde. Auch das Einhorn freut sich und geht in diesem Zustand wieder aus der friedvollen, ja bukolischen Szenerie. Viele Rätsel gibt diese Schilderung seit Jahrhunderten auf, und mancherlei Lösungen wurden angeboten.

Wir befinden uns noch immer im "astralen Feld" von GEBURAH, auch wenn das Gericht schon zu Ende ist, auf der (weiblichen) **Säule der Strenge.** Das **Einhorn** verkörpert das weibliche Prinzip einerseits, aber auch jenes des "ewigen Kampfes" zwischen den dualen Kräften Licht und Finsternis, Gut und Böse, Leib und Seele. Ferner sieht man in diesem Symbol das Gefäß, das mit dem

Mond verbunden ist wie der Löwe mit der Sonne - also ein zutiefst alchemistisches Symbol. Gleichzeitig wird durch das Einhorn auch das vollkommen Gute repräsentiert. Alleine durch diese Symbolerklärungen können wir die Szenerie schon besser verstehen. Sie war mit ein Grund, warum man die "Chymische Hochzeit" über Jahrhunderte als dumm, das Treiben der Alchemisten entlarvend und so weiter geringgeschätzt hat. Wenngleich heute vielfach schon ein inneres Wissen um die alchemistischen Symbole besteht, gibt es doch nur wenige, die sie auch wirklich auf die **alchemistische Hochzeit** zu übertragen verstehen.

Einhorn, Löwe und **Taube** sind seit jeher das ***Trigonum Igneum*** des klassischen Rosenkreuzes. Wenn dieses "**feurige Dreieck**" im Schüler brennt, wird er für würdig befunden, in den Einweihungstempel zu treten. Dann ist er für das **höhere Göttliche (TELESMA) Licht** geöffnet.

Im 4. Buch Moses wird berichtet: *"Die Kräfte Gottes sind wie die des Einhorns"*, und im Buch Hiob lesen wir: *"Wird das Einhorn dir dienen wollen, wird es übernachten an deiner Lagerstätte? Wirst du das Einhorn mit einem Strick an die Furchen binden? Soll es die Tiefen hinter dir eggen?"* Und im Psalm 29 wird gesungen: *"Die Stimme des Herrn bewegt den Libanon und Sirion wie ein junges Einhorn, denn die Stimme des Herrn sprüht in Feuerflammen."*

Also ist das Einhorn in der Überlieferung der alten Bibel das Symbol eines hohen spirituellen Ideals, nach dessen Erringung für jeden Menschen die Möglichkeit gegeben ist, die Fähigkeit des Verstandes in einer Art zu gebrauchen, mit der die geistige Welt erfahren werden kann. Und so erfahren wir solche Fähigkeit der Seele als die Imagination eines Einhorns, das sich vor dem Löwen neigt. Dass unser Einhorn schneeweiß ist und ein güldenes Band um den Hals trägt, weist auf den **durch den Geist gereinigten Willen** (nach der Urteilsvollstreckung) hin. Wenn der neue, lebensbestimmende Wille in uns wiedergeboren ist, sagt die Heilige Schrift: "... *das Einhorn wird an deiner Lagerstatt übernachten.*" Das ist *Gottes-Dienst* in seiner höchsten Form, in Form von Dienst am Menschen, was den ganzen Lebenszustand solch eines erneuerten Menschen umschließt. Der Wille ist ein mächtiges, loderndes Feuer, und ein Mensch, dessen Wille durch den Geist Gottes, die SHEKINA, entzündet ist, wird daher auch alles bewirken können, was er im Namen dieses All-Geist-Feuers beginnen will.

Auch in der Gralslegende begegnen wir dem Einhorn. In einer Erzählung, die Parzival durch Trevrizent zuteil wird, erfahren wir "... *vom Einhorn als einem Fabelwesen, das nur in Gegenwart einer Jungfrau besänftigt werden kann, in deren Schoß es sogleich einschläft. In seinem 'Hirngebein' trägt es einen Karfunkelstein, der sich unmittelbar unter seinem eigenen Horn gebildet hat ...*"

Wenn wir uns auf das Beispiel der Zirbeldrüse besinnen, von der wir schon sprachen, dann erfahren wir hier ein weiteres Mysterium der menschlichen Natur. Diese oben genannte Stelle bezeichnet nämlich den **Sitz der Zirbeldrüse**, die heute nur noch als Überbleibsel eines Organs existiert, das dem Menschen einmal den **"Sinn für das wahre Leben"** erschloss, das **wirkliche Dritte Auge**, das man heute nur noch in Darstellungen von Zyklopen findet - oder in Märchenfiguren. So ist das im Ätherleib existierende sechste Chakra, das Dritte Auge, gewissermaßen eine mythische Erinnerung an das verlorene Sinnesorgan, das die "sieben Gehirngänge", von denen wir im Shambhalatext schon sprachen, "illuminierten".

Wir hörten also, dass dieses von einem "normalen Menschen nicht einzufangende Fabelwesen" nur von einer "reinen Jungfrau" gezähmt werden kann. So gezähmt neigt es seinen Kopf sogar vor dem furchtbar brüllenden Löwen. Wir erfahren in diesem Bild, wie es möglich sein kann, dass **Kopf und Herz miteinander in**

Einklang zu bringen sind. Die Anteile des Bewusstseins, die sich nur als *"stoßiges, störrisches, ja wildes Verhalten"* zeigen, sind zunächst nicht bereit, auf das "Herz" zu hören und seine feinen Impulse wahrzunehmen. Darum muss sich der Löwe zunächst so abweisend verhalten. Erst wenn das Einhorn sich vor ihm in die Knie begibt, sich also zu äußerster Devotion bereitfindet, vermag das Bewusstsein mit neuen Kräften ausgestattet zu werden. **Nun kann die Kraft des Herzens aufblühen.**

Nun begegnen wir jener Geistesmacht, die sich in Gestalt der **TAUBE mit dem Ölzweig** zeigt. **Jetzt vermag das Herz sich mit dem Geist zu einen.** Der Löwe verschlingt den Ölzweig, das heißt, **dass die Seele des Bewusstseins nun zum Erwachen in die Geisteswelt bereit ist.** Wir nähern uns diesem Bild aber gleich noch einmal.

Der **LÖWE** begegnet uns auch als **Liebe Gottes**, die universell und allumfassend ist. Wer das Einhorn besitzt, sagen die Rosenkreuzer, wird selbstverständlich auch die Löwenkraft besitzen, denn Gott ist ja die Liebe. In der Alchemie ist der Löwe das Symbol für die "antreibende Energie" des Sulfurs (Schwefel) und somit verantwortlich für das **Gelingen des Großen Werkes**, des Transmutationsprozesses. Die Sulfur-(Löwen-)Kraft vermag das menschliche Begehren auf eine höhere Ebene zu verlagern. Wir sahen also das Einhorn auch als Symbol des in Gott entzündeten Willens, und wir erkennen im Symbol des Löwen, dass er diese umfassende Liebe nun in "hoher Konzentration" verdichtet.

Die Rosenkreuzer lehren, wenn ein Schüler also sich dem Einweihungstempel nähert, er nach all den astralen Bewegtheiten seiner Vergangenheit die Grenze überschreitet und in die **Stille des "Rosengartens"** eintritt, muss das Einhorn diesen Ort betreten und dem Löwen, dem Wächter des Brunnens, der das **Wasser des Lebens** bewahrt, seine Reverenz erweisen. Denn **Gottes Wille**

(CHOCKMAH) und **Liebe** (CHESED) sind das **Fundament** (JESOD) in diesem Garten der Seele.

Da das Einhorn hier erscheint, bricht der Löwe das Schwert in Stücke und lässt diese in den Brunnen fallen - im Lebensquell versinken - zum Beweis dafür, dass der Urteilsbrand von GEBURAH nun gewichen ist und die wahre Arbeit, die wirkliche Alchemie in der "unteren Triade" beginnen kann. Es steigt ein mächtiges Löwengebrüll empor wie ein Jubelschrei. Auf diesen Jubel hin erscheint die schneeweiße Taube mit dem Ölzweig im Schnabel - der Geist der Shekina, der Jordan-Geist. Indem der Löwe dieses Friedenspfand in sich aufnimmt, entsteht ein erneuertes, hellstrahlendes *Trigonum Igneum* - das **Feuer** (der Mann) verbindet sich mit dem **Licht** (der Frau), und die **Basis**, das **verbindende Element** ist die **Liebe**, die nun in erneuerter, vollendeter Kraft erstrahlt.

Dass sich in solchem Hof ein Brunnen befindet, wird niemanden in Verwunderung stürzen. Der **BRUNNEN** ist seit jeher das **Symbol der unaufhörlich sich offenbarenden göttlichen Kraft.** *"Ich bin das Alpha und das Omega und will den Durstigen laben aus dem Brunnen mit dem Wasser des Lebens."* Alle, die dafür geöffnet sind, können ihr "Haupt" und ihre "Hände" waschen. Und nach dem "Bad des Geistes" werden alle Kandidaten für das "Fest" ihrem eigenen Seinszustand überlassen, um den eigenen alchemistischen Prozess der Verwandlung im Inneren vollziehen zu können, sich zu einen mit Feuer und Licht, um die All-Liebe die solcher Hochzeit Sinn und Zweck ist, zu erfahren.

Wir wollen uns noch auf das Symbol des **PHOENIX** beziehen. Er steht immer für die **Überwindung des Todes**, triumphiert über die Vergänglichkeit. Der *lapis philosophorum*, der "Stein der Weisen", oder der "Gral" können den Vogel Phoenix zum Leben erwecken. Beide können auch Kranke heilen und ihrem Besitzer jeden Wunsch erfüllen und ihm immerwährendes Leben und ewige

Jugend gewähren. **Der Phoenix ist also die große Auferstehungskraft der Ewigkeit.** *"Sein Körper wandelt über den Ozean, während er den Kopf im Himmel trägt."* Solcher Körper, solche Kraft senkt sich ununterbrochen auf die Erde hinab, um Himmel und Erde miteinander zu verbinden, dargestellt auch als mächtige Leiter, auf der alle so lange auf- und niedersteigen, bis das "Große Werk" vollbracht ist und der letzte Sucher das große Licht gefunden hat - wir sind mit dieser Symbolik also zutiefst vertraut. Auch das Symbol eures Lehrers ist der Phoenix.

Der **ADLER** ist seit jeher das **Symbol des Elementes Luft**, was meint der **Geistseele** und des **Lebens.** Es vertritt die **Lebens- und Willenskraft.**

Auch das **PENTAGRAMM** ist, wie das Symbol des Adlers, ein Synonym für die **Geistseele,** und so ergibt sich die Verbindung zwischen ihm und dem Adler. Der **ADLER**, in unserer Geschichte anwesend in den "Schatzkammern des Heils", symbolisiert dort die Lebenssubstanz, die jeder Kandidat hier nötig hat, um in den "universellen Körper" eingeschmolzen werden zu können (wir finden dieses Symbol auch Johannes, dem vierten Evangelisten, zugeordnet).

Der **GREIF**, den C. R. ebenfalls in der königlichen Schatzkammer sah, ist eine Synthese aus Adler und Löwe, mit spitzen Ohren und einem langen, sich schlängelnden Schwanz. Immer ist er der **Bewacher des Goldes**, der "Schatzmeister", und wird in allen Kulturen der **Sonne** geweiht. Wenn man sich gegen Osten, dem Sonnenaufgang zuwendet, muss man erst am "Schatzmeister", dem Greif vorbei, als dem *"Beschützer des Lichtes, das noch niemals auf dem Lande oder dem Meere geschienen hat"*. Diese beschirmende Kraft ist also "Adler mit dem Adler" und "Löwe mit dem Löwen" und feurig wie die Sonne (Gott).

Der **FALKE** ist seit jeher das **Symbol des Sterblichen, verbunden mit dem Unsterblichen.** Er erklärt uns das wesentliche Ziel des Menschen. Hier im Einweihungstempel, in dem sich der Geist offenbart, wird alles Niedere in Höheres verwandelt, wird das Sterbliche vom Unsterblichen verschlungen.

Wir wollen uns nun noch der **BIBLIOTHEK** in der Gruft des Schlosses zuwenden, in die C. R. von seinem Knaben geführt wird. Sie ist der **heilige Buchstabe, das lebendige Feld des Geistes** im unterirdischen Brennpunkt der "Spiegelsphäre", denn der Tempel, das Schloss, ist ja seinerseits nur ein Symbol für den **wahren Tempel als Wohnort des Höchsten.** Es handelt sich bei den dortigen Buchschätzen um solche, wie sie "vor der Reformation" bestanden, und C. R. vermeldet nun, dass viele von ihnen - mit den Portraits ihrer Verfasser - verbrannt werden müssten, "*... damit auch ihr Gedächtnis für jeden rechten Menschen ausgetilgt werde*".

Alle Bücher erzeugen ein "astrales Feld", da jedes Wesen vom Geist dessen belebt wird, der in seinem Körper wohnt. Die "lebendige Seele" wird niemals eine persönliche Projektion erzeugen, es ist also nur der Geist, der in solcher Projektionsebene solch ein astrales Feld erschafft. Das Bild, das entsteht, wenn ein Autor an seinem Buch schreibt, entsteht naturgesetzmäßig, weil die astrale Projektion und ihr Schöpfer immer eins sind. Im Gebäude des "lebendigen Seelenzustandes" bleibt dann nur die Projektion zurück, während das Bild seines Schöpfers sich darin "auflöst". Um aber in der Spiegelsphäre gänzlich aufgelöst zu werden, damit nicht einmal mehr die Erinnerung erhalten bleibt, was heißt, dass der Mensch diese Ebene der "Maya" verlässt und sich seinem wahren Seinszustand nähert, bedarf es des Feuerbrandes, denn das Feuer ist die umwandelnde, erneuernde Kraft.

Es erstaunt zunächst, dass uns von so wunderbaren Büchern berichtet wird, "*... wie sie vor der Reformierung bestanden haben ...*", und der

Autor ihrer noch heute *"mit so großer Freude"* gedenkt. Dabei handelt es sich nicht um das Gedankengut der katholischen Kirche, sondern um die "Bücher der Ewigkeit", die heiligen Bücher.

Warum aber müssen sie verbrannt werden mitsamt der Portraits ihrer Autoren? Darin verbirgt sich ein großes, alchemistisches Mysterium! Wer die Inhalte solchen Weistums nicht durch den inneren Feuerbrand in sich transformiert, wird das Wissen immer nur aus den Buchstaben zu entschlüsseln trachten. Nur indem Autor und Inhalt durch das Feuer der Reinigung geläutert wurden, kann der "wahre Inhalt" erkannt werden. Der Autor geht ebenfalls durch diese Metamorphose, er verschwindet hinter seinem Werk und wird ebenfalls im Feuer geläutert. Wenn es sich also um heilige Bücher handelt, kann solcher Autor nur der göttliche Geist (siehe oben) sein. Nur indem man sich aus der Spiegelsphäre entfernt, die Projektionsebene verlässt - und Gott nicht mehr an diese Ebene bindet -, vermag man in die Erkenntnis seiner wahren Natur zu gelangen. Alchemie ist immer das Werk solcher Läuterung durch das Feuer.

Auch die Geschichte des GLOBUS, die sich hier anschließt, gehört in diesen Bereich, ebenso die Erwähnung der Besichtigungsobjekte, von denen uns noch berichtet wird, die Grabstätten, Monumente, das schöne Brunnenwerk, die Gesteinssammlung, auch allerlei Kunstwerkstätten, das kostbare Uhrwerk, das den Mittelpunkt eines Turmes bildete. *"Daran"*, schreibt der Autor, *"konnte ich leicht erkennen, woran es unseren Künstlern fehlt, wiewohl es nicht meines Amtes ist, sie zu informieren."* Ja, das sind wunderbare Kunstgriffe. Es werden die Kraftquellen im Inneren eines jeden Menschen beschrieben, die nur, wenn sie in Übereinstimmung mit "oben" und "unten", also mit der Quelle (der Inspiration) sind, zu wahrem Künstlertum führen. Offensichtlich war auch schon zur damaligen Zeit der Niedergang der Kunst zu beklagen.

Um den ewigen Kreislauf in Gang zu halten, sind alle Werkstätten, in denen der Mensch *"geschliffen, gehobelt und poliert"* wird, auf einen Mittelpunkt hin orientiert, der uns hier als *"kostbares Uhrwerk"* begegnet. Es ist dies der zentrale Mittelpunkt des All-Geistes, der dieses Uhrwerk instand hält.

Wer daher ein "wahrer Alchemist" ist, der das Läuterungswerk am eigenen Selbst vollbringt und durch den "Feuerbrand" gegangen ist, wird auch ununterbrochen teilhaben an den "anderen Schätzen des Lebens", den Brunnen, die immerwährend fließen, den Steinschätzen der Gruben. Wenn solch ein Brunnen und eine Grube einmal gegraben sind, fließt der Gnadenstrom in Ewigkeit.

Der **Globus** schließlich ist die Projektion in der Projektion, die den Menschen zeigt in der ewigen Finsternis seiner irdischen Gefangenschaft, ihm aber zugleich die Möglichkeit zum "(Wieder-)Austritt" aufzeigt.

Die gesamte, den Menschen umgebende Natur projiziert sich als ein **Globus im astralen Feld**. Ununterbrochen starren die Menschen auf diesen Globus, studieren ihn, missbrauchen ihn und würden, so sie es vermöchten, sogar seine Laufbahn verändern. Das wahre Vaterland des Menschen ist hier nur eine Projektion, in Wirklichkeit aber von "güldenen Ringlein" umgeben und in reinstem Gold auf dem "wahren Globus", der einzigen Heimat des Menschen, eingezeichnet. Auch C. R. ist noch sehr in die "äußere Welt" mit ihren Schönheiten *"vergafft"* und wird deswegen von der Jungfrau später geneckt.

Es ist eben ein unendlich langsam vor sich gehender Prozess, bis der Mensch lernt, sich von äußerer Schönheit, die ja doch nur eine Projektion der inneren Schönheit darstellt, zu lösen und den Blick tatsächlich nach innen zu wenden. Diese Blickrichtung eines Suchenden, der in einem Stufenweg in sieben Tagen (Osterwoche) eine wundersame Reihe von lebenswendenden Prüfungen durchzumachen hat, wird letztlich dessen ganzes Wesen verwandeln und ihn zu jener Erleuchtung führen, die wir im Bild der "Teilnahme an der Chymischen Hochzeit" in dieser Geschichte finden.

So wollen wir uns abschließend nur noch dem vielleicht am schwersten zu verstehenden **Mysterium der drei Könige** am vierten Tag zuwenden und einige erhellende Zutaten einstreuen, um das seltsame Geschehen ein wenig zu beleuchten. Wir erfahren also von drei Königen, die, ein jeder mit seiner Königin an der Seite, auf ihren Thronen sitzen. Und nun wird deren Enthauptung geschildert, der alle Geladenen gezwungen sind beizuwohnen und die davon ins innerste Mark erschüttert werden. Aber noch ehe die Hinrichtung vollzogen wird, müssen die anwesenden Gäste ein Treuegelübde leisten – und zwar für jene, die unmittelbar darauf enthauptet werden. Wie können wir dies verstehen? Sie sollen und müssen begreifen, dass es von ihnen allein abhängen wird, ob aus dem Tod neues Leben zu entstehen vermag. So sprach die Jungfrau: *"Ihr Leben steht nun in euren Händen. Wenn ihr mir folgt, wird ihr Tod noch viele lebendig machen!"*

Nach weitreichenden Prozeduren, die unter der Leitung der "Jungfrau Alchimia" vorgenommen werden, vermag der Vogel Phoenix aus dem Ei nun zum Leben erweckt zu werden. Er entfaltet sich und findet sich alsbald zur Opferung bereit. Nun dient seine Asche der Herstellung eines Teiges, aus dem das "neue Leben" in Form eines jungen Königspaares geformt wird. Das Opferblut des Phoenixherzens, das man ihnen tropfenweise einflößt, regt die *"engelschönen Gestalten"*, die uns zuerst in *"embryonaler Zartheit"* begegnen, alsbald zu herrlichstem Wachstum an. Dabei erinnern wir uns des oben erwähnten Symbols des Phoenix, womit wir diese Darstellungen nun vollends begreifen können.

Die Rosenkreuzer sagen, dass ERKENNEN nur ein HANDELN AUS DEM GEIST ist. So kann jede Opferhandlung nur dann zum erwünschten Ziel führen, wenn stetig das HERZBLUT hingegeben wird. Und so vermögt ihr nun auch den Rest der Geschichte als heiligsten, alchemistischen Prozess wenigstens im Groben zu verstehen.

MIKROKOSMOS – MAKROKOSMOS

Wiewohl ich weiß, dass naturgemäß viele Fragen offen bleiben müssen, sollte aber jeder von euch nun doch so hervorragend gerüstet sein, um aus den umfangreichen Textmaterialien und aus weiterführender Literatur die benötigten Antworten zu erhalten. Der heutige Text soll die bisherigen Erfahrungen abrunden. Vielleicht werden wir uns zu einem späteren Zeitpunkt noch eingehender mit Kabbala und Alchemie befassen. Es sind mir diese bedeutendsten Zweige der okkulten Wissenschaft aus vielen Gründen seit jeher - und ganz besonders in diesen Zeiten - ein Herzensanliegen.

Die materialistische Weltanschauung, die auf erkenntnistheoretischen Grundlagen aufbaut, hat zwei besorgniserregende Faktoren zu verantworten. Da ist einmal der technomanische und technokratische Rausch, der alle "am falschen Ende" erfasst hat und mit dem die Menschen offenbar ihr eigenes Ende in Szene zu setzen gedenken. Und da ist andererseits das, was aus einer "Gegenbewegung" zu obigem Phänomen hervorgegangen ist, sich im Gebrauch der verfügbaren Werkzeuge aber geirrt hat und nun auf Halbwahrheiten wie auf einer glühenden Offenbarung sitzt und nicht mehr weiß, wozu die aufgefundenen Werkzeuge wirklich taugen. So war es mein Anliegen, euch zu lehren, mit diesen Werkzeugen sinnvoll umzugehen. (Saint Germain meint hier nicht nur diese Kabbalaschulung, die ja nur ein Teil, wenn auch ein gewichtiger, unserer Schulungen war.)

Solange die Wissenschaft glaubt, dass das LEBEN ein unter Laborbedingungen nachvollziehbarer, chemophysikalischer Vorgang ist, den man auch mit Genmutation/-manipulation über das vom Schöpfer vorgegebene Maß hinaus gewinnbringend "vermarkten" kann, muss es nicht wundernehmen, dass Krankheiten des Gemütes und des Gehirns sowie rasante, global zu beobachtende Verschlechterungen des Immunsystems, also der inneren Abwehr, bei Mensch und Tier solchen "Wahnsinn" auch "öffentlich" illustrieren (in den Neunzigerjahren war der sogenannte "Rinderwahnsinn" ein öffentliches Thema). Solange Leben als "ein sich selbst erneuerndes Kapital" betrachtet wird, wird die Natur unbarmherzig zurückschlagen.

Damit der Mensch aber wieder fähig wird, in das Wesen der makrokosmischen Natur einzudringen, benötigt er klare Sinne. Er muss wieder die Natur beobachten lernen und darf diese Beobachtungen nicht durch einfache, sinnentleerte Übertragungen, Wunschdenken, Abstraktionen oder blinde Fantasien trüben. Jedoch braucht jede Wahrnehmung - die innere wie die äußere - Begriffe, Worte und Bilder, die die Träger des Gedankens sein können und durch die solche Gedanken mitteilbar werden. Der Mensch ist fähig, "rein" wahrzunehmen, aber zum Mitnehmen solcher Wahrnehmung muss er ein treffendes Sinnbild wählen. So lehrt die Alchimie: *"Der Wein des klaren Geistes braucht Schläuche, Fässer und Flaschen."* Diese Hüllen und Umkleidungen werden durch die mythologischen Strukturen und durch die Sprache selbst gegeben, die aus den jahrtausendealten Kulturen geformt wurde. Märchenbilder, Sagen und alchemistische Allegorien können also die Träger des Verständnisses exakt erkannter Naturvorgänge sein. Das wunderbarste Beispiel hierfür finden wir in der "Chymischen Hochzeit des Christian Rosenkreuz".

Es muss diese allegorische Sprache mit ihren Metaphern und ihrer eigenen Grammatik aber beherrscht werden, damit sie jedermann verstehen kann. Und so finden wir überall eine reiche Bilderwelt. Die alten Völker, wie Asen, Germanen, Griechen, Inder und so weiter, kleideten ihr großes Naturverständnis in Sagenmotive und Götternamen und in deren aus der Natur übertragenes Wirken. Der Mensch der technischen Neuzeit aber verfügt nicht mehr über eine umfassende Bildung, und so kennt er zwar Microchips und Bytes, ist aber nicht mehr in der Lage, die Dichtung Goethes in ihrer Tiefe zu verstehen, der sich so sehr der Bilderwelt der alten Griechen bediente, um sein eigenes umfassendes Naturverständnis zu illustrieren. Wer von euch vermag sich unter Oberon, Daphne, Epaphos und Circe oder Schwager Kronos etwas Konkretes, das auch in seinem eigenen Leben wirkt, vorzustellen?

Macht es etwas aus, **wie** man Phänomene deutet? Oh ja, denn so wie man eine Sache **betrachtet** und **begreift**, so wird man sie auch **behandeln**. Nehmen wir hierfür ein konkretes Beispiel: Man kann Behinderte, wie heute üblich, als Fehlprodukte der Natur, als deren Entgleisungen ansehen und sie entsprechend behandeln. Oder man erkennt sie als Kinder Gottes, die zum Beispiel Schwierigkeiten hatten, sich in dieser Welt vollkommen, vollständig zu inkarnieren.

Eine imaginative Anschauung vermag bessere Bilder zu erzeugen, die der komplexen Realität mit ihren unzähligen Verwandlungen eher gerecht wird. Denn Bilder können mit Ganzheiten besser fertig werden als das mathematische und diskursive Denken. Bilder und Imaginationen repräsentieren tatsächlich vorhandene, übersinnliche Sachverhalte. Modern ausgedrückt würde man sagen, sie machen auf Parameter aufmerksam, die außerhalb unseres konzeptuellen Systems liegen.

Und so wird die Menschheit sich allmählich bewusst werden **müssen**, dass die Ansichten der materialistischen Wissenschaft “teuflische” Eingebungen sind, die nicht nur die Seele, sondern alles Lebendige außer Acht lassen. Kabbala und Alchemie liefern solche Parameter, die die moderne Denkart nicht ausschalten, aber Brücken von hier nach dort zu bauen vermögen. Und wenn Goethe mit seiner anschauenden Urteilskraft manche “Naturrätsel” zu lösen vermochte, wie sollte der Mensch der heutigen Computerzeit mit seinen erweiterten Möglichkeiten nicht ebenso - und noch weit mehr - dazu befähigt sein? Mag er doch seine Microchips und Bytes hierfür als Werkzeug einsetzen.

Meister Goethe hat drei Begriffe eingeführt, die das Wesen des Lebendigen auszeichnen und es vom toten Mechanismus unterscheidbar machen:

1. Die POLARITÄT als dauerndes Wechselspiel von Ausdehnen und Zusammenziehen. Wir erkennen darin mit geschultem Sinn die Ausdruckskraft von YIN und YANG.

2. Die METAMORPHOSE - alles verwandelt sich und “metamorphosiert” von einem unsichtbaren Inneren heraus.

3. Die STEIGERUNG: Je mehr sich in einem System befindet, umso mehr Leben kann es tragen und erzeugen. Jeder Organismus wird von sich gegenseitig steigernden Lebenskreisläufen und Geselligkeiten, also Symbiosen, und nicht von sich abbauenden Konkurrenzen gekennzeichnet.

Nun muss man sich eine **anschauende Urteilskraft** erwerben, mit der solche Erscheinungen auch verstanden werden. Es ist dies eine Art von Hellsehen, die es dem Menschen nun erlaubt, mit dem ganzen Wesen und nicht nur mit den äußeren Symptomen zu arbeiten, zu kommunizieren. Bei jeder “Erscheinung” muss sofort die dazugehörige Polarität erkannt werden, auch wenn diese nicht sofort sichtbar ist. Man muss die Stufen der Metamorphose kennen, damit man weiß, wie Leben sich entwickeln kann. In seinem Inneren muss der Mensch also jeden Schritt, den Leben im Makrokosmos vollzieht, mit vollziehen. Er muss dabei immer die **Ganzheit** im Auge behalten. Und er muss die Polaritäten zu steigern wissen, um sein eigenes Leben zu einer immer vollkommeneren Lebendigkeit zu führen.

Und dort nun knüpfen wir noch einmal an ein Thema an, das wir bereits in einem früheren Text beleuchteten. In den alten statischen Kastengesellschaften, wie man sie in Indien (leider noch immer) und auch im alten Europa hatte, nahm man den ewigen Kreislauf des Wechsels und der Verwandlungen (Polarität und Metamorphose) wahr, aber der Gedanke einer Entwicklung, einer Evolution des Lebens stand weniger im Vordergrund. Man richtete das Augenmerk auf die ewigen Urbilder und weniger auf die Unbeständigkeit der weltlichen Dinge, in denen sich diese Urbilder manifestieren.

Nach den Überlieferungen dieser Kulturen ist die Welt die Schöpfung der Götter, die zuerst den **Makrokosmos** als androgynen UR-ADAM (ADAM KADMON, YMIR, PURUSHA oder GAYOMARD) schufen und dann im zweiten Schöpfungsakt den "kleinen Menschen", den zweigeschlechtlichen **Mikrokosmos** hervorbrachten.

Die biblischen Offenbarungen verblassten zunehmend und erstarrten im Laufe der Jahrtausende zu einer Karikatur, die im 19. Jahrhundert niemand mehr so recht glauben wollte. Und man begann, die "vernünftige" materialistische Wissenschaft der Materie, also den unbelebten Stoff, als Grundlage und Ursprung darzustellen. Die neuen "Hohepriester" solchen Glaubens erklärten mit Ernst und Würde, dass sich Leben, Seele und Bewusstsein aus der molekularen Komplexität der Materie entwickelt haben. Schon Darwin beschreibt diesen Weg der Materie vom leblosen Zustand bis zur heutigen

Entwicklung detailliert, und dieses materialistische Gedankengut hat seine Gültigkeit bis heute in den Hochschulen bewahrt und ist den wirtschaftlichen Zielen der Gesellschaft angemessen, angepasst. Und so erlaubt es eine rücksichtslose Ausbeutung allen Lebens, wie Massentierhaltung, Mechanisierung, Genmanipulation, Giftanwendung nie gekanntes Ausmaßes, Versalzung ehedem lebendigen Bodens, Entfremdung des Menschen von seiner *BeRUFung*.

Nun traten die theosophischen Esoteriker, wie Frau Blavatzky, Franz Hartmann und wenig später Rudolf Steiner als Antwort auf solchen Materialismus auf den Plan. Sie haben noch zu Zeiten Darwins den Versuch unternommen, den evolutionären Vorgang umzukehren. Sie wollten aufzeigen, dass die **Materie** ein **Endprodukt des Lebens** ist und diese wiederum als **Schöpfung des Geistes** zu verstehen sei. Sie versuchten dies anhand einer vierstufigen, absteigenden Entwicklung darzustellen, die von den geistigen Archetypen über die Weltenseele in die Lebenskräfte und schließlich in die sichtbar manifestierte Materie verläuft. Die Serien von Impulsationen, in denen sich diese Entwicklungen zwischen Wirken und Ruhepausen vollziehen, nannte man in Anlehnung an altes indisches Wissen "Tage und Nächte Brahmans". Es sind diese Begriffe und Bilder aber unendlich viel kostbarer und komplexer, da nicht seltsam verwässert, im Ursprung selbst, also in den alten indischen Schriften nachzuvollziehen.

Rudolf Steiner ging dann noch sehr viel weiter in die Bewusstseinsvorgänge hinein, denen er seinen persönlichen Stempel aufdrückte und sich damit noch weiter als die Theosophen vom Weistum der Kulturvölker entfernte. Nicht zu leugnen ist der profunde Einfluss der Anthroposophie auf die Forschungsresultate des biologisch-dynamischen Anbaus, der bis heute nachwirkt und einem neuen Denken Raum schuf. Die autokratischen Strukturen seines Denkens aber sind ebenso abzulehnen wie die zum Teil abenteuerlichen Auslegungen der alchemistischen Vorgänge, die zu vertiefen seine ehrenwerte Absicht war, die er aber durch seine Persönlichkeitsstruktur in Verruf brachte. Niemand, der an echter Alchemie interessiert ist, wird sich heute noch in den hölzernen Darstellungen Steiners zurechtfinden können.

So gesehen war und ist es erfreulich, dass solch charismatische Persönlichkeiten dem Denken und Treiben Darwins und seiner Nachfolger Grenzen setzten. Leider aber sind diese charismatischen Persönlichkeiten an ihrem eigenen Charisma gescheitert. So ist zu hoffen, dass die neuen Generationen nur noch die hinterlassenen Materialien, nicht aber die Anleitungen zu deren alchemistischer Umwandlung von den theosophischen und anthroposophischen Ahnvätern übernehmen.

Was aber können wir daraus lernen? Jeder sich inkarnierende Mensch macht alle Stufen der endlos langen Evolution noch einmal durch, vom Embryo im Meer des Mutterschoßes, zum Säugling, zum Kind und Jugendlichen. Dann ist er physisch erwachsen. Die ätherischen Kräfte, die ihm dies ermöglichten, ihn also aufrichteten, ihn wachsen und sich bewegen ließen, sind nun freigesetzt, um bewusst dem Geist zu dienen. Dieser Geist drückt sich in **Wort** und **Gesang** aus. Erst der Mensch kann durch sein Wort sein Verhältnis zur Welt, zum Makrokosmos, objektivieren. Er kann Abstand nehmen, aber sich auch verirren. Er kann einer höheren Bestimmung dienen als nur dem Essen, Schlafen, Zeugen und Sicherhalten. Er kann also seine weitere Entwicklung und die Zukunft der Erde selbst bestimmen. Dies alles vermag er trotz seiner Schwächen. Die blinde und taube Helen Keller konnte Dank des innewohnenden Geistes Tausenden von behinderten Menschen zum Vorbild, zur Trösterin werden. Beethoven konnte einen Großteil seiner Werke den Göttern abringen, obwohl er völlig taub war. Und im Gegensatz dazu ist ein stummes oder blindes Tier ein armes Wesen, weil ihm das Licht noch nicht von innen leuchtet. Deshalb verlässt es den Leib, um in die Arme des Makrokosmos zurückzukehren, wo sein Geist übersinnlich bei der Großen Seele in der Ebene der Heiligen lebt.

So ist die **Evolution** etwas ganz anderes, als Darwin sie darstellte. Sie ist die **Herausgestaltung des Mikrokosmos aus dem Makrokosmos.** Die Tierbrüder des Menschen haben diesen bis zu einem gewissen Punkt begleitet, bleiben aber dem himmlischen Vater und der Erdmutter treu. Insoweit sie zu Haustieren werden, wird der Mensch ihnen Vater und Mutter. Diesen Perspektiven muss der Mensch sich, so er Evolution wirklich verstehen will, bewusst sein, um ihnen auch gerecht zu werden.

MIKROKOSMOS und MAKROKOSMOS - diese beiden Begriffe vermögen wir oberflächlich nun vielleicht zu verstehen. Wenn wir die alten vergilbten Schriften der Alchemisten und Rosenkreuzer ein wenig durchblättern, tritt uns eine gar eigentümliche Welt vor Augen. Da wird die große Natur mit Wäldern, Tieren, Meeren, Winden, Wolken und dem gestirnten Himmel als riesengroßer Mensch gedacht. Dieser Riesenmensch hat einen von magischen Kräften durchdrungenen Leib, den wir als die sichtbare Natur wahrnehmen. Aber, so berichten die Manuskripte weiter, er hat auch eine Seele, die *anima mundi*, die Weltenseele, die die Weisungen des Weltengeistes, der hinter dem sichtbaren Sternenzelt wohnt, fühlend, also empfindend entgegennimmt und ihnen in unzähligen Formen und Gestalten Ausdruck verleiht. Dieser Riesenmensch wurde mit vielen Namen belegt, wovon Makrokosmos der geläufigste ist. Der Mensch wird nun dieser ältesten Philosophie zufolge als ein getreues Spiegelbild des Makrokosmos angesehen - im kleinen Format, der Mensch als "Salzextrakt", der sämtliche Teile und jegliches Element des Großen in sich hat. So hat der Mikrokosmos ebenfalls einen kräftedurchwirkten Leib, eine wahrnehmende, fühlende Seele und einen ordnenden, individuellen Geist, der seinem Wollen und Erkennen zugrunde liegt.

Dieser Mensch nun arbeitet mit den irdischen Kräften, den Erdkräften zusammen und erkennt auf diese Weise das Götterwirken auf der Erde - wie oben, so unten. So möchte ich euch ermuntern, die *Tabula Smaragdina* mit einem neuen oder gewandelten Verständnis zu lesen:

TABULA SMARAGDINA
(des Hermes Trismesgistos, aus dem Französischen
nach der Übersetzung von Omraam Mikhael Aivanhov)

Und so wird alle Finsternis von dir weichen:
Es ist wahr, ohne Lüge und wirklich,
was oben ist, ist wie das, was unten ist,
fähig die Wunder des Einen auszuführen.

Und wie die Dinge aus Einem gekommen sind,
nämlich durch das Denken des Einen,
so werden auch alle Dinge aus diesem Einen
durch Annehmen geboren:

Die Sonne ist sein Vater, der Mond seine Mutter.
Der Wind hat es in seinem Leibe getragen,
die Erde ist seine Amme.
Dies ist der Vater aller Vollkommenheit und Wunder
in dieser und der anderen Welt.
Seine Stärke und Macht sind unbeschränkt,
wenn sie in Erde verwandelt werden.

Du wirst die Erde vom Feuer, das Zarte vom Groben
trennen,
sanft und sorgfältig.

Es steigt von der Erde zum Himmel hinauf
und steigt wieder herab auf die Erde,
um die Macht der höheren und niederen Wesen zu
empfangen.

Du wirst durch dieses Mittel allen Ruhm der Welt besitzen,
und alle Dunkelheit wird von dir weichen.
Bei Ihm ist die Kraft – TELESMA –,
die stärkste aller Kräfte;
die Kraft hinter der Kraft.
Denn es wird jedes feine Ding überwinden
und in jedes feste Ding eindringen.

So wurde die Welt geschaffen.
Aus diesem werden entstehen und hervorgehen
wunderbare Anwendungen,
zu denen die Mittel hier gegeben sind.
Darum werde ich, Hermes Trismesgistos,
der dreimal Mächtige genannt,
denn ich bin im Besitze der drei Teile
der Philosophie der Welt.
Und was ich über das Wirken der Sonne gesagt habe,
hat sich erfüllt.

Um nun all sein Wirken, sein Eingebundensein in den großen Kreislauf verstehen zu können, schaut er hinauf zum gestirnten Himmel. Auf diese Weise entstand der Tierkreis. Es handelt sich hierbei um einen Ring von Fixsternen, an denen die Planeten, die Sonne und der Mond in ihren Kreisläufen vorbeiziehen. Schon in babylonischer Zeit wurde dieser Ring in zwölf verschiedene Regionen unterteilt, die jeweils einer Körperstelle des Menschen entsprachen. Es war dies der große kosmische Mensch, der Meganthropus, dessen Abbild der Mikrokosmos, der kleine Mensch auf Erden ist. Vom Tierkreiszeichen des Widders zum Beispiel empfand man die herunterströmenden Kopfkräfte, vom Stier Halskräfte, von den Zwillingen Schulter- und Armkräfte und so weiter durch den ganzen Tierkreis, bis man zum Zeichen der Fische kam, von denen die Fußkräfte des Meganthropus herunterstrahlten. Durch den Tierkreis also wirken die Urbilder auf die Erde herab. Diese Kräfte und Urbilder werden aber jeweils verändert, verstärkt oder geschwächt, wenn sich ein Planet in einem Zeichen befindet. So kann man sagen, dass ein Mars, der vom Skorpion her leuchtet, weniger Gutes verheißt, als wenn er von der Jungfrau her leuchtet. Eine Sonne im Löwen (August) ist eine heißere, stärkere Sonne, als wenn sie matt von der Richtung des Steinbocks oder Wassermanns her leuchtet. Ein Vollmond im Stier hat eine ganz andere Qualität als einer in den Fischen.

Daraus wurden viele Regeln, die sich vornehmlich auf die Mondphasen bezogen, abgeleitet, mit denen man sogar die nähere Zukunft deuten konnte. Diese bunte "Volkswissenschaft" wurde nach Erfindung der Buchdruckerkunst von großen Eingeweihten wie Paracelsus, Agrippa von Nettesheim oder Trithemius mit neuplatonischem und kabbalistischem Gedankengut kombiniert und systematisiert und damit einer größeren Allgemeinheit zugänglich gemacht. Astrologie aber ist ohne das Wissen um die **vier Elemente** ungenügend. Schon in der vorsokratischen Tradition im alten Griechenland finden wir die Auffassung, dass die Schöpfung aus vier Elementen, dem Feuer, der Luft, dem Wasser und der Erde, zusammengesetzt ist. Diese alte Elementenlehre wirkt recht primitiv im Vergleich mit den über hundert Elementen, mit der die moderne Chemie heute arbeitet. Man lasse sich jedoch nicht täuschen, denn was man früher "Element" oder "Grundstoff" nannte, bedeutet etwas ganz anderes als das, was man heute mit diesem Wort bezeichnet.

Aristoteles formulierte dies folgendermaßen: *"Aller Urgrund der Dinge ist das Chaos, der verwirrte, durchmischte Urstoff, der als*

Möglichkeit aber alle Formen in sich trägt." Diese Formen haben demnach **potenzielles Sein**. Nur wenn sie vom Kosmos, von den dort waltenden und ordnenden Kräften durchdrungen werden, können sie in Erscheinung treten und sich in vier Grundqualitäten manifestieren - in den vier Elementen. Kosmos wie Chaos können nicht als solche in Erscheinung treten, sie lassen sich nur in Form von verschiedenen Mischungen erkennen. Somit können alle Erscheinungen auf feurige, luftige, wässrige oder irdische Grundformen reduziert werden. Die Erscheinungen aber sind nicht nur bloße Zusammensetzungen, sondern innig vermischte Kombinationen, die sich ständig ineinander verwandeln können und nie in reiner Form, sondern nur in irgendeiner Vermischung zu erleben sind.

Jedes Element hat zwei Haupteigenschaften, die sich mit den anderen Elementen verbinden. Das Feuer ist trocken und heiß. Die Erde ist auch trocken, aber kalt. Trocken bedeutet so viel wie nicht klebrig oder haftend, im Gegensatz zum Wasser, das benetzt, oder die Luft, die auch an allem haftet. Das Wasser ist kalt wie die Erde, aber feucht, und die Luft ist trocken und heiß. Die Elemente Feuer und Wasser sowie Luft und Erde bilden also Gegensatzpaare und stehen in dialektischer Beziehung, die durch die Mittelpaare aufgelöst und vermittelt wird. All diese Begriffe finden sich in der *Tabula Smaragdina*. Erde und Wasser sind die schweren, passiven Elemente, Luft und Feuer die leichten, beweglichen und aktiven Elemente. Feuer, das leichteste Element, bildet schon eine Übergangsstufe zur unsichtbaren, geistigen Welt, die "feurig" beschrieben wird (und natürlich auch ist), und wirkt verwandelnd, läuternd, transformierend und transmutierend auf die anderen Elemente. Alles, was heiß, bunt, schnell und belebt wirkt, lässt das Feuerelement in sich erkennen. Im Gegensatz dazu ist das Erdelement manifest in allem, was dunkel, fest und kalt wirkt, ob nun im Blei oder im schwermütigen, melancholischen Gemüt. Wasser ist auch kalt und dunkel, aber es fließt, bewegt sich und lässt sogar Licht durch sich hindurch. Es umfließt alles und nimmt jegliche Form an. Wasser kann die Härte der Erde auflösen. Die Luft ist noch leichter und lebendiger als das Wasser. Sie hat das Fließende, Feuchte, aber auch schon das Warme in sich und gibt sich im Wind, im Dampf und im sanguinischen Temperament zu erkennen. Sie zeigt ihre Verwandtschaft zur Seele im Atem. So ist jede Erscheinung ein Gemisch der vier Elemente, aber einmal herrscht das eine Element (und Temperament), ein andermal das andere. Nicht nur in der anorganischen, mineralischen Welt manifestieren sich die Grundstoffe, sie geben auch allen Lebenserscheinungen Substanz.

In Vorzeiten stellte man sich die Kräfte, die hinter den Grundstoffen und ihren Verwandlungen zu finden sind, als Elementarwesen vor. So erlebte man bildhaft im irdischen Element das Schaffen der Gnome und Zwerge in den Wurzeln, Metallen und Kristallen. Im wässerigen Element, bei sprudelnden Quellen und dunklen Tümpeln, sah man Nixen und Undinen. In der Luft umwirkten Sylphen und Feen die Schmetterlinge und Blumen, und im Feurigen lebten Salamander und Feuergeister. Rudolf Steiner reduzierte dies auf "ätherische Bildkräfte" und sprach vom "Wärmeäther" und meinte die Kräfte, die im Feuerelement wirksam sind; er sprach vom "Lichtäther" als dem Luftelement, dem "Klangäther" als dem Wasserelement (weil Töne und Klänge chemische Verwandlungen des Wasserelementes seien) und dem "Lebensäther", was das Erdelement meint, dessen Kräfte an allen Erscheinungen des Lebens teilhaben.

Die vier Elemente können jedoch nicht erwähnt werden, ohne das fünfte Element, die QUINTESSENZ, die über die anderen vier waltet, zu beachten. Diese *quinta essentia* ist das BEWUSSTSEIN, das die Teile ordnet und in Harmonie zueinander bringt. Die Alchemie nun bedient sich aller dieser Erscheinungen, um die drei wesentlichen Prozesse zu vollbringen, die die Funktionen, Bewegungen und Veränderungen des Geschaffenen charakterisieren:

Die Kristallisation oder Präzipitation (Ausflockung) und Verhärtung – der SALPROZESS.
Dem entgegen steht der SULPHUR- oder SCHWEFELPROZESS, der Auflösung, Dissipation, Sublimation und Verflüchtigung bedeutet.
Der MERCURIUS- oder QUECKSILBERPROZESS vermittelt zwischen den beiden Extremen, dem zentrifugalen Sulphurvorgang und dem zentripetalen Salzvorgang.

Nach Paracelsus ist die Gesundheit der Natur auf die Harmonie, die Übereinstimmung der drei Prozesse angewiesen. Das Gleichgewicht zwischen ihnen wird nun durch den von ihm sogenannten "Archeus" (Ätherleib) hergestellt. Wenn dieser nicht funktioniert, fallen die Prozesse auseinander. Ein Teil verbrennt, verrottet oder verfault, während ein anderer Teil verhärtet oder verkrustet. Man betrachte die Vorkommnisse in der Welt von heute. Die alten Alchemisten, die wahren und weisen, fanden diese **Dreiheit der Vorgänge** nicht nur in der äußeren, physischen Natur vor, sondern auch als **Prozesse der Seele und des Geistes.**

Der Mensch muss sich also, da er die Quintessenz des Mikrokosmos ist, in das Salz des klaren, kristallinen Denkens, den Merkur einer beweglichen, mitfühlenden Seele und das Schwefelfeuer eines in der Welt wirkenden Willens entwickeln. Das bedeutet, dass die Elemente und Prozesse, die wir eben betrachtet haben, sowohl in der Natur, dem Makrokosmos, als auch im Menschen, dem Mikrokosmos, zu finden sind. Und so steht doch der Skeptiker des 20. Jahrhunderts allein auf weiter Flur, denn dieser Grundgedanke bewegt seit jeher die Naturvölker ebenso wie die alten Philosophen. Der Mensch ist die "kleine Welt". Und in dieser befinden sich alle Elemente, Prozesse und Eigenschaften, die auch in der "großen Welt" zu finden sind. Beide Welten haben, wir sprachen es schon aus, eine innere und eine äußere Seite. Der Mensch lebt in der äußeren Seite des Makrokosmos, die das kleinste Sandkörnchen, alle Mineralien, Pflanzen und Tiere beinhaltet und bis in die Unendlichkeit der Sternenwelt reicht. Durch seine Gedanken, Gefühle, Instinkte, seine Träume, Erinnerungen, Imaginationen und Intuitionen kann der Mensch auch die **Innenseite des Makrokosmos** wahrnehmen, die *anima mundi*, die **Weltenseele** und den **Weltengeist** erkennen.

Da der Mikrokosmos Mensch also die gleichen Eigenschaften hat wie der Makrokosmos, vermag man daraus die erkenntnistheoretische Formel abzuleiten, dass es keine Erkenntnisgrenzen geben kann. Und dann kann man Goethe mit Gewissheit zustimmen, der seinen Faust sagen lässt: *"Du gleichst dem Geist, den du begreifst - nicht mir!"* Man versteht also nur insoweit, als man voll Mensch geworden ist.

Die größten Gelehrten der Renaissance, Giordano Bruno, Agrippa von Nettesheim, Paracelus und viele andere, formulierten längst den Zusammenhang der großen und der kleinen Welt innerhalb der hermetisch-kabbalistischen Tradition. Demnach geschah die Schöpfung des Makrokosmos und des Mikrokosmos in einer Folge von sogenannten Pulsationen. Der reine göttliche Geist (Wesen) brachte die Seelenwelt (Wirken) aus sich hervor. Die Seelenwelt veräußerte sich in einen Ozean der lebenden Kräfte (Weltenäther), und diese wiederum brachten die physische Erscheinungswelt (Werk) hervor, wie eine Schnecke ja auch ihr Gehäuse aus sich heraus erzeugt.

Einige Philosophen behaupten, dass der Mensch sich parallel zum Makrokosmos hin entwickelt. Nach anderen Meinungen ist er selbst das Produkt des Makrokosmos. Beide Ansichten sind richtig, es kommt dabei lediglich auf den Blickwinkel an. Bildhaft imaginiert man diesen unvorstellbar erhabenen Vorgang in dem Schöpfungsbericht des 1. Buches Moses, wonach der Vatergott alle Elemente - den Erdklumpen - zusammenfügt und den Menschen als *imago dei* (Bild Gottes) daraus erschafft, nachdem der Makrokosmos durch das WORT (Fiat) schon geschaffen war. Ein Bild, das dies alles wunderbar veranschaulicht und sich aus einer ganz anderen Tradition bis heute erhalten hat, obwohl keiner mehr um sein Geheimnis weiß, ist das des Osterhasen als Symbol für die Weltenseele, der die herrlich bunten Eier (Mikrokosmos) in die Nester (Erde als Ausdruck des Paradieses - Midgard) legt. Allen Bildern und Gedanken liegt das Verständnis zugrunde, dass sich Mensch und Natur nicht nur gleichen, sondern in Wirklichkeit eins, also wesensidentisch sind. In allen Aspekten und in jeder Hinsicht gibt es Entsprechungen und Sympathien zwischen beiden. Sie sind zueinander Spiegelbilder, wie wir es in der *Tabula Smaragdina* so wunderbar beschrieben finden.

Was man also in Milliarden und Abermilliarden von Einzelteilchen in den Naturreichen findet, findet sich auch konzentriert im Menschen, dem "Salz der Erde". Was man als die Tierwelt im Makrokosmos wahrnimmt, findet sich in den Leidenschaften, Gefühlen, Begierden und in mannigfachen anderen Seelenäußerungen, die ihren Sitz im Herzschlag, im Atem und in den Muskeln der Menschen haben. Das ewig wechselnd Wachsende, Keimende, Blühende und Welkende der Pflanzenwelt findet man in den Fantasien, Träumen und Bildvorstellungen (Imaginationen) des Menschen, deren Sitz in den Lymphen und im vegetativen System ist. Das Reich der Mineralien, das der strengen, kausalen Gesetzmäßigkeit der Mathematik, Physik und Chemie unterworfen ist, findet man im Mikrokosmos in den strengen Gesetzen der Logik, im klaren Denken, das seinen Sitz in den Knochen und Nerven hat, den mineralisierten und am wenigsten lebendigen Zellgeweben des Körpers. Und das ist wohl der Hauptgrund, warum das logische, abstrakte Denken, der "verhärtete Kopf", so gut mit der physischen, materiellen Welt zurechtkommt, denn hier bewegen wir uns im Bereich der Mechanik und der Präzision. Dieses "tote Denken" aber ist nicht ausreichend für ein Verständnis der lebenden Welt der Menschen, Tiere und Pflanzen. Da muss ein tieferes Verstehen, ein lebendigeres, den Organismen gerechter werdendes Denken, das die "richtigen Bilder" als kraftvolle Imaginationen entstehen lässt, zur Geltung kommen. Da muss also mit dem Herzen und auch mit den Nieren, der Milz und so weiter gedacht werden.

Indes, man muss sich in solchem Denken **üben**. Man kann nicht nur tote Buchstaben lesen. Sie sind nur das Salz, das mit dem lebendigen Merkur tingiert werden muss. Paracelsus lehrte: *"Lerne lesen im Buch der Natur!"* So wie man klare Sinne braucht, um die äußere Welt korrekt wahrnehmen zu können, braucht man aber auch einen klaren Geist, der nicht durch Wunschgedanken, Leidenschaften und schlechten Willen getrübt ist, um die "innere Welt" wahrzunehmen. Der Alchemist weiß, dass man nicht mit dem Gehirn denkt, sondern dass das Gehirn die Funktion hat, die Wahrnehmung des ganzen Wesens in das Bewusstsein hineinzu**spiegeln**. Das Gehirn und der Spiegel gehören der lunarischen Sphäre an, denn der Mond ist ja selbst ein Spiegel der Sonne. Wenn ein Spiegel zerkratzt oder schmutzig ist, werden die wiedergegebenen Spiegelbilder entstellt. Das Gleiche gilt, wenn der Seelenspiegel durch wertlose Lebensführung "zerkratzt" oder durch Lügen und Unwahrhaftigkeit getrübt wird, dann spiegelt auch er die Wahrnehmungen nicht mehr genau.

Wir haben gemeinsam gelernt, den Weltenbaum hinaufzuklettern und die vielgestaltige Welt von verschiedenen Höhen aus zu betrachten. Nun liegt es an euch, das schon einmal "vererbte" Wissen in eurer Seele erneut wirken und aufgehen zu lassen. So mag euch fürderhin die Gewissheit begleiten, dass auch der Mensch über die Möglichkeit verfügt, nein zu seinen Trieben, Begierden und Instinkten zu sagen - durch seinen Geist. Dort befindet er sich immer noch in seiner Ichhaftigkeit und ist dennoch im Besitz eines um sich selbst wissenden Wesensmittelpunktes, der auf die Frage "Wer ist es, der da denkt, will, fühlt und empfindet?"

antworten kann: "Ich bin es!" Und wenn auch ihr eines Tages gefragt werdet: "Bist du der Sohn Gottes?", dann antwortet frei: "ICH BIN ES!"

Die Welt der Elemente, Pflanzen, Tiere und Menschen ist die natürliche Welt, der Ort, den die Götter den Menschen als Wohnort zugewiesen haben. Er ist ihre einzige Heimat, solange sie Mensch sein müssen, und nicht irgendein anderer Planet. In der altnordischen Mythologie wird dieser Bereich "Midgard", der Garten in der Mitte genannt, genau wie wir diese Vorstellung als Bild in vielen anderen Kulturen und ihren Überlieferungen finden.

Der oben angeführte Satz - *"So wie man klare Sinne braucht, um die äußere Welt korrekt wahrnehmen zu können, braucht man aber auch einen klaren Geist, der nicht durch Wunschgedanken, Leidenschaften und schlechten Willen getrübt ist, um die innere Welt wahrzunehmen."* - mag uns nun zur letzten gemeinsamen Erfahrung führen. Ihr wisst nun, was die *quinta essentia* bedeutet und dass sie euch als fünftes Element erst in die Lage versetzt, euer persönliches Werk - DAS GROSSE WERK - zu vollbringen. Der wichtigste Bewohner dieser inneren Welt ist euer INNERER LEHRER, dessen eine mögliche Behausung auf dem "heiligen Berg" ihr schon vor einiger Zeit erkundet habt (siehe Anhang).

ÜBUNG

Nun aber geht die Reise weiter. Wir werden sie jetzt mit anderen, tiefer gehenden Erfahrungen antreten. Wir haben gelernt, was PRANA für uns bedeutet. Mithilfe des Pranaatems wollen wir uns nun jenen inneren Bereichen aufschließen, die viele Leben lang vor jedem Zugriff verborgen in euch ruhten.

Wir lernten in der Kundalini-Luz-Arbeit: "Prana ist das universelle Prinzip der Kraft und der Energie. Es durchdingt alles. Es ist sowohl statisch als auch dynamisch. Man findet es in allen Wesen, den hohen wie den niederen. Es ist Prana, das in deinen Augen leuchtet. Prana ist die Melodie der Musik, ist das Wort eines Liebenden, alles wird aus Prana geboren. Das Feuer brennt durch Prana. Der Wind bläst durch Prana. Denn Prana ist Kraft, ist Magnetismus, ist Elektrizität."

Wenn wir diese Sätze nun neu durchdenken, wird uns bewusst, dass dieses Prana auch identisch sein muss mit der *quinta essentia*. Jenes fünfte Element lässt die vier Grundelemente in uns zusammenwirken. Diesem Prana also werden wir nun alles überantworten, was wir aus unserer *materia prima* destillieren wollen:

Wir spüren uns nun in unserem Körper-Ich – es ist unsere *materia prima*. Nun spüren wir jenen Teil in uns, der dem SALZ entspricht – unser DENK-VERMÖGEN ...

Und nun spüren wir das QUECKSILBER, Mercurius – unsere BEWEGLICHE, MITFÜHLENDE SEELE ...

Und nun das SCHWEFELFEUER, das in uns wirkt – unseren IN DER WELT WIRKENDEN WILLEN ...

Und nun entwickeln wir eine Strategie, wie wir diese *materia prima* durch einen alchemistischen Vorgang zum "Purusha" hin verändern können. Wir erinnern uns, der Mensch muss sich, da er die Quintessenz des Mikrokosmos ist, in das Salz des klaren, kristallinen Denkens, den Merkur einer beweglichen, mitfühlenden Seele und das Schwefelfeuer eines in der Welt wirkenden Willens entwickeln.

Wir machen nun Bestandsaufnahme: Wie steht es mit unserem klaren, kristallinen Denken? Wie wirken die Kräfte der Welt in unserem Denken? Wie können wir dauerhaft erreichen, dieses Denken immer auf den "höchsten Punkt in uns" zu konzentrieren?

Nun stellen wir uns dieses Denken als SALZ vor, das durch unsere Gehirnrinde rinnt und unserem Dasein die rechte Würze gibt ...

Der zweite Prozess mag uns schon leichter fallen. Über eine bewegliche, mitfühlende Seele meinen wir zu verfügen. Aber wie steht es damit, wenn man mit unseren Nerven so verfährt, wie es zum Beispiel Kinder heutzutage in der Schule, den öffentlichen Verkehrsmitteln, auf den Straßen, Sportplätzen und so weiter tun? Oder wenn wir gezwungen sind, täglich an einem Metzgerladen vorbeizugehen, in dem blutige Ware von geschundenen Tieren feilgeboten wird? Oder wenn aus dem Schlachthof oder Tiertransporter täglich das nicht abzustellende Gebrüll der Opfer an unsere Ohren dringt? **Wir schalten innerlich ab, denn wir meinen, keine andere Wahl und keine Möglichkeit zur Veränderung solcher Erscheinungen zu haben. Was aber können wir wirklich tun? Wir können allein durch das Erhöhen unserer Gedankenformen ein astrales Vibrationsfeld**

um uns herum schaffen, das wie ein Magnetfeld, wie ein morphogenetisches Feld, alle Menschen miteinander verbindet, die so denken wie wir. Wer vermag sich vorzustellen, welche Kräfte auf diese Weise freigesetzt werden können?

Lasst uns also ein Modell entwickeln, wie wir zu wirklicher "Quecksilber-Qualität", zu wahrem Seelenadel finden können:

Wir stellen uns dabei vor, dass das SILBRIGE ELEMENT DES MERCURIUS durch unsere Gehirnzellen strömt, weiter durch den ganzen Kopfbereich bis in die Brust, in das Herz, um dort unsere mitfühlende, bewegliche Seele zu erreichen ...

Damit haben wir auch schon den dritten Prozess eingeleitet und das SCHWEFELFEUER unseres so in der Welt wirkenden WILLENS entfacht. Wir prüfen nun, wie wir die mächtige KRAFT DES SULFURS weiter in unser Leben integrieren können, wie wir also durch unseren Willen dazu beitragen, die Welt eines Tages aus den Angeln zu heben, um sie in eine bessere Zukunft zu führen. Wer sollte dies tun, wenn nicht ihr?

So spüren wir in uns hinein. Was hat sich verändert, wie wirken die Kräfte des Salzes, Quecksilbers und Schwefels in uns? Wir schreiben auf, was sich einer Verwirklichung des "Purusha" noch (immer) in den Weg stellt ...

Und nun geben wir alle Zutaten in den "Athanor", den alchemistischen Schmelzofen, und erhitzen ihn auf unvorstellbare 200.000 Grad Celsius, der ungefähren Temperatur unserer Sonne. Solcherart dem göttlichen Feuer ausgesetzt und wieder entstiegen, fühlen wir uns nun wie "Phoenix aus der Asche". Das Einhornsymbol für unsere neu erlangte Reinheit bettet seinen Kopf nun in unseren Schoß. Wir nehmen aber ganz bewusst wahr, was sich für uns hinter diesem Bild verbirgt ...

Lange Pause.

Jetzt verlassen wir den Bereich der Imagination und versuchen, alle Bilder aus dem Kopf zu bannen und uns nur auf unseren Atem zu konzentrieren – so lange, bis alle Bilder verschwunden sind und wir uns im Bereich des SALZES, des REINEN DENKENS, das im BILDERLOSEN RAUM in uns wirkt, befinden ...

Alles ist PRANA ...

Wir brauchen kein Bild mehr, da in unserem ATEM nun ALLES enthalten ist, was wir benötigen. Wir atmen die Lebenskraft, in der alles SEIENDE und WERDENDE enthalten ist ...

PRANA fließt durch uns hindurch, und alles wird aufgelöst in dieser Kraft, bis wir unser ganzes SEIN und WESEN als PRANA SELBST erkennen ...

Und nun, ganz in uns versunken, bewegen wir die derzeit existenziellste Frage in uns. Wir prüfen erst, ob sie wirklich von so großer Wichtigkeit ist, wie wir zunächst meinten, und formulieren sie dann mit aller Kraft in uns ...

Wir stellen sie an die HÖCHSTE INSTANZ IN UNSEREM INNEREN und bitten um UMGEHENDE BEANTWORTUNG ... JETZT ...

Wir ziehen weder den Zweifel noch eine sonstige Möglichkeit, die eine Beantwortung verhindern könnte, in Betracht ...

Nun spüren wir nach. WER oder WAS antwortet in uns? Wir mögen die Antwort nun aufschreiben oder sie auf andere Weise innerlich nachvollziehen. Aber wir schließen jeglichen Zweifel aus, weil wir wissen, dass er nicht zu uns gehört – hier in diesem reinen Bereich des klaren, kristallinen Denkens ...

Wir bitten die HÖCHSTE INSTANZ IN UNS nochmals um Hilfe. Wir fragen sie, ob sie uns in Zukunft, so wie jetzt, immer zur Verfügung steht, wenn wir nur aufhören, durch äußeres Denken diese innere Wahrnehmung zu stören ...

Wir unterscheiden ganz klar das eigene Denken oder Wollen von der klaren Antwort aus den Innenräumen unseres Seins und Wesens ...

Und nun, mit solcher Antwort aus dem Inneren gesegnet, lassen wir uns auf unser ganzes Leben ein, denn dieses LEBEN ist die *quinta essentia*, die das Empfangene erst in uns festigt.

(Ende der Übung)

Ohne dieses JA ZUM LEBEN, bedingungslos, werden wir weiterhin nur Tastende sein, den mannigfachen Meinungen, Ratschlägen und Offenbarungen anderer ausgesetzt. Nur durch das vom Salz gereinigte Denken können wir lernen, fremde Meinungen von jener nur uns zugehörigen Wahrheit zu unterscheiden. Auf diese Weise werden wir unabhängig, können auf Fremdhilfe verzichten, müssen es aber auch unterlassen, andere zu belehren, die unserer Meinung nach solche Belehrung benötigen. Macht euch bewusst: Alle Antworten aus eurem Inneren können immer nur euch selbst betreffen! Nur ganz wenige Menschen sind in der Lage, das Hohe Selbst oder das Höhere Bewusstsein eines anderen "anzuzapfen", um für ihn von dort Antworten zu erhalten. Solches Empfangen ist immer mit vielen Fragezeichen zu versehen, und deshalb muss jeder lernen, selbstverantwortlich mit diesen Dingen nur für sich umzugehen. Hilfe über ein sogenanntes Medium ist in acht von zehn Fällen kritisch. Und selbst ein reingestimmtes "Instrument" ist nicht vor Irrtümern gefeit. Wer will sich auf solches Glatteis begeben, wo er doch ALLES IN SICH trägt?

Es gibt mehrere Möglichkeiten der persönlichen Kontaktaufnahme mit der Weisheit der eigenen Person. Die Naturmedizin, Homöopathen, Kinesiologen, Bachblütenexperten und so weiter können oft sehr wichtige Wegweiser sein. Aber die sicherste Methode ist ohne Zweifel DER WEG ZURÜCK ZU DEN EIGENEN WURZELN, DER WEISHEIT DES WAHREN ICH BIN. Und dieses allein ist jene Instanz, die nicht mit dem Ego in Verbindung steht, da sein "Kopf" in den "Himmel von Kether" auf dem eigenen Lebensbaum reicht.

So haben wir unseren Schulungsweg vorläufig beendet. Er sollte - zum wiederholten Mal - der Weg zurück zur euren eigenen Wurzeln sein. Ihr könnt ihn nun, so euer Wissensdurst nicht erlahmt, alleine weitergehen. Geht ihn mit Beharrlichkeit, mit Entschlossenheit und unermüdlich. Nicht nur so lange, bis sich erste Erfolge einstellen. Sie sollen vielmehr Ansporn sein, ihn unbeirrt weiterzugehen. Die Welt braucht Menschen wie euch. Verschließt euch nicht, wenn sie an eure Pforte klopft, und öffnet freudig eure Herzenstüre.

Wahre Hilfe erwächst nur aus der Liebe.

GEMEINSAME ABENDMAHLFEIER

Unsere Kabbalaschulung endete am 9. November 1996 mit einem Rundtanz und nachfolgendem Abendmahl. Letzteres möchte ich gerne zur Nachahmung empfehlen, wofür der unten stehende Text abgedruckt ist. Wir hatten auf Saint Germains Anregung Brot und Wein vorbereitet, daneben lag für jede/n Teilnehmer/in ein persönlicher Brief von ihm bereit. Für die Feier des Abendmahls benutzte er Symbole aus der Chymischen Hochzeit. Meister Jesus' Gegenwart war fast greifbar.

Den Abschluss wollen wir als Fest gestalten, in dessen Mittelpunkt das Abendmahl steht. Wie lässt sich dies vereinbaren, ein fröhliches Fest um das Abendmahl herum zu feiern? Wir wollen uns von jeglicher kirchlichen Tradition in unserem Denken lösen und uns darauf besinnen, dass Jesus, ganz aus der jüdischen Tradition kommend, solches Abendmahl mit seinen Jüngern immer als Fest gefeiert hat, in dessen Mittelpunkt das stand, was sich später dann, ausgehend von den Essenern, besonders im Chassidismus erhalten hat: der Tanz, das Singen, die Freude! Und etwas von dieser Fröhlichkeit, die dort herrschte - **denn wo er war, war Freude** - wollen wir heute auch in uns erspüren.

Ich bitte euch nun, zunächst euer Schreibzeug zu nehmen und euch alles vom Herzen zu schreiben, was ihr auf dem Abendmahlsaltar

opfern wollt - mit der Bitte um Umwandlung und Transformation. So mag dies vielleicht eine Bestandsaufnahme dessen sein, was dieses Jahr in euch bewegt hat, was noch einer Klärung bedarf oder wo etwas aufgebrochen ist, das nach Erfüllung oder Heilung verlangt.
Wer zu Ende geschrieben hat, mag einfach seinen Brief vom Altar nehmen und an seiner statt den Zettel niederlegen ...

Wir wenden uns nun mit unserem Herzen Jesus, dem Bruder zu und sprechen zu ihm: Bruder, Jesus, Meister, wir folgen dir! Der Weg, den wir von nun an gehen wollen, ist der wahre Nachfolgeweg.

Jesus hat wie kein anderer vor und nach ihm das tiefe alchemistische Prinzip erkannt, verstanden und gelehrt, das uns in Wein und Brot begegnet. Wir wollen uns nun dieser umwandelnden Kraft aufschließen und unsere eigene gegensätzliche Natur zur Vereinigung bringen, all die Anteile in uns, die assimiliert werden möchten oder die wir herausbrennen wollen aus dem Zentrum unserer Probleme und Geschichten. Alles dies bringen wir also auf dem Altar als Opfergabe dar, in dem Bewusstsein und Wissen, dass das Werk der Transformation und der Transfiguration unsere Wünsche nun als Realität in unser Leben zurückfließen lässt. Alle unsere gebundenen Wünsche werden jetzt augenblicklich frei! Es sind dies keine Wünsche an die Welt. Unsere Bitten richten sich nach innen, damit dort verändert und verwandelt werden möge, was wir als korrekturbedürftig in uns spüren und wissen. Und es ist die MUTTER, die ein Fest feiert. Sie tut es nicht oft, aber wenn sie es tut, dann werden ihre Kinder erlöst. Und so sehen wir auch in Jesus diese allliebende Mutter. Und wir erkennen auch in ihm das Prinzip aller göttlichen Personen, die uns immer Vater und Mutter sind - und spiegeln.

FEIER DES ABENDMAHLS

Geliebter Bruder und Meister Jesus, dies ist der Weg deiner Nachfolge, und wir gehen ihn mit Freude! Es ist ja dennoch unser eigener Weg, aber immer halten wir unseren Blick auf dich gerichtet! Eines Tages haben wir dieses "Dir nach" überwunden, wie wir alles überwunden haben werden, was uns heute noch Richtung geben muss - dann, wenn wir am Ziel angekommen sind. Und das Geschenk, das du uns hinterlassen hast, wollen wir jetzt als jenes erkennen, mit dessen Hilfe das Werk der Transformation unseres niederen Selbst jetzt, in dieser Stunde in unserem Leben beginnen und wirksam werden kann.

Und so nehmen wir das **Brot**, und indem wir von diesem Brot essen, verwandeln wir gleichzeitig die Anteile in uns, die jetzt verwandelt werden können. Und wir werden dieses Brot würdig, das heißt, im Herzen gereinigt, essen. So können wir dem "Tag des Gerichts" ohne Angst entgegensehen, denn wir wissen, dass wir allen Gewichten standhalten können.

Wir wissen, geliebter Bruder und Meister, dass du nicht unsere Sünden auf dich genommen hast, denn du hast nichts mit ihnen zu schaffen. Aber du hast uns gezeigt, wie wir diese "Sünden", das heißt dieses Getrenntsein von Gott, überwinden können, und darin liegt dein Gnadengeschenk. Dafür danken wir dir, und zum Zeichen unseres Dankes nehmen wir nun das im alchemistischen Schmelzofen gebackene Brot des Lebens zu uns ...

Und so können auch wir auf dem Weg zu unserer wahren Hochzeit dieses Brot bei den äußeren Sinnzeichen zurücklassen und uns auf unseren inneren Prozess des Werdens und Verwandelns beziehen, ja, wir beziehen nun ganz neu Wohnung in uns ...

Wir weiten uns nun für die Kraft der Liebesgabe der Mutter - und so nehmen wir den **Wein**. Und auch in diesem Symbol erkennen wir die wandelnde Kraft des TELESMA-FEUERS (= Weißes Christuslicht). Indem wir den Wein trinken, wird alles nun in uns gewandelt, was sich in unserer weiblichen Seinsnatur nach Erlösung sehnt. Wir trinken diesen Wein mit gereinigtem Bewusstsein, ganz auf das Höchste in uns konzentriert. Und wir wissen, dass wir die Waage als Gerechte verlassen, ja, dass wir als Gerechte erkannt und den Ort des Gerichts ohne Strafe für immer verlassen werden.

Wenn es im Evangelium heißt: *"Wer von diesen Gaben unwürdig isst und trinkt, der isst und trinkt sich inmitten des Gerichts"*, so mögen wir uns auch immer an die Geschichte der Chymischen Hochzeit erinnern und so leben, dass wir uns niemals beim unausweichlichen Besteigen der Waage ängstigen müssen, dass wir unbeirrt den Weg weitergehen, der Lichtspur des Bruders und Meisters folgend, der ja auch Symbol ist und dennoch in jedem Einzelnen von uns Wohnung hat seit undenklichen Zeiten. Und so, über ihn, sind wir verbunden mit unserer eigenen Geschichte und Herkunft, und nie können wir ausscheren aus diesem Erbe, das uns bindet, bis wir auch den letzten Rest dieses Erbes erlöst, umgewandelt, erneuert haben. Dies ist die Geschichte des neuen Bundes mit Gott, den jeder von uns heute neu zu schließen vermag.

Wir spüren nun die Kraft, die verwandelnde Kraft, die Transformationskraft, das alchymische Geheimnis in uns. Das, was alle alchemistischen Handlungen auszeichnet, erlebten wir - in einer bestimmten Form - auch in dieser Gruppe - im **Binden** und **Lösen**.

So bleiben wir durch das Egregore (Energiefeld) auch weiterhin verbunden mit einem seit langen Zeiten bestehenden und über die Zeiten hinweg geknüpften Band - und sind dennoch nun auf der physischen Ebene wieder voneinander gelöst.

Und so sind eure Leben zwar von mancherlei identischen Erfahrungen geprägt, zeichnen sich aber durch eine eigene Dynamik, durch individuelle Muster in euren Lebensgeweben, durch euer Karma, der Entsprechung von Ursache und Wirkung, aus.

ABSCHIED

Die Krönung all eurer Bemühungen sollte eure wahre Menschwerdung sein, was auch bedeutet, anderen Liebe, Achtung und Ehrfurcht entgegenzubringen. Dies bezieht sich nicht nur auf jene lieben Menschen, die einen gemeinsamen Weg mit euch gehen. Liebe meint immer, jeden anderen zu achten und bedingungslos anzunehmen, eben so, wie er euch gegenübertritt.

Liebe meint aber auch, Beispiel zu geben und ein "Licht in der Finsternis" zu sein, an dem sich jene, die sich noch in der Dunkelheit befinden, orientieren können, ohne ihnen zu vermitteln, dass die Lampe, die ihr tragt, das einzige Licht sei, das den Weg erhellen kann. Keiner von euch weiß, welcher Weg für den anderen "der richtige" ist. Nehmt ihn deshalb an und achtet "seine Wahrheit", die ja auch Teil der umfassenden Wahrheit ist. Wege schließen *Um-Wege* mit ein. Ihr alle seid bereits eine Ewigkeit "auf dem Weg", und es wäre töricht zu meinen, ihr hättet nicht auch schon große Strecken solcher Umwege zurückgelegt. Niemand maße sich an zu wissen, was für den anderen "richtig" oder "falsch" ist, denn das muss jeder selbst für sich herausfinden. Wenn ihr aber aufgefordert werdet, über eure Erfahrungen, Überzeugungen und das "besondere Licht eurer Lampe" zu sprechen, dann tut dies mit der liebenden Kraft, die euer Lehrer in euch gelegt hat.

Solche Liebe ist der größte *Gottes-Dienst*. Wenn Menschen das Zusammengehörigkeitsgefühl verlieren und ihre Hilfe denjenigen, die sich in Not befinden, versagen, werden sie - zum Beispiel in oder durch Naturkatastrophen - **gezwungen**, diese Pflichten zu erfüllen.

Wenn Menschen in der Tiefe zusammen schwingen, spielt die räumliche Entfernung keine Rolle. In der Wirklichkeit Gottes gibt es keine Trennung, und deshalb ist Abschied nur etwas Vorübergehendes, das der äußeren Welt zugehört. Wir sind nicht voneinander getrennt, deshalb sehe ich nur Ungeteiltes - GANZHEIT und VOLLKOMMENHEIT!

So segne ich euch
und drücke euch auf die Stirn
die Signatur eures Lehrers,
an der man euch
als wahre Schüler Shambhalas erkennt
und die euch das Tor öffnet,
wenn ihr dort angekommen seid.
Möge es ein guter Pfad sein,
auf dem ihr schreitet.
Der Pfad, den ich euch beschrieb
und der euch heimführt in die "Goldene Stadt".

Ich bleibe in eurer Mitte
und segne euch
aus der Tiefe meines Herzens.

Saint Germain

ANHANG

Hier erfahren Sie die im Buch mehrfach erwähnte "Reise zum inneren Lehrer", die ein wichtiger und traditioneller Bestandteil des kabbalistischen Weges, der Reise von MALKUTH nach KETHER, ist. Es gibt auf dem kabbalistischen Weg noch weitere innere Reisen, die aber nicht Gegenstand unserer Schulungen waren.

EINE KABBALISTISCHE REISE ZUM INNEREN LEHRER

Wir wollen jetzt unsere Reise antreten und diese, bis zur Verschmelzung des Göttlichen in uns, in individueller Gemeinsamkeit erfahren.

Wir bleiben im Zustand des GADLUT und suchen jetzt den Bereich in unserem Inneren auf, in dem unser "Lebensbaum", unser OTZ CHI'IM, Wohnung hat in uns ...

Wir verbinden uns mit diesem Baum, verwurzeln uns in MALKUTH und bewegen uns nun "in uns aufwärts", spüren jetzt die archetypischen Qualitäten in uns von JESOD ..., von NETZACH ..., von HOD ..., von TIF'ERET ..., von CHESED ..., von GEBURAH ..., von BINAH ..., von CHOCKMAH ... Und wir begeben uns hinauf in unser höchstes Bewusstsein, nach KETHER. Dort verweilen wir. Wir blicken von dieser erhabenen Stelle noch einmal zurück in die Bereiche unserer Seelenlandschaft, die wir soeben durchquert haben ...

Wir versuchen nachzuspüren, ob es Stellen gab, die Unbehagen, Schmerz oder aber auch Freude in uns auslösten, und lenken das Licht von KETHER jetzt dorthin. Wir erfahren nun, was Demut in Wirklichkeit bedeutet - **Demut ist Hingabe, Demut ist Verzeihenkönnen.** Wir verweilen in dieser Erkenntnis und spüren die Wärme des Lichtes, des **weißen Telesma-Christus-Lichtes**, dessen Strahlung wir jetzt als **das Wissen von der inneren, nie versiegbaren Lebensquelle** in unserem Bewusstsein für immer verankern und mitnehmen ...

Und so begeben wir uns langsam wieder zurück nach MALKUTH, nehmen das ganze Spektrum dieser Erfahrung mit uns und betreten jenen Korridor in unserem Inneren, an dessen Ende sich die Türe befindet, die uns hinausführt in **unser wirkliches Dasein** - und wir öffnen die Türe ...
Wir stehen jetzt auf einer Plattform, von der aus unser Blick ungehindert nach oben und unten schweifen kann. Unten ist das Meer ...

Wir haben "Gepäck" für dieses Meer: "wesenhafte" Dinge, denen wir entwachsen sind, die nicht mehr zu uns gehören, die im Laufe der Zeit "Form" und "Eigenleben" angenommen haben und die wir dort unten im Meer nun "versenken" wollen in der Hoffnung auf *Er-Lösung* ...

Über uns in den Lüften sehen wir einen Adler. Wir spüren die Sehnsucht in uns, es diesem Adler gleichzutun und ohne den

Umweg der mühevollen Durchquerung des psychischen Meeres dorthin zu gelangen, wo unser Lehrer und Freund auf uns wartet. Aber wir spüren, dass wir noch nicht soweit sind, den "Adlerflug" schon heute zu wagen. Und so gehen wir nun die Treppe hinunter. Und wir prüfen genau, um welche Treppe es sich handelt und wie ihre Stufen beschaffen sind ...

So gelangen wir nun an das Ufer des Meeres, das weit draußen unruhig brodelt, aber wir verspüren keine Angst. Wir schütten nun alles in das Meer, was wir an Ballast mitgebracht haben, und vertrauen darauf, dass es dort "unten" verwandelt wird ...

Wir prüfen die Beschaffenheit des Ufers und stürzen uns kopfüber hinein in die Fluten. Augenblicklich gleiten wir tief nach unten, unmittelbar über den Meeresboden, und durchschwimmen in diesen "tiefsten Tiefen" mit kräftigen Zügen das Meer ...

Gleichzeitig prüfen wir, ob diese Erfahrung sich schon unterscheidet von den bisherigen, und wir blicken nach oben, wo das so bekannte, geliebte Licht lockt. Mit kräftigen Zügen schwimmen wir vorwärts und erreichen das Ufer. Mit uns entsteigt alles, was dort unten verwandelt wurde, dem Wasser und gesellt sich uns zu ...

Wir sehen wieder die atemberaubende Landschaft vor uns, das Gebirge am Horizont mit seinen steil aufragenden Gipfeln. Wir trocknen die (Priester-)Kleider in dieser klaren Luft und freuen uns, dass wir dieses Meer wieder einmal unbeschadet durchqueren konnten. Und so kleiden wir uns wieder an und durchqueren nun, zusammen mit diesen "Gefährten", mit großen Schritten die Landschaft bis zum Fuße des Berges ...

Wir kennen den Weg, er ist uns ein vertrauter Freund geworden. Über uns schwebt der Adler und zeigt uns immer wieder die leichtere Möglichkeit. Aber uns sind diese Flügel, die man für einen solchen Adlerflug braucht, noch nicht gewachsen, und so steigen wir dem Licht entgegen und gelangen jetzt zum Haus unseres Lehrers. Wir klopfen, er öffnet und wir treten ein. Die, die mit uns gekommen sind, werden von ihm gesondert begrüßt, und wir achten dabei auf unsere Gefühle und Empfindungen ...

Unser Lehrer bietet unseren Begleitern an, bei ihm zu bleiben. Wir prüfen und nehmen wahr, ob sie bereit sind, dem Angebot Folge zu leisten ...

Wir fühlen uns hier geborgen und vertraut wie nirgendwo sonst und bitten den Lehrer nun, uns hinauf zu begleiten auf die Spitze des Berges in die "Goldene Stadt" ...

Und die, die mit uns gekommen sind, bleiben zurück in diesem Haus der Schulung, wo sie nun alle Belehrungen empfangen, die sie brauchen, um einmal mit uns verschmelzen zu können. Wir nehmen gleichzeitig wahr, dass wir uns nicht wirklich mit ihnen identifizieren und sie erst dann wieder erwarten, wenn auch sie durch das Tor der Wandlung gegangen sind ...

Nun ergreifen wir die Hand unseres Lehrers und treten mit ihm vor das Haus. Wir wissen, dass er sich mit einem einzigen Gedanken der "Wunschverwirklichung" unmittelbar hinaufbegeben kann vor die Tore der Stadt. Wir prüfen uns, ob wir den Weg dorthin noch mühsam erklimmen müssen oder ob wir uns mit ihm - von unserem Wunsch, dem Höchsten in uns begegnen zu wollen, "beflügelt" - ebenso augenblicklich dorthin versetzen können, ja ob unser Wunsch schon so stark ist, dass er uns Flügel verleiht ...

So sind wir nun oben angekommen. Unser Lehrer öffnet uns das Tor, denn er besitzt den Schlüssel hierfür, und wir betreten das Innere der Stadt. Wir gehen durch die wohlvertrauten Plätze und Straßen, folgen den vertrauten Spuren und Wegen, dem einen Ziel entgegen - dem König zu begegnen, der "hoch oben auf seinem Thron" auf uns wartet. So gelangen wir bis an die Tore des Schlosses. Die Wächter erkennen uns schon von weitem und geben uns den Weg frei. Wir schreiten durch das "Goldene Tor", das sich wie von selbst öffnet und betreten das Schloss ...

Wir sind sofort erfüllt von diesem Licht, dem Licht von KETHER. Es ist wie ein Magnet, der uns weiterzieht, dorthin, wo wir jetzt und heute unseren Platz einnehmen werden auf dem Thron neben dem König. Er empfängt uns mit all der Liebe, die nur hier an diesem Ort erfahren werden kann und die gleichzeitig aber Wohnung hat in uns, die der Born, der Quell allen Lebens in uns ist und zu dem wir nun den Weg kennen. Wir spüren nichts als diese Liebe - jetzt, da wir uns nun finden in der Umarmung mit dem Höchsten ...

Wir spüren, dass dieser Turm, in dem der Thron steht, das höchste Bewusstsein repräsentiert, von dem aus wir unbelastet und unberührt unseren Blick senken können auf die Welt unter uns, in die Welten über uns, hinter und neben uns - wo wir uns in alle Bereiche gleichzeitig hinbegeben und ausdehnen können, in alle vier Welten, die in KETHER beheimatet sind ...

Wir erfahren, was es heißt, hier angekommen zu sein und aufzugehen in der Verschmelzung mit dem Höchsten in uns. Es ist der Ort, an dem unser innerer Lehrer zurücktritt ...

Hier erklingt wieder der Ton, der Klang, unser inneres Lied, die kosmische Symphonie, in deren Schönheit wir uns nun, wie in einen Sog, hineinbegeben. Wir nehmen wahr, was die Quelle dieser Musik ist. Sie entströmt all den Engelkräften und kosmischen Wesen, die hier dem Höchsten in uns dienen. Von ihnen wird dieser Klang ausgesandt in alle vier Welten ...

Wir nehmen die Herrlichkeit und das TELESMA-LICHT von KETHER nun mit unserem ganzen Körper auf ...

Unseren Blick richten wir jetzt "nach oben", und wir sehen den "Baum des Lebens" dort stehen und schauen durch ein goldenes Tor. Es ist das Tor zum Pardes, zum Paradies. Und dort steht der "wahre Baum", unberührt in seiner Vollkommenheit, und wir wissen, dass wir eines Tages wieder durch dieses Tor schreiten werden, wenn wir all das verwirklicht haben, was Teil unserer Gotteskindschaft ist.
Wir spüren, dass dies der Ort ist, an dem die Umarmung und Verschmelzung grenzenlos und ewig sind, und dass alles, was wir bisher erlebten, nur ein Tasten nach dem Glück war, ja, dass alles Glück der äußeren Welt nur "Scheinglück" ist. Und wieder spüren wir nichts als Demut vor der Größe dieses Augenblicks ...

Es ist kein Schmerz in uns darüber, dass dieser "Baum des Lebens", auf den unser Blick jetzt wieder fällt, erst wieder "erworben" werden muss. Wir nehmen wahr, dass "hinter diesem Tor", durch das wir jetzt wieder blicken, das "wahre Leben" erblüht in seiner Vollkommenheit und Vollständigkeit - es wieder zu erwerben bedeutet die Rückkehr zum Ursprung. Alles, was wir gehört haben über das Paradies - dort, vor unseren Augen, nicht irgendwo ist es - **in uns**, aber noch nicht wirklich erreichbar - heute ...

So sind uns in uns selbst noch Grenzen gesetzt, ist unser "inwendiger Himmel" noch nicht wirklich geöffnet, und wir ahnen, dass wir uns erst dem "Wort" nähern müssen, das uns den Zutritt erlaubt ...

Es gibt also jenseits dieser Verschmelzung noch etwas: das Eintreten in das wahre, das ewige, das unveränderliche Leben. Und das, was wir in dieser Verschmelzung heute erfahren haben, mag als "göttlicher Same" jetzt in uns aufgehen, und wir werden "neues Leben geben", wenn wir mit der "Frucht unserer Liebe", dem "eingeborenen Sohn Gottes" in unsere wahre Heimat zurückkehren ...

So verlassen wir diese Erfahrung, diese Welt in KETHER, und begeben uns zurück zu unserem Lehrer, der, von dieser Welt verborgen, auf uns gewartet hat. Und wir wissen, dass wir ihn noch brauchen. Schon jetzt auf dem Rückweg bedürfen wir wieder seiner liebenden und führenden Hand ...

Wir verlassen das Schloss und gehen zurück vor die Tore der Stadt. Wir prüfen jetzt, ob uns vielleicht schon kleine Flügel gewachsen sind, mit deren Hilfe wir wenigstens bis zum Haus des Lehrers hinunterschweben können. Es ist unsere Engelnatur, wir können sie nur dort "oben" entdecken, entwickeln, erfahren ...

So gehen wir, dort angekommen, noch einmal in das Haus unseres Lehrers und verabschieden uns von denen, die mit uns gekommen waren. Und eines Tages, wenn sie "zur Gänze geläutert" sind, so dass wir uns mit ihnen verbinden können, werden wir sie von hier mit "hinaufnehmen", um in der "höchsten Umarmung" die Verschmelzung mit all unseren Anteilen zu erfahren ...

Nun danken wir unserem geliebten Lehrer, der uns jetzt wieder mit dem Versprechen entlässt, zurückkommen zu dürfen, und machen uns bereit zum Abstieg. Wir prüfen wieder, ob wir es auch ohne seine beschützende Gegenwart bereits wagen können, die kleinen Flügel zu gebrauchen, die uns heute gewachsen sind ...

So durchqueren wir die Landschaft und kehren zurück an das Ufer des Meeres. Wir spüren jetzt, dies ist irgendein Meer, das nichts mehr mit uns zu tun hat, nichts mit den Erfahrungen, mit denen wir jetzt gesegnet sind ...

Wir durchqueren dieses Meer nun wie ein lästiges Hindernis bewusst zum letzten Mal. Wir wissen, dass unsere Flügel von Tag zu Tag kräftiger werden, und bald werden sie stark wie die Flügel des Adlers sein. Mit ihrer Hilfe werden wir diesen Ozean der Leidenschaften mühelos, ja wie im Flug überwinden ...

Und wieder nehmen wir wahr, wie die Wasser, die wir zügig durchschwimmen, in der Tiefe brodeln. Aber die Wellen, die wir, fast schwerelos geworden, überwinden, sind "fremde Wellen", die zu irgendeinem gehören, der einmal Teil von uns war ...

Nie wieder wird uns jene Seligkeit verlassen, die wir erlebt haben in der Verschmelzung mit dem Höchsten in KETHER. Und mit diesem Bewusstsein, den Blick auf diese Erinnerung gerichtet, durchqueren wir eilends das Meer und treten wieder an Land ...

Wir haben wohl bemerkt, dass dieses Meer nicht mehr bewohnt ist von jenen Wesenheiten, die uns früher beobachteten und an uns herantreten wollten. So trocknen wir uns nun von allem restlichen "unreinen Wasser" und betreten die Treppe wieder, die uns nach oben führt. Wir öffnen die Türe, durchqueren den Korridor, der uns mit unserem normalen Bewusstsein verbindet. Wir überlegen kurz, welche Türe in diesem Bewusstsein wir nun öffnen. Wir sehen sieben Türen. Bald werden wir erfahren, was sich hinter ihnen verbirgt. Die Türe, auf die unser Blick fällt und die wir nun öffnen, gibt den Weg frei zu unserem Baum ...

Und wir spüren, wieder in MALKUTH angekommen, dass MALKUTH und KETHER in Wirklichkeit nicht voneinander unterschieden werden können. Wir begreifen dies als das Wunder, als das Wirken des Höchsten innerhalb und außerhalb von uns. Immer befinden wir uns in Wahrheit auf dem Weg vom "Niederen" zum "Höheren" - und von dort zum "Allerhöchsten" in uns.

Es ist dies die Reise von MALKUTH nach KETHER in unterschiedlichen Bewusstseinszuständen ...

So kehren wir wieder zurück an den Ort, an dem unser physischer Körper sich befindet, in den wir uns nun hineindehnen und -strecken ...

Dies also ist die Erfahrung des inneren Baumes, bei der wir alles gleichzeitig in uns wahrnehmen: das "Einwohnen Gottes in Seine Schöpfung", die Grundlage, die Herrlichkeit, den Sieg, die Schönheit, das Gericht, die Barmherzigkeit und Gnade, das Verständnis und die Weisheit, Gott in seinen Aspekten als Vater und Mutter und als Allerhöchster, die Verschmelzung und - danach - der Blick der Sehnsucht ins Paradies, in die Heimat.

DANK

an meine geliebten Lehrer Saint Germain, Jeshua (Jesus) und Sri Satya Sai Baba, die alle mit diesem Buch auf die eine oder andere Weise verbunden sind.

Folgende Verlage haben Abdruckgenehmigungen erteilt.
Ich danke ...

... dem Prosveta Verlag für die Abdruckgenehmigung der Übersetzung der *Tabula Smaragdina* des Hermes Trismegistos.

... dem Schirner Verlag für die Erlaubnis, das Jesusgebet aus dem Buch *Leben und Lehren der Meister im Fernen Osten* von Baird Spalding zitieren zu dürfen.

... dem Diederichs Verlag für die Abdruckgenehmigung der Übersetzung der Texte aus dem *Sohar*.

... dem Anaconda Verlag für die Genehmigung, Zitate aus dem Buch *Die Bruderschaft der Rosenkreuzer (Die Chymische Hochzeit des Christian Rosenkreuz)* verwenden zu dürfen.

Buchempfehlungen

Saint Germain/Myra, *Saint Germains Vermächtnis. Ein westlich-abendländischer Einweihungsweg*, Silberschnur 2010

Wer sich für den historischen Graf von Saint Germain interessiert, dem empfehle ich gerne die beiden Bücher:

Peter Schraud, *Graf Saint Germain - Sein und Schein! Von den Meisterstücken eins außergewöhnlichen Bruders*, Lichtwerke 2008

Irene Teztlaff, *Unter den Flügeln des Phoenix. Der Graf von Saint Germain - Aussagen, Meinungen, Überlieferungen*, J. Ch. Mellinger 1992

Der vollständige Text der "Chymischen Hochzeit des Christian Rosenkreuz" von Johann Valentin Andreae ist enthalten in:

Gerhard Wehr, *Die Bruderschaft der Rosenkreuzer. Die Originaltexte*, mit Goethes Fragment *Die Geheimnisse,* Anaconda 2007

Weitere Bücher, die ich gerne empfehle:

Baird Spalding, *Leben und Lehren der Meister im Fernen Osten*, Band 1, Schirner 2004

Alles, was wir von Saint Germain gelernt haben, mündete in Inhalt und Geist in das von Jesus diktierte und auch als "Bibel der Neuzeit" bezeichnete Buch:

Ein Kurs in Wundern, Greuthof 1994

Als einen spannenden und gut verständlichen Einstieg in *Ein Kurs in Wundern* empfehle ich:

Gary Renard, *Die Illusion des Universums*, Goldmann 2006

Gary Renard, *Unsterblich, G*oldmann 2007

Marianne Williamson, *Rückkehr zur Liebe,* Goldmann 1995

Über die Autorin

MYRA (geboren 1945 in Oberbayern, gestorben 2002) war mehr als sechs Jahre Saint Germains Medium, seine Schülerin und Teil einer Gruppe, für die das vorliegende Buch ursprünglich entstanden ist.

Brigitte Hussak (geboren 1944 in Österreich), Schülerin Saint Germains und Myras langjährige Wegbegleiterin, sammelte die Botschaften Saint Germains, um sie nun einer breiteren Öffentlichkeit zugänglich zu machen.

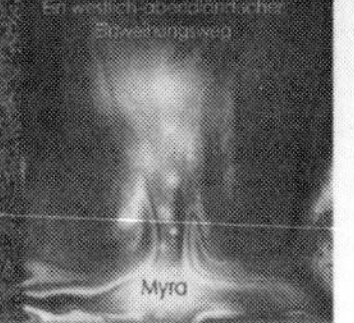

256 Seiten, Klappenbr.
ISBN 978-3-89845-307-3
€ [D] 16,90

Myra

Saint Germains Vermächtnis

Ein westlich-abendländischer Einweihungsweg

Saint Germain, Aufgestiegener Meister und Menschheitslehrer, unterrichtete in den Neunzigerjahren des 20. Jahrhunderts einige Jahre einen Kreis von Personen, womit er ein Versprechen einlöste, das er vor 250 Jahren gegeben hatte. Saint Germain weist uns hier einen westlich-abendländischen Einweihungsweg, der eine Umwandlung des Lebens ermöglicht – eine Heilung im Sinne von Ganzheit.
Der zweite Teil des Buches eröffnet uns einen Zugang zum mystischen Christentum und zu unserer eigenen keltischen Urtradition. Ein Buch, das uns wieder mit unseren eigenen Wurzeln verbindet ...

448 Seiten, Klappenbr.
ISBN 978-3-89845-317-2
€ [D] 19,90

Fred Matser

Für eine Welt mit Herz

Ein Findhorn-Buch

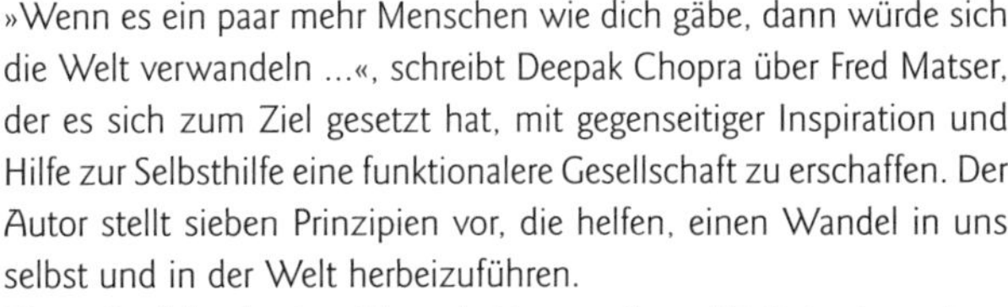

»Wenn es ein paar mehr Menschen wie dich gäbe, dann würde sich die Welt verwandeln ...«, schreibt Deepak Chopra über Fred Matser, der es sich zum Ziel gesetzt hat, mit gegenseitiger Inspiration und Hilfe zur Selbsthilfe eine funktionalere Gesellschaft zu erschaffen. Der Autor stellt sieben Prinzipien vor, die helfen, einen Wandel in uns selbst und in der Welt herbeizuführen.
Dieses Buch ist eine inspirierende Ideenquelle und lädt den Leser dazu ein, gemeinsam mit anderen eine bessere Welt zu schaffen.

212 Seiten, mit farb. Abbildungen, broschiert
ISBN 978-3-89845-308-0
€ [D] 6,95

Claire Avalon

Die Lichtstrahlen der Aufgestiegenen Meister

Eine praktische Einführung

Jedes lebendige Wesen und alles, was in der irdischen Materie erschaffen wird, folgt den gleichen Gesetzen. Wir alle haben einen Lebensplan. Die kosmischen Lichtstrahlen sind dabei wie Energiebahnen, denen wir folgen, und Geist und Materie treffen sich immer wieder, um die Weichen neu auszurichten. Doch wer hütet unseren Plan? Die Aufgestiegenen Meister sind unsere Partner auf der geistigen Ebene, und sie helfen uns, die Ziele unserer Seele zu erreichen.
Die Lichtstrahlen der Aufgestiegenen Meister zeigen uns, wie wir unser Leben – auch im Sinne von Ursache und Wirkung – geerdet und spirituell ausrichten können.

268 Seiten, broschiert
ISBN 978-3-923781-03-4
€ [D] 14,90

Anthony Borgia

Das Leben in der unsichtbaren Welt

Durch die Berichte von Raymond Moody und Elisabeth Kübler-Ross durften wir bereits einen kurzen Blick hinter den Schleier werfen. Hier liefert ein englisches Medium tatsächlich exakte und umfassende Beschreibungen der jenseitigen Welt und der Geschehnisse, die uns dort erwarten: der Übergang in die geistige Welt; das Leben dort; die verschiedenen Ebenen der höheren Dimensionen.
Dieses Buch ist ein Meilenstein in der Beschreibung der jenseitigen Welten. Die hier beschriebenen, beispiellosen Erfahrungen animieren jeden dazu, sein irdisches Leben in Zukunft aus einer gänzlich anderen Perspektive wahrzunehmen.

208 Seiten, broschiert
ISBN 978-3-89845-283-0
€ [D] 14,90

Trutz Hardo

Entdecke deine früheren Leben

Immer wieder gibt es Situationen im Leben, die uns bekannt vorkommen: Menschen, die uns sofort nahe sind, obwohl wir sie nie zuvor gesehen haben. Wie lässt sich dieses »Déjà-vu-Phänomen« erklären?
Dieses Handbuch erläutert, wie wir mithilfe verschiedener Rückführungstechniken die Herausforderungen des heutigen Lebens besser meistern lernen und die Ursachen von einschneidenden Erlebnissen in allen Lebensbereichen durchleuchten können.
Lassen Sie sich das größte Abenteuer Ihrer Seele nicht entgehen!

480 Seiten, gebunden
ISBN 978-3-89845-332-5
€ [D] 29,90

Trutz Hardo

Das große Handbuch der Reinkarnation

Heilung durch Rückführung

Jede Krankheit, jedes Problem hat eine Ursache. Oft liegt diese Ursache in einem früheren Leben. Deckt man sie auf, wird häufig eine spontane oder allmähliche Heilung erreicht. So heilt die aus Amerika stammende Rückführungstherapie oft dort, wo jede "klassische" Therapie versagt – von Beziehungsschwierigkeiten bis hin zu Erkrankungen wie Migräne, Asthma oder anderen psychosomatischen Erkrankungen.
Dieses Handbuch ist für all jene Menschen bestimmt, die körperliche, seelische oder beziehungsbedingte Probleme haben und sich auf der Suche nach Heilung befinden.

280 Seiten, gebunden
ISBN 978-3-89845-040-9
€ [D] 14,90

Wladimir Megre

Anastasia – Das Wissen der Ahnen

Warum steht so vieles nicht in den Geschichtsbüchern? Wie wurde die Welt, wie sie ist? Was können wir tun?
Auf diese Fragen gibt Anastasia unter anderem Antworten. Sie fordert die Menschen dazu auf, sich von irrealen Vorstellungen und Okkultismus zu lösen. Die Welt, wie wir sie zu sehen glauben, ist nicht die wahre Welt. Diejenigen, die wir als Herrscher wahrnehmen, sind nicht die wahren Herrscher. Auf den der Menschheit vorbestimmten Weg, den Weg, den unsere Ahnen noch kannten, zurückzukehren, bedeutet, diesen wahren, machtbesessenen Herrschern die Herrschaft zu entziehen. Dieser Weg ist der Weg zu Frieden und Glück für alle Menschen und für den Kosmos.

264 Seiten, gebunden
ISBN 978-3-89845-058-4
€ [D] 14,90

Wladimir Megre

Anastasia – Die Energie des Lebens

Das Wesen eines Menschen besteht aus einer Vielzahl verschiedener Energien. Eine dieser Energien ist die Gedankenkraft, der Ursprung aller Dinge, die trainiert und gefördert werden muss. Anastasia zeigt in diesem Buch u. a., wie man es schaffen kann, seine Gedankenkraft auf ein höheres Niveau zu heben. Wenn dies allen Menschen gelingt, wird Frieden, Freiheit und Glück für alle möglich. Sie kreiert damit einen Traum, der auch in Deutschland von vielen geträumt wird. Und die Energie unserer Träume ist die stärkste Energie, die es gibt. Es ist die Energie des Lebens.

238 Seiten, broschiert
ISBN 978-3-89845-194-9
€ [D] 13,90

Anne Meurois-Givaudan & Dr. med. Antoine Achram

Auralesen und alte Therapien der Essener

Von der Autorin des Bestsellers »Essener Erinnerungen«

Wenige Bücher über das Thema Heilen gehen so weit wie dieses im Bezug auf das Verständnis von Krankheiten, denn hier werden diese als eine Reaktion auf feinstofflicher Ebene interpretiert und auch auf dieser behandelt – ein bemerkenswerter Ansatz zum Verständnis der energetischen Medizin und eine interessante Einführung in eine vergessene Heiltechnik, die von der Autorin seit vielen Jahren mit großem Erfolg angewandt wird.

208 Seiten, broschiert
ISBN 978-3-89845-259-5
€ [D] 14,90

Richard Webster

Dein Seelenpartner wartet ...

Sind Sie auf der Suche nach Ihrem wahren Seelenpartner?
Der Bestsellerautor Richard Webster hat entdeckt, dass – irgendwo – jeder Einzelne von uns einen Seelenpartner hat. Diesen zu finden, das ist kein hoffnungsloser Traum, sondern absolut machbar. Seelenpartner treten immer im richtigen Moment in Ihr Leben, meist zu einer Zeit, wenn wir bereit sind, sie zu treffen.
Lesen Sie dieses Buch, und Sie werden die Hintergründe von Inkarnation, Karma und Seele verstehen lernen und über zahlreiche Fälle von Seelenpartnern lesen können.

232 Seiten, Klappenbr.
ISBN 978-3-89845-288-5
€ [D] 14,90

Eileen Caddy & David Earl Platts

Die Tore zur Liebe öffnen

Ein Findhorn-Buch

Können wir lernen zu lieben? Oder müssen wir nur warten – und es geschieht von selbst?
Wir alle sind mit der Fähigkeit geboren, uns selbst und andere zu lieben. Schmerzvolle Erfahrungen haben jedoch dafür gesorgt, dass viele von uns innere Schutzwälle errichtet und Ängste, Überzeugungen und Verhaltensweisen entwickelt haben, um diese inneren Barrieren aufrechtzuerhalten. Die wichtigste Lektion im Leben ist es daher, wieder lieben zu lernen ...
Dieses Buch lädt Sie ein, die freie Entscheidung zu treffen, mehr Liebe in Ihr Leben zu bringen, und es hilft Ihnen, diese Entscheidung Schritt für Schritt klar und entschlossen umzusetzen.

208 Seiten, Klappenbr.
ISBN 978-3-89845-299-1
€ [D] 14,90

Alain Bauer & Roger Dachez

Das Geheimnis um »Das verlorene Symbol«

Die Wahrheit über Dan Browns neuen Bestseller

Die Intrige des neuen Romans von Bestsellerautor Dan Brown spielt in Washington, das in seiner Stadtplanung durchdrungen ist von freimaurerischen Symbolen, und allein deren Entschlüsselung führt zur Lösung ...
Nur Experten auf dem Gebiet der Freimaurerei und der Kriminalistik sind in der Lage, die Symbole zu decodieren – um so die hinter der vordergründigen Geschichte verborgenen Inhalte ans Tageslicht zu bringen, die »Das verlorene Symbol« so einmalig machen.
Lassen Sie sich ein auf eine spannende Reise, begleitet von zwei ausgewiesenen Spezialisten. Eine absolut notwendige Ergänzung zu Dan Browns neuem Bestseller!